# 인권의 전선들
한국 2세대 인권운동의 형성과 전개

**인권의 전선들**

한국 2세대 인권운동의 형성과 전개

**초판 1쇄 인쇄** 2023년 3월 30일
**초판 1쇄 발행** 2023년 4월 07일

**지은이**    정정훈
**펴낸이**    박미옥
**디자인**    황지희
**펴낸곳**    도서출판 당대
**등록**      1995년 4월 21일 제10-1149호
**주소**      서울시 마포구 독막로3길 28-13(서교동) 204호
**전화**      02-323-1315~6
**전자우편** dangbichol.com
**ISBN**      978-89-8163-177-2 (93300)

한국 2세대 인권운동의 형성과 전개

# 인권의 전선들

1993

2012

정정훈 지음

모든 사람들의 평등한 자유를 위해 투쟁해 온,

이 땅의 인권활동가들에게

"함께 살자, 우리가 하늘이다!"

– 2012년 생명평화대행진 선언문

1.

2012년의 가을과 2013년의 겨울로 이어지는 그 무렵은 나에게 그야말로 '거리에서의 보낸 시절'이었다. 2012년 가을, 쌍용자동차의 해고노동자들(S), 해군기지 건설에 반대하는 강정마을의 주민들(K) 그리고 용산참상 생존자들(Y)이 주축이 되어 활동가들과 시민들이 함께 제주에서 서울까지 행진하는 '2012 생명평화대행진'과 2013년 봄이 오기 전까지 이어졌던 '함께 살자 농성촌'에 이르는 시간 동안, 나는 행진단과 농성촌의 일원으로 거리에 있었다. 쫓겨나고 내몰린 사람들이 제주에서 첫발을 내디딘 '2012 생명평화대행진'은 이 땅의 또다른 쫓겨나고 내몰린 사람들의 싸움이 벌어지는 곳을 찾아갔고, '함께 살자 농성촌'에서는 전국에서 권리를 박탈당한 이들이 모여들었다. 그렇게 추방당하고 박탈당한 이들이 함께 모여 하늘임을 선언했었다.

　　인권에 관한 나의 첫 책, 『인권과 인권들』만큼이나 이 책 역시 그 충격의 산물이다. 『인권과 인권들』이 그 충격에 대한 이론적 해명의 작업이었다면, 이 책은 그에 대한 역사적 해명의 작업이라고 할 수 있

5

다. '2012 생명평화대행진' 이전에도 자신의 땅에서 쫓겨나고, 자기 삶의 자리에서 내몰린 사람들의 곁에는 인권활동가들이 있었다. 참으로 묵묵히, 하지만 참으로 치열하게 모든 이의 존엄을 위해, 평등한 자유를 위해 고민하고, 목소리를 내고, 싸워온 인권활동가들의 역사가 있었다. 이 책은 바로 그 운동의 역사를 기록하고 그 운동의 역사가 가지는 의미를 학문적으로 탐구하려는 시도이다.

## 2.

"새로운 사회와 삶의 형식을 만드는 사회운동과 연대하며, 학술사회와 운동사회를 매개하고자 합니다."

　　이 문장은 내가 소속되어 공부하고 있는 연구단체인 서교인문사회연구실(서교연) 소개문 중 마지막 항목이다. 서교인문사회연구실을 시작하면서 그 정체성을 어떻게 결정할지 토론할 때 우리는 세상과의 연결고리를 상실한 채 아카데미의 학문적 엄정성만을 고고하게 추구하는 태도도, 세계에 대한 깊은 이해를 방기한 채 실천의 의지만을 앞세우는 태도도 피하고자 했다. 우리 공부가 실천의 현장에서 던지는 질문들을 학문의 언어로 받아 안는 공부, 운동의 성과를 이론과 분석의 언어로 다시 표현해 내는 공부, 그야말로 '학술사회와 운동사회를 매개'하는 공부를 해보자고 뜻을 모은 것이었다. 그래서 지식이 여전히 '새로운 사회와 삶의 형식을 만드는' 활동의 일부이자, 그 활동의 또 다른 방식이기를 원했다.

　　나에게 이 책은 바로 공부에 대해 우리가 가진 믿음을 실행하는 하나의 방식이다. '생명평화대행진'과 '함께 살자 농성촌'의 현장 활동을 통해서 나는 2009년에 외쳐진 두 가지 말의 의미를 다시 고민했었다. 하나는 2008년 1월 용산 남일당에서 철거민들이 죽어갈 때 외쳤던 "여기 사람이 있다!"는 말이었고, 또 하나는 같은 8월 쌍용자동차 노동자들이 정리해고에 맞서 싸우면서 외친 "함께 살자!"는 말이었다.

나는 이 말들이 한국사회의 맥락에서 인권의 의미를 가장 잘 드러내는 언표라고 생각한다. 그리고 나는 이 두 언표를 서로 연결해서 읽을 때 그 의미를 가장 분명하게 이해할 수 있다고 생각한다. "이곳에서 사람으로 존재하기 위해서는 우리는 함께 살아야 한다!" 나는 이것이 2012년 가을에서 2013년 겨울로 이어진 '생명평화대행진'과 '함께 살자 농성촌'이 보여준 인권의 정신이라고 생각하며, 한국의 인권운동이 오랫동안 실천해 온 인권의 이념이라고 생각한다.

이 책에서 하고자 한 작업은 바로 함께 삶으로써 사람답게 사는 삶을 위해 활동해 온 인권운동의 실천과 말들을 정리하고 그 의미를 규명하는 것이다. 물론 이 책이 한국의 인권운동이 가장 훌륭한 사회운동이라거나, 오류와 한계가 없는 최선의 사회운동이라고 주장하는 것은 아니다. 인권운동의 중요성이 그 성취에 비해 사회적으로나 학술적으로 주목받지 못하는 것은 사실이지만 인권운동이 완벽한 사회운동은 아니기에 한국 인권운동, 특히 내가 2세대 인권운동이라고 부르는 1990년대 이후 인권운동에는 내적 균열과 동요 그리고 한계가 존재하는 것 역시 사실이다. 이 책은 그러한 만큼, 2세대 인권운동의 업적과 한계를 동시적으로 분석하려고 했다.

3.

형성기부터 2012년까지 한국 2세대 인권운동의 20여 년을 다룬 이 책은 인권운동의 구조적 맥락, 주요 사건과 단체들 그리고 그 운동이 생산해 온 인권담론들에 대한 연구를 담았다.

1장에서는 2세대 인권운동을 1세대 인권운동과 구별하는 이유와, 2세대 인권운동의 개념을 명확히 하고 2세대 인권운동의 역사를 분석하기 위한 이론적 틀을 제시하였다. 특히 이론논의를 전개하는 부분에서 서구의 이론가들만이 아니라 국내의 연구자들이 제시한 이론적 틀을 적극적으로 활용하여 분석하겠다는 것을 밝혔다. 2장에서는 1세대 인권운동의 역사를 간략하게 살펴보고 2세대 인권운동의 형성계기를 분석하였으며, 3장에서는 1993년부터 2012년까지 인권운동의 주요 사건들을 한국사회의 구조적 맥락 아래서 정리하였다. 여기까지 이 책의 첫 부분에 해당한다고 할 수 있다.

두번째 부분인 4장, 5장, 6장은 2세대 인권운동이 활동의 과정에서 생산한 인권담론의 특징을 살폈다. 4장은 자유권 담론, 5장은 사회권 담론, 6장은 인권의 제도화 담론에 대한 분석으로 이루어져 있다. 이러한 담론분석 작업을 통해 나는 2세대 인권운동의 인지적 차원, 특히 그 세계관적 수준의 특성을 규명하고자 했고 이를 '구조기반접근 인권담론'과 '규범기반접근 인권담론'의 접합 또는 착종이라고 개념화했다. 결론을 대신하여 쓰인 7장은 2세대 인권운동의 인권담론에 나타나는 구조기반접근과 규범기반접근의 통합 가능성을 위한 이론적 모색을 담았다.

4.

이 책은 나의 박사논문을 고쳐서 내는 것이다. 많은 연구자들이 자신의 학위논문을 단행본으로 출간할 때는 많은 수정작업을 거치는 것으로 알고 있다. 하지만 나는 박사논문을 그렇게 많이 고치지는 않았다. 그저 학위논문의 형식과 전형적인 어투를 조금 수정하여 독서의 편의를 증진하는 정도로 손보았을 뿐이다. 이는 학술적 연구의 결과물은 그 자체로 존중을 받아야 한다는 나의 고집 때문이기도 했고, 이를 이해해 준 당대출판사의 너그러움 덕분이기도 하다. 이 글이 대학도서관의 학위논문 문서고에 묻혀있지 않고 세상에 나올 수 있게 된 것은 이런 나의 고집에 공감해 준 심영관 실장님을 비롯한 당대출판사 편집자들 덕분이다. 깊은 감사의 인사를 전한다.

박사학위 논문을 쓰면서 지도교수님이신 중앙대학교 문화연구학과 김누리 선생님, 심사위원을 맡아주신 중앙대학교 문화연구학과 신광영·장규식 선생님, 성공회대 사회학과 조효제 선생님, 창원대 사회학과 이정은 선생님께 너무나 큰 은혜를 입었다. 다섯 분 선생님께 마음 깊이 감사드린다. 또한 정년퇴임으로 인하여 박사논문의 지도교수님으로 모시지 못했으나 박사과정 내내 많은 가르침을 주셨던 강내희 전 중앙대 문화연구학과 교수님 그리고 문화연구를 처음 알려주시고 학자로서의 기초를 잡아주신 석사논문 지도교수 연세대 문화학과 김현미 선생님께도 감사의 말씀을 전하고 싶다.

이 책에 비록 내 이름이 쓰여졌지만 어쩌면 내가 한 작업은 한국의 인권활동가들이 생산해 온 말들을 잘 짜깁기하는 데 지나지 않을지도 모른다. 이 책은 그들 덕분에 쓸 수 있었다. 한국의 인권활동가들에게 감사를 전한다. 그 구체적 이름을 명명하자면 한도 끝도 없을 듯하다. 하지만 이 책을 쓰면서 가장 큰 도움을 받은 인권연구소 창과 류은숙 활동가에 대한 고마운 마음은 꼭 표현하고 싶다. 류은숙 활동가의 주도로 인권연구소 창에서 구축한 인권아카이브(http://www.hrarchive.or.kr/)가 없었다면 이 책의 밑바탕이 되는 자료는 거의 구하지 못했을 것이다. 또한 류은숙 활동가는 인권연구소 창에서 진행한 한국 인권운동사 세미나에 나를 초대하여 함께 공부할 기회를 주었다. 그때의 세미나가 이 책에 크나큰 도움이 되었음은 굳이 다시 강조할 필요가 없을 것이다.

공부의 최종 결과인 글은 혼자 쓰는 것이지만 공부의 과정은 늘 다른 이들과 함께하는 것임을 갈수록 절감하게 된다. 다행히 내 곁에는 너무 좋은 공부의 동료들이 있다. 앞에서도 언급했지만 서교인문사회연구실의 동료들은 내 공부와 활동의 근간이다. 특히 2016년에서 2017년에 이르는 기간 동안 23인의 인권활동가 인터뷰를 함께 진행한 노의현, 장희국 두 사람에게 감사의 인사를 전하지 않을 수 없다. 이 인터뷰는 2세대 인권운동사 연구의 밑거름이 되었다.

계간 『문화/과학』의 2기·3기 편집위원 선생님들은 한국사회에 대한 토론을 통해 비판적 시각을 다듬도록 해주셨고 문화연구에 대한 이해를 한층 더 깊이 있게 해주셨다. 한국문화연구학회에서 2020년부터 지금까지 운영위원으로 함께 활동해 온 선생님들 덕분에 내 전공인 문화연구 공부의 지평을 더욱 넓힐 수 있었다. 서울지역문화연구자네트워크의 동료들과의 협업은 문화연구자로 살아가는 보람을 느끼게 해주었다. 또한 현대정치철학연구회의 동료들 덕분에 이론공부를 더욱 깊이 할 수 있었다. 모두에게 감사의 말씀을 전한다.

마지막으로 부모님과 누나와 매형 그리고 사랑하는 조카 하원·

가원에게도 깊은 애정의 마음을 전하고 싶다.


5.

이 책으로 2012년부터 시작된 인권연구의 한 매듭을 마무리하게 되었다. 한국의 인권운동은 모든 사람의 평등한 자유, 존엄을 위해 오랫동안 싸워왔다. 그러나 이 책을 마무리하는 글을 쓰는 지금의 시점에서도 아직 한국의 인권상황은 좋지 않다. 이른바 민주정부 시절에도 차별금지법으로 대표되는 인권의 열망은 실현되지 않았으며, 이른바 보수정부 시절에는 그나마 이루어온 인권의 보장체계가 후퇴하는 듯하다.

하지만 이럴수록 다음의 문장을 마음에 새기며 인권에 대한 연구를 지속하고 싶다.

"비웃지 말고 탄식하지 말고 저주하지 말고 오히려 인식하라"
– 스피노자

# 차례

제1장

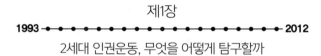

1993 ●━━━━━━━━━━━━━━━━━━━● 2012

2세대 인권운동, 무엇을 어떻게 탐구할까

# 1. 2세대 인권운동

## 1) 1990년대의 도래, 새로운 인권운동의 등장

대한민국이라는 국가 자체가 일본 제국주의에 대한 민족해방운동의 흐름 속에서 건국된 만큼 한국의 사회운동 전통은 유서 깊다. 4·19혁명, 한일회담반대운동(6·3사태), 광주민주화운동, 6월항쟁과 7·8·9월 노동자대투쟁, 91년 오월투쟁 그리고 2016·2017년의 촛불항쟁에 이르기까지 한국 현대사의 분기점에는 대규모 대중운동이 놓여 있었다. 이러한 대중운동의 근간에는 조직적으로 전개된 사회운동이 자리 잡고 있다. 민주화운동·통일운동·민중운동·노동운동을 표방하는 다양한 단체들이 대한민국의 역사 속에서 사회운동을 전개해 왔다.

    그러한 다양한 조직적 사회운동 가운데 하나가 인권운동이다. 많은 연구자들과 활동가들이 지적하는 바와 같이 한국의 인권운동은 유신정권 시기 본격화된다. 유신정권은 시민의 자유와 평등을 매우 제한하였으며 이에 저항하는 사회운동을 국가폭력으로 억눌렀기 때문에 '인권'에 대한 요구가 분출될 수밖에 없었다. 이때의 인권운동은 자신만의 의제·담론·활동방식을 갖춘 독자적 사회운동이라기보다는 민주화운동 혹은 변혁운동이라는 '전체 운동'의 한 부문으로서 기능하였다. 그리고 인권운동의 이러한 성격은 전두환·노태우 군사정권 아래서도 지속되었다.

인권운동이 민주화운동이나 변혁운동의 부문운동이라는 성격을 벗어나 독자적인 의제와 담론, 활동방식을 갖추게 되는 것은 1990년대에 접어들면서부터이다. 이후 좀더 상세하게 살펴보게 되겠지만 이 시기 이후 국제인권기준(International Human Rights Standard), 보편적 정례 검토(Universal Periodic Review, UPR) 등의 국제인권체제(International Human Rights Regime)를 활용한 인권운동을 비롯하여 표현의 자유, 주거권, 노동권 등과 같은 인권목록에 기반을 둔 활동, 사회보호법 폐지운동, 수형자 인권운동, 인권침해 실태조사, 국가인권위원회 설립운동 및 감시운동, 인권영화제·인권교육 등 인권단체의 고유한 의제와 활동방식 그리고 인권에 관한 담론이 만들어진다. 즉 90년대에 이르러 과거의 인권운동과는 차이를 보이는 '새로운 인권운동'이 형성된 것이다.

그러나 90년대 이후의 새로운 인권운동이 그 이전의 인권운동, 즉 70~80년대 민주화운동이나 사회변혁운동의 부문으로서 견지해 왔던 문제의식이나 의제, 활동방식과 완전히 단절한 것은 아니었다. 1990년대 이후 인권운동 역시 국가보안법 폐지운동, 양심수 석방운동, 집회와 시위의 자유를 위한 활동, 노동운동에 대한 연대 등 70~80년대 인권운동의 주요한 과제들을 수행했다. 한국사회의 민주화와 사회구조의 변혁을 지향한 70~80년대 인권운동의 경향과 90년대 이후 인권운동의 경향 사이에는 연속성 역시 존재하는 것이다.

한국의 인권운동에 대한 연구를 살펴보면 주로 인권운동은 70~80년대 민주화운동사의 일부로서 기술되는 경우가 대부분이며 90년대 이후의 인권운동사를 다룬 논의들은 활동가들의 회고적 평가가 중심을 이룬다. 혹은 90년대 이후의 인권운동에 대한 연구가 이루어질 경우에도 주로 성소수자 인권운동, 장애인 인권운동, 이주노동자 인권운동 등 특정 분야에서의 인권운동에 대한 연구가 중심이 되고 있다. 그에 비해 1993년 출범한 한국인권단체협의회, 2004년 결성된 인권단체연석회의 등과 같은 인권단체들의 상설 연대기구나 인권운동사랑방·천주교인권위원회·다산인권센터·전북평화와인권연대·대구인권운동연대 등과 같이 인권의제 전반을 다루며 활동하는 인권단체들에 대한 연구는 사실상 공백에 가깝다고 할 수 있다.

더욱이 90년대 이후 한국의 인권운동은 앞에서 열거한 인권단체들의 개별적 활동들만이 아니라 국가인권위 설립, 과거사 진상규명, 종합교육행정정보시스템(NEIS) 반대운동, 반세계화운동, 비정규직 노동자투쟁, 평택미군기지건설 반대운동, 용산참사 진상규명운동 등에 연대하면서 한국사회의 진보적 변화를 위해 활동해 왔고 이를 통해 인권의 지평을 넓혀왔다. 하지만 90년대 이후 인권단체들이 이와 같은 범사회적 의제를 중심으로 한 활동에 대한 학문적 논의 역시 부재한 것이 현실이다.

90년대 이후는 이른바 '민주화 이후의 시간'이다. 민주화 이후에도 한국의 사회운동은 조직적으로 분화되고 의제 면에서 다변화되었지만 때로는 협력하고 때로는 각자 활동해 나가면서 한국사회의 긍정적 변화를 끌어내는 중요한 동력 가운데 하나로 작용했다. 특히 민주화 이후 인권운동은 다른 사회운동 못지않게 사회변혁을 위해 중요한 문제를 제기했고 주목할 만한 담론들을 제출했으며 중요한 실천을 해온 것이다.


## 2) 2세대 인권운동을 규정하기

앞에서 언급한 바와 같이 90년대 이전의 인권운동과 그 이후의 인권운동에서는 연속성만이 아니라 중요한 단절점 역시 존재한다. 일정한 시간이 지나면서 인권운동에서 활동방식이나 담론 등에서 '이전과 이후'로 나뉘는 차이가 발생했다고 할 수 있다. 인권운동에서 일종의 세대적 변화가 발생한 것이다. 이런 맥락에서 우리는 90년대에 시작된 새로운 인권운동을 '2세대 인권운동'이라고 규정하고자 한다. 이는 70~80년대까지 인권운동과 그 이후 인권운동이 중요한 차이를 보이기 때문이다.

90년대 이후의 인권운동을 2세대 인권운동이라고 규정하는 것은, 제2장에서 상세하게 살펴보게 되겠지만, 이 시기에 들어서 인권운동이 독자적 사회운동으로서 면모를 갖추기 시작했기 때문이다. 70~80년대에 전개된 한국의 인권운동은 반독재 민주화나 사회체제의 변혁이라는 '전체 운동'의 목표에 복무하는 '부문운동'으로서의 성격이 강했던 반면, 90년대 좀더 정확히 말하자면 1993년을 기점으로 인권운동은 민주화운동 및 민중·민족 운동과는 구별되는 목표, 의제, 조직체계, 활동방식, 담론 등을 가진 독자적 사회운동으로 변모하기 시작한 것이다.

2세대 인권운동을 연구하기 위해서는 누가 그 운동을 수행하였는가를 묻지 않을 수 없다. 조직된 사회운동으로서 2세대 인권운동은 당연하게 2세대 인권단체들을 중심으로 전개되었다. 그런데 여기서 어떤 사회운동단체를 인권단체로 규정할 수 있는가라는 문제가 제기된다. 90년대 이후 인권운동의 역사와 그 성격을 연구하기 위해서는 우선 연구대상의 범주를 명확하게 설정해야 할 필요가 있다. 행정안전부에 등록된 비영리민간단체 중 단체명 중에 인권이라는 명칭이 들어가면 전부 인권운동조직으로 규정해야 할까?

한국 인권운동의 역사를 세대라는 개념을 통해 파악하겠다는 시도에 전제된 것은 세대는 차이만이 아니라 연속성을 전제하고 있는 개념이라는 점이다. 서로 무관한 종별적 존재들의 시간적 관계에 우리는 세대라는 용어를 사용하지 않는다. 다시 말해 70~80년대의 1세대 인권운동과 달리 전체 운동의 부문운동 성격을 탈피하여 독자적 성격을 갖춘 운동으로 변모하였지만 사회변혁에 대한 문제의식 자체를 이어가고 있는 인권운동이 바로 2세대 인권운동이라는 것이다. 시민 개인의 권리를 방어하고 확장하는 것만이 아니라 인권의 총체적 실현을 위한 정치적·경제적 조건의 변혁이라는 문제의식 자체는 1세대 인권운동과 일정하게 이어져 있다. 그러므로 이 책에서는 2세대 인권운동을 수행한 인권단체들을, 사회변혁이라는 문제의식을 1세대 인권운동과 공유한 인권단체들로 파악하고자 한다.

더 구체적으로 이 단체들을 특정하기 위해서는 90년대에 진보적 사회운동의 맥락 속에서 조직된 인권단체 연대기구들에 소속되어 활동한 단체들에 주목할 필요가 있다. 이러한 인권단체들의 연대기구로는 크게 두 가지가 있다. 1994년 결성되어 1998년까지 활동한 '한국인권단체협의회'와 2004년 결성되어 2017년까지 활동한 '인권단체연석회의'이다. 이 연대기구에 소속된 단체들을 2세대 인권운동을 전개한 인권단체로 설정할 것이다.

그러나 두 단체에 소속되어 활동한 모든 개별 인권단체 활동의 총합이 곧 2세대 인권운동과 등치될 수는 없다. 2세대 인권운동은 이들 개별단체의 활동을 통해서도 전개되지만 인권의제와 관련하여 인권단체가 아닌 다른 사회운동단체, 즉 시민운동단체나 노동운동단체와의 연대활동을 통해서도 수행되었기 때문이다. 가령 국가인권위원회 설립운동을 그 예로 들 수 있다.

국가인권위 설립운동은 대표적인 인권의제인 국가인권위원회를 설립하기 위해 인권단체들이 주도적으로 전개한 운동이었지만, 단지 인권단체들에 의해서만 수행된 것은 아니었다. 국가인권위원회 설립운동의 국면에서 가장 중심적 역할을 했던 연대기구는 '인권법 제정 및 국가인권기구 설치 민간단체공동추진위원회'와 이 조직이 확대·개편되어 결성된 '올바른 국가인권기구 설치를 위한 민간단체공동대책위원회'였는데, 양 조직 모두에는 여성단체연합·여성민우회·민주노동조합총연맹·민주주의민족통일전국연합·참여연대·경제정의실천시민연대 등과 같은 여성운동, 노동운동, 통일운동, 시민운동 등을 하는 단체들이 함께하였다.

다시 말해 2세대 인권운동의 의제와 활동영역은 단지 인권단체 연대기구에 소속되어 활동한 개별 인권단체들의 의제와 활동영역에 제한될 수 없다고 하겠다. 2세대 인권운동에서는 개별단체의 활동보다도 인권단체들 간의 연대, 인권단체들과 다른 사회운동단체들의 연대를 통한 인권운동이 매우 큰 비중을 차지한다. 그러므로 우리는 2세대 인권운동을 개별 인권단체의 활동을 통해서 연구하기보다는 인권단체들이 다른 사회운동조직과 연대를 통해서 혹은 인권단체들

간의 연대를 통해서 수행해 온 인권의제 관련활동들을 일차적 대상으로 살펴보고자 한다.

반면 어떤 경우에는 2세대 인권운동의 특성을 규명하기 위해 특정한 개별 인권단체의 활동을 부각할 필요도 있다. 1세대 인권운동과는 구별되는 2세대 인권운동의 고유한 성격이 드러나는 활동을 시작한 단체들의 경우에 대해서는 따로 논의를 해야 하는 것이다. 이러한 활동은 장애, 이주, 정보, 성소수자, 청소년 등 특정 의제를 중심으로 조직된 인권단체보다 한국사회의 모든 문제를 인권의 관점에서 개입하고 대안으로 제시하고자 활동해 온 단체들이 더 잘 보여준다. 한국인권단체협의회나 인권단체연석회의에 소속된 단체들 가운데서 '인권운동사랑방' '천주교인권위원회' '다산인권센터' '대구인권운동연대' '전북평화와인권연대' 등이 그와 같은 단체라고 할 수 있다. 여기서는 이러한 인권단체를 '인권일반단체'라고 명명할 것이다.* 2세대 인권운동의 기본적 틀은 인권일반단체들에 의해 구축되었다. 그러므로 인권운동의 연대활동이 아니라 개별 인권단체의 활동을 분석할 때는 한국사회에서 발생하는 사회적 고통의 문제를 인권의 관점에서 해결하기 위해 특정 의제나 사안에 국한되지 않고 전방위적으로 인권운동을 전개해 온 단체들을 그 대상으로 삼을 것이다.

연구의 대상과 관련하여 언급할 마지막 논점은 2세대 인권운동이 반드시 90년대 이후 형성된 인권단체들의 활동만을 뜻하는 것은

---

* 인권일반단체들은 장애인 인권, 성소수자 인권 등과 같은 당사자 인권을 중심으로 하는 활동이나 정보인권, 인권교육, 양심수인권, 노동인권 등과 같은 특정 인권의제를 중심으로 전개된 인권운동에 국한되지 않는 활동을 전개해 온 인권단체이다. 물론 특정 인권의제 중심의 활동들에 참여하거나 소수자 인권운동에 연대하기도 하였지만 1990년대 이후 이 단체들은 인권의 관점에서 한국사회의 모순과 부조리에 대항하는 전방위적 활동들을 전개해 왔다.

## 표 1. 한국인권단체협의회 가입단체 및 단체별 성격

| 참여단체 | 단체성격 | 창립연도 | 비고 |
|---|---|---|---|
| 민주화를위한변호사모임 | 전문가인권단체 | 1987 | 변호사단체 |
| 민주주의민족통일 전국연합인권위원회 | 인권일반단체 | 1991 | 민주화운동 연대기구 산하 인권전담기구 |
| 민주주의법학연구회 | 전문가인권단체 | 1989 | 법학자단체 |
| 민주화실천가족운동협의회 | 당사자 중심 인권단체 | 1985 | |
| 불교인권위원회 | 인권일반단체 | | 종교인권단체 |
| 인권운동사랑방 | 인권일반단체 | 1993 | |
| 전국민주주의민족통일 유가족협의회 | 당사자 중심 인권단체 | 1986 | |
| 천주교인권위원회 | 인권일반단체 | 1994 | 종교인권단체 |
| 한국기독교교회협의회 인권위원회 | 인권일반단체 | 1974 | 종교인권단체 |

## 표 2. 인권단체연석회의 가입단체 및 단체별 성격

| | 인권 일반단체 | 의제 중심 인권단체 | 소수자/당사자 인권단체 | 전문가 인권단체 | 인권문화 예술단체 | 기타 사회단체 |
|---|---|---|---|---|---|---|
| 1993년 이전 | 불교인권위원회, 한국교회협의회 인권센터 | 민주화실천 가족운동협의회, 민족민주열사·희생자추모(기념) 단체연대회의 | | 민주화를위한 변호사모임, 민주주의법학 연구회 | | |
| 1993년 이후 | 광주인권지기'활짝', 다산인권센터, 빈곤과차별에 저항하는 인권운동연대, 새사회연대, 울산인권운동연대, 원불교인권위원회, 인권운동사랑방, 전북평화와 인권연대, 천주교인권위원회 | 구속노동자후원회, 삼성노동인권지킴이, 안산노동인권센터, 외국인이주노동운동협의회, 인권교육센터 들, 이주인권연대, 인권과평화를위한 국제민주연대, 장애물없는 생활환경시민연대, 전쟁없는세상, 전국불안정 노동철폐연대, 진보네트워크센터, 청주노동인권센터, 한국비정규노동인권센터 | 장애와인권 발바닥행동, 장애우 권익문제연구소, 전국장애인 차별철폐연대, 청소년인권행동 아수나로, 한국게이인권운동 단체친구사이, 행동하는 성소수자인권연대, HIV/AIDS인권연대 나누리+, KANOS | 노동인권실현을 위한노무사모임 | 거창평화인권 예술제위원회, 서울인권영화제 | 문화연대, 사회진보연대 |

24

아니라는 점이다. 2세대 인권운동이 1세대 인권운동과 갖는 차이점이 인권운동의 독자성 확보 여부에 있다면, 비록 1세대 인권운동이 전개되던 시절 결성되어 활동한 인권단체라고 할지라도 인권운동을 민중·민족 운동의 부문운동으로 파악하는 것이 아니라 독자적 의제와 활동방식을 가지는 사회운동으로 이해하고 활동한다면 이 단체 역시 2세대 인권운동에 참여하는 단체로 규정할 것이다.

# 2. 2세대 인권운동 연구, 무엇을 어떻게?

## 1) 사회운동에서 구조적 차원과 문화적 차원의 관계

사회운동 연구의 역사는 적지 않다. 사회학이나 정치학 등의 학문분야는 구조기능주의, 합리적 선택 이론, 자원동원이론, 정치과정론, 신사회운동론 등 사회운동 연구는 다양한 이론들을 구축해 왔다. 특히 최근에는 사회운동에 대한 문화적 접근이 새로운 사회운동의 연구경향으로 등장하고 있다. 한국의 2세대 인권운동을 연구하는 이 작업역시 사회운동에 대한 문화적 접근을 중요하게 참조하고자 한다.

그러나 단순히 사회학자들이 중심이 된 문화적 접근방법을 2세대 인권운동 분석에 적용하는 방식을 취하지는 않을 것이다. 그보다는 오히려 그러한 방법을 참조하면서 2세대 인권운동의 문화적 차원을 다양한 이론들과 접목해서 규명하는 것에 초점을 맞추고자 한다. 이는 특히 2세대 인권운동 내부의 역동에 대해 관심을 갖는다는 것을 뜻한다. 이 글은 2세대 인권운동을 구성하는 다양한 층위 가운데 문화적 층위 혹은 2세대 인권운동에서 '문화적인 것'(the cultural)을 파악하고 한다. 즉 한국의 2세대 인권운동을 문화연구의 관점에서 분석하겠다는 것이다.

그런데 여기서 말하는 문화적인 것은 흔히 대중문화나 고급문화 등에 대한 일부 문화연구 진영에서 주목하는 소재나 독자적 대상으로서 문화(culture)와 동일한 것은 아니다. 여기서 말하는 문화적인 것은 음악, 미술, 문학, 영화, 문화산업 등과 같은 특정 분야나 대상이 아니다. 문화적인 것은 다양한 사회적 제도나 실천에 내재하는 문화적 차원, 즉 의미와 정서의 소통작용을 뜻한다. 가령 사회운동의 경우에서 문화적인 것은 사회운동에서 불리는 노래, 시각 이미지, 사회운동의 요구를 담은 서사물 등에 국한되는 것이 아니라 자신이 자리 잡은 세계에 대한 사회운동의 의미화 과정, 정서적 반응을 지시하는 개념이다. 이를 사회운동의 문화적 층위라고 다시 표현할 수도 있다.

그러나 사회운동은 단지 문화적 층위에 의해서만 작동하지 않는다. 사회운동이 사회문제를 해결하고자 하는 집단적이고 조직적인 실천인 한에서 사회운동은 경제체제나 정치체제와 같은 제도적이고 구조적 층위에서 발생하게 된다(서영표 2013). 그리고 이는 인권운동의 경우에도 마찬가지이다(조효제 2016; 마크 프레초 2020). 그러므로 2세대 인권운동이라는 사회운동의 특정 한 분야를 문화연구의 관점에서 분석하는 이 연구의 이론적 문제는 사회운동의 문화적 층위와 사회구조적 층위의 관계를 해명하는 것으로부터 시작하게 된다.

인간의 사회적 삶에서 구조적 층위와 문화적 층위의 관계에 대한 이론화를 가장 뚜렷하게 수행해 온 지적 전통은 단연 마르크스주의라고 할 수 있다. 이 전통 속에서 구조적 층위는 경제적 토대로, 문화적 층위는 이데올로기적 상부구조로 파악되며 양자의 관계는 '조응'이라는 관점에서 이해되어 왔다. 그리고 이는 토대에 의한 상부구조의 결정으로 해석되면서 사회구성체에 대한 경제결정론적 이해로 이어졌다. 하지만 경제결정론적 사회이해에 대한 비판은 마르크스주의 전통에서도 줄곧 존재해 왔다. 특히 알튀세르(Altusser)는 사회적 행위에 대한 구조적 조건의 규정력을 강조하면서도 이 구조적 조건을 단순한 경제적 모순으로 환원하지 않고 복잡한 상호작용에 의해 규정되는 요소들의 관계로 파악하는 이론적 관점을 제시하였다(루이 알튀세르 2017). 알튀세르에게 토대는 단지 경제적 모순만으로 단순히 규정될 수 없는 복잡성의 체계이며 상부구조는 토대에 의해 결정되는 가상적인 것(the imaginary)에 불과한 것 역시 아니다. 알튀세르는 사회에 대한 토대와 상부구조라는 건축적(topique) 유비가 갖는 한계를 넘어서기 위해 사회를 '구조화된 복잡한 전체'(같은 책, 356쪽)로 이해하고자 한다.

구조화된 복잡한 전체로서 사회라는 개념을 통해 알튀세르가 부각하고자 하는 바는 사회적 모순이 항상 복잡한 관계들로 형성된 구조에 의해서 규정된다는 점이다. 모든 모순을 규정하는 기원적 모순, 즉 기원적 단순성이란 존재하지 않는다. 알튀세르는 마르크스의 근본적 입장이 바로 이런 것이었다고 쓴다.

> 분명히 가장 중요한 것은, 그[마르크스-이하 인용자]가 단순성이 기원적이기는커녕, 일정한 조건들 속에서 하나의 복잡한 과정의 산물일 뿐이라는 것을 드러낸다는 것이다. 오직 그런 것으로서만 단순성은 (그것도 하나의 복잡한 전체 속에서!) 있는 그대로의 단순성으로서, 즉 '단순한' 범주의 실존의 형태로서 존재할 수 있다. …따라

서 단순성은 기원적이지 않다. 반대로, 자신의 의미를 단순한 범주에 부여하는 것은 또는 긴 과정의 끝에 그리고 예외적인 조건들 속에서 어떤 단순한 범주들의 경제적 실존을 생산할 수 있는 것은, 바로 구조화된 전체이다. (같은 책, 340쪽)

다시 말해 자본과 노동 사이의 모순, 즉 경제적 모순이라는 단순성은 여타 다른 복잡한 모순들이 그로부터 파생되는 기원적 모순, 기원적 단순성이 아니다. 오히려 경제적 모순이라는 단순성조차 여타의 모순들과 맺는 복잡한 관계 속에서 구조화되어 있다. 다양한 모순들이 서로를 규정하며 맺고 있는 복잡한 관계가 바로 구조화된 전체이다.

이와 같은 알튀세르의 논의는 모순의 단순성이 선차적으로 존재하고 이 단순성으로부터 다른 모순들이 파생되어 전체를 이룬다는 관점에 대한 비판을 함축한다. 선차적으로 존재하는 것, 복잡한 모순들의 기원은 단순한 모순이 아니다. 오히려 단순성은 복잡한 모순들의 구조화된 전체의 효과이다. "즉 단순한 것은 복잡한 구조 속에서만 실존할 수 있다."(같은 책, 341쪽)

하지만 단순한 모순이 모순들의 복잡한 관계의 구조 내에서만 산출된다는 것이 이 구조 내에서 모든 모순들이 등가적이라는 것을 의미하지는 않는다. 다양한 모순들의 복잡한 관계로 규정되는 구조 내에는 지배적인 것이 존재하며 이 지배적인 것으로 인하여 구조는 통일성을 형성하게 된다. 알튀세르는 이러한 구조를 "지배관계를 갖도록 절합된 구조"(같은 책, 350쪽)라고 개념화한다.

마르크스주의자로서 알튀세르는 이 지배적 모순관계를 경제적 모순에서 찾으며 이를 복잡한 구조의 최종심급이라고 규정한다(같은 책, 199쪽). 바로 이 최종심급이 복잡한 전체로서 구조에 통일성을 부여하는 지배적인 것이다. 하지만 최종심급, 즉 지배적인 모순은 그 자체로는 결코 작동하는 것이 아니라는 점에서 경제적 모순은 결코 모순들의 기원이나 궁극적 결정인자가 아니다. 경제적 모순이라는 최종심급의 모순 역시 항상 다른 모순들의 관계 전체라는 구조 내에서만 작동한다. 알튀세르는 모순의 이와 같은 성격을 '과잉결정'이라고 개념화한다(같은 책, 180쪽). 최종심급의 모순을 포함한 모든 모순은 원리상 과잉 결정된다. 다시 말해 오로지 경제적 모순만이 홀로 작동하여 다른 모순을 결정하는 경우란 존재할 수 없는 것이다. 그래서 알튀세르는 "처음 순간에도 마지막 순간에도, '최종 심급'의 고독한 시간의 종은 결코 울리지 않는다"(같은 책, 202쪽)고 쓰고 있는 것이다.

　　결국 알튀세르는 경제적 토대에 의한 이데올로기적 상부구조의 결정이라는 경제결정론적 해석을 가능하게 했던 사회구성체의 건축학적 모델을 해체하고 사회구성체, 즉 사회를 '지배관계를 갖도록 절합된 구조'라는 모델로 대체하는 것이다. 이러한 알튀세르의 사회구조에 대한 이론을 확장하여 사회운동을 파악하자면 사회운동은 더 이상 경제적 모순은 물론이고 민족적 모순 혹은 성적 모순과 같이 어떤 특정 모순 하나에 의해서만 발생하지 않음을 알 수 있다. 사회운동을 촉발하는 모순 역시 원리상 과잉 결정된 모순이라고 할 수 있다.

　　그런데 여기서 중요한 것은 구조화된 복잡한 전체라는 사회구조적 조건이 직접적으로 행위자들의 실천, 즉 사회운동을 결과하는 것이 아니라는 점이 중요하다. 알튀세르에 의하면 구조의 모순으로 인해 마련된 실천의 조건은 행위자가 그 조건을 어떻게 인식하느냐에 따라 달라진다. 그리고 이때 조건에 대한 행위자의 인식은 자연적 개인의 인식이 아니라 사회적 관계 속에서 주체화된 존재자로서의 인식이다. 이러한 인식을 알튀세르는 이데올로기라고 파악한다. 그는 이데올로기를 다음과 같이 정의한다. "이데올로기는 그들의 실재 존재조건에 대한 개인들의 상상적 관계의 표상이다."(루이 알튀세르 1991, 107쪽)

여기서 개인들의 '실재 존재조건'이란 앞에서 논의한 구조화된 복잡한 전체, 즉 지배관계를 갖도록 절합된 구조이다. 하지만 개인들은 자신들의 실재 존재조건을 있는 그대로 인식하여 표상하지 못한다. 개인들이 표상하는 것은 실재 존재조건 그 자체가 아니라 그 조건과 자신들이 맺는 '상상적 관계'이다. 다시 말해 이데올로기는 개인들과 그들의 존재조건을 인식론적으로 매개하는 기능을 한다.* 개인들은 이데올로기 속에서 구조화된 복잡한 전체를 인식하는 것이다.

사회운동이라는 우리의 논의맥락에서 보자면 행위자들이 사회운동을 수행하는 것은 단지 구조의 모순이 유발하는 자극에 직접적으로 반응하기 때문이 아니다. 구조의 모순으로 인해 특정 사회집단이 고통을 경험한다고 하더라도 그 고통의 원인을 구조적 모순 때문이라고 인식하고 그 모순을 해결해야 고통을 제거하거나 경감할 수 있으며 사회운동을 통해 그 고통을 제거하거나 경험할 수 있다고 인지할 때 그들은 사회운동에 나서게 된다. 다시 말해 단지 구조의 모순이 직접적으로 사람들을 사회운동에 참여하게 하는 것은 아니다. 이와 더불어 구조의 모순에 대한 사람들의 해석과 판단이라는 인지의

---

\* 그러나 여기서 말하는 인식론적 과정이 단지 지적인 수준에 국한되는 것은 아니다. 알튀세르의 상상 개념은 매우 스피노자적인 것으로서, 스피노자에게 상상은 언제나 정서와 연관된 개념이다. 그러므로 상상과 결부된 인식론 과정은 지적인 차원과 정서적인 차원을 동시에 포함한다. 알튀세르 이데올로기론에서 상상 개념이 갖는 스피노자적 의미에 관해서는 진태원(2008), 상상 개념의 정서적 차원에 관해서는 정정훈(2019) 참조.

차원이 병행되어야 그들은 사회운동에 참여한다. 이때 구조의 모순을 해석하고 판단하게 하는 인지적 차원을 규정하는 것이 바로 이데올로기이다. 구조의 모순이 사회적 고통을 유발하지만 이 고통을 사회운동의 방식으로 경감하거나 제거하기 위해 사람들이 집단적인 실천을 수행하게 하는 것은 이데올로기 때문인 것이다.*

알튀세르에 따르자면, 개인들의 실재 존재조건과 이데올로기의 관계는 사회적 행위의 두 가지 조건이라고 할 수 있다.** 사회적 행위는 구조의 모순으로 유발된다. 하지만 그 행위가 구조의 모순에 순응적인지 저항적인지를 규정하는 것은 그 모순에 대한 행위자의 해석과 평가이다. 다시 말해 구조적 모순에 대응하는 사회적 행위의 성격을 규정하는 인지는 이데올로기라는 문화적 차원 속에서 이루어지는 것이다. 이 책이 주목하는 사회운동에서 문화적인 것은 이러한 인지적 차원이다.***

사회운동에 대한 문화연구라는 관점에서 알튀세르의 이론을 검토해 보자면, 이데올로기라는 문화적 차원은 무엇보다도 행위자의 '인지적 차원'을 의미한다고 할 수 있다. 이데올로기의 역할은 객관적 사회구조의 복잡성을 주체가 파악하고 해석하며 평가하는 데 활용하

---

* 문화연구의 전통에서는 이러한 이데올로기의 작동양식을 문화적인 것으로 규정해 왔다(스튜어트 홀 1996).

** 하지만 알튀세르는 최종심급에서 경제의 결정이라는 자신의 주장과 이데올로기의 영원성에 대한 주장 사이의 관계를 제대로 규명하지 못했다. 반면 발리바르는 생산양식, 즉 넓은 의미에서의 경제와 이데올로기 모두를 사회구성체의 토대로 파악하며 그 관계를 규명한다. 그에 의하면 토대는 한 가지가 아니라 두 가지이다(에티엔 발리바르 2018). 이에 관해서는 이 책 7장에서 상세히 논의한다.

*** 앞에서도 논의했듯 문화적인 것은 단지 의미의 차원만이 아니라 그와 결부된 정서 혹은 감정의 차원을 함께 포함한다. 그러나 한국 2세대 인권운동의 인지적 차원, 특히 지적 차원을 중심으로 하는 이 연구에서는 문화적인 것에서 정서 내지 감정의 차원은 분석대상에서 제외한다. 정서의 분석은 이후 또 다른 연구의 필요성을 요구한다.

는 인식의 틀이기 때문이다. 이런 관점에서 사회운동을 분석한다면 사회운동 참여자들이 해결하거나 개선하고자 하는 사회문제를 어떤 틀에 입각하여 인식하는지를 분석하는 것이 중요해진다. 한마디로 사회운동의 연구는 구조의 차원만이 아니라 인지의 차원, 즉 사회운동에서 문화적인 것을 동시에 분석해야 한다는 것이다.


## 2) 한국의 사회체제론

구조적 차원과 인지적 차원의 연관관계라는 측면에서 사회운동을 분석한다고 할 때 우선은 사회운동의 두 차원, 즉 구조적 차원과 인지적 차원 각각에 대한 분석이 이루어져야 할 필요가 있을 것이다. 하지만 한국의 2세대 인권운동을 연구함에 있어서 이 두 차원 각각에 대한 분석을 위한 이론적 틀로서 알튀세르의 이론을 직접적으로 활용하는 것은 적합하지 않다. 이 책은 1993년부터 2012년까지 한국사회에서 전개된 인권운동이라는 매우 구체적이고 독특한 대상에 대한 분석을 진행하지만 알튀세르의 이론은 사회구성체의 모순구조 일반, 이데올로기의 작동방식 일반에 대한 이론이기 때문이다.

특히 한국 2세대 인권운동의 사회구조적 조건이라는 맥락에서 파악하자면 지배관계를 갖도록 절합된 구조라는 사회에 대한 일반적 개념을 바로 사용할 수는 없다. 우리의 구체적 연구맥락에서 중요한 것은 그 절합의 독특한 양상에 대한 분석이다. 사회구조 일반의 구성과 작동 방식에 대한 추상적 원리를 제시하는 이론이 아니라 특정 사회구조, 즉 한국사회의 구조를 구체적으로 분석할 이론적 틀이 필요한 것이다.

이런 맥락에서 '한국사회체제 논쟁'*의 과정에서 등장한 61년체제, 87년체제, 97년체제 등과 같은 사회체제론은 2세대 인권운동의 사회구조적 차원을 분석하기 위한 이론적 참조점을 제공한다고 할 수 있다. 이 논쟁과정에서 한국사회체제론은 보다 정치해져 갔으며 특히 조희연의 글(조희연 2008; 2013)은 경제적 모순과 같은 단일한 심급이 아니라 정치·경제·사회운동과 같은 비교적 복합적 심급들이 맺는 상호 작용적 관계 속에서 한국사회의 구조적 성격을 분석할 수 있는 이론적 틀을 제공하고 있다.

조희연은 사회체제에서 '체제'(regime)를 "다양한 요소들 간의 긴밀한 상호작용이 존재하고 그 관계가 어떤 일관된 관계성을 가지고 있는 집합체"(조희연 2013, 139쪽)로 정의한다. 다시 말해 "그 체제 안에 존재하는 정치적·사회적 행위자들과 그들 간의 상호작용에 일관된 규정관계가 존재"(같은 곳)할 때 사회체제라고 할 수 있다는 것이다. 이런 개념을 바탕으로 조희연은 '87년체제'를 "87년을 전기로 하여 한국사회에 어떤 '시대적 전환'이 이루어졌고 그것이 정치적·사회적 행위와 관계, 상호작용에 일관된 규정력으로 존재한다"(같은 곳)는 의미라고 개념화한다.

그렇다면 1987년을 전기로 하여 형성된 '정치적·사회적 행위와 관계 및 상호작용'에 대한 규정력은 무엇일까? 조희연은 '수동혁명적 민주화체제'라는 개념을 통해 그 규정력을 파악하고자 하며 '수동혁

---

★   한국사회의 구조적 차원을 분석하기 위해서 '체제'라는 개념을 중핵으로 하여 구성된 이론이 최초로 제안된 것은 2005년 7월 '도서출판 창비'와 '함께하는 시민행동'이 공동 개최한 심포지엄 "87년체제의 극복을 위하여: 헌법과 사회구조의 비판적 성찰"에서였다. 이 심포지엄 이후 김종엽이 편집한 『97년체제론』이 출판되었고 이 책에 대한 손호철의 비판(2009)이 있은 이후 조희연·서영표의 반론이 있고부터 논쟁이 본격화되었다고 할 수 있다. 이 논쟁의 경과에 관해서는 조희연(2010) 참조.

명적 민주화체제'로서 87년체제의 동학을 분석하기 위해 '모순적 복합성'과 '구성적 각축'을 제시한다(같은 글). 그리고 모순적 복합성 및 구성적 각축 개념은 그가 '97년체제' 및 '포스트민주화체제', 즉 2008년 이후 성립된 한국의 사회체제에 대한 분석에서도 일관되게 사용한다.

'수동혁명적 민주화체제'라는 개념은 두 가지 차원으로 이루어져 있다. '수동혁명'과 '민주화체제'이다. '수동혁명'은 그람시(Gramsci)의 개념으로, 지배계급이 위기를 극복하기 위해 스스로 지배의 방식을 개혁함으로써 피지배계급의 동의를 다시 얻게 되는 일련의 조치를 의미한다(안토니오 그람시 1999). 조희연은 이러한 그람시의 수동혁명을 다음과 같이 재구성한다.

> 수동혁명은 '지배의 위기에 대응하는 국가권력의 재조직화'라고 할 수 있는데 이를 통해 대중의 '혁명적 능동성'을 '지배에 대한 새로운 순응적 수동성'으로 전환하는 것이다. 이 수동혁명은 사실 전근대체제에서 근대체제로 전환하는 것처럼 '사회구성적' 수준에서의 전환에 사용될 수 있으며, 동시에 그 하위수준 —예컨대 하나의 단계에서 다른 단계로의 이행—에서도 사용할 수 있다. 여기서 필자는 61년체제, 87년체제와 같이 정부교체의 수준을 넘어 지배와 저항의 상호작용의 '질적 성격'이 변화하는 '시대전환'에 사용된다는 점을 밝혀둔다. (조희연 2013, 144쪽)

87년체제를 수동혁명으로 파악한다는 것은 87년체제가 민주화운동 및 변혁운동의 결과 기존 지배체제에 발생한 위기를 극복하기 위해 지배연합이 대중의 요구를 일정하게 수용하여 지배체제를 개혁함으

로서 성립하였음을 뜻한다. 이를 통해 기존의 지배체제(즉 61년체제*)
를 전복하고자 하던 대중의 역동성을 새로운 지배체제에 순응적이
되도록 관리하는 사회체제가 87년체제라고 할 수 있다. 그런데 조희
연은 비록 사회구성체의 교체 수준에서의 변혁은 아니지만 61년체
제에서 87년체제로의 전환은 '지배와 저항의 상호작용'의 성격이 질
적인 수준에서 변화되는 '시대전환'이었으며 이를 설명하기 위해 수
동혁명이라는 그람시의 개념을 차용하는 것이다.

　　하지만 수동혁명이라는 개념은 지배세력에 의한 체제의 일정한
개혁이 수동적으로 이루어졌음을 동시에 강조하는 것이기도 하다.
즉 기존체제에 대한 대중들의 공격에 대응하기 위해서 지배세력은
체제전환을 시도할 수밖에 없었음을 의미한다. 이런 맥락에서 조희
연은 87년체제가 '수동혁명'의 성격을 가지기는 하지만 그럼에도 분
명하게 '민주화체제'라고 규정한다. 1987년 6월 민주항쟁의 결과 "권
위주의적 레짐에서 민주주의적 레짐으로의 전환이 1987년을 기점으
로 이루어져 정치체제로서 87년체제가 성립"(같은 글, 140쪽)했다는
것이다.

　　그런데 여기서 조희연은 정치체제로서의 87년체제는 '민주주의'
체제가 아니라 '민주화'체제, 즉 민주주의 체제로 이행중에 있는 유동
적인 체제임을 강조한다. '민주주의 체제'는 민주주의의 원리가 정치
적·사회적 상호작용의 일관된 틀로 공고화된 체제라면, '민주화체제'
는 정치 제도 및 규범, 사회적·경제적 차원에서의 민주주의 원리의

내재화 과정이 그에 반대하는 세력과 충돌하면서 진전하거나 후퇴하는 체제라는 것이다.

87년체제가 수동혁명적 성격과 민주화체제의 성격이 결합되어 성립한 사회체제라는 시각은 그 체제가 성립과 더불어 완결되어 불변하는 체제가 아니라 불안정하며 체제의 구성적 특성이 변화될 수 있는 유동적인 사회체제라는 함의를 갖는다. 수동혁명적 계기와 민주화의 계기는 87년체제를 구성하는 모순적 계기로서, 양자는 각축하는 관계에 있으며 어느 계기가 우위를 차지하느냐에 따라 87년체제는 민주주의가 정치적·경제적·사회적·문화적으로 공고화된 체제로 변화할 수도 있고 아니면 지배세력의 기득권이 더욱 강화되는 체제로 변화될 수도 있는 상반된 가능성을 동시에 품고 있는 모순적 체제라는 것이다.*

조희연은 87년체제 내에 배태된 모순적 계기들이 서로 주도권을 장악하기 위해 벌이는 투쟁을 '구성적 각축'이라고 개념화한다. 수동혁명으로 나타나는 지배의 계기와 민주화로 표현되는 저항의 계기가 주도권을 두고 각축하는 과정이 이 체제의 성격을 변동시켜 간다는 것이다. 이러한 각축의 양상과 그 잠정적 결과들에 따라 1987년 이후 한국사회의 변화를 조희연은 '경합국면'이라는 개념으로 포착한다 (같은 글, 149쪽). 그리고 이러한 시각은 97년체제와 포스트민주화 체제에 대한 분석에서도 유지된다.

그런데 여기서 주의할 것은 87년체제 이후의 사회체제가 표면적

---

* 사회체제의 동적인 성격, 즉 상대적 불안정성이 체제 내에 배태되어 있다는 조희연의 관점은 그가 사회체제론을 구성하기 위해 기대고 있는 그람시주의의 헤게모니 개념에서 연원하는 것이다. 특히 홀(Hall)은 헤게모니의 잠정적 성격을 강조한다(스튜어트 홀 2007, 31쪽).

으로는 수동혁명과 민주화라는 두 계기 사이의 구성적 각축에 의해 관통되고 이 각축의 양상 및 틀을 경합국면이라는 개념을 통해서 포착할 수 있다고 하지만, 심층적 수준에서 보자면 체제의 성격변화를 위해 각축하는 모순적 계기들은 단지 이항으로 나눌 수 없는 복합적인 것이다. 조희연은 이를 '모순적 복합성'이라고 개념화하고자 한다. 그것은 수동혁명의 계기를 구성하는 지배연합 내에서도 입장과 이해관계를 달리하는 여러 분파들이 공존하며, 수동혁명의 계기와 경합을 벌이는 민주화 계기 내의 저항연합 역시 입장과 이해관계에서 차이를 보이는 다양한 세력들로 구성되어 있기 때문이다. 때로는 지배연합의 일부와 저항연합의 일부가 타협하거나 공조하면서 각자의 이해관계를 관철하고자 시도하는 복잡한 각축의 양상을 보일 수도 있다는 것이다.

이러한 관점에 입각하여 조희연은 1987년 이후의 한국사회 체제의 시계열을 경합국면의 단계들로 설명한다. '1차 경합국면'은 1987년 6월 항쟁과 6·29선언부터 1990년 3당합당까지의 시기이고, 그는 이를 87년체제의 '원형적 구성' 혹은 '1차 구성'이라고 파악한다. '2차 경합국면'은 3당합당 이후 1997년 대선과 금융위기까지의 시기로서 87년체제의 '2차 구성'을 뜻한다. '3차 경합국면'은 1997년 대선에서부터 2007년 대선까지의 김대중·노무현 정부의 시기로서, 조희연은 이를 97년체제라고 규정한다. '4차 경합국면'은 2008년 이후 이명박정부 시기부터 박근혜정부의 성립시기까지이며 이 체제가 포스트민주화 체제이다(같은 글, 150쪽).

하지만 동시에 그에 의하면 87년에 형성된 '정치적·사회적 상호작용을 규정하는 기본틀' 자체는 변하지 않고 그 기본틀 내에서 각축이 이루어지는 양상이 변화하는 것이 97년체이다(같은 글, 144쪽). 이러한 측면에서 파악하자면 조희연에게 97년체제는 87년체제와 동일한 차원에 있는 '시대전환'의 결과물이라기보다는 1997년 금융위기와 1998년 IMF관리체제 이후 진행된 한국경제의 본격적 신자유주의화의 결과로 형성된 경제질서를 포착하는 입론이라고 할 수 있다. 그리고 포스트민주화 체제에 이르러서 87년체제의 근본적 전환이 발생하는 가능성이 나타나고 있다고 조희연이 파악하는 것으로 해석할 수 있다. 조희연은 1987년 이후 박근혜정부 성립시기까지 한국 사회체제의 국면적 특성을 다음과 같이 정리하고 있다.

우리는 조희연의 사회체제이론을 한국의 2세대 인권운동의 사회구조적 차원을 규명하기 위한 분석틀로 사용하고자 한다.* 1993년

그림 1. 1987년 이후 사회체제의 변동 (출처: 조희연 2013, 151쪽)

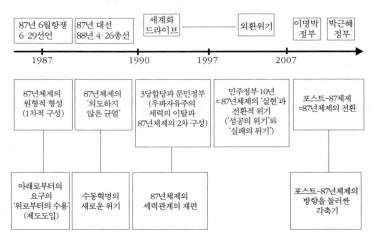

---

\*  이는 알튀세르의 사회이론에서 제시된 사회구조의 복잡성, 즉 모순의 과잉결정에 의해 구조화된 복잡한 전체를 한국의 구체적인 사회구조를 분석하는 데 활용하기 위한 일종의 매개적 틀이라고 할 수 있다.

이후 한국사회에서 전개된 2세대 인권운동이 어떤 사회구조적 조건 아래서 이루어졌는지를 분석하기 위해, 조희연이 제시한 사회체제론 중 87년체제 2차 국면, 97년체제, 포스트민주화체제라는 틀을 활용할 것이다.


## 3) 담론투쟁이론

알튀세르의 이데올로기 이론 역시 2세대 인권운동의 인지적 차원을 규명하기 위한 분석틀로 곧바로 활용하는 것은 쉽지가 않다. 알튀세르의 이데올로기 이론은, 사회적 행위자들은 자신들의 존재와 행위의 조건인 사회구조를 이데올로기 안에서 인지한다고 요약할 수 있다. 왜냐하면 그의 이데올로기 이론은 무엇보다 기존 사회구조의 재생산이 어떻게 국가를 통해 이루어지는지를 분석하기 위해 구성된 것이기 때문이다(루이 알튀세르 1991). 이것이 그의 유명한 '이데올로기적 국가장치' 개념이 보여주는 바이다.

이데올로기적 국가장치 개념을 주축으로 구성된 알튀세르의 이데올로기 이론은 일차적으로 '지배의 분석'에 초점이 맞추어져 있는 것이지 '저항의 분석'에 강조점이 있는 것이 아니다.* 알튀세르의 이

---

\* 물론 알튀세르는 국가에 의한 생산관계의 재생산 메커니즘을 탐구하기 위해 이데올로기적 국가장치라는 개념을 고안했고 이데올로기적 국가장치에 의해 개인들에게 부여되는 '사회구조에 대한 특정한 인지적 틀'을 지배 이데올로기로 파악한다. 하지만 알튀세르는 「이데올로기와 이데올로기적 국가장치」 논문과 이 논문이 그 일부로 포함된 미완성 유고인 『재생산에 대하여』(루이 알튀세르 2007)에서 이데올로기 일반과 지배 이데올로기를 구별한다. 이데올로기 일반은 오로지 지배 이데올로기만을 의미하는 것이 아니고 저항 이데올로기 역시 포함하는 것이다. 그래서 알튀세르는 이데올로기 역시 계급투쟁이라는 갈등의 장으로 파악한다. 하지만 알튀세르는 어떻게 저항 이데올로기가 저항의 주체를 구성하여 기존의 사회구조를 바꾸는 투쟁을 수행하게 되는지를 규명할 수 있는 이론은 제시하지 않았다.

론을 통해 곧바로 이데올로기라는 문화적 차원, 좀더 구체적으로는 인지적 차원이 기존 사회구조를 바꾸기 위해 지배질서에 도전하고 저항하는 사회운동의 동학을 규명하는 것은 쉬운 일이 아니다. 다시 말해 사회운동에 대한 문화연구 작업에서 알튀세르의 이론은 사회구조의 모순에 대한 해명만으로 사회운동의 발생과 전개를 설명할 수 없고, 그 구조적 모순에 대한 사회운동의 참여자들의 인지적 틀 역시 해명되어야 한다는 통찰을 제공해 주지만 기존 질서에 저항하는 사회운동의 인지적 차원을 규명하는 데 필요한 이론적 틀을 제공해 주지는 않는 것이다.

그렇다면 사회운동의 인지적 차원을 구체적으로 해명하기 위해서는 인지적 차원에서 발생하는 투쟁을 설명할 수 있는 다른 이론적 수준이 추가되어야 필요가 있다고 하겠다. 즉 기존 질서의 재생산에 작용하는 인지적 틀에 대한 분석이 아니라 기존 질서에 저항하는 사회운동의 실천에서 인지적 차원의 중요성을 분석할 수 있는 이론적 틀이 요구된다는 것이다. 여기서 푸코의 담론이론은 매우 유용한 관점을 제공한다.*

—
* 그러나 여기서 문제가 되는 것은 알튀세르의 이데올로기 이론과 푸코의 담론이론의 관계이다. 이는 푸코가 명시적으로 이데올로기 개념에 대해서 반대하고 있기 때문이다(루이 알튀세르 1991, 151쪽). 하지만 푸코의 담론연구가 단지 권력에 대한 분석 작업만이 아니라 항상 주체화와 관련된 연구였다는 점에서 그의 관심이 알튀세르의 이데올로기론과 유사한 문제틀 속에서 움직였음을 알 수 있다(미셸 푸코 외 1994). 이미 살펴본 바와 같이 알튀세르의 이데올로기론은 기본적으로 이데올로기에 의한 주체화 과정을 중심으로 형성되어 있기 때문이다. 그렇다면 알튀세르의 이데올로기 이론도, 푸코의 담론이론도 주체화와 관련된 이론이라는 점에서 양자는 공명한다. 물론 엄밀한 개념적 수준에서 양자는 구별되어야 할 것이다. 하지만 우리의 논의맥락에서 중요한 것은 앎을 중심으로 형성된 표상의 질서 속에서 어떻게 사회적 주체성이 형성되거나 혹은 그러한 질서에 저항하는 주체성이 출현할 수 있는가에 대한 논의로 알튀세르의 이데올로기 이론과 푸코의 담론이론을 읽을 수 있다는 것이다. 나는 이 글에서 알튀세르가 충분히 해명하지 못한 이데올로기의 작동이 푸코의 담론이론을 통해서 좀더 구체적으로 분석될 수 있다는 관점을 취하고자 한다. 즉 알튀세르의 이데올로기론이 정

주지하다시피 담론에 대한 푸코의 연구는 진리가 어떻게 권력관계 속에서 구성되는가에 초점이 맞춰져 있었다. 가령 푸코의 초기 담론이론을 잘 보여주는 『지식의 고고학』이 상대적으로 장기 지속하는 담론구성체의 담론이 만들어지는 규칙 및 체계에 대한 중립적 분석에 가깝다면, 계보학의 기획을 천명한 『담론의 질서』는 이러한 담론구성체에 배태된 권력의 작동방식에 대한 비판작업이라 할 수 있다. 그러므로 사회운동, 더 구체적으로 2세대 인권운동이라는 지배권력에 맞서는 사회운동의 인지적 차원을 분석할 때 『지식의 고고학』이나 『담론의 질서』에서 제시하는 담론분석의 방법은 적합하지 않은 것으로 보이기 쉽다. 이 저작들에서 푸코가 보여주는 담론분석은 권력관계 내에서 지배적 차원이 통제하는 담론 혹은 지배담론의 분석에 적합하다는 것이다.

그렇다면 푸코의 작업은 사회운동 연구의 지적 차원에 대한 연구에서는 활용될 수 없는 것일까? 1970년대 중반 푸코는 이후 담론에 대한 그 이전 연구와는 다른 시각과 이론적 관점을 제시한다. 이는 특히 1975~76년에 푸코가 콜레주 드 프랑스에서 강의한 내용을 담고 있는 『사회를 보호해야 한다』에 잘 나타나 있다. 이 강의록에서 푸코는 담론을 전쟁이라는 맥락에서 파악하면서 지배담론과 투쟁하는 대항담론을 분석하고 있다.*

---

치적 인식의 장에서 인간학적 조건 일반에 대한 이론이라면, 푸코의 담론이론은 역사적으로 그 정치적 인식의 장이 어떤 규칙성 속에서 구축되는지에 대한 분석의 틀이라고 파악하고자 한다. 또한 알튀세르의 이데올로기 개념이 주로 지배적 차원의 분석에 적합하다는 한계를 갈등적 장으로서 지식-권력관계라는 푸코의 이론을 통해 정정할 수 있다는 점 또한 추가하고자 한다.

* 이때 간과해서 안 되는 권력관계 내에서 서로 대립하는 담론에 대해서 가치판단을 하고 있지 않다는 점이다. 즉 푸코는 지배담론을 불의로, 대항담론을 정의로 규정하지 않는다.

푸코는 이 강의를 진행하던 1974~75년 시점에서 과거 15년, 즉 68혁명을 전후한 시기 프랑스의 지적 상황에서 새로이 형성된 중요한 흐름 가운데 하나를 '예속된 앎의 봉기'라고 파악한다. '예속된 앎'이란 정통 학문의 역사에서 엄밀성이 결여된 지식으로 치부되어 은폐되어 왔거나, 사회적 소수자들에 의해 형성되고 유통된 앎을 의미한다. 이 예속된 앎들의 봉기, 즉 '국지적 비판'이 권력관계 내에서 대항담론이 구축되는 방식인 것이다.

여기서 푸코는 지식(connaissance)과 앎(savoir)을 구별하는데, 지배적 담론은 제도와 규범에 입각하여 정합성과 체계성을 획득한 앎인 '지식'으로 구성되어 있는 반면 이에 대항하는 담론은 제도와 규범에 의해 정합성과 체계성을 획득하지 못한 지식, 즉 '앎'으로 구축되어 있다. 이러한 앎은 엄밀한 학문적 체제로부터 배제된 '잡학적 앎'이거나 민중들 사이에서 형성되고 사용되던 앎이었다. 그는 이러한 앎을 각각 '박식의 앎'과 '서민의 앎'이라고 표현한다. 푸코는 이러한 앎은 정확히 투쟁의 문제와 결부되어 있다는 점을 강조한다.

실제로 이 두 경우 모두에 있어서, 즉 이런 박식의 앎과 자격이 박탈된 앎들에 있어서, 예속되거나 파묻혀진 앎의 두 형식에 있어 무엇이 문제였을까요? 투쟁에 관한 앎이 문제였습니다. 박식의 전문영역에서도, 서민들의 자격이 박탈된 앎의 영역에서도 싸움의 기억이 바닥에 깔려 있습니다. (미셸 푸코 2015, 23쪽)

결국 푸코가 1960년대에서 70년대 중반까지 프랑스의 지적 상황에서 나타나는 중요한 흐름으로 규정하는 예속된 앎의 봉기란 지배적 담론을 구성하는 지식에 대립하며 그것과 투쟁하는 대항담론의 출현이라고 할 수 있다. 이러한 대항담론의 근저에는 '투쟁의 앎'으로서 '파묻힌 앎' '자격이 박탈된 앎'의 기억이 존재한다는 것이다.

푸코에 따르면 이러한 앎, 대항담론은 정확히 권력관계 속에서 형성되고 위치지어지며 작동한다. 그리고 이때 권력을 법적 모델이나 소유권 모델에 입각하여 파악해서는 안 된다고 그는 강조한다. 법적으로 보호되는 소유물이나 생산관계를 재생산하는 사적 소유수단과 같은 것으로 이해되어서는 안 된다는 것이다. 그에게 권력이란 "주어지거나 교환되거나 되찾아지는 것이 아니라 행사되는 것이며, 행위 속에만 존재"하는 것이고, 또한 "권력은 일차적으로 경제적 관계들의 유지와 갱신이 아니라 그 자체에 있어서, 일차적으로 힘관계일 뿐"이다(같은 책, 33쪽). 이렇게 파악된 권력을 연구하기 위해서 필요한 모델을 푸코는 전쟁에서 찾는다. "권력이란 전쟁이다, 다른 수단에 의해 계속되는 전쟁"(같은 곳)이기 때문이다.

전쟁모델을 통해서 파악된 권력은 한쪽이 다른 쪽을 일방적으로 억압하는 것을 가능하게 하는 수단이 아니라 서로 맞서 싸우는 두 세력 사이의 관계를 의미한다. 이렇게 권력을 전쟁의 관계로 파악할 때, 권력관계는 지배적 차원과 이에 맞서는 대항의 차원이라는 두 극으로 분할된다. 그리고 권력관계가 작동한다는 것은 두 극 사이의 투쟁이 전개된다는 것을 뜻한다. 그렇다면 권력은 지배적 극에 의해서만 일방적으로 행사되는 것이 아니라 전쟁에서 승리하고자 하는 양극 모두에 의해 행사된다는 것을 의미한다.

이때 중요한 것이 진실이다. 그에 따르면 권력은 무엇이 진실인가, 왜 그것이 진실인가 등을 둘러싼 진실담론을 통해서 행사되기 때문이다. 푸코는 권력과 진실담론의 관계를 서로를 구성하는 관계이자 서로가 서로의 전제가 되는 관계라고 규정한다.

> 이 권력관계들은 진실담론의 생산·축적·유통·기능 없이는 분리될 수도 없고, 수립될 수도 없으며, 기능할 수도 없습니다. 이 권력 속에서, 이 권력으로부터, 이 권력을 가로질러 기능하는 진실담론들이 지닌 일정한 경제 없이는 권력의 행사란 존재하지 않습니다.
> (같은 책, 40쪽)

주지하듯이 푸코에게 담론이란 항상 특정 지식을 진실로 만들고자 하는 의지로 관통되며, 이 진실의 의지란 곧 지배에의 의지이다. 권력관계는 무엇보다도 일차적으로 진실에의 의지를 내재하고 있는 담론을 통해서 작동하게 된다. 진실을 생산하고 유통하고자 하는 의지들을 통해 담론 역시 두 극으로 분할되는 것이다. 그렇다면 우리는 지배적 세력과 이에 대항하는 세력들이 각자의 담론을 진실로 만들기 위한 투쟁이 전개되는 장, 담론적 갈등의 장을 상정할 수 있다.*

나는 담론의 장에서 수행되는 전쟁, 즉 담론투쟁이라는 푸코의 관점을 2세대 인권운동의 인지적 차원을 분석하기 위한 이론적 틀로 차용하고자 한다. 2세대 인권운동이 생산해 온 지식을 담론적 갈등의 장에서 수행된 투쟁, 즉 앎의 봉기라는 관점에서 살펴보고자 하는 것이다. 이어지는 내용에서 더 구체화되겠지만 이는 사회운동이 생산

---

* 푸코는 이를 주로 17세기 절대군주정의 수립시기 영국과 프랑스에서 나타난 대항담론인 '역사적·정치적 담론'들에 대한 분석을 통해 제시하였고 이 '역사적·정치적 담론'이 18세기의 부르주아혁명 담론, 19세기의 계급혁명 담론, 20세기의 국가인종주의 담론으로 이어짐을 『사회를 보호해야 한다』에서 보여주었다.

한 문헌들에 대한 분석을 통해 그 지식이 어떤 지식구성의 전략에 의해 구축되었는지를 규명하는 작업이 될 것이다.

# 3. 2세대 인권운동, 사회구조와 인지적 차원의 분석

## 1) 정치적 기회 분석

87년체제론을 비롯한 사회체제론은 한국사회에서 전개된 2세대 인권운동의 사회적 조건을 규명할 수 있도록 하는 이론적 틀이기는 하지만, 이 사회구조적 환경이 어떻게 2세대 인권운동의 발생과 전개에 영향을 끼치는지 그리고 역으로 2세대 인권운동이 기존 사회구조의 변동에 어떤 영향을 끼치는지를 분석하게 해주는 사회운동의 발생 및 전개 조건에 대한 분석방법은 아니다. 그래서 나는 2세대 인권운동의 환경이라고 할 수 있는 87년체제에서 이 운동이 발생하고 전개되는 시기적 조건을 분석하기 위한 방법으로서 '정치적 기회'라는 개념을 참조하고자 한다.

정치적 기회라는 개념은 '정치적 기회구조'(political opportunity structure) 이론에 대한 비판을 통해 등장한 개념이다. 정치적 기회 개념을 이해하기 위해서는 우선 정치적 기회구조 이론이 갖는 특징을 일별해 볼 필요가 있다. 정치적 기회구조 이론은 아이징어(Eisinger),

테로우, 맥아담(McAdam), 코프만스(Koopmans) 등에 의해서 발전한 사회운동의 분석틀로서 사회운동의 전개과정 및 활동의 목표와 수단에 정치적 환경의 변화가 가장 중요한 영향을 끼친다고 파악하는 입장이다(신진욱 2004, 223쪽). 신진욱은 정치적 기회구조론의 핵심을 코프만스(같은 글)를 인용하여 다음과 같이 요약한다.

> 여기에서 '기회'(opportunity)란 "동원집단의 외부에 존재하는 변수들에 달려 있으며 기회(chances)와 리스크(risks)를 동시에 내포하는 집단행위의 선택 가능성들(options)"을 의미한다. 또한 이것이 기회'구조'인 이유는 이러한 기회들이 "집단행위가 (최소한 예측 가능한 미래에) 영향을 줄 수 없다는 의미에서 구조적으로 주어진 것"이기 때문이다. (같은 글, 223쪽)

다시 말해 사회운동은 정치적 환경의 효과에 의해 발생한다는 것이다. 이 정치적 환경을 구조라고 규정하는 이유는 사회운동이라는 집단적 행위를 가능하게 하는 기회가 집단행위자의 선택이나 의지에 의해서가 아니라 행위를 규정하는 조건에 의해서 주어지는 것이기 때문이다.

이때 사회운동의 발생과 전개를 규정하는 근본적 원인이라고 할 수 있는 정치적 기회구조는 구체적으로 "정치적 제도의 개방성, 엘리트 내부의 균열, 엘리트 내부에 존재하는 동맹세력, 물리력을 포함한 정권의 능력"(최현·김지영 2007, 257쪽)을 의미한다. 사회운동 내부의 요인 때문이 아니라 사회운동 외부에 존재하는 여러 요소들의 체계적 연관관계가 변동하기 때문에 사회운동이 가능해진다는 입장인 것이다.

그래서 최현과 김지영은 정치적 기회구조론이 사회운동의 구조적 차원을 설명하는 데 유용하지만 사회운동 행위자의 역할을 간과하는 문제점이 있다고 비판한다(같은 글, 257, 258쪽). 더불어 이들은 정치적 기회구조라는 개념이 포괄하는 범위가 너무 넓고 그 개념이 규정하는 대상이 모호하여 사회운동에 대한 구체적 분석틀로서 적합성이 떨어진다는 한계를 지적한다. 그래서 '정치적 기회구조' 개념 대신 '구조'와 '정치적 기회'를 구분하여 개념화하고 사회운동 분석에서 집중해야 하는 부분은 '정치적 기회'라고 주장한다.

> 본 논문은 정치적 기회구조론에서 정치적 기회구조의 모호성을 극복하기 위해 구조와 정치적 기회를 구분한다. 본 논문은 정치적 기회를 운동조직 외부에 존재하면서 중단기적으로 운동의 성패에 영향을 미치는 기회(chances)와 위험(risks) 그리고 그것을 규정하는 중단기적 요인이라고 정의하고, 구조를 거시적 수준에서 정치적 기회를 규정하는 제도적 구조(institutional structures)로 정의한다. (같은 글, 259쪽)

최현과 김지영의 이러한 분석틀에 따르자면 87년체제, 97년체제, 포스트민주화 체제 등의 사회체제론은 구조에 해당할 것이다. 반면 2세대 인권운동의 정치적 기회는 사회체제라는 구조의 영향권 내에 있지만 상대적으로 장기 지속하는 구조의 영향을 받으면서도 구조의 효과만으로 환원될 수 없는 '중단기적 요인',* 즉 정세(conjuncture)에

---

* 최현과 김지영은 '중단기적 요인'에서 중단기라는 시간대를 "짧게는 수개월 길게는 5~6년에 이르는"(최현·김지영 2007, 261쪽) 시간대로 파악한다.

의해 발생하는 기회들(chances)과 위기들(risks)이 제공하는 사회운동의 선택 가능성을 의미한다.

우리는 조희연의 87체제론에 입각하여 최현과 김영미가 제시한 구조와 정치적 기회라는 분석틀을 활용해서 2세대 인권운동의 형성과 전개의 과정을 분석하고자 한다. 이미 살펴본 바와 같이 조희연은 한국의 사회체제를 분석함에서 사회세력들 사이의 각축을 중요시한다. 즉 87년체제, 97년체제, 포스트민주화 체제 등과 같은 사회체제는 상이한 이해관계와 정치적 지향을 가진 세력들이 주도권을 쟁취하기 위해 벌이는 갈등과 투쟁에 의해 구축된다는 것이다. 사회체제는 그것이 체제인 한에서 정치적·사회적 행위들을 규제하는 기본 틀로서의 상대적 일관성 및 안정성을 가지고 있다. 하지만 사회체제는 언제나 다양한 세력들의 갈등에 기초하여 이루어져 있기 때문에 언제나 불안정성과 변동의 계기를 배태하고 있다.

특정 사회체제 내에서 이 체제의 구성적 계기를 이루는 사회세력들의 갈등은 사회체제라는 정치적·사회적 상호작용의 틀 내에서 전개되지만 갈등의 양상이나 세력관계의 변동에 의해 갈등국면이 변화되기도 한다는 것이다.* 주도권을 확보한 세력 내부의 균열이나 국가 외부로부터 주어진 충격 등으로 그 세력의 위기가 조성되고 도전세력의 공세가 강화되어 법과 제도의 변동이 발생할 수도 있다. 물론 그 반대의 경우도 가능하다. 즉 사회체제 내에서 발생하는 갈등국면

---

* 조희연은 87년체제의 동적인 성격을 다음과 같이 정리한다. "87년체제는 1987년 이전, 특히 1960년대 개발독재 이후의 계급적·정치적 투쟁의 종합으로 성립한 것으로서, 1987년 이후의 계급적·정치적 투쟁에 규정력을 행사하면서 변화해 가는 체제라고 할 수 있다…. 이런 의미에서 87년체제는 1987년으로 종결되는 것이 아니라, 이후 계급적·사회적 투쟁을 통해서 구성되어져 가는 것으로 파악되어야 한다."(조희연 2013, 143쪽)

의 변화와 이로 인해 발생하는 사회운동의 선택 가능성들이 '정치적 기회'라고 보다 구체적으로 규정될 수 있다.

요약하자면 이 책은 사회체제를 구성하는 다양한 모순들로 인한 사회체제 자체의 변동이라는 거시적 관점(구조의 관점)과 사회체제 내부에서 갈등국면의 변동이라는 중단기적 관점(정치적 기회)에 입각해서 2세대 인권운동의 발생과 전개 과정을 분석할 것이다.


## 2) 사회운동에 대한 인지적 접근

그렇다면 2세대 인권운동의 문화적 차원을 이 운동이 생산한 대항적 앎의 관점에서 분석하기 위해서는 어떤 구체적 틀이 필요할까? 즉 2세대 인권운동이 생산한 대항적 담론이 갖는 특성을 어떻게 구체적 수준에서 규명할 수 있을까? 이런 방법론적 질문에 많은 도움을 줄 수 있는 사회운동 연구방법은 단연 이어만과 제이미슨(Eyerman and Jamison)이 제안한 사회운동에 대한 '인지적 접근'(cognitive approach) 방법이라고 할 수 있다.* 사회운동에 대한 인지적 접근이란 지식 혹은 인지적 차원이 사회운동의 과정에서 관건이라고 파악하는 사회운동 연구방법이다. 이들은 사회운동의 핵심을 '인지적 실천'(cognitive praxis)이라고 규정하는데, 인지적 실천은 "개인적이고 집합적인 모든 인간행동에서 의식(consciousness)과 인지(cognition)가 갖는 창조적 역

---

\* 물론 사회운동에 대한 이들의 논의 역시 사회적 환경이나 맥락이 사회운동에서 중요함을 인정한다. 하지만 사회운동의 핵심적 차원을 인지적 실천, 즉 사회운동의 세계관적 전제나 사회운동이 생산해 내는 구체적 지식을 강조하는 이들의 관점에서 사회운동을 둘러싼 환경이나 맥락은 항상 인지적 실천의 과정으로서 사회운동과 상호 작용적 관계에 놓여 있는 것으로 파악된다. Eyerman and Jamison 1991, p. 2, 3.

할을 강조"하기 위해 선택된 용어다(Eyerman&Jamison 1991, p. 3).

어느 하나의 단체나 집단이 사회적 의제에 대한 공적 요구를 내세우며 실천을 한다고 할 때, 그 단체나 집단의 요구와 실천이 그 내에만 머물면 그것은 사회운동으로 발전하지 못한다. 사회운동은 하나의 단체나 집단이 아니라 항상 복수의 단체들의 공동 활동으로 수행될 수밖에 없다. 이는 결국 복수의 단체 및 집단들에 의해 그 실천의 필요성이 공유될 때 가능하다. 이어만과 제이미슨은 그러한 공유가 무엇보다 사회운동 참여자들의 지적인 차원에서부터 일어난다고 강조한다.

> 사회운동 정체성의 집합적 절합은 사회적 학습의 과정에 연결될 수 있는데, 사회운동단체들은 이 과정의 구성적 힘으로 작용하며 개인들의 창조적 상호작용이 일어나게 되는 사회적 공간을 열어낸다…. 사회운동이란 하나의 단체나 특정 관심사에 기반을 둔 집단의 활동을 뜻하지 않는다. 사회운동은 인지적 영토, 서로 다른 집단이나 조직들 사이의 역동적 상호작용으로 채워지는 개념적 공간에 더 가깝다. 그 개념적 공간 안에서 서로 다른 조직들 간에 발생하는 긴장을 통해서 사회운동의 (일시적) 정체성이 형성되는 것이다. (같은 책, p. 55)

사회운동의 형성에서 서로 다른 단체들이나 조직들이 함께 자리 잡는 어떤 공통의 장이 필요한데, 그 장은 무엇보다 인지적 공간('인지적 영토' '개념적 공간')이라는 것이다. 각각의 개별 조직이나 집단은 사회문제를 규정하거나 그 문제를 해결하기 위한 행동에 나름의 방식을 가지고 있을 수 있다. 그러나 이 나름의 방식이 서로 다른 단체들 사이에서 소통되고 교류 가능한 것이 되지 못한다면 각 단체의 개별적 활동은 사회적 영향을 갖는 '운동'으로 전환될 수 없다. 각각의 개별적 활동이 사회운동으로 전환되기 위해서는 이 개별 조직 및 그룹들이 서로 긴장관계를 형성할지라도, 함께 자리 잡고 소통하고 교류할 수 있는 장이 필요하다. 이어만과 제이미슨에 의하면 그 공동의 장이 바로 '인지적 차원'이다.

　이는 특정 성격의 사회운동이 다른 성격의 사회운동과 구별될 수 있는 이유는 그 사회운동이 어떤 특성을 가진 인지적 실천을 수행하는가에 달려 있음을 의미한다. 가령 환경운동, 여성운동, 노동운동 등 각각의 사회운동은 사회의 구조적 모순, 갈등의 원인, 이에 대한 해결방식을 어떻게 정의하고 파악하느냐에 따라 구별될 수 있다. 즉 '인지' 혹은 '지식'이라는 문화적 차원이야말로 각 사회운동들의 종별성을 구축하는 핵심이라는 것이다. 그래서 이들은 "인지적 실천이야말로 사회운동의 핵심 활동"(같은 곳)이라고 주장한다.

　사회운동의 인지적 차원 혹은 사회운동적 지식은 '세계관적 차원'(cosmological dimension), '기술적 차원'(technological dimension), '조직적 차원'(organizational dimension)으로 나누어진다.* 세계관적 차원은 사회운동이 상정하는 이상적 세계상 및 이를 위한 사회운동의 임무에 대한 인식을 의미한다. 구체적으로, 현재 세계의 문제가 무엇이고 왜 이

---

*　이어만과 제이미슨은 인지적 실천의 철학적 토대로서 하버마스(Jürgen Habermas)의 '지식 구성적 관심'(knowledge constituting interest) 개념을 차용한다. 이들이 제시하는 세 가지 인지적 차원인 세계관적 차원은 하버마스의 '해방적 관심'에, 기술적 차원은 하버마스의 '기술적·실용적 관심'에, 조직적 차원은 하버마스의 '의사소통적 관심'에 결부된다. 같은 책, p. 68, 69. 하버마스의 '지식 구성적 관심' 개념에 관해서는 위르겐 하버마스(1996) 참조.

러한 문제가 발생하며 그 해결책은 어떤 것이며 이를 위해서 어떤 실천이 필요한가에 대한 일련의 답변이 세계관적 차원을 구성한다. 기술적 차원이란 구체적인 사회문제, 특정 갈등, 실천적 쟁점들의 해결책에 대한 사회운동의 인식을 의미한다. 가령 유전자조작식품, 플라스틱제품 대량생산, 핵발전소 등의 문제를 파악하고 해결하기 위해 환경운동이 형성하는 구체적이고 실용적인 지식이 기술적 차원에 속하는 것이다. 마지막으로, 조직적 차원이란 사회운동이 자신들의 메시지를 전달하는 방식이자 인지적 실천이 전개되는 구체적인 방식을 의미한다. 그리고 자신의 메시지를 전파하는 방식에 따라 사회운동 단체들이 조직화되는 방식 역시 달라진다.

물론 사회운동의 인지적 실천을 구성하는 이 세 가지 차원은 상호 독립적으로 존재하는 것이 아니다. 이 세 차원은 통합되어 작동한다. 구체적 사회문제를 해결하기 위해 사회운동은 문제의 발생원인은 무엇이며, 그 문제를 해결하기 위한 방향은 무엇이고, 어떤 방법으로 그 문제를 해결할지를 세계관적 차원의 지식에 의해 인식하게 된다. 그리고 그 문제를 해결하기 위한 구체적인 실천의 전개는 항상 조직적·기술적 차원의 인지적 실천을 통해서 실행되는 것이다.

나는 2세대 인권운동의 인지적 차원 중에서도 특히 세계관적 차원에 초점을 맞추고자 한다. 그 이유는 세계관적 차원이 바로 2세대 인권운동의 종별성 혹은 여타 사회운동과 구별되는 독자성을 구성하는 핵심이기 때문이다. 이어만과 제이미슨은 스웨덴·덴마크·네덜란드의 환경운동에 대한 분석을 통해 생태계, 역동적 균형, 균형상태, 생태적 지위(niche), 네트워크 등의 개념으로 구성된 생태학이라는 지식이 이 운동의 정체성을 규정하는 부분임을 보여준다(같은 책, p. 70).

특정 사회운동이 여타의 사회운동과 구별되는 가장 중요한 측면이 그 사회운동이 상정하는 이상적 사회의 상, 그 이상적 사회의 상에 도달하는 것을 불가능하게 만드는 문제의 발생구조, 이 문제를 해결하기 위한 방식 등에 대한 체계화된 앎이라는 것이다. 그러므로 1993년을 기점으로 하나의 독자적 사회운동으로서의 성격을 확립하고 활동을 전개해 간 2세대 인권운동을 연구하기 위해서는 무엇보다 이 운동의 인지적 차원, 그중에서도 세계관적 차원을 집중적으로 분석할 필요가 있다.

이어만과 제이미슨은 사회운동의 세계관적 차원을 어디로부터 추출하여 파악할 수 있는가에 대해서 다음과 같이 주장한다.

> 하버마스의 해방적 관심과 달리, 우리의 세계관적 차원은 구체적인 문헌들, 즉 사회운동 내에서 생산된 문서들, 프로그램, 책, 글들 등에서 발견될 수 있다. 간단히 말해서, 그것[세계관적 차원]은 '독해'될 수 있고, 실제로 존재하는 자료들로부터 재구성될 수 있다. (같은 책, p. 68)

여기서 이어만과 제이미슨은 사회운동의 세계관적 차원은 운동의 과정에서 생산된 구체적 문헌(텍스트)들을 통해 파악할 수 있다고 쓰고 있다. 우리의 맥락에서 다시 말하자면, 2세대 인권운동이 수행한 인지적 실천의 구체적 내용을 이 운동의 과정에서 생산된 '문서들, 프로그램, 책, 글들' 등의 문헌들을 통해서 탐구할 수 있다는 말이다. 이는 연구방법의 측면에서는 일차적으로 담론연구를 수행한다는 뜻이기도 하다.

결국 2세대 인권운동이 생산해 온 문헌들, 즉 담론을 통해 사회운동의 세계관적 차원을 규명한다고 할 때 어떤 질문들을 통해서 세계관적 차원을 규명할 것인지가 핵심일 것이다.* 이 연구는 2세대 인권운동의 과정에서 생산된 자유권 담론, 사회권 담론, 인권의 제도화 담론에 나타난 세계관적 차원을 다음의 질문들을 통해서 규명해 보고자 한다.

① 인권침해의 발생원인: 2세대 인권운동은 인권침해의 발생원인을 무엇으로 파악하는가? 그 원인의 층위들 및 구조는 무엇인가?

② 인권침해를 해결하고 방지하기 위한 방안: 2세대 인권운동은 인권침해를 당한 이들의 고통을 해결하거나 경감하기 위해서 무엇이 필요하다고 주장하는가? 그 해결책이 정당하다고 주장하는 근거는 무엇인가?

③ 이상적 세계상: 2세대 인권운동은 인권의 달성**을 통해서 어떤 세계 혹은 사회를 구현하고자 하는가?

―

* 문화연구, 사회학, 문학 등의 분야에서 담론분석을 위한 방법으로 최근 가장 활발히 활용되고 있는 것이 '비판적 담론분석'(critical dicourse analysis, CDA)이다. 그러나 신진욱이 보여주듯이 CAD는 비판적-해방적 기획을 내세우지만 실제적 분석에서는 지배에 대한 분석, 즉 권력관계의 재생산이 어떻게 담론을 통해 이루어지는가에 대한 분석으로 초점이 맞추어져 있다(신진욱 2011). 권력과 지배에 대한 다양한 연구들 가운데서도 "CDA학파는 특히 제도적·구조적 수준의 지배관계와 직접적으로 연루되어 있으며, 또한 그 지배관계에 직접적으로 영향을 미치는 담론의 권력효과에 집중해 왔다"(같은 글, 20쪽)는 것이다. 그러므로 지배권력에 대한 저항과 기존 질서의 변화를 추구하는 사회운동의 인지적 차원, 특히 그 세계관적 차원을 분석하고자 하는 본 연구에 CDA는 적합한 분석방법이라고 할 수 없다.

** 인권의 달성(achievement)이라는 용어는 사람들이 인권을 안정적으로 누리고 있는 사태를 지칭하기 위해 조효제가 제안한 개념이다. 이는 "넓은 의미에서 인권을 보장받는다"는 의미를 가진 여러 용어군들, 즉 "인권의 보장, 인권의 증진, 인권의 이행, 인권의 준수, 인권의 향유, 인권의 충족, 인권에의 접근, 인권의 보유" 등 가운데서 인권의 달성이 "인권을 포괄적으로 이해할 수 있는 가장 일반적 용어"라고 그는 주장한다. 조효제 2016, 40쪽. 조효제는 이 용어를 "세계인권선언"의 전문에서 차용하였다.

④ 이상의 질문들에 대한 답변을 구성하는 공통적 이론틀: 2세대 인권운동이 다양하고 구체적인 인권의제들에 개입하며 생산한 담론들은 이러한 질문들에 답변하기 위해 어떤 공통의 인식의 틀 내지는 지식구성의 틀을 사용하였는가?

다음으로, 이 연구는 이상의 질문들을 통해서 추출하게 된 2세대 인권운동의 세계관적 차원이 갖는 특징을 명확하게 인식하기 위한 개념을 제안하고자 한다. 그것은 '규범기반 접근'(normbased approach) 담론구성 전략 및 '구조기반 접근'(structurebasesd appraoch) 담론구성 전략이다. 즉 2세대 인권담론 구성의 특성을 규범기반 접근전략과 구조기반 접근전략으로 나누어 분석할 수 있다는 것이다.

인권에 대한 규범기반 접근담론이란 인권의 침해와 보장을 판별할 수 있는 명확한 준거가 인권에 대한 보편적이고 정당하며 당위적인 가치인 규범으로부터 도출되어야 한다고 인식하면서 인권에 대한 사회운동적 앎을 구축하는 담론화 전략이라 할 수 있다. 이 접근법은 인권규범에 입각해서 인권침해에 대항하고 인권보장을 실현하는 것을 목적으로 하는 인권담론을 생산한다. 2세대 인권운동이 자신의 담론을 개별화하는 전략적 틀 가운데 하나로 활용하는 구체적 규범은 '세계인권선언' '경제적·사회적·문화적 권리에 관한 국제협약'(A규약), '시민적·정치적 권리에 관한 국제협약'(B규약) 등의 국제권리장전을 비롯한 UN이 승인한 각종 인권문서 등의 국제인권기준(International Human Rights Standard)이 대표적이다. 이와 더불어 대한민국 헌법 및 법률 역시 한국의 인권문제를 해결하기 위한 인권규범으로서 역할을 한다. 그리고 때로는 "모든 인간은 평등하다. 자유롭다.

존엄하다" 등의 인권에 대한 도덕적 주장이 그러한 규범으로 주장되기도 한다.

인권에 대한 구조기반 접근담론이란 인권침해 혹은 인권보장은 사회적 조건의 효과라고 보는 관점에서 사회운동 지식을 구성하는 인권에 대한 담론화 전략이다. 이 접근법은 개인적 수준이건 집합적 수준이건 인간의 행위는 인간의 신념이나 이념으로 결정되는 것이 아니라 경제나 권력관계와 같은 사회적 조건에 의해서 선차적으로 규정되어 있다는 관점을 취한다.

구조기반 접근 인권담론은 인권이 침해되거나 박탈된 사람들이 겪는 신체에 대한 폭력, 사상과 표현의 억압 그리고 빈곤·실업·질병 등의 고통을 당하는 원인이 사회구조에 있다는 인식에 입각하여 인권담론을 형성해 간다. 다시 말해 자본주의 시장경제 체제의 노동착취, 경쟁 지상주의적 경제정책 혹은 기득권세력의 국가권력 유지방식 등과 같은 사회·경제적 구조에서 인권침해와 이로 인한 고통이 비롯된다는 것이다. 그러므로 사회구조를 변혁해야 착취가 없고 경쟁보다는 협동이 이루어지며 이윤보다는 인간의 권리를 중시하는 사회적 조건이 만들어지며 이러한 사회구조가 형성될 때 비로소 인권이 달성될 수 있다고 파악하는 인권운동의 이론화 전략의 틀이 구조기반 접근 인권담론이다.

마지막으로, 내가 2세대 인권담론의 세계관적 차원을 연구하기 위하여 어떤 자료들을 검토하고 어떤 심층면접을 진행했는지를 밝히고자 한다. 우선 1993년부터 2012년까지 2세대 인권운동이 다양한 인권의제들에 개입하여 활동하면서 생산해 온 성명서, 토론회 자료, 백서, 간담회나 교육 자료, 회의록, 각 단체가 정리한 활동의 역사, 활동가들의 기고문 등의 문서들을 검토하고 분석의 자료로 삼았다.* 또한 문서자료에 대한 좀더 정확한 이해와 문서자료로는 파악이 불가능한 인권활동가들의 의견과 입장 및 고민들을 알기 위해서 인권활동가 25인에 대한 심층면접을 진행하였다.** 이 면접내용 역시 2세대 인권운동의 인지적 차원을 분석하기 위한 자료로 활용하였다.

아무래도 학위논문을 바탕으로 삼은 책이다 보니 학술적 논의, 즉 이론과 연구방법에 대한 이야기가 길었다. 이제 본격적으로 2세대 인권운동의 형성과 전개의 과정을 살펴보기로 하겠다. 2세대 인권운동이 발생하고 전개된 한국사회의 구조, 2세대 인권운동이 만들어낸 사건 그리고 이 운동의 담론들을 살펴볼 시간이다.

---

\* 이러한 자료를 확보하기 위해 필자는 일차적으로 인권연구소 창이 운영하는 온라인 '인권아카이브'(http://www.hrarchive.or.kr)와 민주화운동기념사업회에서 운영하는 온라인 아카이브인 '민주화운동기념사업회 오픈아카이브'(https://archives.kdemo.or.kr)에서 자료를 확보하였다. 이 온라인 아카이브에서 자료를 찾지 못한 경우는 각 단체들의 홈페이지를 활용하거나, 각 단체의 자료실을 방문하여 자료를 구했다.

\*\* 이 심층면접은 '서교인문사회연구실 한국인권운동사연구팀'의 이름으로 2016년 4월부터 2017년 1월까지 진행하였고 그 결과가 『한국 '진보적 인권운동'의 역사에 대한 인권활동가 인터뷰자료집: 1993년부터 2012년까지의 시기를 중심으로』라는 자료집으로 발간되었다. 나는 이 연구팀의 책임연구원을 맡았다. 심층면접을 위하여 반구조화된 질문지를 사전에 배포하였으며, 한 명당 2시간에서 3시간가량 인터뷰를 진행하였다. 심층면접의 녹취록이 완성된 이후에는 면접자들에게 다시 보내서 수정사항을 검토하였고 이를 반영하여 자료집을 발간하였다.

제2장

1993 ●—●—●—●—●—●—●—●—●—●—●—●—●—●—● 2012

2세대 인권운동은 어떻게 형성되었나:
1세대 인권운동에서 2세대 인권운동으로

# 1. 1세대 인권운동의 형성과 전개

## 1) 1세대 인권운동의 형성

### 국가와 인권

2세대 인권운동의 역사를 말하기 위해서는 어쩔 수 없이 1세대 인권운동에 대해 간략하게나마 먼저 말해야 할 것이다. 1948년 대한민국 정부수립 이후 70년대 민주화운동이 본격화되기 이전까지 인권담론의 형성에 가장 주도적인 역할을 했던 행위자는 일반적 통념과 달리 시민사회나 사회운동 진영이 아니라 정부였다(이정은 2008) 이승만정권의 경우, 1950년 세계인권선언 제정일인 12월 10일에 세계인권선언 기념행사를 개최했다. 다음해인 1951년부터 이승만 대통령이 하야하기 전인 1958년까지 매해 이날을 전후하여 '인권옹호주간'을 지정하여 토론회, 강연회, 웅변대회, 라디오 드라마, 현상논문·표어·작문 모집 등 다양한 행사와 국민을 대상으로 한 인권상담을 진행하였다.

　이승만정권 시기 세계인권선언 선포일을 중심으로 진행된 인권주간 행사는 시민들의 인권의식 고취보다는 분단의 상황에서 유엔을 중심으로 한 국제사회로부터 남한정부의 정통성을 승인받으려는 의도로 진행되었다고 할 수 있다. 이승만정권은 "유엔으로부터 승인받은 유일한 합법정부임을 알리고 정권유지를 위한 전략적 수단으로만 인권을 이용할 뿐 실질적인 인권보장 문제에는 전혀 관심이 없었다"(같은 책, 64쪽).

인권을 정권의 정당성 확보를 위한 통치수단으로 삼은 것은 박정희정권 아래서도 마찬가지였다. 군사쿠데타로 집권한 박정희정권은 오히려 인권관련 사업을 이승만정권보다 더욱 확대한다. 박정희정권은 국가재건최고회의 시기에 이미 법무부 검찰국에 인권 전담부서를 두었고 1962년 법무부는 직제를 개정하여 산하에 인권옹호과*를 신설하였다.**

박정희정권 아래서 정부의 인권관련 활동은 인권옹호과를 중심으로 진행된다. 인권옹호과는 인권옹호주간을 주관하고 『인권연보』라는 인권잡지를 1962년 창간하여 대국민 인권 홍보활동을 벌이기도 하였다. 또한 정부는 각 지방에 인권상담소를 두고 인권침해 사건조사와 법률상담을 담당하도록 하였다.

그러나 이는 기본적으로 정권의 정통성을 확보하기 위한 이데올로기 전략의 일환이었다. 제3공화국 시기 정부의 인권행정이란 "쿠데타 직후 취약한 지지기반 확대를 위해 이전 정권과의 차별성을 강화하려는 전략적 시도"라고 평가된다(민주화운동기념사업회 연구소

---

* 인권옹호과는 이후 1975년 인권과로 그 명칭을 개정하게 된다.

** 인권옹호과의 업무는 (가) 인권침해사건에 대한 정보수집 및 조사 (나) 인권옹호단체의 감독과 조성 (다) 빈곤자의 소송부조 (라) 기타 인권옹호에 관한 사항 등이다(1962. 5. 21. 각령 제770호 '법무부직제' 제6조 제4항. 이정은 2008, 125쪽에서 재인용).

2009, 490쪽). 박정희정권이 인권행정을 펼친 것은 대한민국의 정당성을 미국식 자유민주주의를 통해서 확보할 수밖에 없는 이데올로기적 조건에서 기인하는 것이었다. 즉 일본 제국주의로부터 '우리 민족'을 해방시켜 준 미국의 정체가 자유민주주의이고, 자유민주주의는 인권을 중시하므로 대한민국 역시 인권을 중시한다는 것을 과시할 필요가 있었던 것이다(같은 책).

제1공화국과 제3공화국에서 인권은 앞에서 확인한 바와 같이 국가통치 이데올로기 내지는 정권의 정당화 전략으로 채택되어 활용되었고, 근대 국민국가로서 대한민국의 담론지형에 도입되었다고 할 수 있다. 이렇게 '위로부터' 도입된 인권은 국민들에게 체화되지 못하는 한계를 가질 수밖에 없었다. 하지만 정부에 의해 도입되고 소개된 인권담론은 권리담론으로서 이후 지식인 및 사회운동가들에 의해 재전유되면서 반독재투쟁의 한 요소가 되는 역설을 결과하기도 하였다.[*]

유신체제와 1세대 인권의 운동의 시작

한국에서 명시적으로 인권을 과제로 제시한 사회운동이 형성된 것은

---

[*]  권리담론에서 인권과 시민권의 구별 및 관계의 문제는 논쟁적 사안이다. 기본적으로 인권은 천부인권이나 자연권과 같이 인간이 구축한 인위적 제도 이전에 인간에게 주어진 권리로 파악된다. 반면 시민권은 사회계약을 비롯한 국가의 구성 이후 국가의 법적 체계에 의해 권리주체로 인정되는 존재가 누리는 권리라고 규정된다(차병직 2003). 한편 아렌트의 경우에는 국가공동체에 합법적으로 소속되지 못하였기 때문에 그 어떤 정치적 권리(시민권)도 보장받지 못하는 존재, 예를 들어 난민과 같은 존재에게 주어지는 권리를 인권으로 규정하며 이는 무의미한 권리라고 본다. 그에 반해 국가에 합법적으로 소속됨으로써 향유할 수 있는 정치적 권리를 핵심으로 하는 시민권은 모든 권리를 가질 권리를 의미하며 시민권을 가진 존재에게 인권은 무의미한 권리라고 파악한다(한나 아렌트 2006). 그런가 하면 발리바르는 인권과 시민권을 동일한 것의 두 표현으로 규정한다. 즉 모든 인간은 곧 정치적 권리주체로서 시민이라는 것이 1789년 인권선언 및 그 이후 인간의 보편적 권리를 선언하는 헌장들의 원리라는 것이다(에티엔 발리바르 2003). 이 책에서는 발리바르의 입장에서 인권과 시민권의 관계를 동일한 것의 두 표현으로 이해할 것이다.

유신체제 아래서이다. 물론 그 이전의 시기에도 한국사회의 인권상황은 매우 열악하였다. 하지만 인권이라는 개념으로 사회적 고통을 해석하고 그 고통을 제거하거나 경감하기 위한 사회운동은 사실상 존재하지 않았다. 하지만 유신체제의 성립과 더불어 한국사회에서도 인권운동이라는 것이 형성되었다.

한국사회에서 인권운동이 시작된 것은 1972년 유신체제의 성립 이후라고 할 수 있다. 한국 사회체제론의 관점에서 보자면 유신체제는 사실상 61년체제의 군부독재가 강화 혹은 경화된 형태라고 할 수 있다. 61년체제란 1961년 5·16군사쿠데타로 정권을 장악한 박정희 정권 이후 1987년 6·29선언까지 한국사회의 정치적·사회적 상호작용을 일정하게 질서지운 틀로서 '개발독재'를 그 특징으로 하는 사회체제라고 할 수 있다(손호철 2009; 조희연 2013). 이는 경제적으로는 저임금·장시간 노동체제로 수출산업 중심의 국가주도 발전전략을 취하였고, 정치적으로는 억압적 국가장치를 전면화한 통치방식으로 요약될 수 있다. 박정희정권 시기부터 중화학공업 중심의 산업구조 개편이 시도되었고 전두환정권 시기에도 이는 유지되었지만 저임금·장시간 노동체제와 국가주도 발전전략 그리고 억압적 국가장치를 중심으로 한 통치방식은 크게 달라지지 않았다는 점에서 박정희정권부터 전두환집권기까지의 한국 사회체제를 61년체제라고 할 수 있을 것이다.

그러나 동일한 사회체제 내에도 국가 내부의 갈등상황과 국가 외부로부터 주어지는 충격으로 인해 국면은 나뉠 수 있다. 이런 관점에서 조희연이 87년체제를 1차 국면(1987~90)과 2차 국면(1990~97)으로 나누었듯, 61년체제도 하위국면으로 나뉠 수 있을 것이다. 61년체제의 1차 국면은 1961년 5·16군사쿠데타에서 1972년 유신헌법 제정 이전까지의 시기이고, 2차 국면은 1972년 유신헌법 수립 이후 1979년 박정희 대통령 암살까지의 시기이며, 3차 국면은 1979년 12·12쿠데타에서 1987년 6월항쟁의 시기까지로 상정할 수 있다.

61년체제의 1차 국면과 2차 국면, 즉 유신체제의 가장 큰 차이는 국가 권력구조의 형태와 억압적 국가장치의 강도라고 할 수 있다. 유신헌법의 제정 이전까지는 대통령과 국회의원이 직선제로 선출되었고 시민들의 집합행동 역시 그 자체가 불법은 아니었다. 하지만 유신헌법은 대통령을 간선제로 선출하였고 대통령의 임기제한도 없었으며 국회의원의 1/3 역시 대통령이 임명하는 등 형식적 수준의 민주주의도 부정하였다. 또한 긴급조치를 통하여 국민의 기본권은 항상적으로 제한당하는 등 그야말로 '예외상태'(조르조 아감벤 2009)가 일상화된 시기였다.

인권정책의 관점에서 보자면 61년체제의 1차 국면에서 박정희정권은 국민들의 일상을 군사적으로 규율하였지만 그래도 인권옹호과와 인권상담소를 정부기구 내에 두고 인권주간 행사 등을 통해서 형식적으로나마 인권정책을 실시하였다. 그러나 박정희정권의 이와 같은 인권에 대한 형식적·이데올로기적 강조는 유신체제의 출범과 함께 그마저도 중지된다. 제3공화국 인권정책의 집행기구였던 인권옹호과의 중점 업무는 유신체제가 출범하기 이전인 1970년에 이미 변경된다. 인권상담 통계업무가 폐지되고 대신 '반공유공자 심사' '형사보상금 지급' 등이 주요 업무가 된 것이다. 그리고 유신체제 수립 이후인 1975년에는 인권옹호과의 이름이 인권과로 변경되고 인권옹호과의 '인권침해 조사 및 처리' 업무가 폐지된다(이정은 2008).

이러한 사회적 조건 아래서 사회운동으로서 인권운동이 한국사회에서 본격화되었다. 1972년 3월 28일 국제엠네스티 한국지부의 설립으로 국내 최초의 인권운동단체가 결성된다. 초대 이사장 김재준, 이사 양수정·민병란·한승헌 등 국내 종교계·법조계·언론계 인사들이 중심이 되어 박정희정권의 인권탄압에 대응하는 조직적 인권운동을 시작하게 된다. 1974년에는 한국기독교교회협의회 인권위원회(이하 KNCC인권위)와 천주교정의구현전국사제단(이하 정의구현사제단)이 설립되어 국제단체로부터 독립적인 국내의 독자적 인권운동단체의 활동이 시작되고 이 두 단체의 활동을 계기로 민주화운동의 일환으로서 인권운동이 본격화된다.

KNCC인권위와 정의구현사제단 설립의 주요한 계기는 1974년 4월 벌어졌던 '민청학련(전국민주청년학생총연맹) 사건'이다. 유신독재정권에 저항하며 민주화운동을 전개한 이 조직을 정부는 '인혁당재건위'(인민혁명당재건위원회)의 사주를 받아 활동하는 용공단체로 지목하며 민청학련의 지도부와 관련자들을 구속한 것이다. 이미 1973년 4월 '부활절연합예배 사건'을 계기로 KNCC 내에서 인권문제를 다룰 전담기구가 필요하다는 논의가 시작되었고, 1974년 민청학련 사건은 이 기구를 실현하는 중요한 계기가 되어 그해 5월 KNCC인권위가 정식으로 출범하게 된다. 출범 이후 KNCC인권위는 꾸준히 목요기도회를 개최하여 유신정권에 대한 비판과 민주화의 필요성 그리고 인권에 대한 정치적·사회적 발언의 장을 마련한다. 그리하여 "이후 종로5가 인권위원회 사무실은 명실공히 70년대 '한국 인권운동의 메카'라는 평을 들을 정도로 중요한 역할을 하였다"(민주화운동기념사업회 연구소 2009, 508쪽).

같은 해 9월에는 천주교 사제들이 '천주교정의구현전국사제단'을 결성한다. 정의구현사제단은 민청학련 사건과 관련하여 지학순 주교가 구속되는 사건을 직접적 계기로 해서 조직된다. 정의구현사제단은 1974년 9월 26일 지학순 주교의 구속을 규탄하고 유신헌법 철폐와 민주헌정 회복, 긴급조치의 전면적인 무효화, 국민의 생존권과 기본권 존중, 서민대중을 위한 경제정책 확립을 요구하는 제1시국선언을 발표하였다(천주교정의구현사제단 1974). 이후 사제단은 민주화운동뿐만이 아니라 양심수문제, 고문문제 등 당시의 인권침해와 관련해서도 중요한 대응활동을 전개해 갔다.

70년대 인권운동사에서 KNCC인권위원회와 정의구현사제단은 중심적 활동을 담당했지만 또한 비종교 인권단체들도 반(反)유신투쟁의 맥락에서 활발한 운동을 전개해 갔다. 1974년 9월 반유신투쟁으로 구속된 이들의 가족들을 중심으로 '구속자가족협의회'(이하 구가협)가 설립된다.* 노동계에서는 전태일 열사의 유지를 이어받은 노동자들과 활동가들을 중심으로 1977년 10월에는 '평화시장근로자인권문제협의회'가 결성되고, 1978년 5월에는 민청학련사건 등 반독재 민주화운동으로 투옥되었던 청년들과 학생들을 중심으로 '민주청년인권협의회'(이하 민청협)가 조직되어 활동을 시작하게 된다. 더불어 양심수에 대한 변호사들의 변론활동이 활발해지면서 1세대 '인권변호사'들이 출현한다. 이른바 인권변호사 4인방으로 불리는 황인철, 홍성우, 조준희, 이돈명에 더하여 강신옥, 이세중, 박세경, 유현석 등이 인권변호사로 활동을 본격화하게 된다.

---

\* 구가협은 1976년 '양심범가족협의회'로 개편되었다 80년대에 민주화실천가족운동협의회(민가협)로 조직을 개편한다.

1977년 12월 29일에는 개신교·천주교·학계·법조·언론·노동운동 관계자 등 각계의 인사 32명이 '한국인권운동협의회'를 창립하여 인권단체들의 연대조직을 구성하였다. 한국인권운동협의회는 1978년 6월에 조직을 확대하여 회장으로 함석헌, 부회장으로 문익환·김승훈·송건호·성내운·공덕귀를 선출하고 118명의 중앙위원을 둔 대규모 인권운동 연대체가 된다. 한국인권운동협의회는 1978년 2월27일 3·1절을 즈음하여 「한국국민의 인권선언」을 발표하여 정부가 국민의 인권과 행복에 반하여 작동할 때 국민은 그 정부를 '개량하고 변혁하고 폐지'할 수 있으며 '새로운 정부를 구성할 권리'를 가지고 있음을 천명하며 당시 민주화운동과 인권운동을 정당화한다(한국인권운동협의회 1978). 이후 한국인권운동협의회는 인권강좌 개최 시도, 민청협 간부 구속 규탄성명 발표 등의 인권운동을 펼쳐나갔다.

70년대 인권운동 조직들의 형성 및 활동의 맥락에서 보자면 유신시대 인권운동의 특성은 신체에 대한 고문, 사상과 언론 자유의 탄압, 결사의 자유 침해, 정권에 의한 시민의 자의적 인신구속 등 기본권에 국가폭력이 가하는 노골적 침해의 대응 중심이었다. 특히 인권운동은 반독재 민주화운동의 한 부문으로서 민청학련 사건, 민청협 간부 구속 및 고문 등 주요 시국사건에서 정부의 기본권 침해에 대한 규탄과 권리구제 활동에 주력했다.

유신체제에서 인권운동은 반독재 민주화운동에서 인권문제의 중요성에 대한 인식을 일정하게 형성한 운동이었다는 점에서 한국 인권운동의 출발점이 되었다고 할 수 있을 것이다. 그러나 이 시기에는 인권운동이 민주화운동의 수단 내지는 부문으로 여겨졌고, 주요 활동의 중심은 종교계였다는 한계가 지적된다. 가령 천주교인권위원회에서 인권운동을 시작하여 인권연대에서 활동하고 있는 오창익은 유신체제 시기 인권운동을 다음과 같이 평가한다.

> 1970년대는 박정희의 철권통치에 저항하는 야당, 종교인, 재야, 학생, 노동자 들의 투쟁이 두드러졌다. 이들은 반독재 민주화운동 과정에서 '인권'이란 말을 의식적으로 사용하였으며, 스스로 인권운동을 벌이고 있다는 정체성도 갖고 있었다. '인권'을 전면에 내세운 단체의 활동도 활발하였으며 국제적 기준, 보편적 기준으로서의 인권운동에 대한 의식도 갖고 있었다. 그렇지만 이 시기의 인권운동은 반독재 민주화운동 과정에서 유의미한 무기로서 '인권'이 언급되기는 하였지만 전문화되지 못하였으며 종교권의 인권운동에 한정되었다는 한계를 갖는다. (오창익 2004, 433쪽)

물론 이 시기의 인권운동에서 KNCC인권위나 정의구현사제단의 역할이 매우 중요했음은 부정할 수 없는 사실이지만 비종교인들의 활동들도 인권의 가치에 입각하여 전개되었다는 점에서 이 시기의 인권운동을 '종교권의 인권운동에 한정되었다'고 평가하는 것은 적절하지 않다. 종교계가 중요한 역할을 수행하였지만 재야활동가 및 학생, 법조인, 언론인, 교수 등과 같은 지식인 등의 엘리트들 그리고 민주화운동의 희생자 가족들이 또 다른 한 축을 형성한 운동이었다고 평가하는 것이 더 적확한 평가일 것이다. 그렇다면 그 한계 역시 다음과 같이 지적할 수 있다.

정권의 집중적 탄압대상이었던 학생, 재야, 지식인, 종교계 인사 등 주로 상층엘리트들과 그 가족 중심으로 전개된 것이 1970년대 인권운동의 주요한 특징 중의 하나였다. 따라서 인권운동이 광범위한 대중적 토대를 확보하기는 쉽지 않았고 민중의 사회경제적 불평등과 같은 문제와 결합하는 데에도 한계가 있었던 것으로 보인다. 기독교 계통에서 노동문제를 인권의 시각으로 접근하기도 하였지만, 인권운동의 중심은 주로 엘리트였던 구속자들에 대한 구명운동의 성격이 짙었다. (민주화운동기념사업회 연구소 2009, 512, 513쪽)

다시 말해 유신체제 시기 인권운동의 한계는 운동주체가 종교계를 중심으로 한정되어 있었다는 점보다는 일차적으로 인권운동의 의제가 민주화운동을 주도했던 엘리트 양심수 및 민주화운동가들의 고문문제에 국한되어 있었다는 점에 있다고 해야 할 것이다. 또한 운동주체의 측면에서도 종교권의 운동이라는 점보다는 종교권과 더불어 지식인이나 전문가들 그리고 그들의 가족이 주축이 된 엘리트 중심의 인권운동이었다는 점이 한계였다고 평가할 수 있다.

이러한 한계는 유신정권의 성립 이후 강력한 반공주의와 국가경제 위기론을 내세워 민주화운동에 대한 억압의 강도를 높이는 상황, 즉 사회운동의 위기를 배경으로 한다. 사회운동이 국가권력에 의해 강력하게 탄압당하던 위기(crisis)의 시기는 인권운동에는 일종의 정치적 기회(opportunity)가 되었던 것이다. 유신정권에 대한 비판과 민주주의에 대한 요구가 좌경·용공으로 매도되는 상황 속에서 인권이라는 보편적 가치는 그나마 좌경·용공 시비에서 상대적으로 자유로울 수 있는 명분이었다. 더불어 이 시기 인권운동이 주로 종교계 인사와 지식인을 비롯한 상층엘리트들을 중심으로 전개된 것 역시 유신정권에 대한 대중적 저항을 조직하기 어려운 상황 속에서 상대적으로 대중적 지지를 확보하기 쉬운 위치에 이들 엘리트그룹이 있었기 때문이었다. 즉 유신체제에서 사회운동의 위기는 사회운동이 '인권'이라는 가치를 통해 이에 대응하는 정치적 기회가 되었다고 할 수 있다.


## 2) 전두환정권과 1세대 인권운동의 전개

1979년 10·26사건으로 유신체제는 붕괴되지만 군사정권은 결국 무너지지 않았다. 당시 육군 소장이었던 전두환을 중심으로 군사쿠데타가 발생하였고, 그는 국가보위비상대책위원회 상임의장을 거쳐 1980년 9월 1일 통일주체국민회의에서 간접선거로 대통령에 취임한다. 박정희 사망으로 인한 유신체제의 붕괴는 한국의 민주화를 가능하게 하고 인권상황을 질적으로 개선할 수 있다는 희망을 갖게 하였으나 전두환 장군의 집권으로 탄생한 5공화국은 이러한 희망을 헛된 것으로 만들었다.

사회체제론의 관점에서 보자면 전두환정권 시기의 한국사회 역시 61년체제의 연장선상에 있다고 할 수 있다. 경제적으로는 여전히 저임금·장시간·고강도 노동체제와 수출 중심의 국가주도 발전전략을 채택하고 있었고, 정치적으로는 억압적 국가장치를 중심으로 국민의 민주적 권리와 인권을 억압하는 독재체제였다. 하지만 헌정체제라는 관점에서 보자면 유신정권과 전두환정권 사이에는 중요한 차이가 존재한다. 5공화국 헌법이라고도 불리는 1980년 헌법(헌법 제9호)은 우선 국가 권력구조의 측면에서 보자면 대통령 임기를 7년으로 한정하고 단임제를 채택하였고 국회의원 선거제도 또한 형식적으로는 국민에 의한 직접선출의 방식을 택했다. 국민의 기본권 보장 관련조항 역시 5공화국 헌법은 1962년 헌법, 즉 3공화국 헌법 수준으로 복원하였고 그외 국민의 행복추구권(9조)과 국가의 복지국가 의무(32조)에 관한 조항을 신설하여 사회경제적으로도 5공화국 헌법은 유신헌법에 비해 진일보하였다고 할 수 있다(김백유 2016).

또한 사회적으로도 통행금지의 해제, 중고등학교 교복 자율화, 해외여행 자율화 조치 등 '유화조치'로 사회적 통제를 일정하게 이완하였다는 점에서 유신정권과는 통치방식에서 상대적인 차이를 보였다. 특히 1983년과 이듬해 1984년에 이른바 '국민화합 조치'라는 이름으로 단행된 일련의 제도개혁은 사회운동의 재조직화를 위한 계기가 되었다. 이미 1981년 실시된 대학졸업정원제로 대학생의 수가 대폭 증가하면서, 이는 80년대 변혁운동의 선도그룹인 학생운동의 인적 토대가 넓어지는 효과를 가져왔다. 1983년 "구속자 석방·사면·복권, 제적생 복교, 학원상주 경찰의 철수, 해직교수 복직, 시위자 구속유보 등"(『한국민족문화대백과사전』 '국민화합조치' 항목)을 내용으로 하는 학원자율화 조치를 실시하였고, 정치활동이 금지된 정치인들에 대한 해금조치를 실시하였다.*

전두환정권 시기는 사회운동에 새로운 정치적 기회를 제공하게 된다. 학생운동을 하다가 구속, 제적, 출교 등의 이유로 대학을 떠나

---

* 전두환정권 시기 역시 개발독재체제라는 측면에서 보자면 61년체제의 일부라고 할 수 있지만 이상에서 기술한 헌정질서와 사회정책 등은 61년체제 2차 국면, 즉 유신체제와는 다른 정치적·사회적 국면을 조성했다고 할 수 있다. 우리의 연구는 이 국면상의 차이를 부각하면서 전두환정권 시기의 사회체제를 '61년체제 3차 국면'이라고 규정하고자 한다.

있던 학생운동가들이 대학으로 복귀하여 학생운동을 지도할 수 있게 되었고 해직교수들이 복직됨으로 해서 대학 내에서 비판적·진보적 지식연구의 생산이 가능해졌다. 특히 1983년과 1984년 정치활동 규제자에 대한 해금조치는 1985년 신한민주당 창당으로 이어졌고, 그해 2월총선에서 관제야당이 아닌 신한민주당이 제1야당이 됨으로써 의회정치의 틀 내에서도 전두환정권을 견제하는 세력이 자리를 잡게 되었다. 이러한 일련의 조치들은 "정치인, 교수, 학생 등 민주세력이 다시 결집할 수 있도록 함으로써 정부의 의도와 무관하게 민주화운동을 활성화시키는"(『한국민족문화대백과사전』) 정치적 기회를 사회운동에 제공하게 되었다.

하지만 전두환 군사정권에서 인권상황은 박정희정권기의 인권상황과 근본적으로 달라지지 않았다. 1980년 5월 광주시민들의 민주화운동을 군대의 발포를 통해 진압하는 학살로 시작한 전두환정권은 집권기간 동안 불법체포, 고문, 실종과 의문사, 민간인 사찰, 언론과 출판 검열, 사상과 표현의 자유 억압, 결사와 집회 및 시위의 자유 제한 등 인권탄압을 통치의 수단으로 삼았던 것이다.

인권운동의 맥락에서도 5공화국 시기의 인권운동은 박정희 군사정권 시기의 70년대 인권운동과 그 성격에서 본질적으로 달라진 것은 없었다. 그러나 전두환정권의 유화조치는 1세대 인권운동에도 새로운 정치적 기회들을 제공하게 된다. 1985년 민주주의와 사회변혁을 목표로 하는 사회운동세력들이 결집을 시작하면서 인권운동 역시 조직적인 차원에서는 일정한 변화를 겪는다. 유사한 활동을 하던 기존의 조직들이 통합되면서 조직이 확대되거나 새로운 인권운동 조직들이 형성되었다.

유신체제 아래서 출범하여 활발한 인권운동을 전개한 KNCC인권위와 정의구현사제단의 경우는 5공화국에서도 여전히 중요한 역할을 담당하며 조직을 유지하였다. 그러나 역시 같은 시기에 출범한 구가협을 전신으로 하는 양심범가족협의회는 1985년 12월에 민주화운동청년연합(이하 민청련) 사건 구속자 가족모임과 조직을 통합하여 민주화실천가족운동협의회(이하 민가협)를 결성하였다. 민청련은 1983년 9월 70년대 학생운동을 주도한 청년들이 '민족통일, 부정부패특권정치의 청산, 냉전체제 해소'를 목적으로 하여 결성한 민주화운동 조직이다. 1985년 5월 전두환정권은 민청련을 용공단체로 규정하고 조직원들을 체포하여 가혹하게 고문하였다. 이에 '고문 및 용공조작 저지를 위한 공동대책위원회'가 만들어졌고 민청련 가족들 역시 함께 활동을 하였다. 이러한 맥락에서 민청련 사건 구속자 가족들과 양심범가족협의회가 그해 12월 민가협을 결성하게 되었고, 민가협은 이후 80년대 민주화운동 진영에서 KNCC인권위원회 및 정의구현사제단과 더불어 인권운동의 중심축이 된다(민주화운동기념사업회 연구소 2009)

그 다음해인 1986년 8월에는 민가협 내에 '민주화운동유가족협의회'(이하 유가협)가 출범한다. 유가협은 1970년 11월 노동자의 권리와 민주화를 외치며 분신한 전태일 정신을 계승하려는 뜻에서 전태일의 어머니인 이소선을 비롯하여 민주화운동 과정에서 희생당한 이들의 유가족이 중심이 되어 결성한 조직이다. 이들은 의문사 진상규명을 요구하는 활동을 벌였으며 80년대 민주화운동에서 의문사를 당한 이들의 장례투쟁을 전개했다.

양심범가족협의회, 민청련사건 구속자 가족모임, 민가협, 유가협 등은 5공화국 시기 인권운동의 한 축을 담당한 인권운동조직으로서 이들 단체는 "이후 한국사회에서 전문화된 인권운동조직으로 성장, 분화할 수 있는 주춧돌이 되었다는 점에서 그 의미가 크다"(같은 책, 683쪽)고 평가할 수 있다.

인권운동의 의제라는 관점에서 보자면 이 시기 인권운동은 고문·의문사와 같은 개인의 신체에 가해진 국가폭력에 대한 투쟁, 즉 신체적 기본권 침해에 대한 저항이 중심적이었다고 할 수 있다. 앞에서 살펴본 5공화국 시기에 조직된 새로운 인권운동단체들의 면면이 우선 이를 잘 드러내주고 있다. 민가협 결성은 민청련 고문사건이 중요한 계기가 되었고, 유가협 역시 의문사나 고문에 의한 죽음이라는 국가폭력에 의한 심각한 인권침해에 대한 저항의 차원에서 결성된 조직이었다. 특히 민청련 사건 구속자들에 대한 고문사건은 5공화국 시기 범사회운동적인 고문 반대활동의 계기가 되었다. 당시 민청련 의장이었던 김근태의 고문사건을 그의 부인 인재근이 기독교회관의 목요기도회에서 폭로하면서 사회운동진영은 정권의 고문에 대한 조직적 저항운동을 시작한다. 그리하여 1985년 10월 '고문 및 용공조작 저지를 위한 공동대책위원회'(이하 고문공대위)가 결성되어 이후 고문공대위는 공권력의 민주화운동가에 대한 고문사건이 발생할 때마다 중요한 역할을 담당하게 되었다.

1986년 6월에 발생한 이른바 부천성고문 사건은 인권운동만이 아니라 여성운동에서도 중요한 사건이었다. 당시 서울대학교 제적생으로 공장에 '위장취업'을 하여 노동운동을 한 권인숙이 부천경찰서에 끌려가서 성고문을 당한 사건이 발생한 것이다. 이에 고문공대위는 여성단체들 및 민주화운동 단체들과 '부천경찰서 성고문대책위원회'를 결성하여 진상규명 요구 및 법정투쟁을 전개하였다. 전두환정권 아래서 부천성고문 사건은 피해자인 권인숙이 1년 6개월 형을 받았지만 가해자인 문귀동은 기소유예 처분을 받는 것으로 종결되었다. 하지만 부천성고문대책위를 비롯한 인권운동진영과 여성운동진영의 저항은 계속되었고 이 사건은 전두환정권의 정당성을 더욱 취약하게 하였다.

5공화국이 무너지는 직접적 계기가 되었던 1987년 6월항쟁의 도화선이 된 사건 역시 고문이었다. 1987년 1월 공안사범으로 체포되어 조사를 받던 와중 고문으로 박종철이 사망한 사건이 발생하였다. 이에 KNCC인권위, 민가협, 변협 등이 '고 박종철 고문치사 공동대책위원회'를 결성하고 정부를 강력하게 규탄하며 고문추방과 민주화를 요구하였다. 이후 고문에 대한 전사회적 비판여론이 높아지면서 위기에 처하게 된 전두환정권은 국회에 인권특별위원회를 설치하고 특별법을 제정하여 박종철 고문치사 사건을 엄정하게 해결하겠다고 약속하였다. 그러나 인권특별위원회는 여야 의견차이로 결국 설치되지 않았고 박종철 고문치사 사건의 진상규명도 이루어지지 않았다.

박종철 고문치사 사건의 진상규명을 요구하고 고문을 비롯한 국가폭력에 의한 인권침해를 규탄하는 저항활동은 계속되었다. 그리고 그해 5월 18일 정의구현사제단은 5·18기념미사에서 정부가 박종철 고문치사 사건의 진상을 조작하였음을 폭로하는 문서를 발표함으로써 전두환정권에 대한 국민적 분노는 더욱 높아졌다. 결국 박종철 고문치사 사건으로 범국민적으로 군사독재정권에 대한 비판이 거세지고 직선제개헌에 대한 요구가 높아지면서 1987년 6월 10일 민주화와 대통령직선제를 요구하는 항쟁이 전국적으로 발발하였다. 그리고

6월 29일 전두환정권은 6·29선언으로 직선제 요구를 받아들이고 민주화 조치를 약속함으로써 사실상 5공화국은 종언을 고하게 되었다.


### 3) 노태우정권과 1세대 인권운동

1987년 6월항쟁이 6·29선언으로 종결된 이후 대한민국은 사회체제 차원에서 변동을 겪게 된다. 개발독재체제인 61년체제가 종언을 고하고 새로운 사회체제, 즉 87년체제가 성립하게 된 것이다. 이미 1장에서 살펴보았듯이 조희연은 87년체제를 '아래로부터의 혁명적 능동성의 도전'(민주화)과 '위로부터의 수동혁명적 응전'(수동혁명)이라는 두 가지 계기에 의해 규정되는 사회체제로 개념화한다. 87년체제는 '수동혁명적 민주화체제'라고 규정된 것이다.

87년체제는 이 두 가지 계기 사이의 주도권 각축을 특성으로 하고 있기 때문에 이 체제는 각축의 양상과 상황에 따라 다시 내적으로 구별된다. 조희연은 87년체제를 1987년 6·29선언부터 1990년 3당합당 이전까지의 시기인 '87년체제의 1차 구성'과 3당합당부터 1997년 외환위기까지의 시기인 '87년체제의 2차 구성'으로 구별한다. 1987년부터 90년까지가 87년체제의 1차 구성 혹은 원형적 구성이라고 규정될 수 있는 시기이다. 나는 앞서 61년체제를 1·2·3차 국면으로 구별한 것과 일관성을 유지하기 위해 87년체제의 1차 구성을 87년체제 1차 국면이라는 용어로 표현하고자 한다.

87년체제의 원형적 구성에는 두 계기가 작용한다. 1960년대 이후 개발독재체제의 '혁명적' 위기(광주민중항쟁과 6월 민주항쟁)와 그에 대응하는 구 지배블록의 수동혁명적 응전(6·29선언과 이후의 '개혁')이 그것이다. 그리고 후자에 의해 전자의 기본(bottomline) 요구가 수용됨으로써 전자가 소강상태가 되고, 이후 후자로 상징되는 위로부터의 개혁이 진행되고 이에 역반응하면서 다시 전자의 역동성이 쟁투를 벌이는 양상을 띠었다. (조희연 2013, 152쪽)

87년체제의 원형적 구성, 즉 87년체제 1차 국면은 60년대부터 1987년 6월항쟁까지의 민주화운동 및 변혁운동으로 인해 발생한 체제의 혁명적 위기를 지배블록이 일련의 개혁조치들을 통해 소강시키고 사회운동의 기본적 요구들을 받아들여 새롭게 구성한 체제라는 것이다. 이 체제의 틀 속에서 민주화세력 및 사회변혁세력과 지배블록 사이에서 87년체제에 배태되어 있는 민주화의 계기를 강화할 것인지 수동혁명의 계기를 강화할 것인지를 두고 각축이 벌어진다.

그러므로 이 시기는 "저항블록 입장에서는 일정한 자율적 각축의 공간을 향유"하지만 동시에 기존의 지배블록이 권력을 상실한 것은 아니기에 그들 역시 "기존 지배의 변형적 재생산과 보수, 그를 통해 신생 민주주의의 제한을 도모하는 역전의 공간을 향유"하게 된다(같은 곳). 1세대 인권운동을 비롯한 사회운동의 입장에서 보자면 그 운동이 향유 가능한 '일정한 자율적 각축의 공간'이 87년체제 1차 국면의 정치적 기회가 된다고 할 수 있다.

1987년 대선에서 군사쿠데타 세력이 다시 한번 집권하게 되는 '민선 군부정부'(같은 글, 154쪽)가 등장하지만 이 정부는 이전의 군사정권과 동일한 방식으로 통치를 할 수는 없었다. 87년체제 아래서 등장한 민선 군부정부는 절차적 수준에서 민주주의를 어느 정도 제도화하였고 그 결과 1988년 총선에서, 야당후보들이 여당후보들보다 더 많이 당선되는 '여소야대'의 구도가 형성되는 의회가 탄생한다. 이는 당시 집권당이었던 민주정의당이 야당의 동의 없이는 입법을 할 수 없는 정치적 상황을 만들어내었다.

그와 같은 정치적 상황은 민선 군부정부가 노골적인 인권탄압을 자행하기는 힘들게 하였으며 이는 사회운동이 성장할 수 있는 중요한 정치적 기회가 되었다. 우선 노동운동은 1987년 7·8·9월 노동자 대투쟁의 국면을 거치면서 87년체제 1차 국면에서 비약적으로 성장하게 된다. 1987~89년에 26만여 명의 생산직노조원을 포괄하는 16개의 지역노조협의회가 결성되고 17만여 명의 사무직노동자들로 조직된 '전국사무전문직노동조합협의회'가 1988년 말에 출범하였다. 또한 현대그룹에 소속된 노동자들 역시 '현대그룹노동조합총연합회'를 건설하여 재벌기업 산하 단일노조를 지향하기 시작하였다(전재호 2004, 158쪽). 이러한 흐름 속에서 1990년 '전평 이후 최초의 자주적 노동조합 전국조직'(같은 글, 158쪽)이라는 평가를 받았던 '전국노동조합협의회'(이하 전노협)의 출범으로 이어진다.

또한 재야운동진영에서도 1989년 "8개 부문운동조직과 12개 지역운동조직을 포괄하는 '전국민족민주운동연합'(이하 전민련)"(같은 글, 160쪽)을 출범시킴으로써 재야운동의 단일 전선조직*을 건설하였다. 학생운동의 경우 내부적으로 정파의 차이에도 불구하고 6월항쟁과 1987년 대통령선거 시기까지 반독재 민주화로 결집되었지만

---

\* 전선조직이란 "'민주 대 반민주'의 정치지형에서 권위주의 세력에 반대하는 정치 사회 및 시민사회의 모든 세력들을 결집시켜 통일전선을 형성하려는 지향을 지닌 운동"조직을 의미한다(전재호 2004, 160쪽).

1987년 이후로는 민족해방파(NL)과 민중민주파(PD)로 확연하게 분화되며 반제국주의 민족통일운동과 반자본주의 사회주의운동이라는 급진적 지향을 명확히 하며 활동하게 된다(이종오 1990).

6월항쟁 이후 민주화에 대한 대중적 요구와 여소야대의 의회구도 그리고 사회운동의 성장과 공세는 지배블록에게는 사회경제적 기득권과 정치권력 유지의 불안정성을 의미하였다. 군사정권의 연장선상에서 집권한 노태우정권은 이러한 공세를 '개혁조치'를 통해 순치하고자 함과 동시에 억압적 국가장치의 폭력으로 탄압하는 통치방식을 병행했다. 경찰, 검찰, 군 등을 앞세운 국가폭력은 여전히 자행되었고 언론과 사상의 자유, 결사의 자유, 집회와 시위의 자유 역시 여전히 매우 제한적이었다. 특히 노동자와 빈민의 사회권 투쟁은 당국으로부터 강력하게 탄압을 받았다. 이 같은 상황 속에서 1세대 인권운동은 유신체제 및 전두환정권 시기와 마찬가지로 사회운동에 대한 국가폭력을 인권을 명분으로 방어하고 국가폭력에 희생된 사회운동가들의 보호와 구명운동을 중심으로 전개되어 갔다.

하지만 87년체제 1차 국면에서는 이전의 체제에 비해 사회운동이 향유할 수 있는 자율적 공간이 확장되었기 때문에 1세대 인권운동 역시 좀더 다변화되는 양상을 보이게 된다. 인권운동의 과제 역시 더 다양해지며 전문적으로 변화하게 되었던 것이다. KNCC인권위, 정의구현사제단, 민가협, 유가협 등 기존의 인권단체들이 여전히 당시 인권운동의 중심축을 형성하고 있었지만 새로운 인권단체들 또한 이 시기에 만들어져서 인권운동에서 중요한 역할을 담당하게 되었다.

1988년 8월, 70~80년대 민주화운동과 인권운동에 참여한 인권변호사들이 '민주사회를위한변호사모임'(이하 민변)을 창립한다. 민변은 구로동맹파업 사건 공동변론에 참여한 변호사들이 주축이 되어 결성된 '정의실현법조인회'(이하 정법회)와 1988년에 "자주·민주·통일을 목표로 하는 민족민주운동의 한 부문"으로 자신을 규정하며 탄생한 '청년변호사회'(이하 청변)가 통합함으로써 출범하게 된다.* 민변은 1988년 조직출범 이후 정법회와 청변 시절부터 해오던 시국사건 변론만이 아니라 "연구·조사 사업, 악법개폐 사업, 연대사업, 출판사업, 국제인권사업 등"(민주화운동기념사업회 연구소 2010, 690쪽)으로 활동반경을 넓혀 인권운동의 영역을 전문화하고 다양화하였다.

1989년에는 부천에 노동인권회관이 만들어진다. 노동인권회관은 부천경찰서 성고문사건의 피해자인 권인숙이 중심이 되어 설립한 단체이다. 부천경찰서 성고문사건이 발생한 1986년 당시 검찰은 가해자인 김귀동에게는 증거 불충분으로 기소유예 처분을 하였고, 피해자인 권인숙은 무고죄로 기소하였다. 1심에서 권인숙은 유죄를 선고받았고 고등법원 항소는 받아들여지지 않았다. 그러나 6월항쟁이 발발한 지 2년 후 대법원은 권인숙측의 재심요구를 받아들였고 1989년 권인숙은 무죄가 확정되었으며 문귀동은 징역 5년형을 선고받았다. 같은 해 권인숙은 정부로부터 받은 배상금과 각계의 성금을 바탕으로 노동인권회관을 설립한 것이다. 노동인권회관은 임금체불, 부당노동행위 등과 관련된 노동자들의 권리상담 및 법률구조 사업을 중점적으로 벌였고, 『노동인권보고서』 발간과 같은 노동인권 실태조사작업도 수행하였다. 이에 더하여 노동관계법의 악법조항 분석, 산업재해, 여성노동자 차별문제, 노동자의 주택상황 등 그야말로 '노동

---

* 민주사회를 위한 변호사모임 홈페이지; 민변의 역사 페이지(http://minbyun. or.kr/?page_id=65).

인권 전반을 다루었다'(같은 책, 691쪽)고 할 수 있다.

종교계 인권운동에서도 새로운 조직이 이 시기에 만들어진다. 전두환정권 아래서 민주화운동에 적극적으로 참여한 진관 스님을 중심으로 불교계가 1990년 10월 불교인권위원회(이하 불교인권위)를 만든 것이다. 불교인권위는 활동 초기 여성분과위원회 및 장기수·양심수 분과소위원회로 조직을 구성하여 비전향장기수 송환운동, 사형제 폐지운동을 전개하였고 일본군위안부 문제도 적극적으로 제기하였다.*

1987년을 전후하여 인권운동의 역사에서 중요한 또 다른 흐름은 장애인 당사자들의 권리운동이 시작되었다는 것이다. 장애인운동 전반이 곧 인권운동으로 환원될 수 있는 것은 아니지만 장애인들의 권리투쟁에서 인권은 중요한 운동의 이데올로기였다.** 1985년 장애인

---

* 1992년에 건립된 위안부할머니 안식처인 나눔의 집 건립에도 불교인권위는 주도적 역할을 담당하였다.

** 가령 장애인운동 초창기부터 활동을 해왔으며 현재 전국장애인차별철폐연대 상임 공동대표인 박경석은 장애인운동과 인권운동의 관계에 대한 질문에 이렇게 답하고 있다. "개인의 생각만 말씀드리자면, 저는 앞서도 말씀드렸다시피 인권이라는 주제와 관련해서 인권운동이라는 것을 먼저 접했던 것은 아니에요. 그리고 따로 공부는 안했지만 계급이라는 개념은 운동을 통해서 알고 있었죠. 박래군도 진보적 인권운동, 사회권적 인권운동이라는 이야기를 한 적이 있는데, 저는 여전히 인권이라는 문제가 지금 현실에서 구체적인 문제를 해결하는 데 일정 정도 유용성은 있을 수 있어도, 우리의 구체적인 본질을 말하는 데 많은 한계가 있다고 생각해요. 인권이라는 것은 어떤 때는 매우 당혹스러울 정도로 포장지 같은 느낌입니다. 미국도 전쟁을 치르기 위한 명분으로 인권이라는 말을 쓰지 않나요? 이건희도, 그 아들도 그 말을 쓰잖아요. 인권이라는 것은 너무 포괄적인 사람의 문제이기 때문이죠. 그렇게 따지면 자본가계급에게는 인권이 없나요? 그래서 박래군이 '진보적 인권'이라는 단어로 굳이 나누려고 했던 의도는 결국 계급의 문제가 아니냐는 생각이에요. 물론 계급문제로 다 치환할 수는 없지만, 그 바탕은 계급적 성격의 문제가 아니냐는 생각입니다. 특히 계급운동이 소수자운동의 다양성을 포괄하지 못하는 지금 상황에서 독자적인 운동들은 더 확대되고, 각자의 평등한 관계 속에서 진행되어야 한다고 생각합니다. 그런데 인권운동과 장애운동의 관계 문제로 돌아오면, 저는 장애인인권운동보다는 장애운동이라고 부르는 것을 선호해요. 그런데 어느 날 갑자기 '장애인인권운동'이라고 쓰지 않으면 안 '먹히는' 것은 아닐까라는 고민을 하게 되었어요. 그만큼 인권이라는 담론과 인권이라는 운동이 예전에 느꼈던 것보다 커졌고, '잘 먹힌다'는 생각이 있어요. 인권이 사람의 본질이라는 생각에 반대하진 않아요. 하지만 저에게 이건 '예수님의 사랑' 같은 거에요. 불교의 자비라든가…. (하하) 사회의 모순이나 갈등 지점에서 인권이라는 단어가 쓰이는 폭이 너무 넓어서, 여기에 대해서는 아직 고민을 많이 해봐야 할 문제라 생각해요."(박경석 2017, 420쪽)

---

부모회, 1986년 한국DPI(Disable People's International), 한국지체장인협회, 장애인문제연구회 울림터 등이 결성되었으나 이 단체들이 인권운동으로서 장애인운동을 지향한 것이라고는 할 수 없다.* 인권운동으로서 장애인 권리운동에 대한 보다 뚜렷한 문제의식을 명확히 한 단체는 1987년 12월에 출범한 '장애우권익문제연구소'라고 할 수 있다. 장애우권익문제연구소는 설립 이후 장애인 문제를 다루는 잡지 발간, 장애인복지 관련법 제정 및 개정 운동과 장애인 생활시설의 인권침해 사건 대응의 운동을 전개해 갔다.**

또한 1989년 산청·함양 양민희생자 유족회의 조직과 1990년 정신대문제대책협의회(이하 정대협)의 결성 역시 이 시기 인권운동에서 특기할 만한 사안이라 할 수 있다. 이 두 단체는 과거 인권침해 사건을 해결하고 피해자의 권리 회복을 목표로 활동하려 한 단체들로서 산청·함양 양민희생자 유족회는 한국전쟁 당시 민간인 학살문제를 유족의 입장에서 제기하고 해결을 요구하는 단체이고 정대협은 일제식민지 시기 일본군위안부 문제를 제기한 단체들로서 모두 역사 문제, 즉 '과거청산'을 이후 인권운동의 중요한 의제로 설정하게 하는 계기를 제공하였다.

---

* 이들 단체의 성격과 80년대 이후 한국에서 장애인운동의 역사에 관해서는 김도현 (2007) 참조.

** 이후 이 단체의 일부 활동가들이 2005년 독립하여 장애인 생활시설의 인권문제를 전담하여 활동하는 '장애와 인권 발바닥 행동'을 결성하게 된다. '장애와 인권 발바닥 행동'의 역사 및 활동에 관해서는 다음 URL 참조(http://www.footact.org/).

# 2. 2세대 인권운동 형성의 구조적 조건

## 1) 87년체제 2차 국면의 성립

1990년의 '3당합당'은 87년체제가 1차 국면에서 2차 국면으로 넘어가는 계기로 작용하였다. 즉 민주정의당, 통일민주당, 신민주공화당이 통합하여 민주자유당(이하 민자당)을 결성함으로써 지배블록은 권력유지를 불안정하게 하는 세력갈등의 구도를 재편하게 된다. 조희연이 87년체제의 2차 구성이라고 표현한 이러한 전환을 통해 87년체제 2차 국면이 시작되었다. 여기서 특히 중요한 것은 김영삼으로 대표되는 통일민주당이라는 자유주의 정치세력의 일부가 반독재 저항블록을 이탈하여 지배블록의 새로운 구성원이 되었다는 것이다. 조희연은 3당합당의 사회체제론적 의미를 다음과 같이 해석한다.

독재적 지배블록과 반독재적 저항블록의 세력관계를 재구성하는 의미를 갖고 있었다. 우파 자유주의 세력이 독재적 지배블록으로 이동하는 이른바 변형주의적 과정을 겪게 되면서 양자 간의 경계가 변화하게 된다. 사실 6·29선언이 제도변경의 시도였을 뿐 지배 블록과 저항블록 간의 세력관계를 재구성한 것은 아니었다면, 이 제 3당합당은 세력관계를 재구성하고 구 지배블록의 대중적 기반 을 확충함으로써 실질적인 수동혁명적 효과를 창출하는 조치였 다고 할 수 있다. (조희연 2013, 156쪽)

3당합당의 핵심은 과거 개발독재체제에서 지배블록을 형성하고 있 던 기득권세력들만이 아니라 민주화운동에 참여해 온 정치세력을 지 배블록에 포섭함으로써 지배블록의 대중적 기반을 확장하고 반독재 세력을 분할함으로써 87년체제 1차 국면의 세력관계를 변형해 냈다 는 것이다. 이러한 세력관계의 변형으로 민주화운동진영의 일부가 포함된 새로운 지배블록이 탄생하였고 이는 '실질적 수동혁명'이 이 루어지는 사회체제의 성립, 즉 87년체제의 2차 국면을 결과하게 되 었다고 할 수 있다.

1993년 김영삼 대통령의 취임으로 출범한 '문민정부'는 이러한 수동'혁명'을 더 분명하게 수행하게 된다. 문민정부에서는 여전히 과 거의 군사독재 정치세력이 적지 않은 영향력을 행사하고 있었지만 가장 강력한 정치권력은 민주화운동세력 출신 대통령이 장악하고 있 었으므로 87년체제 2차 국면의 집권세력 내 주도권은 우파 자유주의 세력이 장악하고 있었다. 그리고 집권세력의 핵심이 된 우파 자유주 의 세력은 일련의 개혁조치를 통해 민주주의와 개혁이라는 당대의 '지배적 이데올로기'*에 일정하게 부응하였다. 문민정부는 집권 초 기 정치군인들의 군부 내 기반인 하나회의 해체, 공직자재산 공개, 금

---

* 여기서 의미하는 '지배적 이데올로기' 개념에 관해서는 이후 상세하게 서술하기로 한다.

융실명제 및 부동산실명제의 전격 도입, 5·18광주민주화운동특별법 제정, 역사 바로세우기, 전두환·노태우 구속 등 정치·경제·사회적 개혁을 단행하고 군사독재의 잔재를 일정하게 청산하면서 탈권위주의적 통치 경향을 드러내었던 것이다.

## 2) 한국사회의 경제적·문화적 구조 변동

2세대 인권운동이 성립하게 되는 90년대 초는 한국사회가 구조적으로도 80년대와는 다른, 중요한 변화를 경험하는 시기이기도 하다. 우선 경제적 차원에서 보자면 90년대 초반 한국경제는 80년대 3저호황의 효과 속에서 경제지표가 지속적으로 상승하고 있었다. 1980~93년의 기간 동안 대한민국 1인당 명목 및 실질 국민총소득(GNI)의 변화추이는 〈표 1〉과 같다.

표 1. 1인당 명목 및 실질 국민총소득과 증가율 (출처: e나라지표)

| | 1980 | 1981 | 1982 | 1983 | 1984 | 1985 | 1986 | 1987 | 1988 | 1989 | 1990 | 1991 | 1992 | 1993 |
|---|---|---|---|---|---|---|---|---|---|---|---|---|---|---|
| 1인당 명목 국민총소득 (만원) | 103 | 126 | 143 | 167 | 190 | 209 | 242 | 285 | 340 | 384 | 461 | 551 | 623 | 700 |
| 전년 대비 증가율(%) | 19.7 | 22.4 | 14.1 | 16.8 | 13.5 | 10.1 | 15.6 | 18.0 | 19.2 | 12.9 | 20.0 | 19.6 | 13.2 | 12.3 |
| 1인당 실질 국민총소득 (만원) | 467 | 484 | 523 | 587 | 640 | 677 | 763 | 866 | 972 | 1,047 | 1,134 | 1,240 | 1,303 | 1,382 |
| 전년 대비 증가율(%) | -7.2 | 3.6 | 8.1 | 12.2 | 9.0 | 5.8 | 12.7 | 13.5 | 12.2 | 7.7 | 8.3 | 9.3 | 5.1 | 6.1 |

표 2. 국내총생산 및 경제성장률 (단위: 10억원, 출처: e나라 지표)

| | 1980 | 1981 | 1982 | 1983 | 1984 | 1985 | 1986 | 1987 | 1988 | 1989 | 1990 | 1991 | 1992 | 1993 |
|---|---|---|---|---|---|---|---|---|---|---|---|---|---|---|
| 국내총생산 (명목GDP) | 39,725 | 49,670 | 57,287 | 68,080 | 78,591 | 88,130 | 102,986 | 121,698 | 145,995 | 165,802 | 200,556 | 242,481 | 277,541 | 315,181 |
| 경제성장률 (실질GDP 성장률) | -1.6 | 7.2 | 8.3 | 13.4 | 10.6 | 7.8 | 11.2 | 12.7 | 12.0 | 7.1 | 9.9 | 10.8 | 6.2 | 6.9 |

같은 시기 국내총생산산과 경제성장율 지표변화 추이는 〈표 2〉
와 같다.

80년대 이후 1993년까지 1인당 명목·실질 국민총소득은 꾸준히
증가하였고 국내총생산도 지속적으로 증가하는 등 한국의 자본주의
는 성장하는 중이었다. 80년대 말 한국경제의 규모가 커지면서 경제
협력개발기구, 즉 OECD측은 한국의 가입을 촉구하게 된다. 노태우
정부는 1992년 6월 OECD측에 가입의사를 전달하였고 김영삼정부
에서 OECD 가입 추진이 본격화되었고 1996년 한국은 OECD에 가
입한다. 경제적 성장을 이루고 정치적으로 민주주의가 안정된 국가
들이 참여하는 국제기구인 OECD의 가입은 90년대에 한국의 경제
성장을 상징하는 사건이 되기도 하였다.

그러나 경제지표상의 성장이나 OECD 가입보다 더 중요한 90년
대 한국경제의 변화는 한국의 경제발전전략과 산업구조가 변동하기
시작한 것에 있다. 첫번째 변화는 개발독재라고도 불리는 국가주도
발전전략, 즉 발전국가의 해체와 신자유주의 경제정책의 도입이다(지
주형 2011). 1993년에 발표된 김영삼정부의 '신경제계획'이 보여주는
바와 같이 국가경제의 성장을 정부의 계획과 통제를 중심으로 도모하
던 발전국가에서 기업의 자율적 성장전략이 중심이 된 시장주도형 성
장전략으로 전환된 것이다. 은행을 비롯한 금융권의 자율성이 강화되

었으며, 산업부문에 대한 정부규제가 완화되었다. 또한 김영삼정부는 '세계화'를 국정목표로 표방한 이후로 무역정책 역시 보호주의에서 개방주의적 경향으로 전환하기 시작하여 수입자유화 조치, 기업의 해외투자 및 해외차입에 대한 규제의 대폭 완화 등 시장의 자율성을 강화하는 신자유주의적 경제정책을 주요 기조로 취하게 된다.

다음으로는 제조업, 즉 공업 중심 산업구조가 해체되는 탈공업화 국면으로 변동했다는 것이다. 한국경제의 생산활동에서 차지하는 산업부문들의 비중이 변화하는 것이 구조적 변화라 할 수 있는데 90년대 들어 한국경제의 중심이 공업에서 서비스산업과 같은 비공업부문으로 이동하였다. 공업 중심의 산업구조에서 탈공업화된 산업구조로의 이행은 서구의 선진국이나 일본과 같이 경제성장을 일찍 이룬 나라들에서 일반적으로 나타나는 현상으로 한국은 90년대에 이러한 구조적 변화를 경험한 것이다(김종일 2006). 90년대의 탈공업화라는 경제구조의 변화는 서비스산업, 문화산업, 지식정보산업, 금융산업 등의 비중이 증대하는 것으로 이어지게 된다.

이러한 구조적 변동은 90년대 초반 한국 자본주의가 소비사회 혹은 소비자본주의로 접어들었다는 평가로 이어졌다(주은우 1994; 강준만 2006; 엄기호 2014). 그리고 이는 이른바 '신세대'와 '소비문화론'으로 대표되는 '문화의 시대'로의 전환을 결과했다. 이 전환은 61년체제에서 87년체제 1차 국면까지의 보수적이고 권위주의적 문화를 일정하게 변화시키게 된다.* 80년대 운동권과 구별되는 정서와 문화를 가진 '신세대'가 출현하여 적극적인 소비주체이자 대중문화의 향유자로서 자리 잡았고 대학가를 중심으로 동성애자들의 커밍아웃이 조

---

★　이러한 문화적 변동에 관해서는 정정훈(2021) 참조.

직적으로 이루어짐과 동시에 여성들은 자신들의 자율성과 권리를 주장하는 다양한 활동을 전개했다. 청년들을 중심으로 한 이와 같은 일련의 흐름은 자신의 욕망과 정체성을 긍정하고 다양성과 차이를 강조하면서 한국사회의 권위주의적 문화에 대한 일종의 대항문화를 형성해 갔다.

한국사회의 가치규범에도 중요한 변화가 있었다. 이는 무엇보다 자유민주주의가 한국사회의 정치적 규범으로 공고화되었다는 것이다. 조희연은 1987년 이후 정치적 측면에서 '민주주의(담론·정신, 원리)라는 것이 헤게모니적 지위'(조희연 2013, 140쪽)를 획득하게 되었다고 규정하며 특히 87년체제의 2차 국면에서는 '자유주의세력의 이니셔티브'(같은 글, 141쪽)하에 '한 단계 더 높은 민주주의 구성적 각축'(같은 글, 158쪽)의 틀이 만들어졌다고 파악한다. 다시 말해 87년체제의 성립으로 민주주의는 한국사회의 정치적 규범으로 '민중적·국민적 동의'(안토니오 그람시 1999)를 획득하는 헤게모니적 담론이 되었고 김영삼정부 시기에 사회규범으로서 민주주의의 헤게모니적 지위가 더욱 공고해졌다는 것이다.*

물론 87년체제에서 헤게모니적 지위를 장악한 민주주의란 '위로부터의 보수적 민주화가 지배적인'(조희연 2013, 146쪽) 것이었고, 특히 87년체제 2차 국면에서는 '우파 자유주의의 이니셔티브'(같은 글, 158쪽)로 특징지어지는 민주주의였다. 다시 말해 더 이상 군부독재나 노골적 국가폭력으로 인권 및 민주적 권리를 제한하는 것에 반대하

---

* 이는 문민정부 출범 이후 상기한 일련의 '개혁'정책들이 집행되자 국민들이 문민정부에 대해 높은 지지를 보낸 것에서도 나타난다. 문민정부의 개혁정책이 집중적으로 전개된 1993년 대통령의 지지율은 70~80%를 기록했다("역대 대통령 지지율", 『조선닷컴』 2016. 11. 3).

고 민주적 절차에 따른 권력의 선출과 국가권력에 대한 민주적 통제에는 일정하게 동의가 형성되었지만, 이때의 민주주의는 어디까지나 자유주의의 한계 내에서 규정되는 민주주의였다고 할 수 있다. 자본주의 경제체제를 지지하고 제도적으로 정당한 절차에 입각한 정치권력 선출을 옹호하고 그리고 대의정치를 통한 사회적 갈등의 비폭력적 해결을 추구하며 개인주의에 입각한 권리를 요구하는 자유민주주의의 원리가 87년체제에서 지배적 담론이 되었다는 것이다.

87년체제의 성립 이후 자유주의 우위의 민주주의와 개혁이 지배적 담론이 되었다는 것은 곧 자유민주주의가 1987년 이후 적지 않은 기간 동안 정치적 차원에서 한국사회 구성원들의 사고와 행동을 일정하게 구성하는 사회적·정치적 규범이 되었다는 것과 동시에 민주주의와 개혁의 방향과 정도를 두고 사회적 투쟁이 벌어지는 이데올로기적 장이 구축되었음을 의미한다.


## 3) 변혁운동의 위기와 사회운동의 분화

1990년 3당합당으로 형성된 87년체제 2차 국면은 사회운동의 변모라는 관점에서 보자면 70년대 민주화운동 및 80년대 변혁운동의 영향력이 약화되고 이러한 전통적 사회운동과 중요한 차이를 보이는 새로운 사회운동들이 등장하는 시기이기도 했다. 사회운동의 맥락에서 파악하자면 87년체제 2차 국면은 전통적 사회운동이 위기를 겪게 되고 신사회운동이 등장하는 정치적 기회로 작용한 것이다.

87년체제 2차 국면의 성립과 '민족민주운동', 노동운동이나 빈민운동 등의 민중운동, 체제변혁 지향적인 학생운동과 같은 전통적 사회운동의 위기 사이의 관계는 1991년의 이른바 '5월투쟁의 패배'와 관련되어 있다. 1991년 4월 26일 명지대학교 '학원자주화 투쟁'에 참여하였던 강경대 학생이 '백골단'의 쇠파이프에 맞아 사망하는 사건이 발생하였고 이 사건은 학생운동을 중심으로 곧 대대적인 반정부 시위로 변모하게 된다. 그해 6월 29일까지 전개된, '5월투쟁'이라고 불리는 반정부 집회 및 시위는 '1987년 민주주의로의 이행 이후 일어난 대항세력의 가장 큰 투쟁'(전재호 2004, 153쪽)이자 '3당합당적 질서 혹은 3당합당적 지배의 혁신에 대응하는 운동의 급진적 도전의 가장 상징적 표현'(조희연 2013, 156쪽)이었다.

　　1991년의 5월투쟁은 격렬하게 전개되었음에도 불구하고 결국 정부의 승리로 종결된다.* 그러나 5월투쟁의 종결은 단지 '3당합당적 질서'에 저항한 전통적 사회운동의 일시적 패배로 끝난 것이 아니라 체제변혁을 지향하던 사회운동의 종언을 의미하는 것이기도 했다.

　　처음부터 '제2의 6월항쟁'이라고 불려진 1991년 5월투쟁은 6월항쟁 이후 최대 규모로 거리의 정치를 복원했지만, 그 패배의 효

---

*　투쟁이 고조되는 과정에서 분신하는 사람이 하나둘 나오기 시작하면서 이 투쟁에 대한 대중의 여론이 부정적인 것으로 변화되기 시작한다. 특히 박정희정권 시절 민주화운동의 상징적 존재로 여겨졌던 시인 김지하는 『조선일보』의 "죽음의 굿판을 걷어치워라"라는 글에서 운동권이 생명을 경시하고 분신과 같은 자살을 조장하고 있다는 비판을 한다. 이어서 박홍 당시 서강대 총장은 '분신배후설'을 제기하였고 검찰은 1991년 5월 8일 분신한 전민련 사회부장 김기설의 유서가 대필되었고 그 대필자가 당시 단국대학교 학생이자 김기설의 친구인 강기훈이라고 공표하고 그를 자살방조 혐의로 기소한다. 이 사건은 2013년 재심절차에 들어가 2015년 대법원의 무죄확정 판결로 조작된 것으로 밝혀졌지만 1991년 당시에는 사회운동이 사람의 생명을 반정부활동의 수단으로 삼는다는 의혹을 확신시켰다. 그리고 6월 3일 국무총리서리로 임명된 정원식이 외대 교수직을 그만두고 학교를 떠나던 순간 학생들이 계란, 밀가루 등을 투척하는 사건이 발생한다. 이는 스승을 모욕하는 운동권 학생들의 패륜적 행위로 언론에 보도되면서 1991년 5월투쟁은 더더욱 고립되었고 결국 6월 29일 시위대가 농성중이던 명동성당에서 철수하면서 종결되었다.

과는 혁명적 분위기가 범람하던 정치적 시공간의 봉합이었으며, 1979년 10월 부마항쟁과 1980년 5·18광주항쟁에서 기원하는 1980년대 사회운동은 1991년 5월투쟁으로 종결했다. 이 12년 동안 혁명의 시대를 자임했던 1980년대는 이렇게 스스로 역사가 되었다. (김정한 2011, 176쪽)

1991년 5월투쟁의 패배는 자주적 민족통일과 사회주의 체제의 건설을 지향하던 혁명적 사회운동의 시대에 조종이 울렸음을 의미한다는 것이다.

더욱이 5월투쟁이 일어나기 한 해 전인 1990년 동독이 서독으로 흡수통일되면서 동유럽 사회주의 체제에 균열이 발생하였고 5월투쟁이 종결된 해의 끝자락인 12월 26일 사회주의 체제의 종주국이라 불렸던 소련이 붕괴되면서 역사적 사회주의가 몰락했다. 이는 국내에서 사회주의 혁명을 추구하던 사회운동세력에 큰 충격을 주었고 전위정당의 지도에 따라 노동자계급이 주체가 된 사회주의 혁명운동 노선으로부터 많은 활동가들이 이탈하게 된다. 그리고 1993년 문민정부가 출범하면서 시행한 일련의 개혁조치들은 혁명적 사회운동을 더욱 위축시켰다. 이는 변혁운동으로 불리던 전통적 사회운동의 위기국면이 조성되었음을 의미한다.

전통적 사회운동의 위기국면은 사회운동의 본격 분화로 이어졌고 사회운동 주도세력의 교체로 결과하게 되었다. 1989년 설립된 '경제정의실천시민연합'으로 시작된 시민운동은 1994년에는, 이후 '참여연대'로 조직명을 바꾸게 되는 '참여민주사회와 인권을 위한 시민연대'의 발족으로 이어지면서 87년체제 2차 국면에서 사회운동의 중심축을 형성하게 된다. 더불어 이 시기에 환경운동 역시 본격화된다. 1993년 환경운동연합이 창립되고 1994년에는 현 녹색연합의 전신인 배달녹색연합이 설립되면서 생태문제, 환경문제가 중요한 사회운동의 의제로 떠오르게 된다. 90년대 초·중반을 거치면서 시민운동은 한국사회의 핵심적 사회운동의 형태가 된다.

또한 이 시기에 노동운동의 경우 한국노총에 대항하여 '민주노조' 노선에 입각한 계급적 노동운동을 표방하는 '민주노동조합총연맹'(이하 민주노총) 설립운동이 시작되어 1995년 출범한다. 이후 민주노총은 노동운동만이 아니라 한국 사회운동의 중심적 역할을 하게된다. 학생운동과 재야운동 그리고 노동자 현장조직들이 중심 세력을 이루던 사회운동이 1991년에서 1995년을 거치면서 시민운동과 민주노총이 중심이 되는 사회운동으로 변모한 것이다(전재호 2004).

이는 한국 사회운동의 성격이 변화하기 시작하였음을 의미한다. 박정희정권 시기(61년체제 1·2차 국면) 사회운동이 박정희 독재정권에 대항하여 민주화를 요구하며 진행된 반독재 민주화운동으로 규정될 수 있다면, 전두환정권 시기(61년체제 3차 국면)의 사회운동은 남한사회의 모순은 단지 군부독재에 의한 민주주의의 억압에만 있는 것이 아니라 제국주의에 의한 분단이라는 민족모순 혹은 남한 자본주의의 계급모순이라는 인식이 사회운동진영에 확산되었고 이 경향은 87년체제 1차 국면까지 이어진다. 다시 말해 80년대 사회운동의 주류는 한국사회의 근본 모순을 지양하고자 하는 운동, 즉 자주적 민족통일과 민중혁명을 통한 사회주의로의 체제변혁을 추구하는 변혁운동으로 규정될 수 있다.

그러나 1990년 이후 수립된 87년체제 2차 국면에서 1991년 5월

투쟁의 실패, 사회주의 체제의 해체, 문민정부의 출범과 개혁이라는 국제적·국내적 급변의 상황은 국내 사회운동에서도 기존의 민주화 운동이나 변혁운동이 쇠퇴하고 이와는 다른 성격을 가지는 사회운동 들이 출현하는 기회가 되었다. 그리고 그와 같은 맥락에서 이 글에서 다루고자 하는 2세대 인권운동이 1993년을 전후하여 형성된 것이다.

# 3. 2세대 인권운동 형성과 그 계기

## 1) 1992년, 새로운 인권운동에 대한 간담회

1992년 전국민족민주운동연합(이하 전민련)의 인권위원장 서준식은 한 모임에서 「우리의 인권운동, 어디로 가야 하나?」라는 글을 발표한다.* 이 글에서 서준식은 기존의 인권운동을 '유신·5공 시대'의 인권운동으로 규정하면서 "독립된 독자의 사회운동 장르였다기보다 엄밀한 의미에서 '민권운동' '민주화운동'이라고 부르는 것이 더 어울리는 운동이었으며, 그것은 여타의 사회운동이나 정치운동과 서로 얽히며 경계가 다분히 애매한 것"이었다고 평가한다(서준식 1993).

서준식은 인권운동이 1987년 6월항쟁 이후 민주화운동의 일환

---

* 이 글은 1992년 새로운 인권운동을 위한 인권단체 활동가 간담회에서 발표되었고 (인권운동사랑방 2013, 121쪽), 1년 후인 1993년 『민주법학』 6호에 게재된다. 서준식의 이 글의 인용은 『민주법학』에 게재된 원고에서 한다.

으로 규정되던 조건으로부터 벗어나서 독자적 운동이 될 수 있는 가능성을 갖게 되지만 여전히 내적 한계를 극복하지 못하고 있다고 판단한다. 그러한 한계를 비유적으로 인권운동이 '구멍가게'의 수준에 머물고 있다고 표현한다.

> 6월항쟁을 거쳐, 근본적으로 바람직한 이 부문[인권운동]의 내부 분화·전문화가 진행되고 있다고 하나 각 인권단체는 아직도 영세성을 면하기 어려운 '구멍가게' 수준에 머물고 있어서 진정한 의미의 전문화를 이루고 있지 못하며 그리고 동력원이 없는 이들 여러 단체를 수평적으로 연대케 해줄 그 어떠한 장치도 우리의 인권운동은 갖지 못하고 있다. (같은 글, 221, 222쪽)

서준식에 의하면 구멍가게라고 표현된 인권운동의 가장 큰 문제점은 규모의 영세성과 이로 인한 비전문성에 있다. 그리고 영세성과 비전문성은 인권운동을 위한 체계적 자료구축의 미비, 과중한 업무로 인한 활동가들의 공부부족, 특정 인권사안에 대한 지속적이고 장기적인 대응의 부재, 인권단체들 간의 소통과 연대의 부족이라는 현실적 한계들로 귀결된다고 분석한다.

서준식은 이러한 문제점과 한계를 극복하기 위한 방안으로 특정 인권단체라는 단위조직들의 차원을 넘어서는 인권운동의 연대기구에 대한 구상을 제시한다. 그가 제시한 이 기구의 상은 다음과 같다.

> 기구는, (1) 학자에 의하여 지도되고 전담 실무자가 관리하는 독립된 자료실 (2) 학자와 변호사와 활동가가 함께 세미나에 참가하

는 여러 연구분과 (3) 여러 인권운동단체와의 원활한 연대를 유지하기 위한 튼튼한 대외협력부서와 조직부서 등을 포함하는 사무국 그리고 (4) 그 조직부서에 의하여 조직되고 관리되는 비상근 시민들의 자발적인 활동팀들로 이루어진다. (같은 글)

자료실, 연구분과, 연대활동을 위한 사무국, 자원활동팀으로 구성된 이 기구는 또 하나의 독자적 활동분야를 가진 인권단체라기보다는 기존 인권단체들의 활동을 지원하고 소통을 매개하고 활동가들을 교육하고 새로운 인권활동가를 재생산하는 역할을 맡는 단체로 제안되고 있다.

이를 통해 서준식이 한국의 인권운동에 제안하고자 한 바는 인권운동진영의 연합체 혹은 연대기구의 구성이었다. '구멍가게' 수준의 인권운동단체들이 자기 분야에 특화된 전문성도 갖지 못한 상태에서 인권침해 사안에 대한 시사적 대응에만 급급한 한계를 극복하기 위해서는 인권운동의 체계적 연합체가 필요하다는 것이다.

인권운동연합이 거대한 '유령단체'가 되지 않기 위하여는 강력한 본부, 즉 실무 핵이 있어야 하고 그 존재를 담보해 주는 재원이 있어야 하고 무엇보다도 인권운동 각 단체 간의 최소한의 애정과 연대감이 있어야 한다. 각 단체의 한계를 극복하려는 문제의식이 있어야 한다. 우리에겐 이런 것이 아무것도 없다. (같은 글)

그의 구상에 따르면 인권운동의 연합은 단지 인권단체들만이 아니라 '학자, 법조인, 활동가가 인권운동가로서 유기적으로 결합'하는 것을 의미한다. 그와 같은 인권운동가들의 유기적 결합으로서 인권운동이 가능하기 위해서는 '강력한 본부, 즉 실무 핵'이 필요한데 그 '강력한 본부'가 바로 앞에서 제시된 새로운 인권운동기구이다.

서준식은 이러한 구상을 가지고 1992년 8월부터 노태훈, 염규홍, 심보선, 이현숙, 류은숙 등과 새로운 인권운동기구 준비모임을 진행한다.[*] 그리고 그해 10월 천주교정의구현전국연합 인권위원회(이후 천주교인권위원회로 개편), KNCC인권위, 민가협, 유가협 등 10여 개의 당시 대표적 인권단체 활동가들과 간담회를 개최한다. 이 자리에서 앞에서 언급한 서준식의 「우리의 인권운동, 어디로 가야 하나?」 초안이 발표되었다. 그러나 서준식의 제안은 이 간담회에 참여한 인권단체들에 의해 사실상 거부되었다.[**] 하지만 서준식의 이러한 구상은 1993년 인권운동사랑방이 출범하면서 새로운 인권단체의 출현으로 이어지게 된다. 그리고 그 단체는 1993년 이후 한국 인권운동의 새로운 모델로 자리 잡게 된다. 2세대 인권운동이 등장하기 시작한 것이다. 그 과정은 어떤 계기에 의해서 추동되었을까?

---

[*] "제가 92년 5학년 여름학기를 채우고 졸업을 해요. 그후 8월쯤 인권운동사랑방 준비모임이 시작되고, 그전에 서준식 선생님과 만남이 있었어요. 졸업과 함께 준비모임에 참여하였죠. 이 모임에는 이름도 없었어요. 그저 '새로운 인권단체를 만들자'라는 막연한 상태였어요. 선생님, 저 그리고 인권하루소식을 최초로 만든 염규홍, 민가협에서 활동했었던 노태훈, 노태훈씨의 후배인 심보선, 전민련에서 활동하던 이숙현씨가 함께했어요."(류은숙 2017, 36쪽)

[**] "박래군씨가 그날 간담회에서 말했던 주요 요지는 '구상은 좋은데 그거 되겠어요?'였어요. 회의파였죠. NCC의 목사님은 '참 좋으신 구상인데…'라며 말을 줄였어요. 이 말줄임표의 의미가 뭐냐면 '우리 같은 1세대를 두고 너희가 하겠다고?' 대놓고는 말하지 못하지만 불편한 기색을 보였고, 남규선씨는 노골적으로 불쾌감을 표현했죠. '민가협을 두고 뭘 하겠다는 거냐'는 거예요. 그러니까 이 간담회는 솔직히 살벌했어요. 저는 이 당시 막내잖아요. '뭐야 이 사람들?'이라고 생각할 정도였죠. 아무튼 간담회에서 우리가 내세운 것은 '봐라 이렇게 당해 왔으니 자료실도 필요하고, 상시적인 연대체도 필요하다'는 구상이었어요. 그랬더니 '구상은 좋은데, 잘~해 봐라, 우리 냅두고 했다가는 잘될 것 같지 않다. 우리가 있는데 새로운 단체가 왜 필요하지?'라는 반응이었어요. 그 간담회는 이렇게 요약될 수 있을 것 같네요."(같은 글, 38쪽)

## 2) 국제인권 기준의 계기

1993년을 전후로 한 시기의 새로운 인권운동이 민주화운동·변혁운동 시대의 인권운동의 의제와 운동방식 및 조직방식으로부터 전화되는 중요한 계기 가운데 하나가 1993년 비엔나에서 열린 '세계인권대회'이다. UN은 90년대에 들어서 냉전 이후의 새로운 세계질서를 모색하면서 일련의 중요한 국제회의를 열게 된다. 1992년 리우 환경회의, 1994년 카이로 국제인구개발회의, 1995년 베이징 여성대회, 1995년 코펜하겐 사회개발정상회의 등이 개최되는 맥락에서 1993년 비엔나 세계인권대회도 열린 것이다. 비엔나 세계인권대회에는 세계 각국의 장관급 주무관리 내지는 특사들이 참여하였고, 2천 개의 인권단체가 참석하는 대규모 회의였다. 이 대회에 참여한 이대훈은 비엔나 세계인권대회의 개최배경을 다음과 같이 규정하고 있다.

> 비에나 세계인권대회는 냉전 이후 세계질서를 구상하는 하나의 세계대회로 준비되었다. 드러난 모든 문제를 인권이라는 잣대로 평가하고 국제질서의 최소한의 인본주의적 원칙과 개선책을 정립하기 위해서였다. (이대훈 1994)

역사적 사회주의 붕괴 이후 급변하는 국제질서라는 정세 속에서 유엔은 새로운 국제질서의 규범적 틀 가운데 하나를 인권으로 삼고자 하는 기획을 가지고 1993년 비엔나 세계인권대회를 개최하였던 것이다.

1992년 12월 민변과 천주교정의구현연합 인권소위원회는 여러 인권단체들을 향해 비엔나 세계인권대회에 한국의 인권단체들도 참여할 필요성을 제안하였고 이 제안이 받아들여져 국내 인권단체들은 '유엔세계인권대회를 위한 민간단체공동대책위원회'(KONUCH, 이하 인권대회공대위)를 구성하여 대회참가를 준비하게 된다. 인권대회공대위는 민변, 천주교정의구현연합 인권소위원회, 민주주의법학연구회, 민가협, 유가협, 불교인권위, ILO전국노동자공동대책위원회, KNCC 인권위가 참가단체로, 민족사진연구소·한국성폭력상담소·한국여성단체연합·한국정신대문제대책위원회가 참관단체로, 서준식과 노태훈이 개인 자격으로 참여하여 구성되었다.

비엔나 세계인권대회는 1993년 6월 14일부터 25일까지 10일간 진행되었고 본 대회 전인 6월 10일부터 13일까지는 민간단체포럼 (NGOs Forum)이 열렸다.* 한국의 인권활동가들은 민간단체포럼부터 이 대회에 참여하면서 인권운동에 대해 새로운 관점을 형성하게 된다. 가령 인권활동가 박래군은 이 대회의 참관기에서 다음과 같이 쓰고 있다.

인권의 문제가 생존의 문제에서부터 인간해방의 문제에 이르기까지 그 포괄하는 폭의 광대함에 한번 더 놀랐고, 폭이 광대한 것과 함께 각 사안들을 분석하는 틀은 매우 치밀하다는 점이었다. 한 인간이 인권유린을 당한 사건을 분석할 때 정치적인 배경만을 따지는 것이 아니라 거기에는 심리적인 문제, 문화적인 문제, 피해자와 그 가족의 정신적·물질적 보상의 문제, 사회적인 영향 등등을 면밀히 분석한 위에서 문제를 제기하는 그 전문성에 다시 한번 놀랐다. (박래군 1993, 188쪽)

---

* 비엔나 세계인권대회의 맥락, 준비과정, 주요 의제 및 논쟁 그리고 비엔나에서 한국 민간단체의 활동상황 등에 관해서는 천정배(1993) 참조.

비엔나 세계인권대회는 인권에 대한 그의 기존 이해를 근본적으로 바꾸어놓았다. 1993년 당시까지 한국에서 인권문제는 여전히 양심수 석방, 고문방지 및 피해자 구제조치, 국가보안법을 비롯한 국가의 억압적 법제 개혁 등 주로 정치적 권리의 보장을 중심으로 이해되고 있었다. 이는 반독재 민주화운동 내지는 체제변혁운동의 부문운동으로서 인권을 이해하는 시각이었다. 그러나 비엔나 세계인권대회에 참여하면서 인권이 포괄하는 폭이 매우 광범위하다는 점, 구체적인 인권침해 사안에 대한 외국 인권운동의 분석틀이 체계화되어 있고 전문화되어 있다는 점을 알게 되었고 이는 인권과 인권운동에 대한 이해에 일대 혁신을 일으키게 된 것이다.

박래군은 이때의 경험이 자신에게 끼친 충격의 실감을 본 연구 과정에서 진행한 인터뷰에서 다음과 같이 명확하게 밝히고 있다.

제 경우에는 이 인권대회가 '내가 인권운동을 하고 있구나, 인권 운동을 해야겠구나'라고 자각하는 계기가 되었습니다. 그전까지는 내가 인권운동을 하면서도 인권운동을 한다고 생각하지 않고, 민족민중운동과 혼재되어 있던 상태였죠. 그러다가 이 대회에 참여하면서 '인권운동을 해야겠다, 인권운동을 할 수 있겠다'라는 인식이 생겨났던 겁니다. 사실 당시를 생각해 보면 문화적 충격이 엄청 컸어요. 저만 그랬던 게 아니고 같이 갔던 사람들 대부분이 그랬죠. 개인적으로 가장 큰 충격이었던 일은 처음으로 성소수자그룹을 만난 것이었어요. 이 사람들이 '옷 입고 다니는 것도 야리꾸리하고, 엉덩이에 구멍을 내놓고 다니고, 다 핑크빛으로 해놓고, 이상한 짓'을 하더라구요. 서준식 선배와 저는 비엔나 거리에서 대낮에 남녀가 끌어안고 있는 것만 봐도 충격적이었는데….

(박래군 2017, 5쪽)*

박래군의 진술이 잘 보여주는 바와 같이 비엔나 세계인권대회에 참가하면서 국제인권 기준과 타국의 인권운동을 접하게 된 경험은 인권 개념과 인권운동에 대한 기존 인식을 변화시키고, 자신을 인권운동가로 설정하는 확실한 정체성을 가지는 계기가 되었다.

인권의제의 다양성 및 포괄성, 인권운동의 체계성과 전문성에 대한 인식도 중요했지만 인권운동의 문화로부터 인권과 인권운동에 대한 새로운 감각을 형성하게 된 것이었다. 특히 "비엔나 거리에서 대낮에 남녀가 끌어안고 있는 것만 봐도 충격적"이라고 느끼던 '민족민중운동'의 감수성이 "옷 입고 다니는 것도 야리꾸리하고, 엉덩이에 구멍을 내놓고 다니고, 다 핑크빛으로 해놓고, 이상한 짓"을 하는 타국의 인권활동가를 통해서 변화되는 계기가 마련되었다고 할 수 있다. 이러한 감수성의 변화는 이후 90년대 초·중반부터 본격적으로 전개되기 시작하는 소수자권리운동에 2세대 인권운동이 연대하게

---

* 이러한 박래군의 진술은 일견 국제적 수준의 인권운동과 한국 인권운동의 격차에 대한 놀라움으로 보이기도 한다. 하지만 국제적으로 인권운동이 본격화된 것은 70년대이다(Neier 2012). 1948년 제정된 '세계인권선언'과 더불어 국제인권장전의 핵심적 문서들이자 대표적 국제인권기준이기도 한 '경제적·사회적·문화적 권리에 관한 국제협약'과 '시민적·정치적 권리에 관한 국제협약'이 1966년에 제정되었으나 그 실제 발효는 1976년에야 이루어지는 상황은 국제인권체제의 형성도 70년대 중반이 되어서야 그 기본 틀을 갖추었음을 보여준다. 다시 말해 한국의 인권운동이 국제사회의 인권운동과 연결되는 것은 1993년 비엔나 세계인권대회에서였다고 하지만 한국의 인권운동 역시 국제적으로 인권운동이 성장하는 시기와 크게 차이나지 않는 시기에 본격화되었다고 할 수 있다. 물론 박래군은 단지 서양 인권운동의 탈권위주의적 활동문화와 인권운동이 다루는 의제의 다양함에 충격을 받았다고 하지만 동시에 남미나 아프리카 등 제3세계 인권운동의 역사와 투쟁강도에 대해서도 깊은 인상을 받았다고 이 인터뷰(박래군 2017)에서 밝히고 있다.

되는 정서적 조건이 되었다.

더불어 박래군의 진술에서 중요한 점은 이 대회를 통하여 자신의 운동을 '민족민중운동', 즉 기존의 변혁운동의 일환으로서 인권운동에서 독자적인 인권운동으로 재규정하게 되었다는 데 있다. 박래군은 비엔나 세계인권대회 이전까지 자신이 수행한 운동에 대해 스스로 명확하게 규정하지 못하고 있었다고 말한다. 이 대회 이전까지 그는 '인권운동을 한다고 생각하지' 않았다. 자신의 운동에 대한 인식은 인권운동과 '민족민중운동이 혼재된 상태'에 머물러 있었다. 다시 말해 80년대 변혁운동의 연장선상에서 자신의 활동을 파악하고 있었고 그 활동을 인권운동으로 명확하게 규정하고 있지 않았던 것이다. 그러나 비엔나 세계인권대회에서 다른 나라 인권운동을 접하고 그 운동의 포괄성·다양성·체계성·전문성에 자극을 받으면서 비로소 스스로 '인권운동을 해야겠다, 인권운동을 할 수 있겠다'고 생각하게 되었다. 비엔나 세계인권대회의 경험은 변혁운동의 부문운동이 아닌 독자적 의제와 활동방식을 가진 인권운동이라는 문제설정이 형성되는 계기로 작용하였다. 비엔나 세계인권대회는 한국 인권활동가들에게 인권운동에 대한 인식론적 전환의 계기가 되었다고 할 수 있는 것이다.

이 대회가 기존 한국 인권운동에 끼친 영향력에 대해서 류은숙은 본 연구과정에서 진행한 인터뷰에서 다음과 같이 평가한다.

충격이었다고 하는 점은 그런 거예요. 다들 인권운동가라고 하면서 갔지만 인권운동이 뭔지도 모르던 사람들이잖아요. 그러니 자신이 얼마나 아는 것이 없고, 우물 안 개구리였는지를 알게 된 거예요. 무지를 깨달은 거죠. 세계인권선언 같은 것도 처음 들어본 거예요. 자신이 부르짖던 것의 국제기준이 있다는 사실을 처음 접한 거죠. 우리만 제일 불쌍하다고 생각했었는데, 남미의 피노체트부터 시작해서 장난들이 아니라는 것도 알았고요. 매번 국제연대에 "우리 도와주세요"라고만 했던 사람들이 받은 충격이 있었던 거예요. 특히 거기서 분홍색 팸플릿을 받았는데 그게 게이, 레즈비언과 관련된 내용이었어요. 성소수자에 관한 권리라는 것을 처음 보고 문화적인 쇼크를 받은 거죠. (…) 심지어 성노동자노동조합도 있었다고 하더라고요. 또 국가인권기구를 만들라는 UN권고도 접한 거예요. 이전부터 UN에서는 계속 이야기하고 있었잖아요. "인권을 다루는 국가기구라니!" 상상을 초월한 것을 만난 거죠. 그런 점들에서 굉장히 충격받은 거예요. (류은숙 2017, 40, 41쪽)

류은숙의 진술 역시 당시 국내 인권활동가들의 인권과 인권운동에 대한 협소한 이해가 깨지고 새로운 인식을 얻게 되는 계기로 1993년 비엔나 세계인권대회가 작용하였음을 보여준다. 군사독재정권에 맞서 적지 않은 세월 동안 인권운동을 해온 활동가들은 이 대회에서 한국보다 훨씬 열악한 인권상황에 처해 있는 국가들에 대한 연대의 필요성을 자각하게 되었다. 또한 이 대회를 통해서 국가인권기구, 즉 인권을 옹호하고 보호하는 국가기구가 가능하다는 것을 국내의 인권활동가들이 처음으로 알게 되기도 하였다.

특히 중요한 것은 인권활동가들이 '자신들이 외치던' 인권의 '국제적 기준이 있다는 사실', 즉 세계인권선언·자유권규약·사회권규약 등과 같은 국제인권기준을 인식하게 된 것이다. 이는 반독재 민주화운동이나 변혁운동의 담론이 아니라 인권운동의 고유한 개념 및 이론과 규범적 준거를 한국의 인권활동가들이 발견하는 계기가 비엔나 세계인권대회의 경험을 통해서 주어졌음을 뜻한다. 비엔나 세계인권대회의 경험은 한국 인권운동에 중요한 변곡점을 형성하는 새로운 문제설정을 한국의 인권운동에 갖게 하였다고 할 수 있다.

이는 단지 박래군이나 류은숙과 같은 개별 활동가의 평가에 국한되는 문제의식은 아니었다. 비엔나 세계인권대회가 끝난 이후 평가과정에서 인권대회공대위는 국내 인권단체들의 공조와 협력을 위한 체계가 필요하다는 문제의식에 합의를 이루게 된다. 인권대회공대위는 비엔나 세계인권대회가 끝나고 가진 평가회 자리에서 다음과 같은 결론을 내린다.

> 1993년 8월, 9월에 걸쳐 비엔나 세계인권대회에 참가했던 단체를 중심으로 평가를 진행하던 과정에 후속사업을 포함하여 상설적인 사업을 담당할 인권운동조직으로 '인권운동의 조직적 전망'에 대한 논의가 시작됨. (한국인권단체협의회 1994, 6쪽)

비엔나 세계인권대회의 성과를 바탕으로 국제인권운동 관련 후속사업 및 국내사업을 담당할 상설적인 인권운동의 조직이 필요하다는 문제의식이 비엔나 세계인권대회에 참여했던 인권단체들 사이에 형성된 것이다. 그리하여 1994년 3월 인권대회공대위는 한국 인권운동 진영에 "가칭 '한국인권단체협의회' 건설을 위한 제안"을 제출한다. 이 제안문은 인권협의 건설이 비엔나 세계인권대회의 경험에서 연원한 것임을 분명히 하고 있다.

한국의 인권운동단체들은 지난해 세계인권대회에 참가하면서 많은 경험과 교훈을 얻었습니다…. 이제 우리는 공대위의 성과를 계승하고 특히 이미 우리에게 부여된 국제인권활동의 책무를 수행할 조직적 대안을 마련해야 할 시점에 이르렀습니다. 여러 인권단체들이 서로의 활동에 관해 정보와 의견을 교환하고 공동의 목표와 사업을 향해 가능한 한 조정과 협력을 하는 것이, 제대로 되기만 한다면 모든 단체들에게 유익한 것임은 두말할 나위가 없을 것입니다. 최근 사회운동이 처한 조건의 양적·질적 변화는 우리의 조직적 연대의 필요성을 간절하게 제기하고 있기도 합니다. (같은 책, 1, 2쪽)

인권협은 '인권대회 공대위의 성과를 계승'하고 비엔나 세계인권대회를 통해 부여받은 '국제인권운동의 책무를 수행'하는 것을 과제로 삼는 조직이 필요하다는 문제의식에 더하여 국내적으로 '최근 사회운동이 처한 조건의 양적·질적 변화'로 인한 인권단체들의 '조직적 연대'의 필요성이 더해져 결성된 것이다.

더불어 인권협의 결성목적은 인권단체들 간의 조정과 협력을 통한 인권운동의 역량 강화를 위한 것이기도 하다. 그리고 이러한 조정과 협력의 체계를 구축하기 위해서는 "① 인권분야 자료집중/체계화 ② 인권운동 전략, 종합적 인식의 형성 ③ 공동 국제연대활동 전개 ④ 전문인권운동가 양성과정 추동"이 필요하다는 공동의 의견을 도출하게 된다(이대훈 1994). 비엔나 세계인권대회의 참여로 얻게 된 문제의식에 따라 이후 국내 인권운동의 기본적 활동방식의 틀을 제시하게 되는 인권협이 결성된 것이다.

류은숙의 다음과 같은 평가는 비엔나 세계인권대회가 당시 한국의 인권운동에 끼친 영향의 의미가 무엇이었는가를 집약적으로 보여주고 있다.

> 93년의 충격은 인권의제의 충격적인 확산, 인권을 이야기하는 데 근거가 되는 국제인권법의 발견, 국가인권기구 등 우리가 만들 수 있는 인권기구의 상, 국제인권연대에 "우리 도와주세요"가 아니라 적극적으로 연대하는 역할도 할 수 있다는 것에 대한 자각 등 이에요. (류은숙 2017, 41쪽)

비엔나 세계인권대회에서의 이와 같은 인식론적 충격은 이후 한국 인권운동의 자기이해와 지향점 그리고 운동방식 등에 중요한 영향을 끼쳤다. 1993년 이후 인권운동의 방향은 기존의 인권운동 방식, 즉 국가폭력과 반인권적 법률로 인해 발생하는 국가기구의 인권침해에 대한 대응 중심으로 이루어지는 경향을 탈피하여 인권의제를 더욱 다양화하며 인권운동의 개입범위를 확장해 가게 된 것이다.

기존의 인권운동만이 아니라 성소수자 인권, 장애인 인권, 이주노동자 인권 등과 같은 소수자 인권이 인권운동의 주요한 의제가 되고 정보인권·사회권·연대권 등과 같은 새로운 인권의제가 제기되며 인권을 정부 차원에서 전문적으로 옹호하고 증진하기 위한 국가기구 설립을 인권단체들이 요구하게 된다. 또한 인권운동이 주장하는 바의 근거도 인권의 당위성이나 민주주의의 정당성과 같은 추상적 규범으로부터 '세계인권선언'이나 '시민적·정치적 권리에 관한 국제협약' 및 '경제적·사회적·문화적 권리에 관한 국제협약' 등과 같은 구체적인 각종 국제인권 기준으로 옮겨가게 된다.

비엔나 세계인권대회 이후 한국의 인권운동은 과거 반독재 민주화투쟁의 맥락 및 사회변혁운동의 부문운동이라는 맥락에서 형성된 의제와 방식 그리고 논리와 문화 등으로부터 벗어나서 새로운 의제·방식·논리·문화 등을 형성해 가게 되었다. 비엔나 세계인권대회를 계기로 한국의 인권활동가들은 인권운동에 대한 인식론적 전환을 경험하게 되었던 것이다. 또한 비엔나 세계인권대회를 준비하는 과정에서 조직된 인권대회공대위는 대회 이후 인권협이라는 국내 인권운동진영의 독자적인 상설 연대체를 결성하는 데 중요한 기반이 되었다. 비엔나 세계인권대회의 경험이 국내에서 새로운 인권운동의 전개를 위한 조직적 연대의 틀 형성으로 이어진 것이다. 이런 면에서 비엔나 세계인권대회는 한국 인권운동이 변혁운동의 부문운동으로서 존재하던 상태를 탈피하여 독자적 인권운동, 새로운 인권운동으로 전환되는 중요한 계기가 되었다고 할 수 있을 것이다.


## 3) 변혁운동의 계기

### 변혁운동과의 연속성

1993년을 전후로 하는 시기 형성된 인권운동은 이전 시기 변혁운동의 부문운동으로서 인권운동과는 일정하게 구별되는 새로운 인권운동을 형성하였다고 하지만 그것이 변혁운동의 부정이나 변혁운동의 문제의식으로부터 완전한 단절을 의미하는 것은 아니었다. 많은 논자들이 이미 지적한 바와 같이 문민정부 시기 이후 인권운동의 새로운 경향을 대표하는 단체는 '인권운동사랑방'(이하 사랑방)이라고 할 수 있다(이정은 1999; 오창익 2004; 이재승 2007).

당시 사랑방의 인권운동을 사실상 주도했던 서준식은 1995년
「희망의 인권운동: 인권운동의 새로운 지평을 향하여」*라는 미발표
된 글을 한 편 쓰게 된다. 이 글에서 서준식은 자신이 하고자 하는 인
권운동의 성격을 다음과 같이 제시한다.

> 인권운동은 지극히 구체적인 사안을 대상으로 하는 운동이면서도
> '보편적 인권'의 이념으로 말미암아 국지성에 매몰되지 않는 성격
> 을 가지고 있다. 또한 인류의 역사와 함께 역동해 왔고 앞으로도 역
> 동해 갈 '인권'의 개념은 근본적으로 경직되지 않을 '진보 이데올로
> 기'이다. 나는 이런 인권운동이 나의 '자생'의 노력을 위한 더 이상
> 바랄 것이 없는 좋은 자리라고 느낀다. (서준식 2003, 69쪽)

이 글에서 서준식은 자신이 지향하는 인권운동이 '진보 이데올로기'
임을 분명하게 밝히고 있다. 여기서 말하는 진보 이데올로기로서 인
권이란 "'법 앞의 평등'이라는 낡은 인권 개념"에 매몰된 '사이비 인권
운동'이나 "미국과 유럽의 '선진' 자본주의 국가들"이 '자신들의 국가
이데올로기'로서의 인권과 같은 것이 아니다(같은 곳).

서준식은 다른 글에서 이러한 인권 개념을 '부르주아적 인권'이
라고 비판하면서 부르주아적 인권 개념의 핵심적 한계가 권리주체를
계급의 적대를 넘어선 지평에서 정의하는 것이라고 지적한다(서준식

---

\* 이 글은 1992년 새로운 인권운동기구를 위한 간담회에서 발표된 「우리의 인권운
동, 어디로 가야 하나?」의 초고에 담긴 문제의식이 더욱 정교해지고 분명하게 정리된
글이다. 「희망의 인권운동: 인권운동의 새로운 지평을 향하여」는 작성 당시에는 미발표
되었으나 2003년 야간비행출판사에서 간행된 『서준식의 생각』에 게재되었다.

1998). 이렇게 계급 간의 적대를 은폐하는 보편적 인권 개념은 "실질적으로 계급을 넘어서 누구에게나 똑같이 적용되는 '보편적 인권'을 보장하기는커녕 오히려 시민사회 내부의 경제적 약육강식과 인간소외를 은폐하는 기능을 하면서 인권을 자본의 논리에 따라 형해화"시키게 된다는 것이다(같은 글).

그렇다면 서구 중심적이고 부르주아적인 인권 개념의 한계를 극복하는 인권운동이란 어떤 것일까? 서준식은 계급문제를 극복하기 위해 활동하는 사회변혁운동으로서 인권운동을 제시한다.

> '계급의 문제'를 고민하지 않고, 사회구조의 문제에 육박하지 않고, 인권이 구현되는 세상으로의 '초월'이나 변혁을 꿈꾸지 않고 그리고 조국통일에의 소망을 품지 않고서 어떻게 '보편적으로' 인권을 구현시키기 위한 고민을 할 수 있단 말인가? 나는 사회의 변혁을 꿈꾸면서 인권운동을 하고 있다. (서준식 2003, 65쪽)

여기서 그가 말하는 '사회의 변혁을 꿈꾸면서' 하는 인권운동이란 자본주의 체제 아래서 벌어지는 피지배계급에 대한 지배계급의 착취를 철폐하고자 하는 체제변혁의 시각과 분단질서를 극복하려는 통일의 역사적 전망을 가지는 운동이다. 이는 기본적으로 마르크스주의적 시각에 입각한 인권운동론이다. 그가 직접 밝히는 바대로 "20대 초반에 크나큰 감동으로 학습했고 나의 삶의 기둥이 되어온 마르크스주의 이론은 나에게 여전히 유효했으며 나를 근본적인 차원에서 지탱해 주는 거대한 희망의 원리"이다(같은 책, 59쪽).

그러나 그는 자신이 하고자 하는 인권운동이 거대이론으로서 마르크스주의적 체제변혁의 시각에 입각해서만 전개될 수 없음을 또한 밝힌다. 인간의 구체적인 삶은 마르크스주의 생산양식이나 계급적대만으로 환원될 수 없는 섬세하고 복잡한 차원을 갖고 있기 때문이다. 비전향 장기수로서 17년의 세월을 감옥에서 보내야 했던 개인적 경험은 그에게 "구체적인 인간에 대한 구체적 사랑의 축적은 없었다"는 것을 느끼게 했으며 이는 '참으로 무서운 사실'로 그에게 다가왔다(같은 곳). 그러한 고민 속에서 그는 "인간현실의 무한한 복잡함을 정직하게 받아들이면서도 진보 편에 굳건히" 서는 인권운동을 고민하게 된다(같은 곳).

그것은 구체적인 인권침해와 인권탄압의 현장에서 구체적으로 저항하고 인권을 옹호하는 활동으로서 현장 중심의 인권운동이다.

변혁에의 희망은 인간성을 억압하는 기존의 모든 것에 도전하는 '인권'의 시각으로 말미암아 항상 구체적인 입각점을 가질 수 있으며, 인간에 대한 애정과 인권의 감수성을 축적하면서 '인간의 얼굴을 가진' 것이 될 수 있다. (같은 책, 65쪽)

계급모순을 인권을 침해하고 박탈하는 핵심적 사회구조로 파악하고 그러한 구조적 모순을 극복하는 것을 지향하면서도 구체적 인간이 경험하는 구체적 고통을 해결하기 위한 '인간에 대한 애정과 인권감수성'을 가진 인권운동은 그 자신과 인권운동사랑방의 중요한 운동 방향이 된다. 서준식을 비롯한 사랑방의 활동가들은 자신들의 인권운동을 '진보적 인권운동'이라고 규정한다.

이러한 문제의식은 단지 서준식과 사랑방에만 국한된 것은 아니었다. 다산인권센터의 창립을 주도한 김칠준은 다산인권센터 10주년 기념 대담에서 창립 초기 활동의 성격을 다음과 같이 밝힌다.

> 91년도 우리 활동의 핵심적 특징은 노동문제와 학생운동에 집중했다는 점이에요. 91년도는 노동·학생 운동에 대한 탄압이 극렬했던 시기이에요. 다른 지역 변호사사무실 중 일부가 우리처럼 비슷한 활동을 했어요. 다만 차이가 있다면 우리는 노동운동과 법조운동을 결합하는 자기정체성을 갖고 있었다는 점이에요. 일례로 파업에 대한 법률적 지원뿐 아니라 파업의 처음부터 끝까지 개입했고, 어떻게 노조를 지킬 것인가에 대한 별도의 교육도 진행했어요. (다산인권센터 2003, 9쪽)

김칠준이 이 같은 생각을 가지고 변호사사무실을 운영하게 된 데는 80년대 변혁운동의 영향이 있었다. 사법연수원생 시절 변혁운동의 관점에서 노동운동을 해온 장명국이 설립한 석탑노동연구원에서 활동을 했다는 진술에서 알 수 있듯이, 그는 변혁운동의 맥락에서 변호사사무실을 열고 노동운동과 결합하는 법조운동을 전개한 것이다(같은 책, 8쪽).

또한 이 변호사사무실의 변호사들만이 아니라 다른 직원들이나 부설 인권상담소의 활동가들 역시 변혁적 노동운동이나 학생운동 출신들을 중심으로 구성되어 있었다. 가령 다산인권센터 초창기 활동가 오세범의 경우는 같은 대담에서 자신이 인권상담소에서 활동하게 된 경위를 다음과 같이 이야기하고 있다.

학생운동과 노동운동을 거쳐 수원 근교에서 노조활동을 하다가 87년에 해고됐어요. 그 뒤 복직싸움을 했으나 안됐죠. 뭘 할까 고민하다가 김칠준 변호사님을 만났어요. (같은 곳)

오세범은 자신의 복직투쟁 경험에서 체득한 법률지식이 이후 노동자들의 투쟁에 도움이 될 수 있다는 점과 생계문제를 해결해야 한다는 현실적 여건으로 인권상담소에서 활동하자는 김칠준의 제안을 받아들이게 된다. 그러나 그 당시도 그는 자신의 운동이 '최전선의 운동'이 되어야 한다고 생각했다.

당연히 노동운동을 해야 한다고 생각했던 때였어요. 다만 제가 걱정했던 것은 소시민적 생활에 매몰될까 두려웠고, 운동의 최전선에 있어야 된다는 생각이 컸어요. (같은 책, 9쪽)

다산인권센터 초창기의 또 다른 활동가였던 허선 역시 노동운동을 하다 해고된 이후 다산인권센터의 전신인 인권상담소에서 활동하게 되었다.

녹십자노조에서 사무국장으로 활동하다가 해고됐어요. 복직싸움을 진행하면서 다산에서 아르바이트를 했던 게 인연이 되었죠. 93년에 인권상담소가 창립되면서 함께 활동을 시작했어요. (같은 곳)

이러한 일련의 진술들이 보여주는 것은 다산인권센터의 모체가 되는 다산합동법률사무소는 80년대 변혁운동의 맥락에서 전개된 노동

운동과 긴밀한 관계에서 법률활동을 전개하였던 것이며, 다산인권상
담소 시절을 거쳐 법무법인 다산에서 독립하여 독자적인 인권단체로
활동하게 되는 다산인권센터의 활동가들 역시 공유하고 있던 방향성
이었다는 점이다.*

　　노영란 전 다산인권센터 활동가는 2003년 당시 다산인권센터의
활동가인 박진과 가진 인터뷰에서 다산인권센터의 사회권운동을 회
고하면서 그 성격을 다음과 같이 밝히고 있다.

　　사회권운동은 기본적으로 반자본운동이에요. 현재 인권침해의
　　주범 가운데 하나가 자본의 세계화이고, 국가가 이에 부화뇌동하
　　고 있어요. 자본의 무한대의 이윤착취에 반대하는 것 그리고 새로
　　운 발전이데올로기를 만드는 것, 그것이 사회권운동의 기본 방향
　　이 되어야 하지 않나 생각해요. (같은 책, 25쪽)

또한 다산인권센터의 활동가인 랄라는 다산인권센터의 20주년 백서
에 기고한 글에서 이렇게 다산인권센터의 핵심적 의제를 제시하고
있다.

　　다산은 지난 20년 동안 전국적인 또는 지역적인 노동인권 사안과
　　함께했습니다. 모진 시대에 아픔을 겪는 일들이 많았습니다. 다산
　　이 태어난 1993년부터 한 10년 동안 수많은 노동관련 사건을 담
　　당했습니다. 노동조합을 만들다가 의문의 죽음을 당하고, 해고당

---

*　변혁적 노동운동과 학생운동 그리고 민중운동과 연계된 다산인권센터의 활동들은
다산인권센터 10주년 백서인 『10년의 무게를 던져버리다』 및 20주년 백서인 『그 사람
스무 살, 인권은 즐겁다』에 게재된 주요 활동연혁에서 확인할 수 있다.

하고, 구속당하고… 법으로 보장된 기본권을 지키라는 요구는 언제나 묵살당했습니다. 다산은 이 묵살당한 요구를 지켜내고자 함께했습니다. 다산은 노동조합 지원, 법률자문, 노동인권 교육 등을 함께하고자 노력했습니다. 이런 초창기의 고민이 지금까지 이어져오고 있습니다. (다산인권센터 2013, 28쪽)

다산인권센터의 활동 역시 자본주의 체제의 변혁이라는 문제의식 속에서 인권운동을 해왔음을 보여준다. 그리고 다산인권센터의 활동 초기에 드러나고 있는 이러한 지향은 다산인권센터의 모태가 되는 김칠준·김동균 합동법률사무소 및 부설 인권상담소가 80년대 반자본주의 노동운동의 맥락에서 결성되었다는 점과 깊은 연관을 갖고 있다. 그래서 다산인권센터는 초기부터 노동운동과 결합하는 방식으로 활동을 전개해 왔고 이러한 활동방식은 이후 다산인권센터의 역사를 관통하는 경향이 되었다.

　　1993년을 전후로 출범한 또 다른 인권 일반단체인 천주교인권위의 경우에는 인권규범상 사회권운동보다는 자유권운동을 중점적으로 전개해 온 단체이다.* 천주교인권위는 그 전신인 천정연인권소위

＊　물론 천주교인권위가 사회권 관련활동을 전혀 진행하지 않은 것은 아니다. 천주교인권위원회 15주년 자료집 『천주교인권위원회 15년사』는 천주교인권위가 다음과 같이 사회권운동을 전개해 왔음을 밝히고 있다. "노동법 개악 공동대처, 비정규직노동자 문제, 외국인노동자 진료활동과 인권침해사건 조사, 법률구조, 사회복지시설 인권침해 조사와 대응 등이 있다."(천주교인권위원회 2008, 75쪽) 그러나 이러한 활동들은 천주교인권위가 특별위원회 형태로 활동해 온 인혁당대책위, 조작간첩대책위, 양심수특위, 군의문사대책위, 이도행을 생각하는 모임 등의 활동이나 국가보안법 폐지운동, 사형제 폐지운동, 재소자인권운동 등과 같은 자유권 관련활동에 비해 지속적이거나 체계적으로 이루어지지는 않았다. 실제로 같은 자료에서 천주교인권위는 자기 단체의 사회권운동에 대해서 다음과 같은 평가를 내리고 있다. "이 가운데서 가장 큰 문제는 비정규직노동자에 관한 문제이다. 그러나 700만 비정규직 문제와 청년실업자 증가추세 속에서 빚어지는 반인권사례들은 상황의 시급성과 방대함에 비하여 사전 연구작업과 대책이 미

시절부터 조작간첩사건 대응, 국가보안법 폐지, 인혁당 진상규명, 양심수 석방 등 국가폭력에 대한 대응활동에 중심축을 두고 있었고 이러한 경향은 천주교인권위 활동으로 이어진다.

그러나 천주교인권위가 전개해 온 자유권운동의 근저에는 사회구조의 변혁이라는 문제설정이 놓여 있었다. 천주교인권위 위원장, 상임이사 등을 지낸 김형태에 의하면 한국에서 인권운동이란 변혁운동의 연장선상에 있는 사회운동이었다.

> 우리의 경우에도 헌법상으로는 국가의 목적이 국민의 인권보장에 있다고 되어 있다. 그러나 현실에서는 1948년 정부수립 이래 1980년대 중반에 이르기까지 국가야말로 인권침해의 장본인이었으니, 이 시기 우리 사회에서 인권운동이란 곧 독재정권에 대한 민주화운동을 뜻했다. 그후 1987년 민주화투쟁, 노동자대투쟁을 전후한 10년 동안 인권운동은 노동자계급을 중심으로 한 변혁운동의 일환이었다. (김형태 2000, 76쪽)

김형태는 한국 인권운동의 역사는 1948년 정부수립부터 1987년 6월 항쟁과 7·8·9월 노동자대투쟁 전까지는 '인권침해의 장본인'인 독재정권에 맞서는 민주화운동이었고, 1987년 이후로는 '노동자계급을 중심으로 한 변혁운동의 일환'으로서의 성격을 갖는다고 파악한다. 이러한 역사인식 가운데서 김형태는 80년대 한국의 인권운동은 자유권을

---

홉한 실정이다. 사회복지시설 인권침해, 외국인노동자 진료문제 등은 일부 성과가 있었으나 당국의 몰이해와 타산적 이해관계가 결부된 해당 단체, 개인들의 비협조, 경직된 법률 등이 겹치며 답보상태에 머물러 있어 해소해야 할 과제로 남아 있다."(같은 책, 75, 76쪽)

의제로 하여 활동할 때도 사회변혁의 관점에 서 있었음을 강조한다.

> 이처럼 80년대 변혁운동의 일부문으로서의 인권운동은 그 성격
> 상 신체의 자유 구속 같은 자유권 부문을 다룰 때도 천부인권이라
> 는 측면을 강조하기보다는 체제변혁을 가로막는 국가보안법이…
> 사상의 자유라는 측면에 초점을 맞추었고…. (같은 글, 80쪽)

국가보안법을 비롯하여 장기수 및 양심수, 조작간첩 등은 모두 체제
변혁을 가로막는 것으로 인식되었고 인권운동은 이러한 체제변혁의
장애물을 혁파하려는 문제의식 속에서 자유권운동을 전개하였다는
것이다. 천정연인권소위가 바로 이 같은 변혁운동의 맥락 안에서 자
유권적 인권운동을 중점적으로 전개해 왔던 단체 가운데 하나이고
천정연인권소위를 잇는 천주교인권위의 활동 역시 변혁운동과 연속
성을 갖는다.

　1993년을 기점으로 형성된 새로운 인권운동은 국가장치에 의한
구체적이고 개별적인 인권침해 사례에 대한 대응이나 소수자의 인권
신장을 위한 활동만 전개한 것은 아니다. 이 시기의 인권운동은 자본
주의 체제의 구조적 모순으로 발생하는 인권 침해와 억압을 극복하기
위해 체제와 사회구조의 변혁이라는 문제의식을 가지고 인권운동을
전개했다고 할 수 있다. 다시 말해 2세대 인권운동 역시 1세대 인권운
동과 체제변혁의 문제설정을 공유한다는 점에서 2세대 인권운동은 1
세대 인권운동과의 완전한 단절을 통해서 출현한 것이 아니라 1세대
인권운동과의 일정한 연속성 가운데서 등장한 것이라고 할 수 있다.

변혁운동의 변형

그러나 90년대의 2세대 인권운동이 80년대 변혁운동의 흐름을 이어
가는 측면이 있다고 하더라도 이 시기의 인권운동이 변혁운동을 단
순히 연장한 것은 아니었다. 1993년을 전후하여 형성된 2세대 인권
운동은 변혁운동을 계승하면서도 변혁운동의 한계를 극복하려는 문
제의식을 담고 있었기 때문이다.

2세대 인권단체의 기존 인권운동에 대한 가장 기본적인 문제제
기는 앞에서도 지적한 바와 같이 인권운동이 독자성을 확보하지 못한
채 반독재 민주화운동 내지는 변혁운동의 부문운동이라는 성격을 벗
어나지 못했다는 점이다. 그러나 이는 단지 민족민주운동 혹은 민중
운동의 특수한 영역이 아니라 독자적인 운동으로서 인권운동이 자기
정체성을 명확히 해야 한다는 문제의식에만 국한된 것은 아니었다.

앞에서 이미 살펴본 바와 같이 2세대 인권운동이 시작되던 시기
는 세계사적으로 소련과 동유럽 사회주의 국가들이 붕괴하고 국내에
서도 정치권력의 권위주의적 성격이 약해지고 문민정부의 '개혁'이
강화되던 시기였고 사회운동 역시 종래의 변혁운동 중심성으로부터
벗어나는 전환점을 맞이하게 된 것이다. 이러한 흐름 속에서 시민운
동, 환경운동, 소수자운동 그리고 새로운 인권운동이 등장했다.

우선 인권을 전면에 내세운 새로운 사회운동의 등장은 반독재
민주화운동 그리고 반자본주의·반제국주의적 변혁운동 내에 배태되
어 있는 보수성 내지는 권위주의를 극복하고자 하는 시도라는 맥락
에서 해석될 수 있다. 가령 70년대 반독재 민주화운동에서 선진적 역
할을 했던 학생운동의 경우에도 "세계적인 기준에서 보면 상당히 보
수적인 성격을 지녔고, 우파나 자유주의 그룹이 주도"하였고 이들의

의식은 "성에 대한 금기시, 도덕적 엄숙주의, 소수자 차별, 민족주의, 권위주의 등 파시스트적 권위주의의 전형적인 성격"에 의해서 지배되었다(김누리 2018, 180, 181쪽). 그리고 이러한 보수적 의식은 80년대 사회운동을 주도했던 학생운동가들, 즉 '86세대'에게서도 일정하게 유지되었다(김누리 2020, 100~102쪽).

이러한 보수적 의식성은 이른바 '운동권'에서도 여전히 권위적 위계질서가 관철되고 여성에 대한 차별이 이루어지며 개인보다는 집단을 우선시하는 가부장적 문화를 만들어내었다. 2세대 인권운동의 등장은 이 같은 기존 변혁운동의 문화적·의식적 보수성과 단절하려는 시도였다고 할 수 있는 것이다. 공동체적 문화뿐만 아니라 이에 못지않게 개인의 자유를 강조하는 국제인권기준을 핵심적 가치지향 가운데 하나로 제시한 점이나, '명망가' 중심의 사회운동이 아니라 현장활동가 중심의 사회운동을 강조하는 2세대 인권운동의 활동방식이 이를 보여준다.

그러나 2세대 인권운동의 이러한 지향이 곧 변혁운동의 문제의식 그 자체를 폐기하는 것은 아니었다. 기존 변혁운동의 보수성을 극복하는 것보다 더 중요한 것은 역사적 사회주의 몰락 이후 새로운 변혁의 전망을 인권으로부터 구축하는 것이다. 2세대 인권운동은 여전히 자본주의 체제의 모순이나 분단의 모순으로 발생하는 인권침해 현상을 구조의 변혁을 통해 극복하고자 했던 것이다. 다시 말해 과거 변혁운동이 중요시하지 않았던 인권을 중심으로 한국사회의 정치적·경제적 구조 전반을 재구축하려는 변혁운동의 변형을 추구하였다.

자본주의 체제를 넘어서는 사회운동을 고민하되, 기존 변혁운동의 관성으로부터는 벗어나는 방식을 모색한 것이다. 2세대 인권운동은 바로 이런 맥락에서 출현했다.

> [사회주의의 붕괴가] 저에게는 당연히 충격이었죠. 유가협에 있을
> 때였는데, 이 사태를 어떻게 해석해야 하나 싶어서 문건을 찾아보
> 기도 했어요. …동시에 저는 '어떤 세상이 되든 간에 의문사는 풀
> 어야지'라는 생각이 있었습니다. 사회주의 붕괴에 대한 고민이 없
> 었던 것은 아닌데, 저는 거대한 운동의 흐름과 유가족운동은 다를
> 수 있지 않을까 하는 생각을 했어요. 내 운동의 길을 따로 찾아가
> 야 하는 것이 아닌가라는 생각이 강했고, 그래서 인권운동을 가지
> 고 세상을 어디까지 바꿀 수 있을까를 고민하게 되었어요. (박래군
> 2017, 10쪽)

사회주의적 변혁운동의 맥락에서 90년대 초까지 유가협에서 인권운
동을 해오던 박래군은 사회주의 붕괴로 충격을 받게 된 것은 사실이
지만, 오히려 이 충격을 통해서 인권운동을 축으로 하여 세상을 바꾸
는 것, 즉 변혁의 새로운 전망을 찾고자 고민하게 되었던 것이다.

　실제로 이와 같은 고민은 1997년 IMF구제금융 사태 이후 사랑방
을 비롯한 여러 인권단체들이 사회권을 강조하며 정치적·시민적 권
리 중심의 자유권운동만이 아니라 생존권과 경제적 평등을 강조하는
과정에서 더욱 분명하게 드러나게 된다.*

　그러므로 1993년 이후 2세대 인권운동으로의 전환은 민족민주
운동과 민중운동, 즉 70년대 반독재 민주화투쟁 및 80년대 변혁운동
의 부정이나 그 운동과의 완전한 단절이 아니라 적극적 변형이라고

---

*　2세대 인권단체의 사회권운동에 관해서는 이 책 제5장에서 상세하게 다룬다.

해야 할 것이다. 다시 말해 변혁운동의 근본적 문제의식, 즉 자본주의 체제를 극복하고 착취와 억압이 없는 세상을 운동을 통해서 만들어 간다는 점에서는 2세대 인권운동은 변혁운동의 연장선상에 있다. 그러나 동시에 마르크스주의나 민족주의와 같은 단일한 이념을 중심으로 편재된 '전체운동'의 관점을 지양하고, 유엔을 중심으로 한 국제인권 레짐을 적극적으로 활용하며, 사회변혁을 인권의 관점에서 사고하고 실천하려 했다는 점에서는 80년대식 변혁운동과는 일정한 차이를 보인다. 그렇기에 2세대 인권운동은 기존 변혁운동의 핵심적 문제설정인 자본주의 체제 변혁을 유지하면서 그를 위한 이념 및 이론 그리고 실천의 방식과 운동의 형태를 재구축하는 변혁운동의 변형 (transformation)이라는 성격을 갖고 있다고 하겠다.

# 4. 2세대 인권운동 형성과정의 특징

## 1) 인권운동 형성의 사회구조적 조건과 정치적 기회

이상에서 살펴본 바와 같이 1993년은 2세대 인권운동이 본격적으로 형성되기 시작한 해였다. 이는 2세대 인권운동의 사회구조적 배경이 87년체제 2차 국면이라는 당시의 사회체제였음을 의미한다. 87년체제 2차 국면에서 체제변혁을 지향하는 사회운동은 1991년 5월투쟁에서 패배하였고, 곧이어 역사적 사회주의 체제의 붕괴에 직면하였다. 이러한 조건 속에서 민주주의는 지배적 이데올로기의 지위를 더욱 공고히 하였다. 더욱이 문민정부가 출범하고 초기에 '개혁정국'을 조성하면서 개발독재체제를 일정하게 청산하고자 하였다. 이러한 요소들이 맞물리면서 전통적 변혁운동의 정치적 기회는 '위기'의 계기를 중심으로 형성된다.

그리고 이러한 위기는 전통적 사회운동이 위기에 대응하기 위한 다양한 모색을 하게 만들었다. 변혁운동 내부에서 전위정당의 지도를 바탕으로 노동자계급이 중심이 되어 수행하는 혁명이라는 변혁모델 자체에 대한 재평가와 재구성에 대한 논쟁이 벌어진다(조희연 2003). 이러한 작업은 우선 특히 대학 내 연구자나 혁명운동조직의 이론가들 같은 연구자집단에서 가장 활발히 이루어졌다.

90년대 초반 들어 마르크스주의의 재구성 내지는 개조가 국내 마르크스주의 연구자들에 의해 시도되었고, 또한 포스트마르크스주의가 소개되어 논쟁이 이루어지는 등 80년대 변혁운동의 이론적 중심으로서 마르크스레닌주의를 혁신하고자 하는 시도가 전개되었다. 체제변혁운동의 조직노선에서도 새로운 흐름이 출현하는데, 비합법 전위조직의 형태로 혁명운동을 전개하던 조직들이 합법적 정당정치제도 혹은 대의제 정치제도로의 진출을 모색하면서 합법적 진보정당 건설운동을 시작하게 된다(이시훈 2014).

또한 사회운동을 더 이상 노동과 자본의 모순에 기초한 계급투쟁이나 제국주의의 속박으로부터 벗어나려는 민족해방투쟁으로 파악하는 입장이 아니라 국가와 자본으로부터 상대적 자율성을 확보하는 시민사회에서 다양한 사회개혁 의제에 대한 개입을 통해 사회구조를 점진적으로 변화시켜 가는 시민운동의 중요성을 강조하는 입장들 역시 이 시기에 등장한다(유팔무·김호기 엮음 1995).

이런 흐름 속에서 전통적 사회운동은 분화된다. 이 분화에는 체제변혁 노선의 완전한 폐기와 자본주의 틀 속에서의 정치적·경제적 민주주의를 강화하고자 하는 노선, 점진적 체제변혁을 지향하며 시민사회 속에서 진지를 구축하고자 하는 노선 그리고 여전히 반제국주의 민족해방투쟁이나 사회주의 혁명을 견지하는 노선 등으로 분화되었다. 그러나 분명한 것은 민족해방투쟁이나 사회주의 혁명투쟁의 노선에 서 있던 사회운동세력들의 활동공간은 축소되고 대신 시민운동·환경운동·여성주의운동·소수자운동 그리고 인권운동 등 새로운 사회운동들이 87년체제 2차 국면의 주요한 사회운동 형태가 되었다.*

이는 87년체제 2차 국면에 형성된 사회운동의 정치적 기회는 전통적 변혁운동에는 위기(crisis)의 계기가 강했지만 새로운 사회운동에는 기회(chance)의 계기가 되었음을 뜻하는 것이다. 87년체제 2차 국면에 형성된 위기국면으로 인해 전통적 변혁운동은 약화 및 쇠퇴하게 되었지만 변혁운동의 약화 및 쇠퇴는 새로운 사회운동의 출현과 성장의 기회가 되기도 한 것이었다. 그리고 이는 2세대 인권운동의 경우에도 마찬가지라고 할 수 있다. 즉 2세대 인권운동이 1993년을 기점으로 등장하게 된 사회구조적 조건은 87년체제 2차 국면과 그 시기에 조성된 정치적 기회인 것이다.


## 2) 변혁운동과 국제인권체제라는 두 계기의 접합

1993년을 전후로 새로운 인권운동으로서 2세대 인권운동은 한국 인권운동의 역사라는 내재적 관점에서 살펴보자면 서로 이질적인 두 가지 계기에 의해 형성되었다고 할 수 있다. 사회주의와 자주적 민족통일을 지향하는 변혁운동과의 연속성과 비엔나 세계인권대회에서의 국제인권기준과의 접속이 바로 그 이질적인 두 가지 계기이다. 다

---

* 그러나 여기서 말하는 새로운 사회운동이 유럽의 사회운동 연구자들이 말하는 신사회운동(new social movement)을 뜻하는 것은 아니다. 90년대 이후 한국사회에서 새롭게 등장한 다양한 운동들을 신사회운동으로 볼 수 없는 이유에 관해서는 김동춘(1999) 참조.

126

시 말해 형성기의 2세대 인권운동은 변혁운동과 국제인권운동이라는 상호 이질적인 두 계기가 접합되면서 그 성격을 형성해 갔다고 할 수 있다.* 변혁운동의 계기와 국제인권기준의 계기가 2세대 인권운동의 형성에 동시적으로 작용하였지만 양자는 유기적으로 통합되거나 체계적으로 종합되지 않고 서로에 대한 이질성을 유지하면서 함께 작용한다는 의미에서 접합된 것이다.

전통적 변혁운동의 인식론에서 보자면 인권은 서구 부르주아의 권리 개념이며 계급모순을 은폐하는 허위의식에 불과할 뿐이다. 반면 UN을 중심으로 형성된 국제인권 레짐의 관점에서 보자면 사회주의적 변혁운동론은 인간의 권리를 너무나도 손쉽게 억압하며 인간억압의 다차원적 성격을 부정하는 몰인권적 사회운동론이다. 한국의 2세대 인권운동에서는 이 두 가지 이질적인 계기의 관계에 대한 체계적 규명이 이루어지지 않은 채로 접합되었다. 우리는 이후 2세대 인권운동의 인지적 차원에 대한 연구에서 이 접합의 양상과 효과들을 좀더 구체적으로 확인하게 될 것이다.

그와 같은 접합은 사회주의 체제의 붕괴로 자본주의 체제의 현실적 대안이 부재한 상황에서 자본주의를 변혁하고자 하는 사회운동

---

\* 접합(articualtion)이란 이질적인 두 가지가 유기적 통합 혹은 체계적 종합을 이루지 못한 채 각자의 독특성을 유지하면서도 결합하여 함께 작용하여 일정한 결과를 산출하는 관계를 의미한다. 접합 개념은 여러 이론가들에 의해 활용되는데, 가령 프로이트가 히스테리 환자를 분석하면서 그의 감정과 표상내용이 결합되는 양상을 분석하기 위해 이 용어를 사용한다. 즉 히스테리 환자는 자신의 감정과 자신이 표상하는 내용을 분리하지 못하지만 정신분석가는 억압되어 있는 무의식적 표상, 본래의 표상을 찾아내기 위해서 히스테리 환자의 "감정의 표출과 표상내용이 흔히 다루어지듯이 분리할 수 없는 유기적으로 통합체를 이루는 것이 아니라"고 강조한다. 양자의 관계는 분리할 수 있으며 양자는 접합의 관계를 맺고 있다는 것이다. 지그문트 프로이트 2013. 이후 알튀세르는 모순의 과잉결정을 해명하기 위해 모순들이 맺는 관계를 접합의 개념으로 포착하고자 하며 이는 스튜어트 홀이 헤게모니를 개념화하는 과정에서 사용된다.

을 인권이란 가치에 입각해서 재구성하고자 하는 시도였다. 이는 단지 노동자계급과 자본가계급 사이의 적대적 모순을 지양하면 인간의 해방이 이루어질 수 있다는 계급 중심적 변혁운동론에 머무는 것은 아니었다. 2세대 인권운동은 자본주의적 계급모순의 중심적 성격을 인정하면서도 그것으로 환원될 수 없는 다양한 인간억압의 문제들을 그 자체로 중대한 억압으로 설정하며 이러한 억압을 극복하고 해방을 이루기 위해 인권을 운동의 핵심적 가치로 설정한 것이다. 그리고 그 자체로 중심적 억압들을 인권의 관점에서 극복하기 위해서 2세대 인권운동은 국제인권기준을 비롯한 국제인권운동의 문헌들을 주요한 참조자료나 이론적 근거로 삼아 활동하게 된다. 그러나 국제인권기준들을 국내의 2세대 인권운동을 위한 주요 참고자료나 이론적 근거로 삼을 때도 2세대 인권운동은 자본주의 체제를 넘어서는 체제변혁의 문제설정에 입각하여 그렇게 하였다고 할 수 있다.

하지만 한국의 2세대 인권운동에서 반자본주의적 변혁운동이라는 문제의식과 국제인권기준이라는 두 계기는 양자의 상호적 이질성을 지양하고 그보다 더 높은 단계로 통합해 내는 새로운 이론의 구축으로 이어지지는 않는다. 이 접합은 1993년 이후 2세대 인권운동의 내적 긴장으로 남아 있게 된다. 그리고 그러한 접합과 이로 인한 긴장은, 이어지는 장들에서 살펴보게 될 것처럼 한국의 2세대 인권운동에 배태된 한계점을 형성하기도 하지만 동시에 한국의 2세대 인권운동을 추동하고 이 운동이 이후 지속적으로 변화되어 가는 동력으로 작용하게 된다.

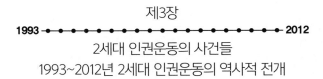

제3장

2세대 인권운동의 사건들

1993~2012년 2세대 인권운동의 역사적 전개

# 1. 2세대 인권운동의 시작

## 1) 인권일반단체의 등장

1993년은 한국 인권운동사에서 매우 중요한 해이다. 한국의 인권운동이 재야 민주화운동 내지는 변혁운동의 부문운동에서 벗어나서 사회운동으로서의 자기 전망과 입장 그리고 고유한 활동 방식과 분야를 가진 독자성을 구축하기 시작한 해이기 때문이다. 재야 민주화운동 또는 변혁운동의 부문운동으로서 인권운동에서 벗어난 2세대 인권운동이 그해에 본격적으로 출범한 것이다.

김영삼정부의 출범과 더불어 시작된 정치적 차원의 민주화, 경제적 차원의 소비자본주의화, 문화적 차원의 탈권위주의화 그리고 사회운동적 차원에서 운동의 다변화라는 흐름은 인권운동에도 강한 영향을 끼쳤다. 이러한 사회변동의 맥락 안에서 변혁운동의 한 부문으로 자리매김하고 있던 인권운동이 독자적 의제와 활동분야를 가진 종별적 사회운동으로서의 성격을 획득하게 된다. 인권운동이 그 이전과 달리 독자성을 갖게 되는 데는 90년대 들어서 등장한 새로운 인권단체들의 역할이 중요하였다.

1993년을 2세대 인권운동이 시작된 해로 설정하는 것은 이후 2세대 인권운동의 전개과정에서 일종의 전범(典範) 역할을 담당하게 되는 3개의 인권단체가 거의 동시에 출범했기 때문이다. 바로 인권운동사랑방, 천주교인권위원회, 다산인권센터 등이 그 인권단체들이다. 다음 장에서도 살펴보겠지만 1993년에 세 단체가 출범한 이후 90년대에 다양한 인권단체들이 잇따라 등장하게 된다. 또한 이후 창설되는 새로운 인권단체들의 경우도 이 세 개 단체 출신의 활동가들에 의해 결성되거나 이 단체들로부터 분화되는 경우가 많다.

제2장에서 살펴본 1992년의 간담회에서 이루어진 서준식의 제안, 즉 새로운 인권운동을 위한 인권단체 간 연합기구 제안은 당시 인권단체들로부터 받아들여지지 않았지만, 이 기구를 준비하던 사람들은 1993년 인권운동사랑방을 창립하고 독자적 활동을 시작하게 된다. 인권운동사랑방의 평가에 따르자면 독자적 사회운동의 장르가 아니라 '민권운동' '민주화운동'의 성격이 더욱 강했던, 유신시대·5공시대의 인권운동과는 구별되는 새로운 인권운동을 수행하는 단체가 탄생한 것이다(인권운동사랑방 2013, 121쪽).

같은 해 1월 18일 천구교정의구현전국연합(이하 천정연) 산하 인권소위원회(이하 천정연인권소위) 운영회의는 인권위원회의 강화를 위한 중요한 결정을 한다. 인권위원회 내에 상근자와 간사를 배치할 것을 결의하고 2월 8일 회의에서는 대외적 명칭을 '천정연인권소위'에서 '천주교인권위원회'로 변경하여 사용하기로 결의하였다. 그리고 2

월 28일 천정연 총회에서 천주교인권위원회(이하 천주교인권위)로 명칭변경이 결정되면서 천구교인권위의 역사가 시작된다(천주교인권위원회 2008, 17쪽).

천주교인권위는 1984년 창립된 천주교사회운동협의회(이하 천사협)와 1988년 출범한 천주교정의구현전국연합이 1991년 통합되어 결성된 천주교정의구현전국연합 산하의 인권운동부서인 천정연인권소위를 모태로 하는 조직이다. 천정연인권소위는 사회주의노동자동맹 사건의 박노해, 남로당 중부지역당 사건의 이성구·김동훈, 문규현 방북사건, 서경원 의원 방북 및 간첩조작 사건 등에 대한 법률구조활동, 파주군 삼방리, 경북 산동, 대구 팔공댐 등 골프장 건설 저지를 위한 소송지원, 국가보안법 철폐운동, 장기수 후원 및 양심수 석방운동, 사형제 폐지운동 등을 펼쳤다.

그러나 천정연이라는 조직틀 내에서의 활동에 한계를 느끼면서 인권위는 독립을 모색하게 된다. 천주교인권위의 사무국장 출신 오창래는 『천주교인권위원회 15년사』에 실린 대담에서 천정연으로부터 천주교인권위가 독립하게 된 이유를 다음과 같이 회고한다.

[천주교]인권위로 독립하게 된 이유는 천정연을 만들어놓았는데 개인 멤버십을 1300명이 가지고 있으니까 각 정당에서 자기네들의 욕구들을 채우기 위해 평민연 등으로 끌고 가려고 했던 분들과 교회 내 어른들과 충돌이 있었습니다. 유현석 변호사님이 교회단체가 절대 정치 쪽에 붙으면 안 된다고 하셨습니다. 이런 충돌 속에서 어른들 사이에서 천정연 설립과정에서의 합의가 깨져버렸습니다. 당시 천정연에는 주요한 조직으로 장기수가족후원회가

있었고, 신앙인사회학교가 있었습니다. 그런데 천사협 각 부문 대표들이 참여하게 되면서 개인 멤버십이 깨지게 됩니다. 그런 상황에서 인권문제는 계속되고 엄청 많았습니다. 그러나 천정연하고 같이 있다가는 이것도 저것도 안 되겠다는 판단하에, 1992년 2월 천정연 상임위회의에서부터 천주교인권위는 독자적으로 일을 하겠다고 이야기를 시작했습니다. (같은 책, 47쪽)

천주교인권위가 천정연인권소위로부터 독립하게 되는 맥락에는 당시 천주교 사회운동을 하던 이들의 정치권 참여를 둘러싼 천정연 내부갈등이 있었다. 1987년 6월항쟁의 종료 이후 대선국면이 전개되면서 유력한 야당정치인이었던 김영삼과 김대중은 각각 통일민주당과 평화민주당을 창당하게 된다. 그리고 13대 대통령선거가 끝난 다음 해인 1988년 이른바 '재야'라고 불리던 민주화운동세력들 가운데 일부가 김대중의 평화민주당에 가입하여 평화민주주의통일연구회, 약칭 평민연이라는 모임을 결성하게 된다. 오창래의 진술에 의하면 평민당을 지지하던 천정연 내부의 인사들과 천주교의 정치적 중립을 강조하던 '교회 내의 어른들' 사이에 갈등이 생겼다. 이러한 천정연 내부의 갈등으로 천정연인권소위는 당시 산적한 인권문제에 개입하고 해결하는 활동에 어려움을 느꼈으며 결국 천정연으로부터 독립하여 독자적인 인권단체로 활동을 전개할 필요를 인식하게 되었다는 것이다.

1994년 3월 12일 개최된 제3회 천정연 정기총회에서 천주교인권위의 천정연으로부터 독립이 결정된다. 1993년 실질적으로 천정연에서 독립하여 활동하게 된 천주교인권위가 공식적으로 독자적 인권단체로 출범한 것이다. 그러나 독립 이후에도 천주교인권위의 기본적 활동이 천정연인권소위 시절과 크게 달라진 것은 아니다. 기본적으로 천주교정의구현사제단, 천주교 주교회의 산하 정의평화위원회, 천주교정의구현전국연합 등으로 대표되는 천주교 민주화운동으로서 인권운동의 흐름 속에서 천주교인권위의 활동 역시 전개된다.

하지만 천주교라는 종교적 정체성에도 불구하고 천주교회에 공식적으로 소속된 교회조직이 아니라 평신도들의 임의조직이라는 천주교인권위의 조직형태는 종교인권운동을 넘어서는 경향을 갖게 만들었다. 그리고 이러한 경향은 천주교인권위 역사에서 더욱 강화되어 간다.* 천주교인권위의 천정연으로부터 독립은 한국의 인권운동이 70, 80년대 민주화운동의 부문운동이라는 성격에서 벗어나 종별적 사회운동으로서 성립하기 위한 조직적 기반이 확장되었음을 의미한다고 하겠다.

1993년 또 하나의 독자적 인권운동조직이 형성되기 시작한다. 현 다산인권센터의 전신이 되는 김칠준·김동균 합동변호사사무실 내 인권상담소가 만들어진 것이다. 김칠준·김동균 합동변호사사무실은 수원지역에서 '노동운동과 법조운동의 결합'이라는 문제의식 아래 1990년 6월 개소하여 활동을 시작하였다. 단지 노동자들에 대

---

* "가끔 내부에서 '이럴 거면 천주교 폐자'는 이야기도 나와요. 천주교인권위는 교구에서 인증받은 공식기구는 아니에요. 가톨릭에는 2가지 인증방법이 있는데, 하나는 주교회 산하의 단체가 되는 방법이죠. 이거는 굉장히 어려워요. 다른 하나는 마치 비영리 단체 등록하듯이 서울대교구에 등록하는 방법이 있어요. 이렇게 되면 주보에 광고를 낼 수 있고, 주소록에 공식적으로 들어가지만 특별한 지원은 없죠. 교구에서 우리에게 등록하라는 이야기를 계속했는데 싫다고 했어요. 그랬더니 본당에 후원요청이나 소식지 보내지 말라고 공문을 보내오기도 했죠. 여기에 우리는 한번도 답을 하지 않았어요. 하지만 가톨릭과 우리는 굉장히 불가분한 관계이긴 해요. 이번에 생태환경위원회라는 곳이 새로 생겼다. 거기는 돈도 있고, 힘도 있고, 사람도 있는 조직이라, 어떤 식으로든 그쪽을 움직이려고 노력하고 있어요."(김덕진 2017, 83쪽)

한 법률상담이나 노동관련 소송을 대리하는 것에 그치지 않고 "파업에 대한 법률적 지원뿐 아니라 파업의 처음부터 끝까지 개입했고, 어떻게 노조를 지킬 것인가에 대한 별도의 교육"(다산인권센터 2003, 9쪽)까지 진행하는 방식으로 노동운동을 하는 법조단체의 정체성을 명확히 했다. 그러한 활동의 일환으로 김칠준·김동균 합동변호사사무실은 인권상담실을 운영했다. 그렇게 활동하던 중 1993년에 이르러 이 변호사사무실의 명칭을 다산합동법률사무소로 바꾸면서 인권상담실의 명칭도 다산인권상담소로 개편하고 활동을 강화하게 된다. 다산인권상담소를 만들게 된 맥락에 대해서 김칠준 변호사는 이렇게 설명하고 있다.

> 당시 우리는 두 가지 고민을 했어요. 하나는 노동인권 관련상담 이외에 지역사회에서 제기되는 다양한 요구에 부합하는 활동을 해야 한다는 것이에요. 또 하나는 지역 노동운동을 보다 체계적으로 지원해야 한다는 것이었어요. 이런 고민을 하면서 93년에 인권상담소를 개소하게 되죠. 상담소의 주된 활동은 변호사의 법률적 지원과 노조 교육활동이었어요. 인권상담소는 본질적으로 노동인권상담소였지만, 시민사회에서 할 수 있는 활동들을 기획해서 진행했어요. 예를 들면 사회복지대학, 아파트법률학교 등… 지금으로 말하면 시민상담실, 공익상담실 역할을 인권상담소가 했어요. (같은 책, 9, 10쪽)

다산합동법률사무소가 다산인권상담소를 만든 것은 이 상담소를 통해 기본적으로는 노동운동을 좀더 체계적으로 지원하기 위한 것이었지만 동시에 노동관련 사안을 넘어서 증대되는 수원을 비롯한 경기 남부 지역사회의 인권현안에 대한 공익적 개입의 필요성 때문이기도 하였다. 그러한 문제의식에서 '노동문제' 상담소 혹은 '노동인권' 상담소가 아니라 '인권'상담소라는 더 포괄적 명칭을 가진 상담소를 만들었던 것이다.

다산인권상담소는 기본적으로 노동인권상담소였지만 김영삼정권의 출범에 따라 시대적 상황이 변화되고 다산합동법률사무소의 활동이 더 체계화되면서 활동의 방점이 노동에서 인권으로 이동하게 된다. 우선 1993년 이후 지역 내 노동문제와 관련된 활동이 줄어들게 되고, 법무법인 다산(1994년 다산합동법률사무소는 명칭을 법무법인 다산으로 변경한다)의 활동이 변호사들이 중심이 된 송무(訟務)활동과 상담소 활동가들이 중심이 된 현장활동으로 분화되는 경향이 강해지기 시작하였다. 이 시기 법무법인 다산의 사무장이자 다산인권상담소에서 활동했던 송원찬 활동가는 다산인권센터 출범 10주년을 기념하는 다산인권센터 전·현직 활동가들의 대담에서 다음과 같이 당시 다산 활동가들의 고민을 회고하였다.

민중생존권 투쟁과 시민을 대상으로 한 사업을 함께하면서 송무도 계속했어요. 이중적 활동 속에서 고민이 많았어요. 법률적 지원으로 남을 것인가, 아니면 인권운동단체로 가야 하는가 하는 고민이었죠. 당시 활동가들은 법률적 대응 이외에 몇 가지 독자적 사업을 추진하면서 운동단체로서의 정체성에 대한 고민을 많이 했죠. (같은 책, 11쪽)

이런 고민 속에서 다산인권상담소 활동가들은 법무법인 다산의 노동 및 공익 관련 송무를 지원하면서도 독자적인 인권활동을 강화하게 된다. 그러면서 법무법인 다산 내의 인권상담소가 아니라 전문적인 인권단체로 전환할 필요성을 활동가들과 변호사들은 공감하게 된다.* 그와 같은 문제의식에 따라 다산인권상담소는 송무와 구별되는 활동의 범위를 인권운동 쪽으로 확장하게 되고 1999년에 이르러 '전문적 인권단체'로의 전환을 본격적으로 준비하게 된다. 그리고 2000년 다산인권상담소는 명칭을 다산인권센터로 바꾸고 법무법인 다산으로부터 완전히 독립하여 독자적 인권단체로서 활동을 전개하게 된다.

## 2) 최초의 상설적 인권단체 연대기구, 한국인권단체협의회

제2장에서 살펴보았듯이 한국의 인권활동가들은 1993년 오스트리아 비엔나에서 열린 세계인권대회에 참가단을 결성하여 참여하였고, 이 대회는 국내 인권운동에 매우 중요한 영향을 끼치게 된다. 비엔나 세계인권대회 참여를 위해 한국의 인권활동가들이 조직했던 인권대회공대위는 이 대회가 끝난 이후 평가회의를 통해서 인권단체들 간

---

\* 다산인권센터의 박진 활동가는 본 연구작업중 진행했던 본인 등과의 인터뷰에서 당시의 고민을 다음과 같이 설명한다. "송무만으로는 지원자 역할밖에는 못한다는 생각이 들었어요. 활동가는 송무만 하고, 변호사가 소송작업을 하는 동안 거의 문서를 쓰고, 초기 상담하는 이런 역할이거든요. 우리가 하는 일은 문서 수발하는 이정도인데… 그것만으로는 우리가 만나는 인권 당사자들의 인권문제를 해결하기가 어려운 거예요. 왜냐하면 송무 바깥의 사회적인 이슈들을 만들어낸다거나 기획한다거나 인권교육을 한다거나 하는, 해야 할 일이 너무 많은 거죠. 송무를 계속 쥐고 있으면, 이런 인권활동들을 계속하기가 너무 어려워서 계속 변호사들과의 상담하면서 '송무를 줄이겠다'에 대한 서로간의 동의가 있었던 거죠. 변호사측에서도 '너희는 이슈 파이팅에 집중해라'라는 합의가 있었던 거죠."(박진 2017, 112쪽)

상설적 연대기구의 필요성에 합의한다.* 1993년 12월 14일 인권대회 공대위 집행위에서 '한국인권단체협의체 건설을 위한 제안문'이 논의되었고 이는 1994년 6월 한국인권단체협의회(이하 인권협)를 결성으로 이어진다.

인권협은 반독재 민주화투쟁의 맥락 혹은 변혁운동의 흐름에서 개별적으로 활동하던 인권단체들이 비엔나 세계인권대회의 참여 이후 국내에서 인권운동의 역량을 강화하기 위해 조직한 최초의 상설적 연대체이다. 다시 말해 민주주의민족통일전국연합과 같은 진보적 사회운동의 전선체에 각 인권단체들이 개별적으로 가입하여 활동하는 것에 그치는 것을 넘어서 인권단체들이 인권운동의 고유한 문제의식과 의제를 가지고 인권운동진영만의 상설적 연대체를 결성한 것이다. 이로써 1993년 이후 한국의 인권운동은 단체들의 연대라는 차원에서도 노동운동이나 통일운동 혹은 시민운동과 구별되는 독자적 운동의 성격을 더욱 분명히 하게 된다.

인권협의 창립 이후 인권운동은 독자적 사회운동으로서 자리를 잡아가게 된다. 이는 무엇보다 인권협이 제시했던 연대활동의 과제들이 이후 2세대 인권운동의 주요한 방향이 되었기 때문이다. 인권협 창립대회의 대회사에는 인권협 결성의 의미를 다음과 같이 규정하고 있다.

인권운동은 민주화운동이라는 거대한 줄기 속에 다른 사회운동들과 함께 전진, 발전하여 왔습니다. 지난 시절 여기 모인 인권운동단체들의 민주화운동에 기여한 공헌은 참으로 크고 값진 것이

---

* "비엔나 세계인권대회 참가했던 단체들을 중심으로 평가를 진행하던 과정에 후속사업을 포함하여 상설적인 사업을 담당할 인권운동조직으로 '인권운동의 조직적 전망'에 대한 논의가 시작됨."(한국인권단체협의회 1994, 6쪽)

었습니다. 극심한 군사독재의 탄압과 이에 맞서는 싸움의 현장에는 이 자리에 모인 인권단체들이 있었습니다… 이러한 희생과 헌신이 결국 군사독재를 무너뜨린 민주화라는 큰 흐름의 원천이었음을 우리 모두는 너무나도 잘 알고 있습니다. 한국인권단체협의회는 민주화와 인권 운동을 이끌어온 단체들과 회원들의 피와 땀의 결실입니다. 인권운동단체들은 인권탄압에 맞서 싸우며 자연스럽게 서로의 힘을 모아 공통의 과제를 풀어나갈 새로운 틀이 필요함을 알게 되었습니다…. 우리 사회는 다양화, 전문화를 요구하고 있으며 민주화운동도 그 영역을 보다 넓고 깊이 하고자 하는 추세에 있습니다. 인권운동도 이러한 시대적 요구에 부응하여 전문성을 갖추고 새로운 형태의 다양한 활동을 전개하여야만 합니다. (한국인권단체협의회 1994, 2, 3쪽)

이 대회사에는 당대 한국사회의 상황과 인권운동의 과제에 대한 인권협의 인식이 표출되어 있다. 우선 현재의 상황은 극심한 군사독재정권이 종속된 상황이다. 인권운동은 극심한 군사독재와 투쟁에서 헌신적 역할을 하여 군사독재정권을 종식시키는 데 중요한 기여를 하였고, 군사독재정권 이후의 상황에서 인권운동의 새로운 틀이 필요하다. 그리고 이는 인권운동이 전문성을 갖춰야 하는 과제로 이어진다고 파악한다. 바로 이와 같은 과제를 수행하기 위해서 인권협이 결성되었다는 것이다.

그렇다면 인권협은 그러한 과제를 어떻게 수행하고자 했을까? 인권협의 원년 사업계획서는 인권협이 구체적으로 어떤 활동들에 집중함으로써 인권운동의 새로운 방식을 구상하고 있었는지를 보여준다.

창립대회 자료집에 실려 있는 1994년도 인권협의 사업계획은 인권 현안에 대한 인권단체들 간의 협의, 인권정보의 집중과 체계화, 인권운동의 전문화를 위한 활동가 교육 그리고 국제연대활동으로 구성되어 있으며 구체적 실행계획이 제시되어 있다(같은 책, 11, 12쪽).

이와 같은 인권협의 사업계획은 2세대 인권운동의 형성과정에서 인권협이 갖는 의미를 잘 드러내 보이고 있다. 인권협은 단지 2세대 인권운동의 역사에서 최초로 결성된 상설적 연대체라는 의미만 갖지 않는다. 1994년 인권협의 사업계획은 인권협이 구상한 활동이 이후 한국 인권운동 전개과정의 주요한 기본 틀을 설정하는 것이었다는 의미 또한 갖는 것이다.

인권협이 사실상 해체*된 이후에도 2000년대와 2010년대를 거치면서 한국의 인권운동은 각종 주요 인권문제에 대해 사안별 연대활동을 전개해 왔고, 상설 연대체를 만들었으며, 인권운동사랑방과 인권연구소 창을 중심으로 인권관련 자료화 작업을 진행하였고, 인권활동가대회를 비롯한 인권활동가에 대한 교육을 수행하였으며, 유엔의 보편적 정례검토(UPR)나 유엔 인권보고관 방한 대응활동 등의 국제인권활동을 전개했다. 물론 인권협의 활동목표나 사업계획안에 담긴 틀이 이후 모든 인권운동의 구체적 활동을 포괄하는 골격이 되는 것은 아니었지만 이 계획서에 제시된 인권운동에서 연대활동, 정보화 및 자료축적, 전문화, 국제연대는 이후 인권운동의 주요한 방향이 되었다.

---

\* 인권협이 결성된 해인 1994년부터 1996년 정도까지 인권협은 연대체로서의 적극적 활동을 한 것으로 보이나, 1997년부터 인권협의 활동은 성명서 발표 정도로 축소된다. BIG KINDS에 1994년 6월부터 2017년 11월 20일까지 기간 동안 '한국인권단체협의회'라는 키워드로 검색을 해보면 총 37건의 기사가 뜨는데, 1999년 4월 16일자 『서울신문』과 『한국일보』에 보도된 정형근 의원 유엔인권위 회의 참석에 대해 인권협도 반대성명을 냈다는 보도가 인권협 활동 관련 마지막 보도이다.

### 3) 소수자 당사자 인권단체의 형성

이러한 새로운 인권운동단체들의 등장이라는 흐름과 더불어 주목해야 할 또 다른 점은 이 시기에 소수자권리 운동조직들이 생겨난다는 것이다. 1994년 성소수자들의 인권을 고민하는 레즈비언 3명과 게이 4명이 모여서 "초록은 동색이다"는 뜻을 담은 초동회가 조직되었고, 같은 해 게이와 레즈비언의 문제의식 차이로 인해 레즈비언들은 '끼리끼리'라는 인권단체를, 게이들은 '친구사이'라는 인권단체를 만들어 동성애인권운동을 시작하게 된다. 그 다음해인 1995년에는 연세대학교의 '컴투게더', 서울대학교의 '마음001', 고려대학교의 '사람과 사람' 등과 같은 대학생 동성애 인권모임 등이 결성되어 활동을 시작하는 등 김영삼정권기에 들어서 성소수자인권운동이 본격화된다.

이 시기에 본격화된 또 다른 당사자 인권운동은 이주노동자인권운동이다. 1994년 1월 10일 경제정의실천시민연합 강당에서 네팔·방글라데시 출신의 미등록 이주노동자 11인이 산업재해 보상과 인권보장을 요구하며 농성을 벌인다. 이는 국내 최초의 이주노동자 당사자의 직접 행동이었다. 그 다음해인 1995년 1월에는 산업연수생제도의 반인권적 성격을 규탄하고 산업연수생제도 개선을 요구하는 이주노동자들의 농성이 명동성당 입구에서 진행된다. 이 농성을 계기로 이주노동자인권단체들이 본격적인 활동을 시작하게 된다.

인권운동사랑방의 창립, 천주교인권위의 독립, 다산인권상담소의 시작 그리고 인권협의 결성은 김영삼정부가 출범한 해이기도 한 1993년에 70, 80년대 민주화운동의 흐름 속에서 활동하던 인권단체들 이외에 새로운 인권단체들이 출현했음을 보여준다. 또한 70, 80년대에는 존재하지 않았던 동성애자인권운동과 이주노동자인권운동과 같은 당사자 인권운동이 김영삼정권 초기에 등장한다. 이러한 흐름은 단지 이 시기에 새로운 인권단체들이 조직되었다는 단순한 사실만을 뜻하는 것이 아니라 이 단체들의 출범과 더불어 인권에 대한 문제의식과 활동의 의제 및 내용 그리고 활동방식 등에서도 새로운 인권운동이 등장했음을 뜻하는 것이다. 그러면 이제 그렇게 등장한 2세대 인권운동이 어떤 활동을 했는지를 한국사회의 구조적 맥락과 인권운동의 사건들을 중심으로 살펴볼 차례가 됐다.

# 2. 2세대 인권운동의 형성기

## 1) 김영삼정부 시기 2세대 인권운동의 전개[*]

이미 논의한 바와 같이 1993년의 인권운동에서 가장 중요한 사건 가운데 하나는 한국의 인권단체들이 비엔나에서 열린 '세계인권대회'에 참여한 것이다. 또한 앞에서 살펴본 바와 같이 인권운동사랑방, 천주교인권위, 다산인권센터 등이 창립되었다. 1993년 인권운동사랑방은 '강기훈 유서대필 사건' 진상규명에 집중함과 동시에 인권전문 일간지인 팩스신문 『인권하루소식』의 발간을 시작하였다. 그해에는 양심수 석방 및 국가보안법 철폐 그리고 전교조 관련 해직교사 복직이 사회운동의 주요 의제였다. 천주교인권위·KNCC인권위·불교인권위·민가협과 같은 인권단체들과 민교협·민변·불교인권위

---

[*] 87년체제 2차 국면의 특성 및 이 시기 인권운동의 정치적 기회에 대해서는 이미 2세대 인권운동의 형성과정을 다룬 제2장에서 검토했으므로 여기서는 그에 대한 서술을 생략한다.

등과 같은 사회운동단체들을 중심으로 '양심수 전원석방과 해직교사 복직을 위한 대책회의'가 만들어져 총력투쟁주간, 농성 등의 활동을 전개했다.

1994년에는 국내 최초의 상설적 인권단체 연대기구인 한국인권단체협의회(이하 인권협)가 조직되었고 성소수자인권단체들이 결성되었으며 이주노동자들의 권리운동이 시작되었다. 이해에 인권운동사랑방과 민변은 유엔에 '경제·사회·문화적 권리에 관한 국제규약'(이하 사회권규약)에 대한 한국정부의 이행보고서에 반박보고서를 작성하여 제출한다.[*] 이는 국내 인권단체가 유엔을 중심으로 한 국제인권체제의 틀 내에서 전개한 최초의 활동이었다. 군사독재정권 시기 인권운동의 주요한 의제들인 양심수·고문·국가보안법 문제는 이 시기에도 여전히 인권운동이 해결해야 할 주요한 과제였다. '문국진과 함께하는 모임' '인도주의실천의사협의회'(이하 인의협), 민변은 그해 4월 고문후유증 사례 보고회 및 토론회를 개최하였고 인권협은 6월 아르헨티나의 민주화운동 유가족·실종자가족 모임인 '오월광장 어머니회' 초청사업을 통해 양심수와 고문 문제를 다시 부각하였다. 천주교인권위는 그해에 천정연으로부터 완전한 조직분리를 실행하게 된다.

1995년에는 인권운동사랑방, 천주교인권위, 전국연합 등의 여타 26개 인권단체 및 사회운동단체들이 '총선시기 안기부 간첩사건 진

---

[*]   대한민국 정부는 1990년 4월 10일 유엔 국제인권협약인 '사회적·경제적·문화적 권리에 관한 국제규약'(A규약)과 '시민적 및 정치적 권리에 관한 국제규약'(B규약)에 가입한다. 이 규약에 가입한 국가는 협약 이행사항에 대한 보고서를 기본적으로 5년마다 제출해야 한다. 한국정부는 사회권규약 가입 이후 그 이행사항에 관한 최초 보고서를 1994년 1월 유엔에 제출한다. 인권운동사랑방과 민변은 정부의 사회권 이행사항 보고서에 대한 반박을 담은 보고서를 유엔에 제출한 것이다.

상규명을 위한 공대위'를 결성하여 안기부의 간첩조작사건에 대한 진상규명운동을 벌인다.* 인권협의 경우에는 국가보안법이 중요한 의제였다. 인권협은 11월 국가보안법 문제를 토론하는 "국가보안법, 무엇이 문제인가?"를 주제로 국내 심포지엄과 "탈냉전 신국제질서와 인권: 국가안보와 인간안보"라는 주제로 국제 심포지엄을 개최하여 국가보안법 폐지 공론화에 힘을 쏟았다. 같은 해 인권운동사랑방이 중심이 되어 『유엔 아동권리협약 1차 민간보고서』를 유엔에 제출한다. 그리고 민간보고서의 준비·제출 과정에서 '아동청소년권리연대'가 결성되는데 이러한 활동은 청소년인권운동의 출발점이 된다.

더불어 인권운동사랑방은 이해부터 참여형 인권교육방법론을 소개하고 인권교육활동가 양성교육, 인권교육 워크숍 등을 진행하는 등 '인권교육'을 본격적으로 시작한다. 1995년 1월에는 1994년에 이어 이주노동자 13인이 '산업연수생제도 개선 및 이주노동자의 인권보장'을 요구하며 명동성당에서 농성투쟁을 전개하였다. 이 투쟁을 지원하면서 국내의 인권·노동·이주노동자 지원 운동진영은 '외국인 산업기술연수생 인권회복을 위한 공대위'를 구성하게 된다.

1996년에는 인권단체들과 사회운동단체들이 연대체를 결성하여 전자주민카드 시행 저지활동을 시작하였다. 그해 10월 민변·천주교인권위·참여연대 등은 1996년 정부가 의료보험, 국민연금 등 7

---

* 1995년 10월 충남 부여에서 무장간첩 김동식이 경찰에 체포된 뒤 김동식과 직·간접적으로 관련돼 이인영·우상호·함운경·허인회·박충렬·김태년 씨 등 재야인사들이 잇따라 경찰에 붙잡혔다. 이들은 안기부 조사를 거쳐 "간첩 김동식을 만나고도 당국에 신고하지 않았다"는 혐의(불고지) 등으로 기소됐다. 박씨와 김씨에게는 1990년부터 남파간첩에 포섭돼 간첩활동을 해온 혐의도 더해졌다. 실제 관련자 가운데 불고지죄로 기소된 함운경씨는 1998년 6월 12일 서울지법에서 김씨가 간첩이라는 사실을 알고 있었다는 공소사실이 받아들여지지 않음에 따라 무죄를 선고받기도 했다. 『한겨레신문』 2005. 3. 14.

개 분야 41개의 개인 신상정보를 담은 전자주민카드를 도입하겠다고 발표하자, '전자주민카드 시행 반대와 프라이버시권 보호를 위한 시민사회단체 공동대책위원회'를 결성하고 반대운동을 전개하기 시작했다. 인권협의 경우 일본 우토로마을의 재일동포들이 개발사업으로 집을 잃을 위기에 놓이자 주일대사관 항의방문 및 우토로마을 재일동포 주거권 안정 촉구서한 전달, 우토로마을 생존권 보장을 위한 집회 주최 등 우토로마을 재일동포 주거권 안정을 위한 활동을 전개했고, 같은 해 7월에는 동티모르 독립운동가들을 국내에 초청하여 동티모르 인권상황을 알리는 등의 연대활동을 하는 한편, 8월에 발생한 '연대사태' 당시 벌어진 공권력에 의한 인권침해 조사사업을 수행하였다. 또한 인권협은 UN고문방지위원회 한국정부 보고서 심의회에 정부보고서에 대한 반박보고서를 제출하고 심의회에 참관하였다.

인권운동사랑방이 제1회 인권영화제를 개최한 것도 1996년이다. 당시 모든 영상물은 공연윤리위원회의 사전심의를 받은 후 상영할 수 있었지만 인권영화제는 사전심의를 검열로 규정하고 사전심의 없이 상영을 강행하였고* 서울에서 인권영화제가 폐막한 이후에는 부산, 대구, 전주, 대구, 청주, 원주, 춘천, 수원 등지에서 인권영화제가 개최되었다. 특히 수원에서는 다산인권상담소가 주축이 되어 지역 인권단체가 운영하는 지역인권영화제로 자리 잡게 된다. 또 평택지역에서는 에바다복지회가 운영하는 장애인 복지시설인 에바다

---

* 제1회 인권영화제는 "영화 속의 인권, 인권 속의 영화"라는 주제로 11월 2일부터 8일까지 이화여대에서 개최되었고 이 기간 동안 총 32편의 영화를 상영하였다. 이후 인권영화제는 각 지역별로 조직위원회 및 사무국이 꾸려져서 지역별 인권영화제로 변모하게 된다. 서울인권영화제의 경우 1996년부터 2020년까지 계속 개최하다, 코로나19 판데믹 사태로 2021년부터 개최를 이어가지 않고 있는 상태이다.

복지관의 수용 장애인 학대, 장애인 의문사, 공금횡령 등 비리문제에 대응하고 수용 장애인 인권보장을 위해 다산인권상담소와 지역 사회 운동단체들이 '에바다 비리재단 퇴진과 정상화를 위한 공동대책위원회'(이하 에바다공대위)를 결성하게 된다.*

1997년에는, 인권단체들과 사회운동단체들이 1996년 말 5·18진압 관련자들에 대한 정부의 사면방침이 발표되자 이를 저지하고 5·18민주화운동 폭력진압 책임자들에 대한 엄정한 문책과 정의로운 과거청산을 이루기 위해 1996년 12월 '5·18 완전해결과 정의실현·희망을 위한 과거청산국민위원회'를 결성하고 그 활동이 이어졌다. 정부의 전자주민카드 도입시도에 대한 저지활동 역시 1996년에 이어 계속 진행되었고, 정부의 통신검열 시도를 저지하기 위한 통신검열 철폐캠페인이 "통신에도 몰래카메라!"라는 제하로 진행되는 등 디지털환경에서 개인의 자유를 지키기 위한 인권운동이 확산되었다. 인권협의 경우에는 안기부에 대한 대국민 여론조사사업을 진행하였다.

1997년의 인권운동에서 또 하나 중요한 사건은 제2회 인권영화제이다. 당국은 제2회 인권영화제를 불허하였으나 인권영화제는 강행되었다. 특히 상영작인 4·3항쟁을 다룬 다큐멘터리 〈레드 헌트〉는 국가보안법 위반혐의를 받았다. 그 결과 영화제 집행위원장인 서준식은 국가보안법·보안관찰법·공연법 위반과 주거침입 혐의로 구속되었다. 이에 인권운동사랑방, 천주교인권위원회, 민족문학작가회의 자유실천위원회, 참여연대, 제주 4·3 50주년 기념사업추진범국민위

---

\* 장애인사회운동 진영에서 에바다 투쟁이라고 명명하는 에바다복지회 정상화를 위한 운동은 2003년 6월이 되어서야 비리인사들이 모두 물러나고 에바다복지회의 정상화를 쟁취하게 된다. 에바다 투쟁의 과정에서 인권운동사랑방, 다산인권센터 등의 인권단체들은 1999년 '에바다 정상화를 위한 연대회의'에 참여하여 활동했다.

원회 등 28개 단체가 '국가보안법 위반혐의로 구속된 인권운동사랑방 대표 서준식씨의 무죄석방을 위한 공동대책위원회'를 결성하고 서준식의 석방운동을 전개하였다.

또한 그해에 인권운동사랑방과 천주교인권위는 '전국교도소 행형실태조사'를 실시하여 교도소 재소자들의 인권보장을 위한 활동의 기초를 다지기 시작했다. 그 결과물로 『한국감옥의 현실』이라는 보고서를 발간하였다. 이는 "기존의 양심수/정치범을 넘어 일반재소자들의 감옥 내 처우와 인권 신장을 위한 운동에 착수"(인권운동사랑방 2013, 128쪽)하였다는 의미를 갖는 활동이었다. 소수자인권운동의 경우, 장애인운동은 1996년에 이어 1997년 에바다 대학생비상대책위원회의 결성 등을 통해 에바다복지회 정상화 투쟁을 이어갔고, 성소수자운동은 같은 해 제1회 퀴어영화제를 개최하였다.*

## 2) 김영삼정부 시기 2세대 인권운동의 특징

이 시기는 2세대 인권운동의 형성기라고 할 수 있다. 이미 앞에서 살펴본 바와 같이 새로운 인권단체들이 결성되고 인권단체들의 상설적 연대체가 만들어졌으며, 성소수자·이주노동자 권리·정보인권 등 이전의 인권운동에서 의제가 되지 못했던 사안들이 인권운동의 의제들이 되었다. 또 국제인권체제의 활용 및 인권현안에 대한 국제연대활동, 인권교육, 인권영화제 등과 같은 새로운 방식의 인권운동이 시작되었다.

---

* 퀴어영화제는 이후 퀴어 퍼레이드 등 퀴어문화운동으로 확대되어 2019년 현재까지 계속되고 있다.

그러나 2세대 인권운동이라고 불릴 수 있는 새로운 인권운동이 형성되었다는 것이 곧 기존의 인권운동이 2세대 인권운동으로 즉시 대체되었음을 뜻하지는 않는다. 여전히 민가협·유가협·민변 등 1세대 인권단체들을 중심으로 한 양심수·고문·간첩조작 등 국가폭력에 대한 대응과 국가보안법 등 반인권적·반민주적 법제의 폐지운동 등은 이 시기에도 인권운동의 핵심적인 의제였다. 다시 말해 87년체제 2차 국면, 그 가운데서도 김영삼정부 시기는 인권협을 중심으로 한 1세대 인권운동의 헤게모니 아래서 2세대 인권운동이 자리 잡아가는 시기라고 할 수 있다.

이렇게 새로운 인권단체들의 출현, 인권운동의 정당화 근거로서 국제인권기준의 적극적 활용, 국제인권체제를 통한 정부압박, 인권단체들의 독자적 연대체 구성, 인권의제 및 인권운동 방식의 다양화 등은 이 시기 인권운동이 민주화운동 내지는 변혁운동 시대의 인권운동과 뚜렷한 차이를 보여주는 것이라고 하겠다. 또 이 시기에 부각된 인권의제, 인권운동의 방식은 이후 2세대 인권운동의 기본 틀이 되었다. 87년체제 2차 국면은 1세대 인권운동과는 다른 성격을 가진 새로운 경향의 인권운동 형성, 즉 2세대 인권운동의 형성기라는 특징을 가진다고 할 수 있을 것이다.

# 3. 2세대 인권운동의 성장기

## 1) '민주'정부와 인권운동

87년체제 이후 한국 사회체제를 규정하는 민주화세력과 기득권세력 사이의 각축은 1997년 국제적 금융위기로 인한 한국의 IMF구제금융 신청 및 구조조정과 1997년 대선에서 자유주의 내 좌파세력의 대표자인 김대중 대통령 당선을 계기로 새로운 국면에 들어선다. 정치적으로는 군사독재세력과의 연합으로 집권한 김영삼정부의 한계를 넘어서는 민주주의의 진전이 가능해졌지만, 동시에 한국의 사회경제적 질서가 완전히 신자유주의에 의해 재구성되는 것이 이 체제의 특징이라고 할 수 있다. 즉 IMF구제금융 사태와 김대중정부의 출범과 더불어 97년체제가 시작되었다고 할 수 있다. 조희연은 97년체제의 성격을 이렇게 규정한다.

이른바 97년체제는 87년체제의 실현이면서 동시에 탈(脫)민주화 시기로서의 성격을 갖는다. 이런 의미에서 필자는 반독재 민주정부 시기를 '민주개혁적 정치와 신자유주의적 경제의 모순적 결합'의 시기로 파악한다. 전자의 의미에서 보면 정치적 자유주의 세력(political liberals)이라고 할 수 있는 반독재 야당세력이 집권세력이 된다는 점에서 87년체제의 확장의 의미를 가지며, 후자의 의미에서 보면 바로 그 '정치적 자유주의 세력의 신자유주의화'(neoliberalization of political liberals)가 촉진된다고 하는 의미를 갖는다. (조희연 2013, 160쪽)

97년체제는 87년체제 형성의 두 가지 계기—민주적 계기와 독재적 계기—사이에서 정치적으로는 자유주의 좌파 정치세력의 집권으로 민주적 계기를 강화하는 사회체제이지만 동시에 경제적으로는 신자유주의의 전면화로 사회경제적 불평등이 심화되는 사회체제라는 양의적 차원을 가지고 있다는 것이다. 그런데 이 양의적 차원은 결국 모순적인 두 계기의 결합을 의미한다.

경제질서의 신자유주의화, 즉 "개방화, 민영화, 노동시장 유연화 등으로 상징되는 신자유주의 정책의 전면적 실시"의 효과는 "양극화와 고용불안, 청년실업, 소득분배구조의 악화" 등으로 결과하였다(같은 글, 162쪽). 이러한 사회경제적 문제는 노동자, 농민, 빈민 등의 저항으로 결과하였고 김대중정부는 이 저항을 경찰력을 앞세워 강력하게 진압함으로써 민주주의의 심화와 공고화를 저지하게 되었다.

한국사회의 신자유주의적 재편은 민중의 저항을 유발할 수밖에 없었고 정부는 이 저항을 경찰이라는 억압적 국가장치로써 진압하고

통제하게 된 것이다. 김세균에 따르면 김대중정부의 이와 같은 측면은 신자유주의 경제질서에 입각하여 작동하는 국가권력의 일반적 성격, 곧 '신자유주의 경찰국가'의 면모가 김대중정부에서도 나타나는 것이다(김세균 2007).

　그러나 97년체제의 국가권력을 단순히 신자유주의 경찰국가만으로 개념화하기 어려운 이유는 이 정권이 민주주의 발전과 인권국가를 명백히 국정과제로 천명하였고 실제로도 민주주의의 안정적 제도화를 위한 일련의 개혁조치를 실행했기 때문이다. 97년체제를 정치적 차원에서 보자면 과거 군부독재세력이 정부에서 물러났고 민주화운동에 참여해 온 세력, 곧 김대중과 노무현의 연속된 집권이라는 특징을 가진다. 이는 곧 김대중·노무현 정부는 본격적인 의미에서 민주화로의 이행이 시작된 이후 민주주의의 공고화와 심화를 수행하고자 하는 정부라는 성격 역시 가지고 있음을 의미한다.

　조희연은 이와 같은 97년체제의 모순적 성격이 체제전환의 계기로 작용하였다고 지적한다. 그는 이를 '전환적 위기'로 개념화하며 이는 다시 '성공의 위기'와 '실패의 위기'로 분할된다고 분석한다. '성공의 위기'란 민주주의의 공고화 및 심화를 위한 일련의 개혁의 와중 민주화의 의제가 "87년체제의 성립과정에서 대중들에게 광범위하게 합의된 의제영역들을 넘어 '쟁투적 개혁의제 영역'으로 이전"(조희연 2013, 161쪽)하면서 발생한다. 민주주의의 공고화를 위한 개혁이 강화되면서 이에 대한 보수세력의 결집된 저항을 유발하게 되었다는 것이다. 그 '쟁투적 개혁의제 영역'이란 가령 '4대 개혁입법', 즉 국가보안법 개폐, 사립학교법 개정, 과거사진상규명 입법, 언론관계법 개정 등이다. 이러한 개혁시도에 보수세력이 저항하면서 "보수의 능동화'

와 '시민사회의 갈등적 분화'"(같은 곳)가 일어나게 되었다.

실패의 위기란 신자유주의 국가권력의 성격에서 기인하는 것으로 진보적 대중과 사회세력들이 자유주의 좌파 정부로부터 이반하게 된 것을 의미한다. 김대중정부에서 시작되어서 노무현정부에 더욱 심화된 신자유주의 질서는 "자본축적이 재활성화됨으로써 87년체제 하에서 수세적 위치에 있던 자본에게는 혜택을, 다른 한편에서 사회경제적 양극화가 확대됨으로써 87년체제의 주된 추동자였던 대중에게는 불이익을"(같은 글, 162쪽) 가져오게 된 것이다.

이러한 두 위기의 결합이 전환적 위기, 즉 사회체제의 전환으로 이어지는 위기구조를 형성하게 된다. 민주주의 담론의 헤게모니에 기초하여 사회세력들 사이의 각축이 이루어지는 기본적 틀인 87년체제가 다른 체제로 이행하게 되는 '전환적 위기'의 결과로 97년체제가 성립했다는 것이다. 다시 말해 97년체제란 민주주의 담론의 헤게모니가 위기를 겪으면서 '포스트87년체제로 이행하는 시기'(같은 글, 163쪽)이다.

97년체제는 민주화의 심화와 공고화라는 계기와 신자유주의라는 계기가 상호 모순적으로 결합되어 정치적·사회적 상호작용을 규정하는 틀이다. 97년체제에서 제도적 민주주의의 진전과 일상적 자유는 확대되었지만 사회경제적 불평등은 심화되었고 이에 저항하는 반체제적 대중운동에 대해서는 억압이 강화되었다. 이 모순적 과정 속에서 민주주의의 담론적 헤게모니는 흔들리게 되며 경제적 생존, 경쟁, 성공 등의 가치가 민주주의와 담론적 헤게모니를 다투게 된다. 그리고 이러한 성격의 97년체제는 1998년부터 2007년까지 전개된 2세대 인권운동의 사회구조적 조건이 되었다.

## 2) '민주'정부 시기 2세대 인권운동의 전개

김대중 대통령의 집권 첫해인 1998년은 2세대 인권운동의 역사에서 매우 중요한 시기 가운데 하나이다. 그해부터 국가인권기구* 설립을 위한 활동이 범사회운동 차원에서 전개되었기 때문이다. 김대중 대통령이 임기를 시작하고 '100대 국정과제'로 국가인권기구 설립을 제시하면서 대한민국에도 국가인권기구의 설립은 현실이 되는 듯했다. 그러나 국가인권위를 법무부의 통제 아래 있는 법인 형태로 설립하려는 법무부의 입법안이 제출되면서 국가인권기구의 독립성 확보를 위한 사회운동이 본격화된다. 1998년 9월 17일 인권단체, 민중운동단체, 시민단체, 여성단체, 소수자단체 등 총 29개 사회운동단체가 '인권법 제정 및 국가인권기구 설치 민간단체 공동추진위원회'(이하 공추위)를 결성하게 된다. 공추위는 인권사안을 중심으로 형성된 최대 규모의 사회운동연대체로서 1998년 내내 국가인권기구 설립과 인권법 제정을 요구하며 활동을 전개하였다.

국가인권기구 설립운동과 더불어 1998년 인권운동의 또 다른 주요 의제는 '과거사 청산'이었다. 8월에는 '민족민주 열사·희생자 명예회복 의문사진상규명특별법제정 범국민추진위원회'(이하 열사범추위)가 출범하였고, 11월에는 '인혁당사건 진상규명 및 명예회복을 위한 대책위원회'(이하 인혁당대책위)가 결성되었다. 과거사 청산운동은 박정희·전두환·노태우로 이어지는 군사독재정권 아래서 고문, 의문사,

---

* 유엔의 정의에 의하면 국가인권기구(National Institution for Promotion and Protection of Human Right/National Human Rights Institution)란 "인권의 증진과 보호를 목적으로 삼는 국가기구"이다(UN Office of High Commissioner for Human Rights 1993, p. 5). 인권사안을 전담하는 국가기구를 말한다. 한국에서는 국가인권위원회라는 명칭으로 2001년 11월 25일 설립되었다.

간첩조작사건 등 국가폭력에 의해 희생당한 이들의 명예회복과 진상규명을 촉구하는 활동이었다.

같은 해 전개된 인권단체들의 주요한 활동으로는 인권운동사랑방이 주축이 되어 전개한 불심검문 거부운동, 인권운동사랑방과 천주교인권위가 중심이 된 양지마을진상조사단 활동을 들 수 있다. 불심검문 거부운동은 1996년 한총련 사태 이후 대학생들에 대한 경찰의 불법검문이 강화되자 이에 저항하여 벌어진 불복종운동이었다. 불심검문의 문제점에 대한 대(對)시민 홍보작업, 불심검문 현장에서 경찰에 대한 항의, 불법적 불심검문에 대한 소송 등의 활동이 전개되었다. 양지마을진상조사단은 충청남도 연기군에 소재한 노숙인 복지시설인 양지마을에서 자행된 감금·구타·노역·강제투약 등 인권유린 실태조사작업을 바탕으로 사회복지시설의 인권문제를 제기한 활동이었다. 더불어 1998년은 평화인권연대라는 새로운 평화운동 및 인권운동 단체가 출범하였고, 정보사회에서의 인권을 활동의제로 삼은 '진보네트워크센터'가 결성되었으며, 전북의 '정의평화정보센터'는 '전북평화와인권연대'로 명칭을 바꿔 활동을 시작했고, 다산인권상담소는 활동영역을 인권의제 전반으로 넓히고 인권교육활동을 시작한 해이기도 하다.

그 이듬해인 1999년에도 국가인권기구 설립문제는 인권운동의 핵심적 의제였다. 1999년 3월 국가인권기구를 법무부 산하 법인으로 만들겠다는 법무부안이 국무회의를 통과하자 인권단체들을 비롯한 시민사회단체들은 더욱 강도 높게 이에 저항하면서 '올바른' 국가인권기구 설립운동을 수행하기 위해 기존의 공추위를 확대, 개편한다. 4월 30일 70여 개의 인권 및 사회운동 단체들은 '올바른 국가인권기구 실현을 위한 민간단체 공동대책위원회'(이하 공대위)를 결성하여 국가인권기구 설립을 쟁점으로 대정부투쟁을 벌여나가게 된다.

그해 사회운동진영에서 또 다른 핵심 이슈는 국가보안법 폐지문제였다. 군사독재정권 시절부터 줄기차게 진보적 사회운동진영은 국가보안법 철폐를 요구해 왔고, 그 자신이 국가보안법의 피해자이기도 한 김대중 대통령 집권기에 반드시 국가보안법을 폐지하고자 하는 의지를 강력하게 가지고 있었다. 그러나 진보적 사회운동진영 내부에서 국가보안법 폐지운동의 전략을 놓고 내부분열이 생기게 된다. 이른바 '고무, 찬양죄'를 처벌하는 국가보안법 7조를 우선적으로 폐지하자는 단체들은 같은 해 9월 '국가보안법반대국민연대'(이하 반대연대)를 출범시켰고, 7조만이 아니라 국가보안법 전면폐지를 주장하는 단체들은 10월에 '국가보안법폐지범국민연대회의'(이하 폐지연대)를 결성하였다. 인권단체의 경우 KNCC인권위와 천주교인권위 등의 인권단체들은 폐지연대에서, 인권운동사랑방 등의 인권단체들은 반대연대에서 활동하는 차이를 보이기도 하였다.

또 다른 범사회운동적 활동인 과거사 청산운동의 경우는 의문사진상규명특별법 제정이 구체적 목표였다. 유가협을 주축으로 하여 의문사진상규명특별법 제정을 촉구하기 위한 여당당사 점거농성, 국회 앞 천막농성 등의 활동이 전개되었다.

1999년 전개된 인권단체들의 연대활동에서 주목해야 할 의제는 지문날인 반대운동이다. 정부는 주민등록 시스템의 전산화를 위해 새로운 주민등록증을 발부하는 사업을 벌였는데, 이는 "주민등록제가 중복되고 과도한 정보를 확보하는 수단으로 사용되며, 이의 전산화과정에서 개인정보 유출이 높아진다는 것" 그리고 "주민등록증 확인절차가 사회적 약자에 집중되는 차별의 수단"으로 이용된다는 문제를 인권단체들은 제기하였다(인권운동사랑방 2013, 132쪽). 인권운동사랑방, 진보네트워크센터, 인권실천시민연대, 민변 등은 '지문날인거부운동본부'를 결성하여 주민등록제의 핵심인 지문날인을 거부하는 운동을 펼쳤다.

그해 인권운동사랑방은 『인간답게 살 권리: IMF 이후 사회권실태보고서』를 발간하고 사회권운동을 인권운동의 주요한 의제로 천명한다. 이는 1998년 한국정부가 IMF의 구제금융을 받으면서 시작한 구조조정의 결과 심화된 경제적 불평등의 문제를 해결하기 위해 인권운동이 중심적 의제로 사회권에 주목하기 시작했음을 보여주는 의미가 있다. 더불어 인권운동사랑방은 같은 해 『인권교육길잡이』를 발간하고 인권교육운동의 체계화를 시도하였다. 또한 '국제민주연대'라는 인권단체가 새로이 출범하여 해외에서 한국기업의 인권침해를 감시하고 한국기업에 의해 인권침해를 당한 현지인들의 권리구제 활동을 시작함으로써 인권단체의 활동이 국제적 지평으로 확대되기 시작했다.

김대중정권 출범 3년차인 2000년에는 국가보안법 철폐운동의 전략적 입장차이로 갈라졌던 폐지연대와 반대연대가 통합하여 '국가보안법폐지국민연대'를 출범시킨다. 두 단체가 국가보안법의 완전폐지를 최종적 목표로 하되, 우선적으로는 7조 완전삭제를 추진하기로 합의함으로써 조직을 통합한 것이다. 12월에는 인권단체들이 국가보안법 폐지와 국가인권위법 제정을 촉구하며 무기한 단식농성을 하는 등 인권관련 법률과 제도를 개혁하기 위한 활동을 전개했다.

1998년부터 시작된 구조조정은 한국사회의 노동환경에 커다란 변화를 초래하였다. 비정규직노동자의 양산구조와 정리해고제도의 시행으로 노동조건이 악화된 것이다. 사회운동진영은 특히 '파견근로자보호등에관한법률'(이하 파견법) 시행 이후 파견노동자들의 열악한 상황에 주목하면서 '파견·용역 노동자 노동권쟁취와 간접고용 철폐를 위한 공동대책위원회'(이하 파견철폐공대위)를 결성한다. 파견철폐공대위는 전국민주노동조합총연맹(이하 민주노총), 민주노동당, 노동조합기업경영연구소(이하 노기연), 사회진보연대 등 주로 노동운동단체들이 중심이 되어 조직된 연대체이지만 인권운동사랑방 역시 가입하여 활동하였다는 점을 강조할 필요가 있다. 이는 주로 국가폭력이나 개인의 권리를 강조하던 인권운동이 1998년 이후 한국에서 본격화된 신자유주의 체제에서 노동자의 권리를 인권의제로 인식하기 시작했음을 보여주기 때문이다.

2000년 인권단체들이 진행한 중요한 연대활동으로는 '자본의 세계화를 반대하는 인권포럼'(이하 자세포)의 '아셈(ASEM)반대투쟁'을 들 수 있다. 10월 아시아유럽정상회의(Asia Europe Meeting, ASEM)가 서울에서 개최되자 이에 반대하는 진보적 사회단체들은 아셈민간단체포럼을 구성하였다. 인권단체들도 처음에는 이 민간단체포럼에 참여하여 인권분과를 구성하였으나, 집회와 시위를 제한하는 정부의 입장을 민간단체포럼 지도부가 받아들이자 이에 항의하며 민간단체포럼을 탈퇴한다. 엠네스티한국지부, 천주교인권위, 인권운동사랑방, 광주인권운동센터 등 11개 단체는 자세포를 조직하여 아셈반대투쟁 기간중 경찰 등 국가폭력에 의한 인권침해 감시활동을 펼쳤다.

또한 울산에서는 '울산인권운동연대'라는 새로운 인권단체가 만들어진다. 민주노조운동이 강성한 울산에서 인권단체가 조직된 것은 인권운동의 확산을 보여주는 사건이라고 할 수 있을 것이다. 이에 더하여 다산인권상담소는 법무법인 다산으로부터 조직을 독립하여 '다산인권센터'를 출범시키고 인권단체로서의 정체성을 분명히 하고 활동을 시작하게 된다.

2001년에 인권단체들을 비롯한 진보적 사회운동단체들은 군부독재 시절의 '반민주악법' 개폐와 민주주의와 인권의 제도적 보장을 위한 법률제정을 촉구하는 연대활동을 전개하였다. '국가보안법폐지국민연대' '부패방지법시민연대' '올바른 국가인권기구 실현을 위한 공동대책위원회'(이하 국가인권위공대위)는 국가보안법 폐지, 부패방지법 제정, 인권위법 제정을 요구하며 '3대 개혁입법 쟁취를 위한 국민행동'을 2월에 결성하여 연대활동을 하였다.

이런 한편 2001년은 민주주의와 인권의 제도적 보장장치를 마련하기 위한 운동에서 인권단체들과 시민운동단체들의 갈등이 구체화된 해이기도 하다. 양 진영의 갈등은 국가인권기구 설립에 대한 입장차이로 발생한 것이다. 4월 30일 국회가 국가인권위법을 통과시키고, 5월 24일 정부는 국가인권위법이 제정되었음을 공포한다. 그리고 다음날인 5월 25일 국가인권위공대위는 해산하게 된다. 2001년 들어 국가인권위공대위 내부에서 인권운동사랑방을 중심으로 한 인권단체들과 시민단체들 사이에서 활동방식과 전략을 둘러싸고 의견충돌이 있었고 이는 서로에 대한 불신으로 이어졌다. 결국 국가인권위법이 제정된 이후 국가인권위공대위는 해산했고, 인권단체들은 같은 해 7월 '국가인권위원회 바로세우자! 인권단체연대회의'(이하 인권단체연대회의)를 결성하여 국가인권기구 관련활동을 이어갔다.

이해의 중요 노동이슈는 대우자동차 정리해고 사태였다. 2001년

2월 16일 대우자동차 부평공장의 노동자들은 1750명의 정리해고를 앞두고 공장을 점거하고 농성투쟁을 시작하였으나 경찰특공대를 앞세운 공권력에 의해 진압당한다. 그리고 다음날 대우자동차는 노동자 1750명을 정리해고하였다. 천주교인권위, 다산인권센터를 비롯한 인권단체들은 경찰의 파업진압시 인권침해에 대한 조사를 진행하고 규탄기자회견을 열었다. 또 인권단체들은 인천지방경찰청장, 인천 남부경찰서 등 8개 경찰서장, 전투경찰대 지휘책임자들을 폭행·직권남용·불법체포·불법감금 등 혐의로 인천지검에 고발하였다.

그리고 11월 김대중정부는 테러방지법 입법발의를 한다. 이에 인권단체들은 이 법안이 국가정보원의 권한을 지나치게 비대화하고 국가보안법의 독소조항을 전용하는 등 인권침해의 소지가 다분하다는 점을 지적하는 토론회를 개최하고, 테러방지법 입법 반대를 천명하였다. 곧이어 참여연대, 민변, 민중연대, 인권운동사랑방, 천주교인권위 등 68개 시민사회단체 및 인권단체들은 '국정원의 테러방지법 저지를 위한 공동투쟁'을 결의하고 기자회견 개최를 시작으로 테러방지법 반대운동을 전개하였다.*

같은 해 8월에는 1999년 시작된 지문날인 반대운동에 참여한 단체들과 새로운 단체들이 '지문날인반대연대'라는 연대체를 결성하여 열 손가락 지문을 주민등록증에 날인하는 제도를 국민의 기본권 침해로 규정하고 지문날인제도를 폐지하기 위한 활동을 벌여나갔다.

또한 2001년 2세대 인권운동은 '학생인권'이라는 의제를 본격적으로 제기한다. 인권운동사랑방은 '인권과 교육개혁을 위한 전국중

---

* 테러방지법제정반대공동행동 홈페이지 자료실(http://nopota.jinbo.net/maybbs/view.php?db=hrnet&code=nopota_pds&n=56).

고등학생연합'과 함께 중고등학교 교칙의 용의복장규정, 선도규정, 학생회칙 등에 내재하는 인권침해 소지를 밝히고 대안을 제시하는 "인권을 찾자 교육을 찾자"라는 캠페인을 전개하였다.* 다산인권센터 역시 청소년인권캠프를 개최하고 청소년인권을 인권운동의 의제 가운데 하나로 삼아서 활동하기 시작하였다. 더불어 장애운동은 '장애인이동권 쟁취를 위한 연대회의'를 결성하고 장애인의 교통수단 이용의 권리를 위한 투쟁을 본격적으로 전개하였다.

김대중 대통령 임기 마지막 해인 2002년 인권운동의 중요한 의제는 김대중정부 출범 초기와 크게 달라지지 않았다. 이것은 진보적 사회운동 전체에 공통된 상황이었다. 과거사 청산, 국가인권위원회, 노동자권리 등이 여전히 중요한 의제였다. 과거사 청산과 관련해서는 군사독재 시절 국가폭력의 책임자에 대한 공소시효를 배제하기 위한 운동이 시작되었다. 2002년 1월 30일 인권운동사랑방 등 6개 단체는 전두환정권 시절 안전기획부 부장이었던 장세동을 '수지 김 간첩조작 사건'** 및 혐의로 서울지방검찰청에 고발하였다. 그러나 검찰은 이 사건에 대해 공소시효 만료를 이유로 '공소권 없음'을 통보하였다. 인권단체들과 사회운동단체들은 '반인도적 국가범죄 공소시효 배제운동 사회단체협의회'를 결성하고, 수지 김 간첩조작 사건을 비롯해서 5공화국 당시 삼청교육대 사건, 청송교도소 박영두씨 고문

---

* 이 캠페인은 90년대 후반부터 PC통신을 중심으로 교류하던 청소년들이 학교에 의한 권리침해에 저항하고, 자신의 권리를 신장하기 위해 전개해 온 활동을 기반으로 전개된 것이다. 청소년인권운동의 전개과정에 관해서는 청소년운동 우물물(2016) 참조.

** 수지 김 사건은 대한민국 기업체의 홍콩 주재원이었던 윤태식(尹泰植)이 1987년 1월 부인 김옥분(金玉分, 일명 수지 김)을 홍콩에서 살해한 사건이다. 그러나 당시 제5공화국 정권은 부부싸움에 이은 살인사건을 '여간첩 남편 납북기도 사건'으로 조작했다. 이 사건은 과거 대한민국의 독재정권이 정권유지를 위해서 벌인 대표적인 간첩조작 사건으로 잘 알려져 있다.

치사 사건, 최종길 교수 의문사 사건 등의 진상규명과 책임자 처벌을 위해서는 '반인도적 범죄'(crime against humanity)의 공소시효를 배제하는 국제법적 기준을 국내에 도입할 것을 촉구하는 활동을 전개했다.

국가인권위와 관련해서는 인권단체연대회의의 틀로 인권단체들이 지속적으로 활동을 하였다. 인권단체연대회의는 근본적으로는 국가인권위법의 재개정을 목표로 삼고 구체적으로는 국가인권위에 대한 모니터링 작업을 중심으로 '국가인권위 바로세우기' 운동을 전개하였다.

노동자권리와 관련된 인권단체의 활동으로는 발전노조 파업* 진압에서 인권침해에 대한 인권단체 공동조사단 활동의 전개와 국가기간산업 민영화 반대운동이 중요하였다. 그리고 11월 국회에서 경제자유구역법이 통과되자 민주노총을 비롯한 노동단체들, 참여연대·민중연대 등의 사회단체들, 환경운동연합 등의 환경단체들, 다산인권센터 등의 인권단체들은 경제자유구역법이 인권침해·노동권침해·환경파괴를 구조적으로 양산하는 법령이라면서 '경제자유구역법 폐기와 전면 재논의를 위한 범국민대책위(준)'를 발족하였다.

2002년은 조직된 사회운동단체들이 중심이 된 사회운동만이 아니라 대중들의 자발적 사회운동이 본격화된 해이기도 하다. 6월 13일 경기도 양주군(현 양주시)에서 하교중이던 심미선·신효순 학생이

---

\* 2002년 정부는 가스, 철도 등 국가기간산업의 민영화를 본격적으로 추진하자 이에 맞서 2월부터 한국발전산업노동조합, 전국철도노동조합, 한국가스공사노동조합은 공동파업으로 이에 저항하였다. 그러나 2002년 2월 25일 공동파업 시작 이후 하루가 지난 26일 가스노조는 사측과 합의를 하여 파업을 철회하였고, 철도노조는 27일 노사합의가 이루어져 파업을 중단했다. 결국 발전노조만 남아서 4월까지 파업을 이어가게 된다. 발전노조는 농성장에 모여서 파업대오를 유지하는 옥쇄파업 대신 다양한 거점으로 분산하여 파업을 이어가는 산개투쟁을 선택하였다. 경찰은 산개한 발전노조 지도부 체포, 농성장 침탈, 노조원들의 복귀 강요 등 강경한 방식으로 파업을 진압하였다.

미군장갑차에 압사당하는 사건이 벌어졌다. 그러나 미군은 이 사건이 고의에 의한 것이 아니라 우발적 사고였다고 주장하였다. 이에 유가족은 미군 사고차량 운전병, 관제사 그리고 주한미군 2사단장 등을 과실치사 혐의로 검찰에 고소하였고 한국검찰은 사건조사를 진행하였다. 그러나 미군은 검찰소환에 응하지 않았고, 이에 법무부는 미군에 재판권 포기요청서를 보냈으나 역시 거부당했다. 미군측의 이러한 행동이 가능했던 것은 '한·미 주둔군지위에 관한 협정'(SOFA) 때문이었다.

이러한 상황에 분노한 서울시민들은 인터넷에서 두 여중생 추모를 제안하였고, 이는 대중의 자발적 참여로 이루어지는 대규모 촛불집회로 발전했다. 대중들의 선도적인 촛불집회 이후 인권단체를 포함한 사회운동조직들은 '미군장갑차 여중생 고 신효순·심미선 양 살인사건 범국민대책위원회'를 조직하고 진상규명, 책임자 처벌을 촉구하며 소파개정을 한국사회의 중요한 의제로 제시하였다.

같은 해 인권단체들이 참여한 또 다른 중요한 사회운동연대체로는 '양심에 따른 병역거부권 실현과 대체복무제도 개선을 위한 연대회의'(이하 병역거부연대회의)가 있다. 한 해 전인 2001년 12월 17일 평화주의자인 오태양씨가 불교의 불살생 교리를 준수하기 위해 병역을 거부하면서 여호와의증인 이외에 종교적 이유로 병역을 거부하는 최초의 사례가 되었다. 이를 계기로 인권운동사랑방, 평화인권연대, 민교협, 여성해방연대 등 인권단체 및 사회운동단체들은 병역거부연대회의를 결성하여 양심에 따른 병역거부의 법적 인정과 대체복무제도입을 촉구하는 활동을 시작하였다.

2002년은 인권운동단체들 간의 연대에서 중요한 활동이 시작된 해이다. 11월 30, 31일 이틀간 전국인권활동가대회가 개최되었다. 다산인권센터, 전북평화와인권연대 등 인권활동가대회 준비팀은 "현재 특정 사안별로 인권단체들 간의 연대활동이 전개되고 있지만, 전체 인권운동진영의 소통과 연대를 위한 공간은 없는 실정"이라며 "인권단체 활동가들의 교류와 소통, 인권운동연대의 전망을 모색하기 위한 자리로서 '전국인권활동가대회'를 개최한다"고 개최목적을 밝혔다(『인권하루소식』 2220호, 2002. 11. 20). 이후 전국인권활동가대회는 매해 개최되면서 인권단체들 간의 소통, 인권운동에 대한 공동평가, 새로운 인권의제에 관한 토론 등으로 인권운동의 교류와 협력의 장으로서의 역할을 해오고 있다.

개별 인권단체의 중요한 활동으로는 서울시 성북구 하월곡동 주민들을 대상으로 진행된 인권운동사랑방의 사회권 실태조사사업을 들 수 있다. 1999년 인권운동사랑방의 『인간답게 살 권리: IMF 이후 사회권 실태보고서』 발간작업이 사회권을 이론적으로 정리하는 것에 방점을 찍고 있다면, 하월곡동 사회권 실태조사사업은 빈곤의 현장에서 어떻게 사회권이 침해당하고 후퇴하고 있는지를 구체적으로 드러내는 작업이었다.

노무현 대통령이 임기를 시작한 첫해인 2003년 3월 천주교인권위·인권운동사랑방·민변 등의 인권단체 및 참여연대 등의 시민단체 등 22개 단체는 '사회보호법폐지를 위한 공동대책위원회'를 결성하여 사회보호법 폐지활동을 벌인다*. 또한 7월에는 교육·인권·시민·

---

* 이 활동은 사회보호법에 의해 보호감호 처분을 받고 청송보호감호소에 수용된 이들이 2002년 단식농성을 벌인 사건을 계기로 시작되었고, 수감자와 인권활동가들의 노력 끝에 2005년 사회보호법은 폐지되었다.

사회 분야의 43개 단체로 구성된 'NEIS반대와 정보인권수호를 위한 공동대책위원회'(이하 NEIS공대위)가 결성되었다. 전국 초·중·고등학교 교원과 학생의 정보를 집중시킨 데이터베이스를 구축하여 관리하겠다는 교육부 정책에 대해 인권단체들은 정보와 관련된 인권침해로 규정하며 NEIS공대위에 참여하였다.

법안이나 국가정책에 대해 인권단체들이 저항활동을 벌인 또 다른 중요한 이슈는 이라크파병 문제였다. 노무현정부가 미국의 대이라크 전쟁에 한국군 파병요청을 승낙하자 사회운동단체들은 물론이고 일반시민들 사이에서 반대운동이 전개되었다. 인권운동사랑방, 다산인권센터, 천주교인권위, 새사회연대, 민가협 등 30여 개 단체들은 '노동기본권탄압중단과 이라크파병철회를 촉구하는 인권단체 공동행동'을 결성하고 파병 반대운동을 전개하였고 이 운동은 20004년까지 지속되었다.

2003년에도 국가보안법 폐지는 인권운동의 핵심 과제 중 하나였다. 특히 10월에 재독 철학자 송두율이 조선노동당 서열 23위 김철수로 지목되고 국가보안법 위반혐의로 구속되자 천주교인권위·민가협·불교인권위·다산인권센터·원불교인권위·동성애자인권연대 등 인권단체들과 사회운동단체 및 학술단체들은 '송두율 교수 석방과 사상·양심의 자유를 위한 대책위원회'를 결성하고 송두율 교수 석방 및 국가보안법 폐지 운동을 전개했다.

한편 다산인권센터, 평화인권연대 등 4개 인권단체들은 2002년 출범한 경제자유구역공대위 활동을 이어가면서도 인권의 관점에서 경제자유구역법이 유엔 사회권규약에 위배됨을 입증하는 보고서인 『경제적·사회적·문화적 권리와 한국의 경제자유구역』을 발간하고 이를 유엔 사회권위원회에 제출하는 등 경제자유구역 저지활동을 전개했다. 또한 장애우권익문제연구소·대한정신보건가족협의회 등의 장애인단체들과 인권운동사랑방 등의 인권단체들은 2003년 11월 '조건부복지시설 생활자 인권확보를 위한 공동대책위원회 준비위원회'(이하 시설공대위)를 결성하였다. 이 연대체는 복지시설이라는 미명하에 장애인들을 수용하여 지속적으로 인권침해를 일으키고 있는 조건부복지시설에 들어가서 인권실태를 조사하고 관련제도를 바꾸어 시설에 수용된 장애인들의 인권보장을 목적으로 결성되었다. 이후 시설공대위는 '탈시설운동'이라고 불리는 장애인의 자립생활을 보장하기 위한 운동으로 발전하게 된다.

다산인권센터는 '삼성노동자 감시통제와 노동권탄압 분쇄 경기지역공동대책위원회'(이하 삼성경기공대위)에 적극적으로 참여하면서 삼성그룹측의 노동자인권 침해문제를 본격적으로 제기하기 시작한다. 2003년 6월 5일 삼성SDI가 노사협의회 위원장 선거에 부당하게 개입하자 이에 분노한 노동자 4명이 승용차 두 대에 휘발유를 끼얹고 회사건물로 돌진하면서 일어난 분신기도 사건이 있었고 이 사건을 폭로한 김성환 삼성일반노조 위원장의 구속을 계기로 삼성경기공대위가 결성된 것이다. 다산인권센터는 삼성경기공대위에 주도적으로 참여하면서 이후 삼성그룹 내 노동자인권 문제를 단체의 중요한 의제로 삼아 활동을 전개해 나가게 된다.

2004년은 2세대 인권운동의 역사에서 인권단체 간의 연대에서 중요한 진전이 있었던 해이다. 2003년 노동기본권 탄압중단과 이라크파병 철회를 촉구하는 공동행동을 전개했던 인권단체들은 이듬해인 2004년 이 공동행동 단위를 해체하고 인권단체들의 새로운 연대체를 결성하기 위한 3차례의 간담회를 통해 5월에 25개 인권단체가 참여하는 '인권단체연석회의'(이하 인권회의)를 발족하게 된 것이다. 이후 인권회의는 2017년 해소할 때까지 2세대 인권운동의 상설 연대체로서 인권운동에서 중요한 역할을 하였다. 인권회의 출범 첫해의 핵심적 활동은 KT 상품판매팀 노동자들의 인권침해 대응활동이었다.* 인권회의는 KT사측에 항의서한 발송, 인권침해 실태조사, 피해자증언대회 등의 활동을 하였다.

2세대 인권운동의 2004년 활동에서 국가보안법 폐지와 이라크 파병 반대는 중심적 과제였다. 그해 내내 계속되었던 국가보안법 폐지활동은 2004년 11월부터 이듬해 2005년 1월까지 계속된 국회 앞 농성으로 이어졌다. 2003년의 반대활동에도 불구하고 정부는 2004년 2월 자이툰부대를 이라크에 파병했고, 인권단체들과 사회단체들은 이에 지속적인 항의행동을 하였다. 또 12월 정부가 제출한 파병연장 동의안을 국회에서 논의하기 시작하자 인권단체를 비롯한 사회운동조직들은 1만 명의 서명을 받아 '부시, 블레어, 노무현 등의 이라크 전쟁범죄와 파병에 대한 민중법정'을 열어 부시 미대통령, 블레어 영국총리, 노무현 한국대통령을 전범으로 유죄 판결하는 퍼포먼스를 진행하였다.

다산인권센터를 필두로 인권운동사랑방, 인권실천시민연대, 전북평화와인권연대 등의 인권단체들은 이해에 출범한 '삼성노동자감

---

* 이 활동은 KT 전북지사의 상품판매팀에서 일하던 노동자들이 전북평화와인권연대에 자신들이 인권침해를 당하고 있다는 진정으로부터 시작되었다. 실태조사 결과 상품판매팀 노동자들에 대한 KT의 인권침해는 전북지사에 국한된 문제가 아니라 KT 전국지사에서 자행되는 일임이 밝혀졌고 이에 2004년 5월 인권회의 1차 정기회의에서 인권회의의 KT 상품판매팀 인권침해 대응이 인권회의의 사업으로 결정되었다.

시공동대책위원회'(이하 삼성공대위)에 참여하여 적극적으로 활동하였다. 특히 다산인권센터는 그 전해에 조직된 삼성경기공대위 활동에 이어서 삼성노동자 인권문제를 전문적으로 다루는 인권단체의 면모를 보이기 시작했다.*

2004년은 새로운 인권단체들의 모태가 되는 조직들이 출범한 해이기도 하였다. 9월 이후 '인권재단 사람'으로 변모하게 되는 다산인권재단이 설립되어 인권운동 지원사업을 시작했다. 11월에는 부산에서 '금융피해자파산지원연대'가 결성되어 신자유주의적 금융화로 인한 채무자, 파산자 등에 대한 지원운동이 형성되었고 이는 이후 인권운동의 영역에서 '대구인권운동연대'의 금융피해자 지원활동으로 이어졌다. 또한 하반기에는 청소년인권운동단체인 '청소년인권행동 아수나로'의 전신인 '청소년인권포럼 아수나로'가 조직되었다.

2005년 인권단체들은 평택 대추리·도두리 지역에 새로운 미군기지 건설이 예고되면서 시작된 미군기지 반대운동에 결합한다. 3월에 지역주민들과 사회운동단체들과 더불어 인권단체는 '미군기지확장 저지를 위한 범국민대책위원회'를 결성했고, 이후 평택미군기지 저지투쟁은 2007년 1월 대추리·도두리 주민들과 정부의 이주협상이 시작되어 같은 해 3월 마지막 촛불집회가 열릴 때까지 계속되었다. 인권단체들이 다른 사회운동단체들과 함께 결성한 또 다른 주요 연대체는 '공정하고 신속한 재판을 받을 권리실현을 위한 노동인권시

---

* 이후 다산인권센터는 2006년 삼성세콤 에스원 대량해고 문제에 대응, 2007년 삼성비자금 문제에 대응, 2007년 삼성반도체 집단 백혈병 진상규명과 노동기본권 확보를 위한 공동대책위원회 활동, 2008년 '반도체노동자의 건강과 인권 지킴이-반올림' 활동, 2013년 에버랜드 금속노조 가입 지원활동, 2013년 삼성노동인권지킴 활동 등을 수행했다.

민사회단체 공동대책위원회'(이하 재판권공대위)이다.*

재판권공대위는 노동사건이나 시국사건 등의 판결이 장기간 지연되고 재판부가 기업이나 국가에 유리한 판결만을 일삼는 사법부의 불공정함을 시정하기 위한 목적으로 조직된 연대체이다.

재판권공대위는 이후 사법개혁운동 내지는 사법부 민주화운동의 중요한 발판이 되었다.

그리고 인권단체들은 경찰의 대공보안분실 전면해체운동을 위해 연대활동을 전개하였다. 7월에 경찰이 독재정권 시절 인권탄압의 상징적 기구였던 남영동 대공보안분실을 인권기념관으로 바꾸고 보안분실 인력은 홍제동으로 옮기겠다는 발표를 하였다. 그러나 민가협, 울산인권운동연대, 광주인권센터, 천주교인권위 등 25개 인권단체들은 보안분실 자체를 군사독재 시절에 만들어진 인권탄압기구로 규정하고 전면적 해체를 요구한 것이다. 경찰과 관련된 인권단체의 또 다른 주요 활동으로는 11월 쌀개방 반대시위 도중 경찰의 폭력진압으로 전용철·홍덕표 농민이 사망하자 진행한 공동 진상조사 및 규탄활동을 들 수 있다. 특히 인권단체들은 책임자 처벌을 요구하며 옛 남영동 보안분실이 자리 잡고 있던 경찰청 인권보호센터를 점거하여 농성을 진행하였다.

개별 인권단체의 주요한 활동으로는 다산인권센터가 주축이 되어 삼성경기공대위, 경기민중연대 등 노동 및 시민사회 단체들과 더불어 진행한 '안티삼성문화제'가 있다. 이 문화제는 삼성그룹사측의

---

* 재판권실현공대위는 2005년 7월 현대미포조선 노동자 김석진의 복직판결이 내려지는 것을 계기로 결성되었다. 김석진은 1998년 대우미포조선에서 해고되었고, 이후 소송을 통해 2002년 고등법원에서 부당해고 판결이 났으나 대법원은 이 사안을 3년 5개월간 계류시켰다.

무노조 경영원칙에 따른 노조설립 방해시도를 규탄하는 차원에서 이루어졌다.

인권운동사랑방은 같은 해 주거권문제를 중점 활동의제로 부각하면서 심층면접을 바탕으로 『인권하루소식』에 "내 친구의 집은 어디인가"라는 일련의 기사를 연재하였다. 이 기사는 주거권문제를 다루면서 전통적인 도시빈민이나 철거민 문제만이 아니라, 가출청소년, 성폭력·가정폭력 경험 아동 및 여성 등 주거문제의 다양한 차원을 드러내었다. 또 대구에서는 '빈곤과 차별에 저항하는 인권운동연대'(이하 대구인권운동연대)가 결성되어 금융피해자의 인권문제를 중심적 의제로 해서 활동하기 시작했다.

2006년 상반기 한국 사회운동의 핵심적 이슈는 평택미군기지 건설 반대운동이었다. 2006년 정부가 대추리·도두리에 미군기지를 건설하기 위해 행정대집행을 시도하면서 인권단체만이 아니라 민주노총을 비롯한 노동단체, 전국농민회총연맹(이하 전농)을 비롯한 농민단체, 시민단체, 평화운동단체들과 일반시민들이 행정대집행을 막기 위해 대추리·도두리에서 농성을 하면서 촛불집회 등을 개최하였다. 인권단체들은 5월에 대추리 대추분교 철거를 막는 점거농성, 국가폭력 감시, 주거권 침해 조사 등의 활동을 했다.

하반기에는 한미자유무역협정(United Sate Korea Free Trade Agreement, 이하 한미FTA) 반대운동이 한국 사회운동의 중심적 사안이었다. 2006년 2월 한미 양측은 FTA협상을 공식화하였고 그 문제점이 국내에 알려지면서 사회운동단체들을 중심으로 반대여론이 형성되었다. 이해 5월 노동·시민·민중·환경·문화·인권 분야의 사회단체들은 '한미FTA저지범국민운동본부'를 결성하고 한미FTA 반대운동을 벌여

갔다.* 인권단체들은 반대집회에서 국가폭력 감시활동, 한미FTA의 문제점에 대한 풍자극 공연 등의 활동을 하였다.

2006년 인권회의는 HIV/AIDS 감염인이 경험하는 차별문제에의 대응을 중요 사업으로 설정하고 HIV/AIDS 감염인의 취업문제, 약값과 진료비 등 의료비 지원문제, 에이즈예방법 전부개정안 발의 등의 활동을 하였다. 청소년인권운동조직들은 청소년인권네트워크를 결성하고 청소년인권운동에서 연대활동을 본격적으로 시작하게 된다. 더불어 7월에 인권운동사랑방 부설 인권연구소가 독립하였고 이듬해 5월 인권을 인권운동의 관점에서 전문적으로 연구하는 '인권연구소 창'으로 이어졌다.

노무현 대통령 임기 마지막 해인 2007년에도 한미FTA 반대운동은 계속되었고, 비정규직노동자들의 노동권투쟁이 본격화되었다. 2006년 국회에서 비정규직보호법**이 통과되자 이 법이 시행되는 2007년 1월 이랜드그룹 산하의 유통업체 홈에버는 비정규직노동자들을 대량 해고하였다. 이후 해고노동자들의 해고 무효투쟁이 시작되었고 7월에 홈에버 노동자들은 해고에 맞서 매장을 점거하고 농성을 시작하였다. 이 농성에 노동단체, 민중단체 그리고 인권단체들이 홈에버 노동자들의 해고 철회투쟁에 연대하였다. 인권회의는 '뉴코아 이랜드 유통서비스 비정규노동자 노동기본권 보장 공동대책위원회'에 가입하여 이랜드파업투쟁에 함께하였다. 구체적으로는 홈에버

---

* 범사회적 반대운동에도 불구하고 한미FTA는 2007년 4월 협상이 타결되었고, 2011년 11월 국회에서 비준이 되었다.

** 2006년 노무현정부가 마련한 '기간제 및 단시간 근로자 보호 등에 관한 법률' '파견근로자 보호 등에 관한 법률'로서 계약직노동자 및 파견노동자가 2년 이상 일하면 정규직으로 전환하는 내용이 그 핵심이다.

해고의 부당성과 반인권적 성격을 알리는 선전팀 '카트라이더' 활동, 파업노동자들에 대한 경찰폭력 대응 인권교육, 노동자 연행과정에서의 경찰폭력에 대응, 인권침해 현장조사 및 보고서 작성, 규탄 기자회견 등의 방식으로 활동을 전개하였다.

2세대 인권운동의 역사에서 2007년은 차별의 문제가 인권운동 전체의 주요 의제로 부상한 해이기도 하다. 차별금지법 제정운동이 임기종료를 앞둔 2007년 노무현정부에서 차별금지법안을 입법예고하면서부터 서서히 시작된 것이다. 10월 2일 법무부는 '차별금지법안'을 입법예고하였으나 입법예고안*과는 달리 법무부가 입법예고 기간을 거쳐 규제개혁위원회에 제출한 법안에는 '성적 지향, 학력 및 병력, 출신국가, 언어, 범죄전력, 가족형태 및 가족상황'이 누락되었다. 이에 인권단체들은 여성단체나 장애운동단체 등과 더불어 '반차별 공동행동'을 결성하고 7대 차별금지 사유가 포함된 차별금지법 제정을 위한 활동을 전개해 나갔다.

11월에는 여수 외국인보호소에서 화재가 발생하여 10명이 사망하고 17명이 중경상을 입는 사건이 발생했다. 이에 이주노조, 이주인권연대 등의 이주노동자단체와 민주노총·철폐연대 등 노동단체들 그리고 인권회의는 '여수외국인보호소 화재참사 공동대책위원회'를 구성하고 활동을 시작했다. 인권회의는 외국인보호시설과 이주노동자 단속실태 조사 및 보고회 개최, 개선안 마련작업, 미등록 이주노동

---

\* 　입법예고안에는 "합리적인 이유 없이 성별, 장애, 병력, 나이, 출신국가, 출신민족, 인종, 피부색, 출신지역, 용모 등 신체조건, 혼인 여부, 임신 또는 출산, 가족형태 및 가족상황, 종교, 사상 또는 정치적 의견, 범죄전력, 보호처분, 성적 지향, 학력, 사회적 신분 등을 이유로 개인이나 집단을 분리·구별·제한·배제하거나 불리하게 대우하는 행위"를 금지 대상 차별범위로 명시하고 있었다.

자 인권에 관한 토론회 등을 진행하였다.

　　2007년 4월 민가협·천주교인권위·민변 등의 인권단체들은 '공소시효배제특별법제정연대'를 결성하고 활동을 시작하였다. 이 조직은 2002년 결성된 '반인도적 국가범죄 공소시효 배제운동 사회단체협의회'를 개편한 연대체였다. 또한 이해에는 인권운동사랑방 산하 인권교육실이 독립하여 인권교육을 전문적으로 수행하는 새로운 인권단체의 창립을 준비하였고 1년 후인 2008년 '인권교육센터 들'이라는 명칭으로 본격적인 단체활동을 시작하였으며, '인권연구소 창'이 공식적으로 출범하였고, 진보적 장애인운동을 표방하는 장애인인권단체들의 연대체인 전국장애인차별철폐연대(이하 장차연)가 결성되었다.


## 3) '민주'정부 시기 2세대 인권운동의 특징

97년체제 전반부에 집권했던 김대중정부 시기 2세대 인권운동은 민주주의의 심화와 공고화를 위한 법제개혁을 통해 2세대 인권운동의 상대적으로 유리한 정치적 기회를 조성했다. 우선 김대중 대통령의 집권시기에는 인권을 법률에 의해서 제도적으로 보장하기 위한 조치가 국가기구 차원에서도 이루어지게 됨으로써 인권운동에 상대적으로 우호적인 제도적 환경이 조성되었다는 점을 들 수 있다. 김대중 대통령 스스로가 인권대통령을 천명했고* 인권이 존중되는 사회를 만

---

* 　가령 김대중 대통령은 "국민의 힘에 의해 이루어진 참된 국민의 정부"(1998년 2월 25일 대통령 취임사)임을 선언하고 "국민 개개인의 인권문제를 결코 소홀히 하지 않을 것"(1998년 6월 국제인권연맹 인권상 수상연설), "인권대통령으로서 남고 싶다"(1999년 5월 CNN 위성회견), "인권과 평화에 일생을 바칠 것"(2000년 12월 노벨평화상 수상연설) 등을 공개적이고 반복해서 표명했다.

들겠다는 약속을 했다. 이런 맥락에서 인권문제를 전담하는 국가기구인 국가인권위원회가 설립되었고, 과거 군사독재정권 시절 인권침해 사안의 진상규명 및 피해자에 대한 보상을 수행할 수 있는 법률적 근거와 장치들이 만들어졌다.

물론 국가인권위원회법, 의문사진상규명특별법 자체에 대한 인권단체들 및 피해당사자들의 비판과 개정요구가 있었다. 하지만 국가의 법률에 근거하여 과거 정부에 의해 자행된 인권침해의 진상을 규명하고 피해당사자의 명예회복 및 보상 등을 가능하게 하는 제도적 장치가 만들어졌다는 점, 인권침해 당사자들의 권리구제와 정부정책에 대한 인권적 관점에서의 견제와 권고를 수행하는 독립적 국가기관이 존재한다는 점은 인권운동이 국가제도에 개입할 수 있는 여지를 넓힌 것임에는 분명하다.

이러한 정치적 기회의 확대는 인권운동 의제의 다양화로 이어졌다. 국가에 의한 인권침해의 대응활동 영역이 사회운동가에 대한 국가폭력만이 아니라 시민들의 일상생활에 대한 국가의 인권침해 문제로 확대되었다. 1세대 인권운동에서는 의제가 되지 않았던 사안들이 인권운동의 과제가 된 것이다. 주민등록시 지문날인 반대운동, 불심검문 반대운동, 양심수만이 아니라 일반재소자들의 인권보장을 위한 활동 등 일상에서 인권침해에 대응하고 이를 방지하기 위한 운동이 이 시기에 시작되었다는 점이 이를 잘 보여준다. 김대중정부 시기에 들어 2세대 인권운동은 제도적 차원에서 상대적으로 활동에 우호적인 환경이 만들어졌고, 운동의 의제와 영역이 확장되는 성장의 시기를 맞이하게 된 것이다.

반면 김대중정부는 IMF의 구제금융을 받으면서 IMF가 요구한 한국경제의 신자유주화를 위한 구조조정을 강도 높게 실행했다. IMF가 제시한 구조조정안보다도 더 강도 높은 신자유주의적 경제질서 재편안을 김대중 당선자측 인사들은 제시했다. 이자제한법 폐지, 외국인 주식소유한도 100%까지 확대 등을 담은 자본시장 개방안, 무역보조금 폐지와 금융서비스 자유화조치 등을 포함한 무역정책안, 파견근로자제도 입법을 담은 노동시장 개혁안 등이 한국측이 IMF에 제시한 '경제개혁안', 즉 IMF플러스였다(지주형 2011).

그 결과는 비정규직노동자의 양산과 실업자의 증가, 양극화라고도 명명된 빈부격차의 심화, 채무자의 증가 등이었다. 이는 한국사회에서 불평등이 심화되고 빈곤층이 확대되는 결과로 이어졌다. 신광영은 1987년 이후 정치적 민주화가 소득 불평등 감소에 기여하였지만 1997년 외환위기 이후 시작된 신자유주의적 경제질서의 전면화 이후 불평등은 심화되었음을 지적한다.

> 1997년 이후 외환위기를 계기로 이루어진 신자유주의적 경제개혁 효과가 민주화 효과를 압도하면서 전반적으로 불평등이 심화되는 결과를 가져왔다. 그 결과, 민주화가 지속적으로 이루어졌지만, 경제적으로는 소득 불평등이 더 심해지고, 빈곤층이 확대되는 결과를 가져왔다. (신광영 2013, 40쪽)

97년체제 아래서 이와 같은 경제적 구조변동으로 인한 빈곤화와 불평등 심화에 대한 2세대 인권운동의 대응은 앞에서 살펴본 바와 같이 사회권운동의 본격화로 이어졌다. 국민의정부 2년차인 1999년 '경제적·사회적·문화적 권리에 관한 국제협약'을 비롯한 사회권 관런 국제인권기준들을 소개하고 한국사회의 불평등한 경제구조로 인한 사회적 고통에 대한 비판과 사회권 관점의 대안을 제시하는 등 사회권운동이 97년체제에서 2세대 인권운동의 핵심 의제 가운데 하나로 자리 잡았다.

정치적 민주화의 진전과 사회경제적 불평등의 모순적 결합으로부터 비롯된 인권운동의 정치적 기회는 97년체제 후반기에 집권한 참여정부에서도 지속된다. 노무현 대통령 집권기간 동안 인권단체 등 사회운동단체들에 의해 전두환 군사독재정부의 유제이자 헌법에 위배되는 이중처벌로 비판받아 온 사회보호법이 폐지되고 사실상 장애인 수용시설이었던 장애인 복지시설에 대한 인권침해 실태조사가 국가인권위의 협조를 바탕으로 이루어졌으며 차별금지법 제정운동이 시작되었다.

그러나 이 시기 2세대 인권운동은 상대적으로 개혁적이고 민주적 국정운영을 하고자 했던 노무현정부와 때로는 협력하고 또 때로는 갈등하며 의제와 활동의 영역을 확장해 갔다. 특히 노무현정부 시기에 들어서면서 국가인권위원회와 2세대 인권운동단체 사이의 협력이 안정적으로 이루어지기 시작했다. 그 대표적 사례가 국가인권위의 권한을 활용한 장애인 복지시설 내의 인권침해 실태조사였다.

하지만 2세대 인권운동과 노무현정부 사이에는 협력보다는 갈등이 더 많았다. 집권 초기부터 노무현정부는 인권운동과 충돌을 할 수밖에 없는 정책들을 시행하였으며, 이러한 충돌은 시간이 지날수록 더욱 격해졌다. 이는 무엇보다 스스로를 '좌파 신자유주의' 정부라고 선언한 노무현정권의 성격으로 인한 것이었다. 이라크파병 결정, NEIS 시행, 비정규직보호법 개악, 한미FTA 추진 등의 노무현정부정책은 2세대 인권운동을 비롯한 한국의 진보적 사회운동과 충돌을 불러일으킬 수밖에 없었다. 2세대 인권활동가들은 비정규직노동자들의 파업투쟁에 대한 연대, 파업노동자 진압과정에 대한 인권실태조사, 한미FTA 반대투쟁에서 인권침해 감시활동 등 한국사회의 신자유주의 질서에 저항하는 사회운동에 동참하며 2세대 인권운동의 활동범위를 더욱 넓혀가게 되었다.

국민의정부 시기와 마찬가지로 참여정부 시기에도 2세대 인권운동은 정치적 민주화의 진전이라는 정치적 기회를 통해 한국사회의 제도를 인권적 관점에서 개혁하거나 새로운 인권제도 도입을 촉구하는 활동을 전개함과 동시에 한국경제의 신자유주의적 전환으로 인한 불평등의 심화에 저항하고 노동자·농민·빈민 등의 경제적 권리를 방어하는 투쟁에 연대하였다. 이는 97년체제에서 2세대 인권운동의 의제 및 활동영역이 다양화되고 연대의 범위가 넓어지는 성장이 이루어졌음을 뜻한다. 한마디로 97년체제는 2세대 인권운동의 성장기라고 할 수 있다.

# 4. 2세대 인권운동의 수세기

## 1) 이명박정부와 2세대 인권운동

2007년 대선에서 '747공약'(연평균 7% 성장, 국민소득 4만 달러, 세계 7대 선진국 진입)과 '뉴타운건설 공약'을 앞세운 한나라당 이명박 후보가 당선되면서 반독재 민주화운동세력의 집권은 10년 만에 종결되었다. 그러나 이명박의 대통령당선은 단순히 정권이 다시 군부독재세력에 뿌리를 둔 보수우익정당에게 돌아갔다는 것만을 의미하지 않는다. 조희연은 이명박정부의 출범은 큰 틀에서는 민주화체제로서 87년체제의 종언을, 더 구체적으로는 97년체제가 종결되고 포스트민주화체제의 시작으로 파악한다.

포스트민주화체제의 등장은 민주주의의 구성적 각축의 지형이 근본적으로 변화했다는 것을 의미한다. 87년 이후 20년간의 시기는

독특한 역사적 공간이라고 한다면, 포스트민주화로의 이행이라고
하는 민주주의(혹은 민주주의 개혁)를 지배적인 시대정신으로 했던
공간이 소멸하고 새로운 시기로 이행한 것이다. (조희연 2013, 165쪽)

조희연에 따르면 이명박정부의 등장 이후 한국사회체제를 포스트민
주화체제라고 명명할 수 있는 이유는 87년 6월항쟁 이후 20년간 민
주주의 혹은 민주개혁이라는 담론·원리가 정치적·사회적 상호작용
의 상대적 일관성을 부여하는 헤게모니적 지위를 상실했기 때문이
다. 87년체제에서는 민주화의 경향과 기득권 유지 경향 사이의 각축
이 민주주의의 헤게모니 아래서 이루어졌다면, 97년체제를 통과하면
서 민주주의의 헤게모니가 신자유주의에 의해 급격하게 흔들렸으며
결국 이명박 대통령의 당선으로 민주주의는 헤게모니의 지위를 완전
히 상실했다는 것이다.

　이는 지배적 이데올로기로서 민주주의의 지위가 약화되었다는
의미이기도 하다. 1987년 6월항쟁 이후 민주주의는 비록 시장경제
질서의 유지와 대의제정치를 통해 갈등의 비폭력적 해결을 추구하는
자유민주주의적 함의를 벗어나지 못했지만 시민들이 한국정치를 파
악·설명·평가하는 이해의 틀이자 정치적 의사소통을 위한 규범이었
다. 하지만 1997년 이후 한국사회의 급격한 신자유주의적 재편은 민
주주의보다 '먹고사는 문제'를 더 우선시하게 만들었다. 자기계발 담
론에 대한 연구, 불안과 공포 감정에 대한 연구, 신자유주의 통치성
에 대한 연구 등이 보여주는 바와 같이 신자유주의 한국사회는 사회
구성원들을 '기업가적 주체'로 만들어놓았다(서동진 2009; 정수남 2010;
이영자 2011). 개개인은 자신을 무한경쟁이 이루어지는 시장에서 효

율적으로 이윤을 추구하는 기업처럼 관리하여 이 경쟁에서 승리해야 한다는 감각이 어떤 정치세력을 지지할 것인가라는 시민들의 정치적 판단에도 중요한 영향을 끼치게 된 것이다. 그리고 경제성장과 부의 축적은 민주주의를 완전히 대체하였다고 할 수는 없을지라도 민주주의와 각축하는 지배적 이데올로기 가운데 하나의 지위로 부상하게 된 것이다.

이러한 이데올로기 지형의 변동과 함께 실제 자본, 즉 재벌·대기업이 정치적 차원에서도 중요한 강력한 행위자가 되었다. 조희연에 의하면 포스트민주화체제가 갖는 특이성은 "우리 사회의 자본권력과 시장권력이 거대한 힘을 갖는 세력으로 부상하여 민주주의의 구성적 각축에 핵심적인 규정집단으로 부상"했다는 데 있다(조희연 2013, 165쪽). 61년체제, 즉 개발독재체제는 물론이고 87년체제에서도 국가권력은 재벌 및 기업에 강한 영향력을 행사하며 자본에 대한 국가권력의 우위를 관철시켰다. 하지만 97년체제를 통과하면서 자본과 시장의 권력은 강력한 정치적 행위자로 등장하면서 국가권력과 경쟁할 수 있는 지위에 올라서게 되었다*. 민주주의 이데올로기의 약화와

---

\* 신자유주의 질서 아래서 정치적 행위자로서 자본 혹은 대기업의 권력 강화는 단지 한국적 현상만은 아니다. 조희연이 2007년 이후 작동하기 시작한 사회체제를 포스트민주화체제라고 규정할 때 '포스트민주화'라는 개념은 크라우치의 '포스트민주주의'(콜린 크라우치 2008)라는 개념에서 차용한 것이라 할 수 있다. 포스트민주주의란 말 그대로 민주주의 이후의 시기이다. 크라우치는 민주주의를 중심으로 정치질서의 변동을 포물선 운동으로 표현하는데 이 포물선 운동은 전(前) 민주주의-민주주의-포스트민주주의의 궤적을 그린다. 크라우치에 의하면 포스트민주주의란 "민주주의를 지지하는 일정한 근본적 요소들이 제거되고 그래서 민주주의 이전 시대의 특징인 일부 요소들로 포물선 운동이 회귀"하는 정치질서의 변동이자 "기업 이익의 세계화와 나머지 민중 이익의 파편화는 포물선 운동을 회귀시켜, 부와 권력의 전반적인 불평등 등을 감소시키고자 하는 이들에게는 정치적 이점이 없고 과거 민주주의 이전 시대의 수준으로 되돌리기를 바라는 이들에게 유리한 정치적 이점"을 제공하는 정치질서이다(같은 책, 37쪽). 조희연은 이 책에 부록으로 실은 글에서 크라우치의 포스트민주주의 개념이 "새로운 도전에 직면해 있는 한국 민주주의를 조망하는 데에도 큰 시사를 준다"고 평가하며 이는 "어떤 의미에

함께 포스트민주화체제를 규정하는 또 다른 특징은 자본권력 및 시장권력의 정치적 영향력 강화라고 할 수 있다.

이와 더불어 포스트민주화체제의 또 다른 특징을 들자면 국가권력이 권위주의적 성격을 띤다는 것이다. 즉 포스트민주화체제의 첫 번째 집권세력인 이명박정부는 동아시아 신자유주의의 특징이라고 할 수 있는 국가주의를 공유하고 있다는 점(조희연 2012) 그리고 개발독재체제의 종언 이후 노무현정부에 이르기까지 일정하게 진전되어 온 민주적 권리의 확장, 즉 "개인의 자유와 자율에 대해서 억압적이고 역전적인 성격"(같은 책, 147쪽)을 보인다는 점에서 조희연은 포스트민주화체제의 국가권력을 '권위주의'로 규정하고 있다.* 포스트민주화체제에서 국가권력의 재권위주의화는 이미 97년체제의 신자유주의 경찰국가가 더욱 강화된 것으로 이해할 수도 있을 것이다. 이계수와 오병두는 이런 맥락에서 이명박정부의 성격을 '친기업적 경찰국가'(이계수·오병두 2008)로 규정한다.

87년체제 성립 이후 이어져 온 민주주의 이데올로기의 약화, 경쟁과 성공으로 집약되는 새로운 지배적 이데올로기의 부상, 기업의 정치적 영향력 증대, 신자유주의 경찰국가의 강화 혹은 친기업적 경찰국가로 규정될 수 있는 권위주의 정부의 성립 등이 2007년 이후 형성된 사회체제인 포스트민주화체제의 구조적 특성이라고 할 수 있

---

서 우리는 한국적인 '포스트민주주의'에 살고 있기 때문"이라고 쓰고 있다(조희연 2008, 220쪽).

* 더 정확히 말하면 조희연은 이명박정부를 권위주의적 신보수주의로 규정한다. 여기서 신보수주의란 개발독재체제의 보수주의와 연속성을 가지고 있으면서도 일정한 차이를 이명박정부의 보수주의가 드러내고 있기 때문이다. 여기서 신보수란 무엇보다 '신자유주의적 보수'(조희연 2010, 38쪽)를 의미한다. 구보수정부와 신보수정부의 그외의 차이 및 연속성에 관해서는 같은 글(38, 39쪽) 참조.

다. 2007년 이명박 대통령 당선 이후 2세대 인권운동은 이러한 사회
구조적 조건을 배경으로 전개되었다.


## 2) 이명박정부 시기 2세대 인권운동의 전개

2008년은 한국 사회운동사에서 무엇보다 대규모 촛불집회의 해로
기억될 수밖에 없다. 2008년 4월 11일 이명박정부는 미국산쇠고기
수입재개 협상을 발표하고 4월 18일 전면개방에 합의하였다. 이에
미국산쇠고기로 인한 광우병 발병의 우려가 대중적으로 확산되었고
5월부터 미국산쇠고기 수입 반대운동이 촛불집회 형식으로 전개되
었다. 5월에 시작된 촛불집회는 6월 10일 주최측 추산 100만 명이 모
이는 대규모 집회가 열리는 등 여름 내내 전개되었다.

  인권단체들을 비롯한 1800여 개 사회운동단체들은 '광우병위험
미국산쇠고기전면수입을반대하는국민대책위원회'(이하 광우병국민대
책위)를 결성하여 미국산쇠고기 수입 반대활동을 전개하였다. 인권단
체들은 광우병국민대책위 활동 이외에도 '촛불인권지킴이기획단'(이
하 촛불기획단)을 만들어서 촛불집회에 대한 경찰폭력의 감시활동, 시
민감시단 결성, 경찰폭력사례 발표회, 어창수 당시 경찰청장에 대한
인권위 진정, 헌법1조 길거리 특강, '비폭력'문제에 대한 토론회 등을
전개하였다.

  한편 인권회의는 세계인권선언 60주년을 맞아 "헌법 제1조에 인
권의 댓글을 달자"는 시민인권선언 캠페인을 추진하였다. 촛불집회
에서 가장 중요한 구호가 "대한민국은 민주공화국이다. 모든 권력은
국민으로부터 나온다"는 헌법 제1조였고 인권단체들은 헌법을 인권

의 관점에서 해석하는 대국민 캠페인을 진행한 것이다. 8월에는 이 캠페인을 좀더 구체화하여 "얼어붙은 세상을 녹이자! 2008 인권선언"을 제안하여 10월부터 각 분야별 인권선언을 조직하기 시작하였고 11월 9일 '2008 인권선언 포럼'을 거쳐 세계인권선언 공표 60주년이 되는 2008년 12월 10일 '2008 인권선언' 선포 및 인권선언 문화제를 진행하였다.

이해에 진행된 인권단체들의 또 다른 주요한 연대활동은 국가인권위 독립성 확보투쟁이었다. 이명박 대통령당선자는 인수위원회에서 국가인권위를 대통령직속기구로 개편하겠다고 발표하자 인권단체들은 인권회의를 중심으로 이를 저지하기 위한 활동을 전개하였다. 국가인권위 대통령직속기구화 반대를 요구하며 1월 24일부터 2월 1일까지 명동성당 앞에서 인권활동가들이 릴레이 단식농성을 이어갔고 항의집회를 개최하였으며 국제사회의 압력을 조직하기도 하였다. 결국 이명박 당선자는 국가인권위의 대통령직속기구화를 철회하였다.

하지만 이명박정권은 국가인권위의 독립성을 지속적으로 약화시켰다. 이명박 대통령은 8월에 최윤희, 9월에 김양원을 국가인권위 비상임 인권위원으로 선임하였다. 최윤희는 건국대 법학과 교수로서 당시 집권당이었던 한나라당 윤리위원으로 활동중이었는데, 이는 국가인권위원회법 위반사항이었다(인권단체연석회의 2008). 또 장애인 사회복지시설을 운영하며 공금횡령 혐의로 고발되었으나 기소유예 처분을 받은 전력과 자신이 운영하는 시설에서 생활하는 장애인들에게 불임시술을 전제로 결혼하도록 종용하고 시설에 수용된 기혼장애인이 임신을 했을 때 낙태를 종용했다는 의혹을 받고 있던 김양원을 국가인권위 비상임위원으로 임명하였다(배여진 2008). 인권회의는 이에 최윤희·김양원의 국가인권위 퇴진을 요구하며 성명서를 발표하고 국가인권위 점거농성을 벌이기도 하였다. 이후 국가인권위 독립성 쟁취를 위한 인권단체의 활동은 이명박정권 기간 동안 이어진다.

인권회의는 이명박정부의 출범 이후 집회와 시위의 자유가 '국가주의'를 내세운 공권력에 의해 더욱 축소되고 위협당하고 있다는 판단 아래 '공권력 감시와 대응팀'(이하 공감대)을 결성하였다. 공감대는 "① 집회·시위 현장 공권력 감시 ② 자유권 법제의 후퇴에 대한 대응 ③ 경찰, 국정원, 검찰 등의 공안기관의 감시 ④ 구금·수용 시설의 인권침해에 대한 대응 ⑤ 기타 자유권 영역에서 일어나는 국가폭력과 정책에 대한 대응"(인권단체연석회의 2018, 35쪽) 등의 활동을 맡기로 하였다.

그리고 5월에 인권회의는 노동권팀을 구성하고 김대중정권 아래서 시작되어 노무현정부를 거쳐 이명박정부에서 더욱 강화된 노동운동 탄압에 대응하는 활동을 시작하였다. 2008년 5월 1일 노동절을 전후하여 "김대중·노무현 정부 10년 동안 '법치'의 이름으로 죽어가는 노동자들의 삶을 돌아보며 이명박정권 취임 후 발생한 노동 탄압 사례를 내용으로 하는 선전전이 진행되었고"(같은 책, 37쪽) 이 활동의 성과를 바탕으로 노동권팀을 조직한 것이다.

2008년에 전개된 개별 인권단체들의 주요 활동은 다음과 같다. 다산인권센터는 삼성반도체백혈병공대위가 확대 개편된 '반도체노동자의 건강과 인권 지킴이 반올림'(이하 반올림)에 참여하였고, 인권운동사랑방은 이명박정부가 상하수도법을 개정하여 상수도 관리를 민간자본에 위탁하려는 수도민영화를 추진하자 이에 대항하는 '물공공성' 확보를 위한 활동을 추진하였으며, 2007년 결성된 인권교육네트워크는 2008년에 '인권교육센터 들'로 전환하여 인권교육과 청소년인권운동에 집중하는 활동을 시작하였다.

2009년은 '용산참사'로 시작되었다. 서울시는 도시정비사업의 일환으로 용산구 한강로3가 일대를 용산4구역으로 지정하고 삼성물산·대림산업·포스코건설을 시공업체로 하여 이 지역의 낡은 건물을 전면 철거하고 주상복합단지를 조성하고자 하였다. 1월 20일 남일당 건물 옥상에 망루를 쌓고 철거에 저항하던 세입자들을 경찰특공대와 용역업체 직원들이 진압하는 과정에서 세입자 5명과 경찰 1명이 사망하고 23명이 중경상을 입는 참사가 벌어졌다. 용산참사가 벌어지자 사회운동단체들은 '이명박정권 용산철거민 살인진압 범국민대책위원회'(이하 용산범대위)를 결성하고 진상규명, 책임자 처벌, 배상과 보상을 요구하며 투쟁을 전개하였다. 인권회의는 진상조사를 맡으면서 조사의 중립성을 위해 용산범대위에 참여하지는 않았지만 박래군 인권재단사람 상임이사, 박진 다산인권센터 활동가, 김덕진 천주교 인권위 사무국장 등은 개별 인권단체 활동가 자격으로 용산범대위에 결합하여 활동하였다.

인권회의는 인도주의실천의사협의회, 참여연대와 더불어 '용산철거민 사망사건 진상조사단'을 구성하여 자체적으로 용산참사의 원인을 규명하는 활동을 전개하였을 뿐만 아니라 특별검사 청원, 국정조사 압박 등 정부 차원의 진상규명을 촉구하였다. 인권단체들은 10월에 사회운동단체들과 시민들이 개최한 '용산국민법정'의 준비과정에도 적극적으로 결합하여 활동하였다. 용산국민법정은 용산참사의 책임이 이명박 대통령, 오세훈 서울시장, 김석기 서울지방경찰청장,

천성관 서울지검장, 삼성물산을 비롯한 기업들 및 재개발조합에 있다고 판결을 내렸다.

이렇게 1월의 용산참사에 이어 8월에는 쌍용자동차 노동자들의 파업을 경찰특공대가 중심이 되어 폭력적으로 진압하는 사태가 벌어졌다. 2009년 5월 쌍용자동차 노동조합은 사측의 정리해고 방침에 반대하며 공장을 점거하고 농성을 시작하였는데, 사측과 경찰측은 농성중인 노조원들에게 식수와 의약품의 반입을 막는 등 파업노동자들의 인권을 침해하였다.

인권회의는 노동권팀을 중심으로 쌍용차 노동자들의 공장점거 투쟁시 벌어진 사측과 경찰의 인권침해를 조사하는 활동을 하였고, 쌍용자동차 파업을 지지하고 지원하려는 사회운동단체들 연대활동의 코디네이터 역할을 맡았다. 특히 8월 경찰특공대가 중심이 되어 쌍용자동차 노동자 파업을 고강도의 폭력으로 진압한 이후 인권회의는 파업진압 당시 인권침해 실태조사를 진행하였고, 이후 파업진압 및 파업노동자에 대한 경찰과 검찰의 수사과정에서의 인권침해에 대한 백서를 발간하였다.

2009년에도 국가인권위 독립성 확보 문제는 2세대 인권운동의 중심적 의제 가운데 하나였다. 3월에 국무회의는 국가인권위 정원을 21% 감축하는 행정안전부의 국가인권위 직제개정안을 통과시켰다. 이에 인권회의는 '국가인권위 축소 철회 공동투쟁단'을 구성하고 전국 동시다발 집회, 행정안전부 앞 농성, 서명운동 등을 전개했다. 그리고 7월 인권단체들은 '국가인권위 제자리 찾기 공동행동'을 결성하고 국가인권위 독립성 확보, 국가인권위 감시, 현병철 국가인권위원장 내정 반대활동을 전개해 나갔다.

2019년의 또 다른 중요한 인권단체 연대활동은 유엔의 국가별 보편적 인권상황 정례검토(Universal Periodic Review, 이하 UPR) 공동대응이었다. UPR은 2006년 유엔인권위원회가 총회에서 인권이사회가 되면서 유엔에 가입한 모든 국가의 인권현황을 검토하기 위해 마련한 제도이다. UPR이 2008년에 시행되자 인권운동사랑방, 민변, 참여연대 등은 정부보고서에 반박하는 보고서로서 민간단체 보고서를 작성하여 2009년 유엔인권이사회에 제출하였고 5월 열린 UPR 한국인권상황 1차 심의에 참여하였다.

2010년 역시 인권단체들은 이명박정권의 공세적인 신권위주의적 통치와 신자유주의 노선의 강화로 인한 시민적·정치적·사회적 권리침해에 맞서는 활동에 여념이 없었다. 2010년 G20정상회의가 서울에서 열리게 되자 이명박정부는 이 회의의 경제효과가 쏘나타 100만 대, 30만t 유조선 165척 수출과 맞먹는다고 대대적으로 홍보하면서 G20회의의 성공적 개최를 위해 음향대포를 도입하고 야간집회 금지법안을 통과시키려 하였으며, G20 회의기간 동안 정화조차량 통행금지, 쓰레기차량 통행금지를 검토하기도 하였다.

이러한 상황에서 민주노총, 참여연대, 빈곤사회연대, 민가협, 동인련 등 일부 인권단체를 비롯한 81개 사회운동단체들은 '사람이 우선이다! G20대응민중행동'(이하 G20민중행동)을 결성하였다. G20민중행동은 G20이 신자유주의 질서를 전세계에 강요하여 불평등을 전지구적으로 확산시키는 책임이 있고, 사회경제적 불평등의 주요한 원인 가운데 하나인 투기자본에 대한 제재를 전혀 하지 않고 있으며, 이명박정부는 사회경제적 불평등을 심화시키고 있을 뿐만 아니라 G20회의를 빌미로 민주주의와 인권, 노동기본권을 침해하고 있다고 규탄하였다[*].

인권운동사랑방, 다산인권센터, 천주교인권위를 비롯한 많은 인권단체들은 G20민중행동에는 참여하지 않았지만, 인권회의를 중심으로 G20을 빌미로 이명박정부가 추진한 경찰관직무집행법 개정안 중 불심검문, 소지품 검사, 경찰장비 사용 등의 내용이 인권침해 요소가 있음을 지적하며 경찰관직무집행법 개정 반대운동을 전개하였다. 또한 물대포·최루액·음향대포 등 시위진압을 한 경찰장비 사용을 엄격히 제한하기 위한 활동을 벌였고 G20 반대집회에서는 인권침해감시단을 꾸려서 경찰폭력을 감시하기도 하였다.

2010년 5월 프랑크 라 뤼 유엔 의사·표현의 자유 특별보고관의 한국방문이 결정되었다. 이에 인권단체들은 이명박정부 출범 이후 한국에서 표현의 자유가 심각하게 침해되고 있음을 국내적·국제적으로 알리기 위한 활동을 펼쳐나갔다. 인권단체들 및 사회운동단체들과 두 차례의 간담회를 통해 한국의 표현의 자유에 대한 민간단체 보고서를 작성하여 프랑크 라 뤼 유엔특별보고관에게 전달하였으며 '2010 표현의 자유 보고대회'를 개최하였다. 또 광화문광장에서 집회시위 자유의 보장을 위한 인권활동가 1인시위를 전개하였다. 표현의 자유를 지키기 위한 일련의 활동은 '표현의 자유 수호모임'(이후 표현의 자유 네트워크로 명칭변경)의 결성으로 이어졌다.

2010년에도 노동조합에 대한 자본과 정부의 공격은 지속되었다. 특히 비정규직노동자들의 고통이 심해졌고 이에 대한 저항도 본격화되었다. 동희오토 하청노동자들의 파업, C&M노동조합의 파업, GM

---

[*]  G20대응민중행동 기자회견문 「G20 서울 정상회의에 대한 공동행동주간을 선포하며」 2010. 11. 5.

의 비정규직노동자 대량해고, 현대자동차 비정규직 파업기간중 노동자 한 명이 분신하는 사건 등이 일어났다. 이에 인권단체들은 동희오토대책위 참가, C&M노동조합 탄압 대응회의 참여, GM비정규직 인권위 진정, 비정규직없는세상만들기네트워크 결합 등의 활동을 통해 비정규직노동자 노동권 확보운동에 연대하였다.

같은 해 11월에는 현병철 국가인권위원장 퇴진운동이 벌어졌다. 현병철 인권위원장 체제에서 인권위는 이명박정부 아래 제기된 인권이슈에 대해서 침묵으로 일관했다. 정부의 민간인 사찰, 용산참사, MBC 〈PD수첩〉 수사, 이포보에서 4대강 반대농성을 벌이던 환경운동가의 인권침해 긴급구제 요청, 강제철거에 반대해 농성하던 홍대 두리반식당의 단전사태 등과 관련해서 인권위는 아무런 입장을 내놓지 않았다. 10월 25일 국가인권위 전원위원회에서는 위원장의 권한을 강화하고 상임위의 권한을 축소하는 것을 골자로 한 '국가인권위원회 운영규칙 일부 개정안'이 상정되었다. 이에 유남영·문경란 인권위원이 사퇴하였고 인권단체들은 '현병철 인권위원장 사퇴를 촉구하는 인권시민단체 긴급대책회의'를 결성하고 현병철 인권위원장 퇴진운동을 전개하였다.

그리고 천주교인권위는 『유치장 인권매뉴얼』을 발간하여 재소자들 스스로 자신의 권리를 보호할 수 있는 자료를 제공하는 등 재소자인권운동을 지속해 갔고, 다산인권센터는 노동·시민·여성·환경·종교·미디어 단체 등과 함께 '지역운동포럼 in 수원'이라는 행사를 개최하여 지역에 기초한 사회운동의 과제와 전략 및 연대의 방향을 토론하였다. 또 인권운동사랑방은 청소노동자의 노동권운동에 연대하여 청소노동자 행진 등을 진행하였다.

2011년은 '희망버스'가 한국 사회운동사의 새로운 역사를 쓴 해이다. 2010년 12월 한진중공업은 생산직노동자 400여 명의 정리해고를 단행했고 한진중공업 노동조합은 이에 반대하는 농성에 들어갔다. 그러나 한진중공업 사측의 입장은 변화가 없었고 2011년 1월 6일부터 민주노총 부산본부 지도위원 김진숙이 타워크레인에서 고공농성을 시작하였다. 김진숙의 고공농성과 한진중공업 노조의 정리해고 반대투쟁이 수개월째 계속되고 있다는 사실이 알려지면서 이 투쟁을 지지하는 시민들과 활동가들이 희망버스라는 이름으로 대거 부산 한진중공업으로 갔다.

희망버스운동은 6월 11일 1차 희망버스를 시작으로 9월 5차 희망버스까지 운영되면서 한진중공업 김진숙 타워크레인 농성과 정리해고 문제를 이슈화하였다. 희망버스는 사회운동 활동가들이 중심이 되어 기획하고 조직하였지만 참가자들의 대부분은 기존 사회운동단체에 소속되지 않은 이른바 '일반시민'이었다. 인권활동가들은 개별적으로 '희망버스기획단 깔깔깔'에 참여하였고, 인권침해감시단을 운영하였으며 2차 희망버스 참가자들의 한진중공업 공장 진입과정에서 발생한 경찰폭력의 반인권적 행태에 대한 토론회 등을 개최하였다.

인권회의의 차원에서는 '광주 인화학교 성폭력사건 해결과 사회복지사업법 개정을 위한 도가니대책위원회'(이하 도가니대책위)와 '제주해군기지건설 저지를 위한 전국대책위원회'(이하 제주해군기지전국대책위)에 참여하여 사회운동단체들의 연대활동을 이어갔다. 특히 인권회의는 제주해군기지전국대책위 활동의 일환으로 그해 말 제주 강정마을 해군기지 건설을 반대하는 마을주민들의 운동에 연대하고자 시민들과 사회운동 활동가들을 '평화비행기'라는 이름으로 조직하여 강정마을 해군기지 건설현장으로 모이게 하는 활동을 주도하였다.

2011년 인권운동의 또 다른 주요한 의제 가운데 하나는 차별금지법 제정이다. 이명박정부는 2010년 4월부터 10월까지 법무부 산하에 차별금지법 특별분과를 운영하였으나 차별금지법 제정을 위한 특별한 움직임을 보이지 않았다. 반차별 공동행동은 10월에 인권단체 및 여타 사회운동단체와 함께 차별금지법제정추진모임을 제안하는 간담회를 열었고 그 결과 2011년 1월 차별금지법제정연대(이하 차제연)를 발족하게 되었다. 차제연은 발족과 더불어 법무부에 차별금지법 제정에 관한 입법 여부를 묻는 질의서를 보냈고 법무부는 "만약 차별금지법 제정에 따른 사회경제적 부담에 대한 우려가 해소되지 않는 상황이라면, 원만한 사회적 합의과정을 통한 법 제정은 어려울 수밖에 없다"고 답함으로써 차별금지법 제정을 사실상 포기하였음을 시인하였다.* 차제연은 정부의 차별금지법 제정 직무유기 규탄 기자회견을 시작으로 차별금지법 제정의 필요성을 알리는 대(對)시민 캠페인과 토론회 등의 활동을 펼쳤다. 특히 그해 말 서울학생인권조례를 만들기 위해서 1인시위, 점거농성을 진행하여 서울학생인권조례가 제정되는 데 일조하였다.

또한 인권단체들은 2010년 '표현의 자유 네트워크' 활동을 이어서 '표현의 자유를 위한 연대'(이하 표현의자유연대)를 구성하고 인터넷 상에서 개인적 의견을 표현할 자유에서부터 집회와 시위를 통한 집단적인 의사표현의 자유를 지키고 신장하기 위한 활동을 전개했다. 표현의자유연대는 표현의 자유를 침해하고 제약하는 각종 제도와 규

---

* 참세상, "법무부 '차별금지법 부담스러워 중단'" 2011. 1. 27, http://www.newscham.net/news/view.php?board=news&nid=60186.

제에 대한 사례수집 및 연구, 이러한 제도와 규제를 개선하기 위한 대안적 정책 생산, 대안적 정책들의 입법을 위한 구체적 활동을 수행하고자 하였다.

2011년은 2010년에 이어서 노동자들의 파업 등 단체행동을 사측이 경찰의 비호 아래 용역경비업체를 동원하여 진압하는 일이 계속되었다. 쌍용자동차, 한진중공업, KEC, 유성기업, 현대자동차 아산공장 등에서 노동자들이 용역경비업체 직원들에게 폭행을 당하는 일이 비일비재했을 뿐만 아니라 용산4구역, 명동3구역, 부천 중동 등 재개발현장에서도 용역경비업체의 주도 아래 폭력적 철거가 계속되면서 심각한 인권침해가 발생하게 되었다. 인권단체들은 이를 '용역폭력'으로 규정하고 용역폭력을 근절하기 위한 활동의 일환으로 8월에 '반용역프로젝트팀' 활동을 시작한다. 반용역프로젝트팀에는 다산인권센터, 인권운동사랑방, 천주교인권위, 공익변호사그룹 공감, 민주주의법학연구회, 용산참사진상규명위, 철폐연대, 금속노조법률원 등이 참여하였다. 반용역팀은 실태조사, 내부 워크숍, 공개토론회 등의 사업을 진행하고 2012년 1월 『용역폭력 근절을 위한 정책대안 보고서』를 발간하였다.

2011년 한국철도공사 서울역측에서 8시 이후 노숙인을 강제 퇴거한다고 발표하자 인권운동사랑방은 노숙인운동단체, 빈민운동단체, 시민단체를 비롯한 사회운동단체들과 함께 '서울역 노숙인 강제 퇴거 공동대책위원회'를 결성하여 1인시위, 주소지를 서울역 이전 캠페인, 서울역 노숙인 실태조사 등을 진행하였다. 다산인권센터는 금속노조와 함께 『노동자 이교대씨의 생존기』(다산인권센터 노동인권교육팀 2011)라는 노동인권 교재를 개발하여 자본에 대항하는 노동의 권리만이 아니라 노동현장의 구체적인 인권문제를 노동운동의 의제로 확장하고자 하는 시도를 하였다. 천주교인권위는 제주해군기지전국 대책위에 주도적으로 참여하면서 천주교인권위 소속 활동가들을 강정마을에 파견하여 강정마을 주민들의 해군기지 반대운동에 연대하였다.

2012년 3월 7일 해군기지 건설을 위하여 해군은 강정마을 주민들과 제주 해군기지 반대 활동가들의 저항을 진압하고 구럼비 바위를 폭파하였다. 인권단체 활동가들은 해군의 구럼비 폭파를 막기 위한 행동에 참여하였으나 결국 구럼비 바위는 폭파되었고 해군기지 건설이 본격화된 것이다. 이후 인권회의 소속 인권단체들은 '제주 해군기지 건설과정에서 일어난 강정 인권침해 조사보고서'를 작성하고 발표를 하였다.

6월에는 쌍용자동차 해고노동자들, 용산참사 피해자들, 강정마을회와 천주교인권위, 참여연대, 평화바람 등의 사회운동단체들이 주축이 되어 '쌍용자동차, 구럼비(강정), 용산참사 SKY_ACT 스카이액트 공동행동'(이하 스카이액트)*이라는 연대체를 출범하게 된다. 스카이액트는 일차적으로 쌍용차 해고자들의 복직, 강정마을 해군기지 건설 중단, 용산참사 구속철거민들 사면과 진실규명이 목표이지만 궁극적으로는 "쌍용, 강정, 용산은 우리 시대, 특히 이명박정부 이래 수년간 이 나라 곳곳에서 한층 가혹해진 자본의 횡포와 국가폭력을 상징하는 대표적인 현장"으로서 "정리해고와 비정규직노동자들, 평화적 생존권을 위협받으며 공동체가 깨어지는 이들, 삶의 공간에서

---

* SKY_ACT는 쌍용자동차노조(S), 강정마을회(K), 용산참사 피해자(Y)의 공동행동(action)을 뜻한다.

쫓겨나는 사람들"의 권리회복을 목표로 삼았다.* 이후 스카이액트는 쌍용자동차 문제해결을 위한 지역순회 결의대회, 강정평화 대행진(7. 30~8. 4), 쌍용자동차·강정마을·용산참사 문제해결을 위한 범국민대회, 용산참사를 다룬 다큐멘터리 영화 〈두 개의 문〉 단체관람 및 개봉운동, 용산참사 구속·부상 철거민 사면복권 및 진상규명, 책임자 처벌 활동을 함께 전개해 갔다.

2012년 10월 스카이액트는 쌍용자동차 해고노동자, 강정마을 주민들, 용산참사 피해자들의 문제만이 아니라 이명박정부 아래서 벌어지는 비정규직 차별, 노동조합활동 탄압, 난개발, 핵발전소 건설, 4대강 건설 등의 문제들을 집중적으로 부각하고 연대활동으로 이 문제를 해결하기 위해 '2012 생명평화전국대행진'을 시도한다. 10월 5일 제주 강정마을 출발하여 11월 3일 서울까지 전국의 노동자·농민·지역주민들의 투쟁현장을 방문하였고 11월 3일 서울에서 대규모 집회를 개최하였다. 11월 3일 집회 이후에는 쌍용자동차 해고노동자들, 강정마을 주민, 밀양송전탑 건설반대 주민들, 용산참사 피해자들 및 사회운동 단체들이 '함께 살자 농성촌'이라는 이름으로 이듬해 3월까지 공동농성을 이어갔다. 인권단체들은 '2012 생명평화전국대행진' 및 '함께 살자 농성촌'의 사무국에 결합하여 이 활동을 함께하였다.

2012년에도 국가인권위 문제는 2세대 인권운동의 중요한 화두였다. 2012년 이명박 대통령은 임기가 종료되는 현병철 국가인권위원장의 연임을 결정하였다. 이에 6월에 '현병철 인권위원장 연임반대와 국가인권위 바로세우기 긴급행동'이 결성되어 현병철 연임반대

---

* 　스카이액트 공동행동, "쌍용자동차·구럼비(강정)·용산참사SKY_ ACT 스카이 공동행동출범선언문", 2012.

기자회견, 1600명 시민의 반대선언 조직, 사회 각계와 해외 인사들 및 단체들의 반대성명 조직, 국가인권위 앞 농성, 청와대 앞 릴레이 1인시위 등의 활동을 전개했다. 그러나 결국 이명박 대통령은 현병철의 국가인권위원장 연임을 강행하였다.

한편 법원은 평화롭게 진행되는 집회는 사전에 경찰에 신고가 되지 않았다고 하더라도 해산시킬 수 없다는 판결을 내렸다. 그러자 인권단체들은 공감대를 중심으로 미신고집회 해산명령 불응행동을 비롯하여 집회와 시위의 자유를 보장하기 위한 활동을 추진했다. 또 경찰의 임의적 집회해산, 집회 해산과정에서 폭력사용의 위법성 및 대응방법을 노조, 사회운동단체, 해고노동자나 파업노동자 등에게 알리는 활동을 수행하였다.


## 3) 이명박정부 시기 2세대 인권운동의 특징

이명박정부의 등장과 더불어 성립한 포스트민주화체제는 2세대 인권운동의 정치적 기회에서 '위기'의 계기를 강화시켰다. 97년체제의 민주적 경향이 만들어낸 인권제도에서 가장 큰 성과인 국가인권위원회의 중립성이 심각하게 훼손되었고 국가제도를 통한 과거청산이 중단되었다. 즉 인권운동이 국가권력과의 일정한 협력을 통해 인권을 제도적으로 보장하고 확장하며 과거 국가폭력에 의한 인권침해의 진상을 규명하고 책임자를 처벌하고 그와 같은 인권침해의 재발을 방지할 수 있는 사회적 합의를 구축할 기회(chance)가 급격하게 축소된 것이다.

이명박정부는 정부의 정책이나 통치방식을 향한 대중과 사회운동의 저항을 경찰의 폭력으로써 강력하게 억압하였다. 이명박정부가 출범한 2008년 이른바 '광우병쇠고기' 반대 촛불집회가 일어나자, 1998년 김대중정권 출범 이후 일반대중들의 시위 진압에 등장하지 않았던 물대포가 촛불집회 진압에 동원되었다. 민주화 이후 사라졌던 시위자 전담 체포조가 경찰기동대라는 이름으로 다시 창설되기도 했다. 검찰은 조선·중앙·동아 일보 등 보수언론에 광고를 실은 기업을 대상으로 한 불매운동을 수사해서 불매운동 참여자들을 기소했는가 하면, 미국산쇠고기의 광우병 유발 가능성을 보도한 MBC 〈PD수첩〉 제작진을 체포했다. 또 인터넷을 통해 이명박정권의 경제정책을 줄곧 비판해 온 네티즌 '미네르바'를 전기통신기본법의 허위통신 금지규정을 위반했다는 혐의로 구속기소하는 등 사법기관을 내세워 정권의 비판세력 전반에 대해 탄압으로 일관했다.

이러한 맥락에서 2009년 1월 세입자의 동의 없는 재개발에 반대하며 농성중이던 철거민들이 경찰특공대의 진압과정에서 사망하는 용산참사가 발생하였고, 같은 해 8월 정리해고에 맞서 공장을 점거하고 파업하던 쌍용자동차 노동자들을, 경찰특공대를 앞세워 진압해 들어갔다. 뿐만 아니라 이명박정부는 발레오만도·SJM 노동조합 등 다수 노동조합의 파업에 대한 용역깡패의 폭력적 진압을 공권력을 동원해 지원했고 해군기지 건설에 반대하는 제주 강정마을 주민들의 행동을 경찰병력을 앞세워 무력화시켰다. 억압적 국가장치를 앞세워 시민들의 권리를 제한하는 권위주의적 통치방식이 포스트민주화체제의 성립과 더불어 더욱 전면화되었고 이는 사회운동 전반의 위기 국면으로 이어졌다.

이러한 위기국면 속에서 2세대 인권운동은 국가인권위원회 바로세우기 활동, 2008년 촛불집회 인권침해감시단 활동, 용산참사 진상규명 활동 및 국민법정 개최, 발레오만도 등 노동조합 탄압과 제주 강정마을 인권침해조사단 활동, 스카이액트 등 이명박정부의 권위주의 통치방식과 이로 인한 인권침해에 대응하는 활동을 전개하였다. 포스트민주화체제 아래서 이 같은 2세대 인권운동의 활동은 새로운 인권의제를 제시하고 인권의 보장체제를 한 단계 성숙하기 위한 공세적인 운동을 펼쳐가지 못했다. 그보다는 민주화 이후 일정하게 보장되었던 기존의 권리를 억압하고 박탈하려는 국가와 자본의 인권 침해에 대응하는 방어적이고 수세적 활동을 중심으로 전개할 수밖에 없었다. 포스트민주화체제 시기는 2세대 인권운동의 수세기였던 것이다.

제4장

1993 ●———●———●———●———●———●———●———●———●———●———●———●———● 2012

국가폭력에 맞서는 인권담론:
자유권담론

# 1. 2세대 인권운동과 자유권

'시민적·정치적 권리에 관한 국제규약'의 첫 조항은 모든 사람이 천
부적으로 가지고 있는 자기결정의 권리(right of self-determination)로 시
작한다. 자기결정의 권리로부터 정치적 권리와 경제적·사회적·문화
적 발전의 자유가 도출된다고 이 조항은 선언한다(UN 1996). 다시 말
해 자유권이란 모든 사람이 자신의 생각, 행동, 신체의 상태 등을 스
스로 결정할 수 있는 권리이자 이에 입각하여 정치적 행위, 경제적·
사회적·문화적 발전을 자율적으로 추구할 수 있는 권리이다.

　　하지만 "인간은 누구나 자유롭게 태어나지만 그들이 살아가는
구체적 현실에서는 사실상 노예상태에 처해 있다"는 루소의 오래된
지적과 같이 인간이 갖는 자기결정의 권리, 즉 자유권이 자연스럽게
보장되는 것은 아니었다. 이는 무엇보다 국가권력이 개인의 자유권
을 부정하기 때문이다. 그래서 인권선언이나 권리헌장의 역사는 국
가권력으로부터 개인의 자유를 보호하고 국가권력의 본질이 자유권

을 적극적으로 보장하는 데 있다고 규정해 온 과정이었다고도 할 수 있다. 즉 실천적·이론적 맥락에서 자유권은 일차적으로 국가권력의 억압으로부터 보호되어야 하는 권리이자, 나아가서는 국가권력이 보장해야 할 권리라는 성격을 가진다.

이는 대한민국 역사에서도 확인할 수 있는 바이기도 하다. 대한민국에서 국가권력은 오랫동안 시민의 자유를 억압하고 박탈하는 권력이었다. 이승만정부도 그랬지만 박정희·전두환·노태우로 이어지는 군사독재정부는 시민의 자유를 억압하고 박탈하는 국가권력의 면모를 여실히 보여주었다. 한국의 인권운동이 본격적으로 시작된 것도 군사독재에 의한 시민적 자유의 억압이 극에 달했던 유신정권의 시기이다. 1세대 인권운동은 군사독재정권의 국가폭력에 대한 저항의 일환으로서 자유권을 강조했다.

2세대 인권운동은 대한민국의 민주화가 본격적으로 시작되는 시기에 형성되어 민주주의가 일정하게 진전한 시기를 통과해 왔다. 그러나 민주화 이후의 시기에도 국가폭력이 시민의 자유권을 억압하는 사태는 종종 발생했고 이에 대한 인권운동의 저항 역시 계속되었다. 특히 이명박정부 시절에는 민주주의의 후퇴와 권위주의 통치로의 회귀라는 우려가 제기될 만큼 국가폭력에 의한 시민적 자유의 박탈과 제한이 일상적으로 일어났고, 이에 대한 2세대 인권운동의 자유권 방어활동의 강도 역시 높아졌다.

국가폭력에 의한 자유권 침해에 맞선 투쟁을 중심적으로 수행해 온 1세대 인권운동뿐만이 아니라 2세대 인권운동에서도 자유권은 중요한 의제였다. 민주화 이후의 국면에서도 2세대 인권운동은 국가폭력에 맞서 자유권을 방어하고 더욱 높은 수준으로 실현하기 위한 활동을 지속적으로 수행해 온 것이다. 하지만 자유권과 관련하여 2세대 인권운동이 수행한 인지적 차원의 실천은 1세대 인권운동의 그것과는 차이가 있다. 2세대 인권운동의 자유권 활동이 단지 1세대 인권운동의 방향을 이어받기만 한 것은 아니었다.

우선, 90년대 이후 인권운동은 자유권활동에서 개인과 결사체의 자유를 침해하고 억압하는 국가권력에 대한 저항에서 단지 사회운동가들이나 결사체의 자유권만이 아니라 일반인의 자유권을 방어하고 옹호하는 활동으로 확대되었다. 또한 2세대 인권운동은 개인과 결사체의 자유를 침해하는 국가권력에 대한 비판에서도 1세대 인권운동보다 폭넓은 관점을 취하였다. 마지막으로, 2세대 인권운동은 자유권활동의 정당화 방식에서 1세대 인권운동과 차이를 보인다. 1세대 인권운동이 주로 한국사회 군사독재정권의 부당성, 분단 및 자본주의체제의 모순에 대한 비판을 자유권운동의 정당화 근거로 삼았다면, 2세대 인권운동은 이러한 문제의식을 일정하게 견지하면서도 이와 더불어 대한민국의 헌법과 국제인권기준을 자유권운동의 정당성의 준거로 활용하였다.

이 장은 2세대 인권운동의 인지적 차원이 갖는 특성을 이 운동의 자유권담론에 대한 분석을 통해 살펴보고자 한다. 이러한 분석은 특히 한국 인권운동의 자유권활동에서 중심적 의제였던 국가폭력으로부터 시민적 자유의 방어활동에 초점을 맞추어 이루어질 것이다. 더 구체적으로는 국가보안법 폐지운동, 감옥인권운동, 사회보호법 및 보호감호소 폐지운동을 중심으로 2세대 인권운동의 인지적 차원, 그 중에서도 세계관적 차원을 규명해 보고자 하는 것이다. 이로써 자유권에 대한 구조기반 접근담론과 규범기반 접근담론이 자유권담론의 접합을 통해서 2세대 인권운동의 세계관적 차원이 구축되었음을 보게 될 것이다. 그런데 2세대 인권운동의 자유권담론을 살펴보면, 이 접합에서 규범기반 접근담론이 구조기반 접근담론에 대해 우위를 차지하고 있음을 알 수 있다. 그러므로 이 장에서는 2세대 인권운동의 자유권활동에서 구조기반 접근 자유권담론보다 규범기반 접근담론이 더 우세해지는 이유 역시 규명해 보고자 한다.

# 2. 자유권에 대한 구조기반 접근담론

## 1) 국가보안법 철폐운동

자유권에 대한 인식에서 1세대 인권운동과 2세대 인권운동은 일정한 차이를 보인다. 1세대 인권운동의 자유권담론은 자유권의 침해나 박탈을 국가독점자본주의 체제나 분단구조와 같은 구조적 모순의 효과로 파악하며 자유권의 달성은 그와 같은 반인권적 구조를 변혁함으로써 이루어진다는 인식을 가지고 있었다. 1세대 인권운동의 자유권활동은 분단과 자본주의의 모순을 군사독재정권으로써 유지하는 지배체제에 대한 저항운동의 일환으로 전개되었다. 이때 자유권은 기존의 지배체제에 대해 저항할 수 있는 권리였으며 자유권담론의 핵심은 저항을 억압하는 법제와 국가폭력에 대한 비판에 있었다.

국가보안법에 대한 1세대 인권단체의 담론이 이를 잘 보여준다. 국가보안법에 대한 인식과 비판의 논리에서 1세대 인권단체들은 기존의 민주화운동·변혁운동과 동일한 입장을 취하고 있었다. 가령 1990년 '임수경후원사업회' 사무국장으로서 통일운동을 하던 임종국에 따르면 국가보안법은 "친미주의적인 현 정권의 체계에 대응하는 민족민주운동을 탄압하는 기능"을 하며 그 본질을 "우리가 경험하고 입증되는바 현 정권의 '선언'에 관계없이 민족민주운동과 통일운동을 억압하고 분단구조를 유지, 강화하는 가장 강력한 수단"이라고 규정한다(임종국 1990, 26쪽). 국가보안법은 친미정권이 분단구조를 유지하고 강화하기 위해 통일을 이루려는 세력을 탄압하는 수단이라는 것이다.

1세대 인권운동의 대표적 단체 가운데 하나인 민가협의 국가보안법에 대한 인식은 통일운동 혹은 민중운동의 관점을 크게 벗어나지 않는다. 1990년 당시 '민가협 장기수가족협의회'의 회장으로 활동하고 있던 서준식은 국가보안법을 장기구금 양심수를 양산하는 법이라고 비판한다.

> 간첩사건이 터질 때마다 강조되는 '북으로부터의 위협'이 독재정권의 부도덕을 합리화시키고 민주화운동을 위축시켜 온 사실에 비추어볼 때, 정권안보를 위하여 간첩을 만들어내야 할 정치적 필요와 간첩 개념의 체계적인 확대해석과의 사이에 상관관계가 있을 것임을 누구나 짐작할 수 있을 것이다. (서준식 1990, 24, 25쪽)

서준식은 국가보안법에 의해 만들어지는 간첩사건의 본질이 독재정권의 안보에 있다고 파악한다. 국가보안법은 '독재정권의 부도덕을 합리화'하고 '민주화운동을 위축'시키는 기능을 하고 있다는 것이다.

서준식의 이러한 시각은 국가보안법이 "민족민주운동과 통일운동을 억압하고 분단구조를 유지, 강화"하는 기능을 한다는 통일운동가 임종국의 인식과 별반의 차이가 없음을 알 수 있다.

국가보안법에 대한 이 같은 비판은 그 법에 의해 인권을 침해당하는 구체적 개인의 자유보다는 정당성이 없는 국가권력의 부정의함과 분단구조의 부당함을 일차적으로 문제삼고 있다. 국가보안법의 문제는 국가가 합법적으로 개인의 자유를 침해하거나 억압할 수 있게 하는 인권침해적 법률이라는 데 있다기보다는 그 법이 사상, 양심, 표현 등의 자유를 제한하고 침해함으로써 무엇보다 독재정권의 안보와 분단구조의 유지에 복무하는 데 있다는 것이다.*

그러나 2세대 인권운동이 본격적으로 전개되면서 국가보안법에 대한 인식에서 변화가 나타난다. 국가보안법에 대한 2세대 인권운동의 인식은 기존 통일운동 및 1세대 인권운동과 일정한 차이를 보인다. 이후 좀더 자세히 살펴보게 되겠으나 국가보안법 철폐운동을 비롯한 2세대 인권운동의 자유권담론에서 구조기반 접근보다 규범기반 접근이 더 우세하게 나타나지만 자유권에 대한 구조기반 접근이 없었던 것은 아니다. 그리고 이때 2세대 인권운동의 자유권담론은 1세대 인

---

\* 이러한 관점은 이후 2세대 인권단체들도 참여하는 국가보안법 폐지를 위한 범사회운동의 연대활동에서도 나타난다. 가령 2003월 12월 1일 '국가보안법폐지국민연대'가 개최한 기자회견에서 발표한 회견문은 국가보안법 폐지의 근거를 다음과 같이 밝히고 있다. "분단과 함께 탄생했고 분단을 먹이로 하여 존재해 온 국가보안법을 그대로 둔 채, 우리는 결코 냉전시대의 반인권상황과 반통일적 상황을 극복할 수 없다. '자주는 곧 친북이요, 친북은 곧 반국가적 행위'라는 국가보안법의 논리를 극복하지 않는다면 백만의 촛불로 터져나온 평등한 한미관계 정립이나 자주평화에 대한 국민적 요구를 근본적으로 실현할 수 없다. '자주평화를 위한 반미'와 '평화통일을 지향하는 활동'이 국가보안법에 의한 매카시즘의 그물에 걸려 억압당하고 처벌되는 상황에 종지부를 찍어야 한다. 더 이상 냉전과 반북을 전제로 하는 국가보안법과 남북 화해와 협력, 통일은 공존할 수 없다."(국가보안법폐지국민연대 2003)

권운동과 어느 정도 연속성을 가진다.

가령 2세대 인권운동 역시 1세대 인권운동처럼 자본주의 체제 및 분단구조의 모순과 국가보안법을 연결시키며 국가보안법을 자유권 침해의 구조적 원인 가운데 하나로 파악한다. 그러나 양자 사이에는 자유권 침해의 구조를 파악하는 방식에서 중요한 강조점의 차이가 존재한다.

1세대 인권운동에서 국가보안법 철폐활동은 국가폭력으로부터 개인이나 결사체의 자유권을 방어하고 보장하는 것보다는 자주적 통일국가의 건설이나 사회주의 체제의 수립이라는 상위 목표를 더욱 강조하였다. 즉 국가보안법 철폐는 통일운동이나 사회주의 운동이라는 대안체제 수립의 차원에서 중요한 전술적 목표로 다루어지고 있었다. 반면 2세대 인권운동의 경우에는 국가보안법을 개인 및 집단의 사상·양심·표현의 자유 등의 권리를 제한하거나 박탈하는 인권침해의 구조적 원인 가운데 하나로 파악한다. 다시 말해 국가보안법이 철폐되어야 하는 이유는 그것이 자주적 통일국가 건설이나 사회주의 체제 수립을 가로막는 장애이기 때문이라기보다는 인간의 존엄성을 침해하는 사회구조의 핵심적 요소이기 때문이라는 것이다. 이것이 국가보안법에 대한 2세대 인권운동의 인식과 1세대 인권운동의 인식의 중요한 차이이다.

2세대 인권운동의 자유권담론에 나타나는 구조기반 접근은 김대중정부 시기의 국가보안법 철폐운동에서 잘 드러나고 있다. 이 시기에 제시된 2세대 인권운동의 국가보안법 담론에서 국가보안법은 하나의 '체제'(regime)로 파악된다. 체제로서 국가보안법이란 개인들의 사고와 판단, 발언과 행위 그리고 감성을 규제하는 제도적·규범적 틀의 역할을 국가보안법이 하고 있다는 것이다.

　제2장에서 살펴본 바와 같이 김대중정부의 출범과 더불어 한국 사회운동의 국가보안법 철폐운동은 다시 활기를 띠게 되었다. 그러나 이 시기에 사회운동진영은 국가보안법 철폐운동의 방식을 두고 두 진영으로 갈리게 된다. 국가보안법의 전면철폐를 주장하는 '국가보안법 폐지를 위한 범국민연대회의'(이하 국보법폐지연대)와 국가보안법 7조 우선폐지를 주장하는 '국가보안법 반대 국민연대'(이하 국보법반대연대)로 나뉜 것이다. 국가보안법 철폐운동이 이렇게 두 진영으로 나뉘는 것은 일견 국가보안법 '전면폐지론'과 '7조우선폐지론' 사이의 전술적 입장차이 때문으로 인식될 수 있다. 그러나 그러한 입장차이의 그 심층에는 국가보안법 자체에 대한 인식의 차이가 존재했다.

　상대적으로 기존 사회운동단체들이 더 많이 가입되어 있던 국보법폐지연대는 통일운동진영의 국가보안법 인식에 기초하여 국가보안법 전면폐지를 주장했다. 반면 상대적으로 인권단체들이 더 많이 참여하고 있던 국보법반대연대는 국가보안법 7조 우선폐지, 즉 북한에 대한 고무와 찬양을 처벌하는 조항(고무·찬양죄)의 폐지를 주장했다. 국보법반대연대의 논리는 인권단체 활동가들에 의해 주로 주조되었는데, 이들은 국가보안법 자체가 한국에서 자유권을 제한·박탈하는 하나의 독특한 체제, 곧 정치적 조건이라고 규정하고 국가보안법 7조가 그 체제의 핵심을 이루고 있다고 파악한다.

　1999년 당시 국보법반대연대에서 활동했던 서준식은 국가보안법 7조가 "국가보안법의 횡포가 가장 극명하게 드러나는 조항이며, 국가보안법의 인권유린은 거의 이 제7조에서 나온다고 해도 과언이 아니다"(서준식 1999a)라고 주장한다. 서준식은 국가보안법 7조가 사

실상 국가보안법의 본질을 보여준다고 파악한다.[*]

> 이와 유사한 조항[7조]은 형법에도 없다. 즉 국가보안법의 나머지
> 모든 조항은 없어져도 기존의 형법이나 형사특별법으로 커버할
> 수 있지만 이 7조만은 다른 법으로 커버할 수가 없는 것이다. 이런
> 까닭에 제7조는 국가보안법에만 고유의 '얼굴'이라고 할 만하다.
> 일반 형법전에 이런 조항이 없는 이유는 이런 식의 조항은 사람을
> 처벌하는 법에 존재해서는 안 되기 때문이다. (서준식 1999b)

서준식에 의하면 7조가 국가보안법의 고유한 '얼굴', 즉 국가보안법
을 다른 법률들과 구별 가능하게 해주는 종별적 특성이 되는 이유는
국가보안법의 다른 모든 조항은 기존의 형사법으로 대체 가능하지만
7조는 그럴 수 없다는 점에 있다. 즉 7조가 국가보안법을 국가보안법
으로 만드는 본질이라는 것이다.

이러한 대체 불가능성은 7조의 독특한 성격에서 연원한다고 2세
대 인권활동가들은 인식한다. 형법이나 형사특별법으로 처벌 가능한
국가보안법 조항들은 결국 '북한'의 대남 공작활동이나 이에 동조하
는 내국인의 행위를 방지하거나 처벌하기 위한 조항들이다. "여타 조
항들이 한결같이 북한의 존재를 염두에 두고 있음에 비해 이 7조는
'내부의 적'을 겨냥하고 있다"는 점에서 "국가보안법의 여타 조항과

---

[*]  국보법반대연대측에서 활동했던 박래군 역시 다른 글에서 국가보안법 위반으로 구
속된 이들 중 다수가 주로 국가보안법 7조의 적용을 받았음을 강조한다. 박래군에 의하
면 "국가보안법 7조는 과거 80년대 이래 국가보안법 구속자의 92%를 점유하는 실로 놀
라온 적용률을 보여"왔으며 "더욱이 7조 3항은 이적단체 구성, 가입을 처벌하도록 하였
고, 이 조항은 전체 국가보안법 구속자의 50% 이상에게 적용되어 왔으며, 98년 한 해 동
안에는 무려 72%가 이 조항에 의해 구속되었다"(박래군 1999c).

분명 다른 성격을 지니고 있다"는 것이다(같은 글, 10쪽).

그 '다른 성격'이란 대한민국 시민이 스스로 자신의 사상을 검열하고 통제하도록 만드는 것이다. 7조에 의해서 그 본질이 규정되는 국가보안법의 근본 성격을 2세대 인권운동은 '사상통제체제'로 규정한다. 서준식은 「국가보안법, 무엇이 문제인가?」에서 인권의 관점에서 파악한 국가보안법의 성격을 사상통제에서 찾는다.

> 사상통제라는 관점에서 국가보안법을 생각할 때 무엇보다 중요한 점은 그 사상통제는 단지 비판적인 또는 '반체제'적인 사상 소지자를 체포·구금 등 방법으로 단속함으로써만 이루어지는 것이 아니라는 말이다. (서준식 1999a)

마르크스-레닌주의와 같은 사회주의 혁명이론 혹은 주체사상을 비롯한 북한체제에 동조하는 반체제적 정치·경제 사상만이 국가보안법이 통제하려는 사상이 아니라는 것이다. 국보법의 사상통제 효과는 더욱 폭넓다.

> 그것[국가보안법에 의한 사상통제]은 훨씬 광범위하게 진행된다. …
> 우리 사회는 말 한마디도 조심해야 하는 답답한 통제사회가 되고 있는 것이다. 우리는 잘 의식하지 못하고 있지만(즉 이런 상태를 '자유'라고 생각하고 살지만) 정치문제를 안주삼아 술을 마시는 경우에도 우리처럼 항상 깨어 있어야 하며 말을 조심스럽게 골라야 하는 국민은 전세계에서 그 예를 찾기가 어려울 것이다. 대중의 머릿속에는 빨갱이 콤플렉스, 반공이데올로기뿐 아니라 아예 사상공포

증이 매일같이 심어진다. 이것은 분명히 '공포정치'이며 국가보안법은 바로 이런 50년 동안 지속되어 온 공포정치를 떠받치는 기둥 구실을 하고 있는 것이다. 이것이 바로 역대정권이 국가보안법을 가장 유용한 통치도구로서 소중히 키워온 이유이며 우리가 국가보안법과 싸워야 할 가장 큰 이유인 것이다. (같은 글)

국가보안법의 가장 큰 문제는 단지 그것이 '빨갱이 콤플렉스'나 '반공 이데올로기'를 조장한다는 측면에 있는 것이 아니다. 국가보안법의 문제는 대한민국의 시민들이 일상생활에서도 정치문제에 대해서 이야기할 때는 항상 자신의 생각과 말을 거의 무의식적으로 국가보안법에 비추어 판단하게 되었다는 데 있다. 서준식은 이를 '공포정치'로 규정하며 인권운동이 국가보안법 철폐를 위해 투쟁해야 하는 가장 큰 이유를 바로 공포정치, 즉 국가보안법에 의한 일상생활에서 생각의 통제로 제시하고 있는 것이다.

　이러한 맥락에서 박래군은 국가보안법은 국가권력이 개인의 자유를 통제하는 '패러다임'의 역할을 하고 있다고 파악한다. 그에 의하면 "우리 사회의 사상의 자유와 표현의 자유를 제한하는 그 정점에는 국가보안법이 자리 잡고" 있으며 "국가보안법의 폐지는 단순히 하나의 법을 폐기한다는 의미는 아니라 우리 사회의 근본적인 패러다임 자체를 바꾼다는 뜻"이다(박래군 1999a). 국가보안법이 우리 사회를 통제하는 근본적인 패러다임의 핵심을 이루고 있다는 것이다. 그렇다면 국가보안법이 하나의 패러다임이라는 규정을 통해 2세대 인권운동이 의미하고자 한 바는 무엇이었을까?

그리하여 우리 국민들은 오랜 세월, 자기 스스로의 상상력을 발동
하여 창조적으로 사고할 수 없도록 길들여졌으며, 학생들은 학교
에서 주입식의 반공이데올로기 교육을 받은 위에 국가보안법적
세계관으로 무장되어 대학이나 사회로 나오게 되는 것이다. 이를
통해 권력은 항상 도전받지 않는 안정적인 정권을 유지할 수 있었
던 것이며, 따라서 국가보안법은 정치, 경제, 사회, 문화 전반에 걸
쳐서 사회의 경직성과 획일성을 강제하는 주요한 통치수단이었
다. (박래군 1999b)

국가보안법의 기능과 의미는 단지 특정 법률에 그치는 것이 아니다.
그것은 '정치, 경제, 사회, 문화 전반에 걸쳐' 사회구성원의 자유로운
생각과 말 그리고 행동을 획일화하는 조건이다. 그러므로 국가보안
법의 핵심이 '사상의 통제'에 있다고 할 때, '사상' 역시 단순히 정치적
이념을 뜻하는 것이 아니다. 이때 사상이란 그 일반적 의미에서 사고,
즉 생각을 의미한다. 국가보안법은 시민들의 일상적 생각, 나아가서
그로부터 비롯되는 말과 행동을 내면에서부터 규제하는 일종의 세계
관과 같은 역할을 하는 것으로 규정된다. 다시 말해 국가보안법은 한
국사회 구성원들이 스스로 자신의 생각과 말의 위험성을 판단하고
스스로 제어하게 하는 생각과 행동의 패러다임이 되었다는 것이다.
　　2세대 인권운동의 이와 같은 국가보안법 인식은 기존 급진적 사
회운동의 국가보안법 인식과는 중요한 차이를 지니고 있다. 앞에서
살펴본 바와 같이 통일운동이나 민중운동의 경우는 국가보안법이 대
미종속적 분단구조의 유지 및 강화에 복무하는 반통일적·반자주적
악법이라고 비판하거나 자본주의 모순구조의 재생산을 위한 억압장

치로 파악한다. 이 논리에 의하면 국가보안법의 철폐는 자주적 통일이나 노동해방이라는 근본 목표의 실현을 위해 필요한 방편이라 할 수 있다.

반면 2세대 인권운동은 국가보안법의 본질이 일상적 수준에서 생각·말·행동의 방식을 규제하는 패러다임, 곧 시민들의 자유로운 생각을 억압하는 장치라고 파악한다. 그러므로 2세대 인권운동의 국가보안법 폐지 담론에서 국가보안법은 가장 넓은 의미에서 개인적 차원에서 사상의 자유, 즉 생각의 자유, 표현의 자유, 근본적으로는 인간의 존엄성이 보장되는 사회를 만들기 위해서 폐지되어야 한다는 인식이 나타나고 있다.


## 2) 수형자인권운동

2세대 인권운동의 자유권에 대한 구조기반 접근담론은 단지 국가보안법 철폐운동에서만 나타나는 것은 아니다. 이는 수형자의 처우를 인권의 관점에서 개선하기 위한 '감옥인권운동', 즉 수형자인권운동이나 사회보호법 폐지운동 등에서도 일관되게 나타는 자유권담론의 성격이다. 일반적 특징이라고까지 할 수는 없지만, 감옥인권의 문제를, 범죄를 만들어내는 사회구조의 차원에서 파악하며 근본적으로는 감옥인권문제를 사회구조의 변혁을 통해 해결해야 한다는 문제의식이 2세대 인권운동의 감옥인권담론에서 꾸준하게 제시되고 있다는 점은 자유권에 대한 구조기반 접근담론을 잘 보여준다.

우선, 한국사회의 범죄자들 중 대부분은 빈곤한 사람들임을 2세대 인권운동은 강조한다. 인권실천시민연대의 활동가 오창익은 울산구치소·서울구치소·수원구치소에서 발생한 사망사건을 조사한 경험을 바탕으로 2002년 한 계간지에 기고한 글에서 이렇게 밝히고 있다.

언론보도만 보면 감옥에는 온통 몹쓸 짓을 한 흉악범이나 비리사범들만 득실거리는 것 같지만, 실상은 전혀 그렇지 않다. 지금 한국의 감옥에는 대충 6만 2천 명 정도의 재소자들이 구금되어 있는데, 이들 중에서 그나마 신문 1단기사라도 자기 이름을 걸어본 사람은 극소수에 지나지 않는다. 대부분은 우리 주변에서 흔히 만나는 보통의 서민들이다. 앞서 살펴본 세 명의 피해자들도 마찬가지였다. 주차장관리인, 부동산중개업자, 일용직 건설노동자 등 보통의 우리 이웃들이고, 이들이 지었다는 죄도 흉악과는 거리가 멀다. 벌금을 내지 못했거나, 피해자에게 원하는 만큼의 돈을 합의금으로 주지 못했건 간에 문제는 역시 돈이었다. 돈이 있으면 감옥에 가는 경우의 수는 크게 줄어든다. 웬만한 사건이야 원하는 만큼의 합의금을 주고 끝낼 수 있고, 죄질이 나쁜 경우라면 전관예우라는 패거리적 부패먹이사슬을 이용할 수도 있다. 돈을 걸고 보석을 청구할 수도 있다. 이들 3건의 피해자들은 기댈 곳조차 없는 서민들이었다. (오창익 2002)

오창익은 이 글에서 구치소에서 석연치 않은 이유*로 사망한 이들이

---

\* 울산구치소의 구승우씨는 도로교통법 위반으로 벌금 247만 원을 선고받았으나 납부하지 못했고, 2001년 11월 17일 긴급체포되어 울산구치소에 수감되었다. 그리고 구치소 수감 이후 8시간 만인 11월 18일 오후 7시경 위급상태에서 병원에 이송되었으나 숨졌다. 국립과학수사연구소에서는 사망원인을 외상성 쇼크사라고 밝혔다. 서울구치소의 조순원씨 역시 도로교통법 위반 벌금미납 혐의로 체포되어 2001년 11월 서울구치소에 수감되었다. 수감 이후 두 달의 시간이 흐른 2002년 1월 6일 호흡곤란 증세로 외부병원

흉악범이나 파렴치범이 아니었음을 강조한다. 그들은 '우리 주변에서 흔히 만나는 보통의 서민'이었고, 이들이 '돈만 있으면' 감옥에 가지 않았을 가능성이 높았을 것이라고 오창익은 주장한다. 이들의 경제적 조건이 그들을 수감자로 만드는 중요한 원인이라는 인식이 드러나고 있는 것이다.

인권운동사랑방의 활동가 이창조는 더 나아가 감옥 자체를 '지배계급의 계급방위전략'이라는 관점에서 파악한다. 2004년 5월 개최된 인권운동연구소의 월례토론에서 발표한 「감옥과 인권운동」에서 이창조는 현대 행형이론의 핵심이라 할 수 있는 '일반예방(범죄예방)과 교화(범죄자개선)'에서 실패하고 있음을 주장한다(이창조 2004). 그럼에도 불구하고 감옥이라는 범죄자의 격리 및 처벌 시설이 유지되는 이유는 무엇인가?

> 그것은 지배계급의 계급통제전략이라는 면에 감옥의 가치를 둘 경우, 감옥은 사회적 기능을 충실히 수행하고 있기 때문이다. 즉 계급방위의 차원에서 볼 때, 체제 내로 순치되지 않는 구성원을 가장 확실하게 효과적으로 통제하는 방식이 격리와 무력화이며, 그 핵심 장치로 기능하는 것이 감옥이기 때문이다.(같은 글)

---

으로 옮겼으나 역시 사망했다. 조순원씨의 가족과 동료재소자들의 증언에 의하면 조순원씨는 2002년 1월 4일부터 가슴통증을 호소하였으나 구치소측에서는 검진이나 진료를 하지 않았고 감기약을 주었을 뿐이다. 수원구치소의 박명원씨는 핸드폰 절도 혐의로 구속되어 2001년 11월 30일 수감되었고 2002년 1월 6일 호흡곤란 등의 증세로 외부병원으로 이송되었으나 숨졌다. 박씨는 구치소 수감 당시 신체검사에서 '만성폐결핵' 혹은 '만성적 기관지폐쇄증' 진단을 받았고 박씨는 증세가 심해지자 진료를 구치소측에 요청하였지만 구치소측은 이 요청을 묵살하였다.

이창조는 감옥을 계급사회에서 '지배계급의 계급통제전략' '계급방위', 즉 지배계급의 기득권을 안정적으로 보장하기 위해 피지배계급을 통제하기 위한 제도라고 파악한다. 이는 한국사회의 범죄자 대부분이 피지배계급, 즉 가난한 자들이라는 그의 주장에서도 나타나는 인식이다. 한국사회의 범죄 상당수가 "절도를 비롯한 재산범죄, 즉 '상대적 빈곤에서 비롯된 범죄'들"이라는 것이고, 범죄문제 해결은 "근본적으로 '처벌'이 아닌 '상대적 빈곤의 해소'를 통해 해결될 수밖에" 없다고 이창조는 주장한다(같은 글).

결국 이창조에 의하면 감옥인권운동은 궁극적으로 감옥의 폐지로 이어져야 하며 감옥이 폐지되기 위해서는 빈곤 때문에 범죄를 저지르는 일이 사라져야 하고 이를 위해서는 빈곤을 만들어내는 사회구조가 변혁되어야 한다.

그러나 '감옥의 폐지'란 우리에게 무척 버거운 과제임에 틀림없다. 그것은 범죄를 만들어내는 '환경', 범죄를 바라보는 사회적 '인식' 등, 사회 전반의 변화를 수반하지 않고는 달성되기 힘든 과제이기 때문이다. 이런 점에서 감옥인권운동은 새로운 사회의 형성을 꿈꾸는 '변혁운동'과 분리될 수도, 분리돼서도 안 되는 운동이며, 장기적으로는 사회변혁과 거기에 수반되는 감옥의 폐지를 꿈꾸면서, 단기적으로는 수인들의 당면한 요구들을 수용하면서 장도를 헤쳐나갈 수밖에 없다. 우리의 고민은 장기적 지향과 당면한 요청 사이의 접점을 어디서 찾을 것인가, 감옥인권운동과 여타의 사회운동 사이에 어디서 접점을 만들어나갈 수 있느냐는 문제에 직면해 있다. (같은 글)

이 글에서는 범죄로 인해 구금된 수형자의 인권을 방어하고 신장하기 위한 감옥인권운동의 담론에서도 계급사회의 경제적 불평등이 수형자 인권침해의 구조적 요인으로 등장하고 있음을 알 수 있다. 감옥인권운동의 궁극적 목적인 감옥 자체의 폐지는 "새로운 사회의 형성을 꿈꾸는 '변혁운동'과 분리될 수도, 분리돼서도 안 되는 운동"이다. 감옥인권운동은 자유권운동의 한 분야이지만 자유의 실현은 궁극적으로 자유를 박탈하고 제한하는 사회구조의 변혁을 통해서 가능하다는 것이다.

이명박정부가 출범한 이후에는 노무현정부에서 이루어진 행형법 개정 이후 일정하게 개선된 재소자 처우가 다시 열악해졌다. 특히 2006년부터 재소자들이 외부 의료기관에서 치료받을 경우 건강보험을 적용해 왔으나 이명박정부는 이를 중지시켰고, 폐지되었던 일간신문에 대한 검열을 다시 실시하였으며, 사회운동단체들의 소식지나 기관지의 수신을 불허하거나 압수하는 등 재소자들의 인권이 침해되었다. 인권단체들은 이를 '독재감옥'의 부활로 규정하여 비판하였다 (인권단체연석회의 외 2010).

이 같은 상황에서 인권운동사랑방이 발간하는 웹진 『인권오름』은 '구속노동자후원회'의 활동가 이광열의 글을 게재하여 이명박정권의 감옥인권 후퇴를 비판한다. 이 글에서 이광열은 "이명박정부 들어 더욱 강화되고 있는 이러한 경향들은 신자유주의와 밀접한 관련이 있다"(이광열 2010)고 지적한다. 범죄 및 교도행정과 관련하여 "신자유주의는 경제정책일 뿐만 아니라 문화적 담론으로서 개인들의 모든 행위에 대한 책임을 전적으로 개인에게 지우는 식의 담론구조들을 만들어낸다"(같은 글)는 것이다.

범죄로부터 시민의 안전한 삶을 보장하는 것은 국가의 기본적인 역할이다. 하지만 범죄의 모든 책임과 원인을 개인의 문제로 간주하는 상황에서 사람들은 경찰력을 믿을 수 없게 되고 스스로 제 살길을 찾으려 한다. 동네와 집 안 곳곳에 CCTV가 설치되고 '내 자녀 안심하고 학교 보내기'를 위해 온갖 수단들이 강구된다. 방범, 보안 등 범죄예방산업이 각광받는 산업으로 떠오른 이유도 여기에 있다. 하지만 이렇게 많은 돈을 들여 튼튼한 방범대책을 세울 수 있는 사람들은 극히 한정되어 있다. 돈 없는 서민들이 사는 지역에서는 범죄율이 늘고 범죄를 일으킨 가해자나 피해자 모두 그들이 된다. 게다가 국가는 위험을 관리·통제한다는 명분으로 각종 기본권 침해를 불러올 수 있는 제도와 정책을 도입하면서 민주주의 기반을 무너뜨린다. (같은 글)

범죄라는 행위의 책임을 일방적으로 개인의 문제로 만드는 신자유주의 질서가 이명박정부에서 감옥인권의 상황을 열악하게 만드는 구조적 원인으로 지목되고 있는 것이다. 더욱이 범죄의 가해자와 피해자 모두 가난한 이들이 되는 상황은 범죄가 불평등한 사회구조의 결과임을 보여준다고 이 글은 지적한다. 그러므로 단지 수형자의 권리를 제한하고 그들을 억압적으로 관리하는 것이 범죄문제의 해결책이 아니며 불평등한 경제구조의 극복이 진정한 해결책으로 제시되는 것이다. 이렇게 수형자인권에 대한 2세대 인권운동의 담론에는 지속적으로 구조기반 접근담론의 특성이 나타나고 있다.

## 3) 사회보호법 폐지운동

자유권의 실현을 위하여 자유권을 침해하는 사회구조를 변혁해야 한다는 자유권에 대한 구조기반 접근담론은 또 다른 자유권운동인 사회보호법·보호감호제도 폐지운동에 관한 담론에서도 나타난다. 2장에서도 언급한 바와 같이 2세대 인권운동의 형성기부터 사회보호법의 반인권성에 대한 문제제기 및 사회보호법 폐지를 위한 인권단체의 활동은 존재했었다. 하지만 사회보호법과 보호감호소 폐지운동은 2003년 '사회보호법 폐지를 위한 공동대책위원회'(이하 사회보호법공대위)의 출범과 더불어 본격화되었다고 할 수 있다.

그런데 사회보호법공대위가 제시한 기본적인 논리는 2001년 인권운동사랑방이 제출한 「사회보호법은 위헌이다」라는 논평에서 이미 나타나고 있다. 이 논평은 2001년 임모씨가 제기한 사회보호법 위헌소송에서 헌법재판소가 2001년 3월 22일 사회보호법에 대해 합헌결정을 하자 헌법재판소의 결정을 비판하기 위해 발표된 것이다. 이 논평에서 사회보호법의 본질은 불평등한 사회구조를 온존시키고 기득권세력의 이익을 보장하기 위한 제도로 제시된다.

> 우리는 근본적으로 사회보호법의 본질이 결코 이 사회를, 따라서 우리 국민을 보호하는 데 있지 않다는 점을 지적해 두고자 한다. 그것은 이 불평등하고 비틀린 사회에 태어나 언제든 '범죄자'의 낙인이 찍힐 가능성 속에서 살아가야 하는 대다수의 빈곤층 국민들을 위하하기 위한 장치이며, 기득권층의 '평화'를 보장하는 전형적인 치안법이라는 게 우리의 생각이다. (인권운동사랑방 2001)

사회보호법에 의해 재범의 우려가 있다고 판단되어 보호감호소에 구금되는 이들은 불평등한 사회질서 속에서 빈곤하게 살아가는 이들이다. "기득권층의 '평화'", 곧 기득권층의 이익을 보장하는 사회구조의 방위를 위하여 '대다수의 빈곤층 국민들을 위하'하는 제도인 사회보호법이 존치되고 있다는 것이다.

사회보호법에 대한 이러한 구조기반 접근에 입각한 인식은 2003년 사회보호법공대위의 활동에서도 이어진다. 사회보호법공대위 소속으로 사회보호법에 대한 위헌소송을 진행한 변호사 중 한 사람인 이상희 역시 사회보호법에 대한 인식에서, 앞에서 인용한 인권운동사랑방의 논평과 동일한 입장을 보여준다. 이상희는 2003년 '국가인권위원회쇄신을위한열린회의'와 사회보호법공대위가 공동 개최한 워크숍에서 발표한 「사회보호법에 대한 쟁점들」이란 글에서 사회보호법의 성격을 다음과 같이 규정한다.

> 보호감호제도는 빈부격차의 해소, 비민주적인 정치체계의 개선 등 사회적으로 해결해야 할 문제를 사회로부터 소외받은 개인에게 전부 떠넘기고 권력유지를 위한 수단으로 활용되고 있으며, 언제든 범죄자의 낙인을 찍힐 가능성 속에서 살아가야 하는 대다수의 빈곤층 사람들을 위하하기 위한 장치로 작용하고 있음을 직시해야 할 것이다. (이상희 2003, 10쪽)

이상희의 논의에서도 사회보호법은 빈곤의 책임을 개인화하고 기득권의 권력을 유지하기 위한 수단이자 빈곤층 사람들이 기존 사회질서에 저항하거나 이로부터 일탈하지 않고 순응하도록 위하하는 장치로 규정된다. 사회보호법에 의한 자유권 침해는 곧 불평등하고 비민주적인 사회구조에서 비롯된다는 것이다.

같은 해 10월 인권단체 활동가들을 비롯한 사회운동단체 활동가 517인이 발표한 성명서 「사회보호법 폐지, 더 이상 미룰 수 없다」에서도 사회보호법의 본질에 대해 동일한 인식이 나타난다.

보호감호제도의 본질은 결코 이 사회와 우리 국민을 보호하는 데 있지 않다. 지난 23년간 보호감호제도의 적용을 받은 대다수는 '빈곤범죄'라 불리는 절도범이었다. 이러한 범죄의 원인과 책임은 상당 부분 사회적 불평등과 빈부격차 등 사회정책적 노력을 통해 해결돼야 할 부분임에도 불구하고 보호감호제도는 개인에게 이 모든 범죄의 책임을 전가시키고 있다. 따라서 보호감호제도는 시작부터 불평등하고 비틀린 사회에 태어나 언제든 '범죄자'의 낙인이 찍힐 가능성 속에서 살아가야 하는 대다수의 빈곤층 국민들을 위협하기 위한 장치이며, 또한 '범죄자'라 낙인찍힌 이들을 영구히 사회로부터 격리시키기 위한 제도에 지나지 않다. (사회보호법 폐지를 촉구하는 인권시민사회노동단체 활동가 517인 2003)

이 성명서의 기본 논리 역시 2001년 사랑방의 논평 「사회보호법은 위헌이다」와 2003년 이상희의 글 「사회보호법의 쟁점들」과 동일할 뿐만 아니라 그 구체적인 표현 일부에서도 이 문헌에서 차용한 문장들로 일부 구성되어 있다. 사회보호법 및 보호감호제도 폐지운동에서 생산된 2세대 인권운동의 자유권담론에서도 자유권에 대한 구조기반 접근이 분명하게 나타나고 있다고 하겠다.

국가보안법 철폐운동, 감옥인권운동, 사회보호법 폐지운동과 같은 전형적인 자유권운동에서도 2세대 인권운동은 자유권 침해의 사회구조적 차원을 강조하고 이 구조를 변혁해야 한다는 문제의식을 꾸준하게 유지해 왔다. 인권의 침해 및 보장에서 사회구조의 중요성을 강조하는 구조기반 접근은 2세대 인권운동의 자유권담론을 규정하는 전략적 특징 가운데 하나라고 할 수 있는 것이다.

# 3. 자유권에 대한 규범기반 접근담론

## 1) 국가보안법 철폐운동

2세대 인권운동의 자유권활동에서 자유권에 대한 구조기반 접근담론만이 나타나는 것은 아니다. 자유권의 경우 오히려 구조기반 접근보다는 규범기반 접근에 입각한 담론이 더 많이 생산되었다고 할 수 있다. 다시 말해 국제인권기준이나 헌법을 비롯한 법규범이 자유권을 규정하고 이를 실현하기 위한 규범적 지향으로 제시되는 경우가 사회의 구조적 모순으로 인한 자유권 침해를 문제삼거나 이를 극복하기 위해 사회구조의 변혁을 제시하는 경우보다 더 많다는 것이다.

국가보안법 철폐운동은 2세대 인권운동이 국제인권기준이나 헌법 등의 인권규범에 입각하여 인권담론을 구축해 왔음을 잘 보여주고 있다. 특히 1993년 비엔나 세계인권대회의 참여를 통해서 국내의 인권운동이 국제인권체제 및 국제인권운동과 연결된 이후 국제인권기준은 국가보안법 비판에서 중요한 근거가 된다.

　한국의 인권운동에서 국제인권기준이 국가보안법 비판논리에 본격적으로 활용되기 시작한 것은 1995년 한국인권단체협의회가 개최한 "탈냉전 신국제질서와 인권: 국가안보와 인간안보"라는 학술대회부터이다. 기독교 사회운동가로서 1970, 80년대 민주화운동·통일운동·인권운동에서 중요한 역할을 해온 오재식은 이 학술대회에서 「탈냉전 신국제질서와 인권: 한국과 아시아」라는 글을 발표한다. 여기서 그는 1995년 코펜하겐 사회개발정상회의에서 제시된 '인간안보'(human security)라는 개념을 소개한다. 오재식에 의하면 각국의 정상들이 공식적으로 진행한 국제회의에서 '인간안보'가 '국가안보'보다 더 중요하다고 선언한 것은 "우리들의 사고방식에 충격적인 변화를 가져올 전조"이자 "인권운동단체들의 주장을 넘어서 국가의 안전과 안보가 인간의 사회적 발전에 달려 있다는 것을 정부수반들이 인정하는 것"이라는 의미를 갖는다(오재식 1995, 36쪽). 오재식은 '인간의 사회적 발전'을 강조하는 인간안보라는 국제인권기준의 관점에서 국가보안법을 비판한다.

　국가보안법이 남용된 결정적 증거는 그것이 국가의 안위를 지키는 데가 아니라 이런 부패구조를 두둔하고 보호하는 데 쓰여져 왔다는 것이다. …그것은 위기상황에 대응한다는 한시적 명분을 무시해 버리고 헌법 위에 군림하는 횡포를 일삼아 이 나라에 법치주의가 정착하지 못하게 해왔다. 그것은 헌법상의 기본권을 무시한 것은 말할 것도 없고 그것의 적용과 집행이 극히 자의적이어서 국민의 자유로운 정치·사회·문화 활동을 심각하게 저해해 왔다. 그

것은 또 인권의 기본규범을 무시하고 시민권과 경제권 등은 말할
것도 없고 신앙·사상·신조의 자유까지 제거하는 독재정치의 종
횡무진한 도구로 쓰여져 왔다. (같은 글, 38쪽)

오재식은 코펜하겐 사회개발정상회의에서 제시한 인간안보를 비롯
한 국제인권기준, 헌법 등과 같은 국제적·국가적 수준에서 공인된 인
권규범에 입각해서 국가보안법을 비판하고 있는 것이다.

이러한 관점은 당시 민주주의법학연구회 회장이던 박홍규의 「개
발독재와 인권: 한국과 아시아의 경험」에서도 이어진다. 이 글 역시
1995년 한국인권단체협의회 국제학술회의에서 오재식의 글과 함께
발표되었다. 박홍규는 한국을 비롯한 아시아의 다수 국가에서 국가안
보는 하나의 이데올로기로서 '정권유지와 경제개발'을 명분으로 하여
'국가의 독재 및 권위주의적 성격'을 조장하였고 '인권침해'가 발생하
도록 하는 중요한 원인이 되었다고 분석한다(박홍규 1995, 129쪽)

한국을 비롯한 아시아국가들에서 빈번히 발생하는 국가기구에
의한 인권침해에 대한 국제사회의 비판에, 아시아국가들은 자국의
인권상황을 서구와는 다른 아시아의 문화적 독특성과 정치적 상황과
결부 지으면서 인권침해라는 비판을 서구 중심주의로 폄훼하는 논리
를 종종 사용해 왔다. 한국정부가 국가보안법의 반인권적 성격에 대
한 국제사회의 비판에 대응하는 논리 역시 서구와는 다른 한국적 특
수성에 있었다. 그러나 박홍규는 이를 다음과 같이 반박한다.

필자는 서구의 오리엔탈리즘적인 문화제국주의에 대한 경계를
중시하고 문화의 상대성이 존중되어야 한다고 믿으나, 인권이라

고 하는 가치의 보편성은 결코 무시할 수 없다고 생각한다. 이는 학문적으로 충분히 확인된 사실일 뿐만 아니라 국제적으로 적어도 유엔 창설시기부터 확인되기 시작하여 지난 1993년 6월에 열린 유엔세계인권회의에서 채택된 비엔나선언에서도 명확하게 규정되었다. …적어도 세계인권선언이나 국제인권규약에 명정되고 있는 인권목록은 이미 국제적인 보편성의 그것이라고 보아야 한다. (같은 글, 132쪽)

인권의 보편성이라는 가치규범은 문화적·사회적 독특성이라는 가치규범보다 상위에 있다고 그는 주장한다. 그리고 이렇게 인권의 보편성을 문화적 가치의 상대성보다 상위 규범으로 인식하는 것은 서구의 오리엔탈리즘이나 문화제국주의와는 무관하다는 것이다. 박홍규는 이러한 주장의 근거를 유엔창설로부터 시작해서 세계인권선언, 국제인권규약 그리고 1993년 유엔세계인권위원회가 채택한 비엔나선언 등과 같은 국제인권기준에서 찾고 있다. 각 국민국가의 문화적·사회적 독특성이나 특수한 상황에서 비롯되는 국가안보의 가치가 그보다 상위 가치인 국제인권기준의 보편적 규범성을 침해할 수는 없다는 것이다.

이후 2세대 인권운동은 국가보안법에 의해 신체·사상·표현·양심·결사의 자유에 대한 침해를 비판할 때 국제인권기준을 적극적으로 활용하게 된다. 가령 인간안보와 같은 국제인권기준상의 개념은 국가보안법 비판담론에서 이렇게 활용된다.

세계는 '국가안보'라는 허구의 세계를 탈출하여 '인간안보'라는 새로운 개념을 받아들이고 있는 실정이다. 21세기를 앞둔 현재 아직도 국가의 안전과 발전을 위해서는 개인의 인권과 안전이 희생될 수 있다는 전도된 가치관, 그 가치관이 법률로 형상화된 국가보안법을 인정하는 그 모든 사고와 행위에 반대해야 할 것이다.
(박래군 1996, 15쪽)

국가보안법에 대한 이와 같은 비판은 종래의 급진적 사회운동, 즉 통일운동이나 노동운동의 국가보안법 비판과는 일정한 차이를 보인다. 앞에서 살펴본 바와 같이 통일운동의 국가보안법 비판은 국가보안법이 자주적 민족통일의 장애라거나 분단체제의 지속을 통한 기득권 세력의 권력유지 장치라는 것이었다. 국가보안법이 철폐되어야 하는 이유 역시 여기에 있었다. 그러나 비엔나 세계인권대회 참여 이후 2세대 인권운동은 국가보안법이 국제인권기준상에 규정된 인권목록들을 침해하기 때문에 폐지되어야 한다고 주장하고 있다. 인권운동의 국가보안법 비판의 논리가 다른 급진적 사회운동의 국가보안법 비판논리와 달라진 것이다.

이러한 관점의 변동은 국가보안법 철폐운동을 인권운동만의 독자적 관점에서 전개해야 한다는 문제의식으로 이어진다. 한국사회에서 국가보안법 철폐운동을 주도해 온 통일운동과는 다른 관점, 다른 방식의 국가보안법 철폐운동이 필요하다는 것이다. 서준식은 1996년 개최된 국가보안법에 대한 토론회에서 다음과 같이 주장한다.

국가보안법 철폐운동의 대중성을 확보하는 것은 이제 대단히 어려운 문제가 되었다. 통일을 가로막는 악법으로서의 국가보안법 폐지 주장은 통일운동의 입장에서는 어쩔 수 없는 노릇이겠으나 자체가 국보철운동이 한결같이 내세워야 할 주장은 아닐 것이다. 아울러 장기수·양심수 문제를 국보철운동의 전면에 내세우는 것도 (손쉽기는 하나) 국가보안법 철폐운동의 대중성을 확보한다는 견지에서 반드시 바람직한 일은 아니라는 생각이 든다. (서준식 1996, 43쪽)

여기서는 기존 통일운동의 '국보철운동', 즉 국가보안법 철폐운동이 대중적 지지를 끌어내지 못하고 있다는 문제의식이 드러난다. 국가보안법이 '통일을 가로막는 악법'이기 때문에 폐지되어야 한다는 주장은 더 이상 대중적 설득력이 없다는 것이다. 통일운동이 국가보안법에 대해서 그러한 관점을 갖는 것은 부득이한 일이겠으나 국가보안법을 철폐하기 위한 운동 전체가 이러한 입장에 머물러서는 안 된다고 서준식은 파악한다. 대신 그는 통일운동과는 다른 국가보안법 철폐운동이 필요하다고 주장한다. "통일운동과 국보철운동은 이제 막연히 혼재되어서는 안 되며, 국보철운동은 자체의 독립된 전문성과 전략을 가져야 한다"(같은 글, 45쪽)는 것이다.

서준식은 '자체의 독립된 전문성과 전략'을 가진 국가보안법 철폐운동, 대중에 대한 설득력을 가진 국가보안법 철폐운동의 방향으로 인권을 제시한다.

국가보안법 문제에는 철저히 '인권'의 언어를 가지고 '인권'의 입장을 가지고 접근해야 한다. '인권'은 정치정세의 변화에 영향을 받지 않고 언제나 소리 높이 외칠 수 있으며 안정적인 입지를 보장해 준다. 또한 '인권운동'은 전세계적인 네트워크를 활용할 수 있고 UN이라는 장에서 쉽게 먹혀든다는 이점이 있으며 일반 시민·대중에게 공포감을 주지 않으므로 특히 '냉전 이후' 시대에 있어서 운동의 대중성을 달성할 가능성을 가지고 있다. (같은 곳)

이제 국가보안법 철폐운동은 '인권의 언어'와 '인권의 입장'에서 전개되어야 하며 그 구체적 방법은 유엔을 중심으로 한 '전세계적인 네트워크'를 활용하는 것이 된다. 이러할 때 '일반 시민·대중'의 동의를 보다 용이하게 얻을 수 있는 전술적 효과도 가질 수 있다.

이러한 접근은 "'냉전 이후'의 시대"라는 조건에 부합하는 국가보안법 철폐운동에 대한 2세대 인권운동의 문제의식에서 연원한 것이다. 70, 80년대는 국가보안법 철폐운동이 민주화운동이나 사회변혁운동 차원에서 전개될 수 있는 환경이었다. 그러나 '냉전 이후의 시대', 곧 역사적 사회주의의 붕괴와 국내에서 군부독재정권의 퇴진 및 문민정부의 출범이라는 새로운 환경 아래서는 반미와 자주적 민족통일의 관점에서 국가보안법 철폐운동을 수행할 수 있는 대중적 토대가 약화되었다. '냉전 이후 시대', 즉 90년대 이후의 국가보안법 철폐운동은 유엔을 축으로 한 국제인권체제를 적극적으로 활용하여 전개되어야 한다는 것이다.

더욱이 1998년 유엔인권위원회가 한국정부에 국가보안법 폐지를 권고한 이후에는 국가보안법 철폐운동에서 2세대 인권운동의 국제인권기준에 대한 참조가 더욱 강화된다. 가령 2000년 12월 28일 국가보안법 폐지와 국가인권위원회법 제정을 요구하며 명동성당 앞에서 단식농성을 시작한 '인권활동가연합 단식농성단'의 성명서는 국가보안법 철폐의 당위성을 이렇게 제시한다.

> 국가보안법 폐지는 반세기에 걸친 인권유린을 끝내기 위한 '시작'
> 에 불과한 조치이다. 그 '시작'도 하지 못한 채 인권과 남북화해를
> 얘기할 수 없다. 유엔인권이사회* 등 국제사회의 오랜 권고를, 인
> 권활동가들의 갖은 노력을, 수많은 피해자들의 한맺힌 절규를 그
> 냥 묻어두고 가리려는 행위는 용납될 수 없다. …이제라도 유엔인권
> 이사회의 권고대로 국가보안법의 7조의 완전삭제를 포함한 국가
> 보안법의 폐지에 결연히 나서라. (인권활동가연합 단식농성단 2000)

이 성명서에서는 국가보안법이 대한민국 정부수립 이후 국내 인권
침해의 주요 원인이자 남북화해의 장애물이라는 인식이 나타나지만,
더 이상 이것이 국가보안법 폐지의 직접적 이유로 제시되지는 않는
다. 인권활동가들이 제시하는 국가보안법 폐지의 이유는 '유엔인권
이사회 등 국제사회의 오랜 권고' '인권활동가들의 갖은 노력' '수많
은 피해자들의 한맺힌 절규'이다. 더 구체적으로는 '유엔인권이사회

---

\* 이 성명서에는 한국정부에 국가보안법 폐지를 권고한 유엔인권기구의 명칭이 유
엔인권이사회로 되어 있다. 유엔의 인권기구는 유엔경제사회이사회(United Nations
Economic and Social Council, UNECOSOC)가 설립되면서 같은 해 그 산하의 기구
로 설치된 United Nations Commission on Human Rights(UNCHR)가 있었다. 그
리고 UNCHR의 권한을 더욱 강화하기 위해 2006년 유엔총회는 UNCHR을 헌장기구
(Charterbased bodies)로 격상시켜 United Nations Human Rights Council(UNHRC)
을 설립한다. 한국 인권운동진영에서는 2006년 UNHRC가 설립되기 이전까지 UNCHR
을 '유엔인권이사회'로 번역하였다가, UNHRC 설립 이후에는 UNCHR을 '유엔인권위
원회'로, UNHRC를 '유엔인권이사회'로 번역하여 사용하게 되었다. 그러므로 이 성명서
에서 유엔인권이사회로 표현된 유엔인권기구는 UNCHR을 가리킨다. United Nations
Human Rights Council(UNHRC)은 2006년 유엔총회의 결의로 공식적으로 설립되었
다. 그 이전에 활동하였던 유엔인권기구는 유엔경제사회이사회 산하의 유엔인권위원회
(United Nations Commission on Human Rights, UNCHR)였다. 이 성명서는 유엔인권
위원회(UNCHR)를 유엔인권이사회(UNHRC)로 잘못 표기한 것으로 보인다.

의 권고'가 국가보안법이 폐지되어야 하는 근거로 제시되고 있다.[*]

　이상에서 살펴본 2세대 인권운동의 국가보안법 담론은 시간이 흐르면서 국가보안법 철폐의 근거를 사회변혁운동의 논리보다는 국제인권기준을 비롯한 인권규범에서 찾는 경향이 강해졌다. 이는 국가보안법 철폐운동의 경우 2세대 인권운동을 구성하는 두 계기 중 국제인권체제가 사회변혁운동보다 우위에 있음을 보여주는 것이라고 할 수 있다. 국제인권체제를 국가보안법 철폐운동의 핵심적 논거로 삼으면서 2세대 인권운동의 국가보안법 담론은 국제인권기준을 비롯한 인권규범에 입각해서 형성되고 전개되었다는 것이다.


## 2) 수형자인권운동

2세대 인권운동의 규범기반 접근 자유권담론은 수형자인권운동 및 사회보호법 폐지운동에서도 나타난다. 우선 수형자인권운동 담론을 살펴보자면 이 경우에는 국제인권기준과 더불어 행형법 자체의 정당성 부족을 지적하는 법규범에 입각한 논의들이 함께 나타난다. 이는 수형자인권 문제를 활동가들보다는 변호사나 법학자들이 먼저 제기

---

[*]　국제엠네스티의 경우도 한국의 국가보안법이 유엔 국제인권기준에 부합하지 않는다고 파악하고 국가보안법의 개정을 요구하였다. 이러한 입장에서 국제엠네스티 한국지부의 허창수는 국가보안법이 왜 국제인권기준에 어긋나는지를 지적하며 국가보안법의 개정을 요구하였다. "국제엠네스티는 위에서 든 권리들이 한국의 국가보안법을 통해서 국가안보와 공공질서의 유지에 꼭 필요한 정도 이상으로 확대되어 부당한 제한을 가하고 있다는 견해를 가지고 있다. 그리고 그러한 한 그것은 정당화될 수 없고 동시에 그것은 ICCPR과도 일치되지 않는 것이며, 국제적 규준으로 봐서 인권은 침해되고 있는 것이다. 이 때문에 국제엠네스티는 국가보안법을 근거로 체포된 많은 수인들을 양심수로 보고도 있다. 그러므로 국제엠네스티는 국가보안법의 철폐를 요구하는 것이 아니라 그것을 국제인권협약과 일치시키라고 요구하고 있는 것이다. (한국은 1990년에 ICCPR에 가입했다!)"(허창수 1999, 17쪽) ICCPR이란 International Covenant on Civil and Political Rights, 즉 '시민적·정치적 권리에 관한 국제규약'을 말한다.

했기 때문이기도 하다. 90년대 초부터 국내 행형문제의 반인권성을 꾸준히 지적해 온 '민주사회를 위한 변호사모임'의 박찬운은 국내 행형법의 모체 자체가 정당성을 결여하고 있다고 지적한다.

현행 행형법은 1950. 3. 2. 법률 제105로 제정 발효된 법률이다. 그러나 이 법의 뿌리가 일본의 감옥법(명치 41년 제정, 1907년)이라는 사실은 불문가지이다. 감옥법은 군국시대의 유물로서 현대의 행형의 목적인 교육형의 이념과는 거리가 먼 법률이다. 한마디로 죄지은 사람을 옥에 가두어 감시하는 법에 다름 아니다. 우리의 행형법은 바로 이러한 구시대의 유물을 그대로 간직한 법률이다. (박찬운 1993, 1쪽)

1993년 당시에 시행되고 있던 행형법의 기원이 일제 강점기에 제정된 감옥법이기에 그 제정의 정당성이 없다는 것이다. 더 구체적으로는 일제 감옥법을 계승하는 행형법은 현대 행형의 목적으로 제시되는 '교육형의 이념'을 추구한다기보다는 '죄지은 사람을 옥에 가두어 감시하는 법'에 지나지 않는다는 논리이다.

　행형법에 대한 이러한 비판은 수형자의 인권을 보장하기 위한 구체적 활동과정에서도 원용된다. 1999년 당시 법무부가 행형법 개정안을 내자 '고난받는 이들과 함께하는 모임' '민주화실천가족운동협의회' 등 7개 인권단체는 의견서를 내고 현행 행형법이 "일본제국주의가 우리 민족에 강요한 법제의 테두리를 여전히 벗어나지 못하고 있음을"(고난받는 이들과 함께하는 모임 등 7개 인권단체 1999) 비판하기도 하였다.

인권운동과 연계해서 활동하던 변호사나 법학자 등 법률전문가들에 의해 시작된 수형자인권에 대한 논의는 당시 행형법의 반인권적 성격을 법리적 차원에서 본격적으로 비판한다. 이 논의에 의하면 기존 행형법은 '특별권력관계 이론'에 기초한 것이다. 박찬운은 다음과 같이 지적한다.

> 우리의 행형이론은 아직 기본적으로 피구금자는 헌법상의 기본권을 누릴 수 없으며, 그 기본권 침해는 전혀 사법적 혹은 외부적 통제를 받지 않는다는 고전적인 특별권력관계론이 지배하고 있다. (박찬운 1993, 1쪽)

특별권력관계 이론이란 19세기 중반 독일에서 성립된 학설로서 국가의 행정권이 입법권이나 사법권으로부터 독립해서 작동할 수 있는 영역을 규정하는 것을 목적으로 하는 법률이론이다. 특별권력관계 이론은 독일의 법학자 오토 메이어(Otto Meyer)가 정립했는데, 그에 따르면 특별권력관계란 "공행정의 특정한 목적을 위하여 특별한 관계에 속한 개인에 대하여 정립된 강화된 종속성"(이호중 1994, 9쪽에서 재인용)을 의미한다. 국가 행정기관이 특정 목적을 위해 개인과 특별권력관계를 형성하게 되면 그 개인과 관련해서 국가 행정기관은 사법부나 입법부에 대해 배타적인 권력을 행사할 수 있다는 것이다. 이때 그 개인은 행정기관에 강력하게 종속된다. "특별권력관계의 복종자에 대해서는 국가가 법률의 구체적 근거 없이도 명령이나 강제, 징계 등을 할 수 있다는 것"이며, 이러한 명령·강제·징계는 "법규의 성격을 갖지 않는 행정규칙에 의하여 행해진다"(같은 곳).

대한민국의 행형법이 사실상 특별권력관계 이론에 의해 지배당하고 있다는 것은 행형법에 따라 수감된 수형자의 처우가 법률이 아니라 국가의 행정명령이나 규칙 등과 같이 비법률적 근거에 의해 규정된다는 것을 뜻한다. 그렇기 때문에 현행 행형제도 아래서 '피구금자는 헌법상의 기본권'을 사실상 박탈당하며 교도소와 같은 국가 행정기구에 의한 "기본권 침해는 전혀 사법적 혹은 외부적 통제를 받지 않는다"는 것이다. 그러므로 특별권력관계 이론에 입각해서 운용되는 한국의 행형법은 수형자의 인권 침해를 유발하는 반인권적 법률일 수밖에 없다.

이호중은 당시의 행형법이 왜 특별권력관계 이론에 입각하여 작용하는지를 좀더 구체적으로 논의한다.

현행 행형법은 형식적으로 법률의 모습을 띠고 있지만 내용적으로는 대부분의 규정이 행형당국의 업무지침적 성격을 강하게 가지고 있으며 수형자의 권리 및 권리제한의 근거와 한계 등 수형자의 권리보호에 관련된 규정을 찾아볼 수 없다. 행형법은 어느 조문 하나 수형자를 주체로 등장시킨 것이 없다. 행형법에서 인정되는 권리구제절차 역시 너무나 미약한 수준에 머물러 있어 실효성이 의심스럽다. 법리적으로는 수형자에게 행정소송의 길이 열려 있다고는 하지만 극히 일반론적 이야기일 뿐이다. 행형, 특히 수형자의 권리에 관계된 소송은 거의 찾아볼 수 없을 정도이다. 현행 행형법은 법률이라는 외관에도 불구하고 내용적으로는 전통적인 특별권력관계를 실현하고 있다고 보아도 과언이 아닐 것이다. (같은 글, 7쪽)

수형자 처우의 근거가 되는 행형법은 그 실제 내용의 대부분에서는 '행형당국의 업무지침적 성격'에 불과하며, 더욱이 보호되어야 할 수형자의 권리에 대한 규정이나 수형자권리의 제한에 대한 규정을 갖고 있지 않다. 수형자가 교도소에서 인권침해를 당했을 경우 필요한 수형자의 권리구제절차 역시 당시 행형법에는 매우 미약하게 규정되어 있어서 사실상 실효성이 없으며, 현실적으로도 수형자가 자신의 권리구제를 위해 행정소송을 제기한 사례는 거의 없는 실정이다. 결국 기존의 행형법은 형식적으로는 법률의 모습을 갖추고 있지만 그 실제 내용의 차원에서는 특별권력관계를 실현하는 제도라는 것이다.

행형법이 사실상 특별권력관계 이론을 구현하고 있다는 비판은 이 법이 수형자의 인권 침해를 지속적으로 유발하는 반인권적 법제라는 것을 의미한다. 이 비판은 근본적으로는 당시 행형법이 국민의 기본권은 오로지 법률로만 제한할 수 있다는 '기본권 제한의 법률유보칙'이라는 대한민국 헌법원리에 위배되는 것, 즉 대한민국 법률의 최고규범인 헌법을 당시 행형법이 위반하고 있다는 논리에 입각하고 있다. 또한 수형자에 대한 교도행정은 수형자의 재사회화를 위한 교육에 있다는 교육형의 이념에도 어긋나기에 당시 행형법은 현대 형법의 일반규범 역시 충족시키지 못한다는 비판이다.

1993년과 1994년의 현행 행형법에 대한 비판은 "법은 인권보호를 그 목적으로 삼는다"는 원칙을 당시 행형법이 위반하고 있다는 것에 초점을 맞추었다. 그리고 이러한 논리는 이후 천주교인권위와 인권운동사랑방 등에 의해 본격적으로 전개된 수형자인권운동에서도 일정하게 유지된다. 두 단체는 인권운동에 참여해 온 변호사, 연구자 등과 더불어 한국감옥의 인권문제를 비판하고 대안을 제시하기 위한

연구 및 조사 활동의 성과를 모아 1998년 『한국감옥의 현실: 감옥인권실태 조사보고서』를 발간한다.[*]

우리나라 행형제도에서 재소자의 인권이 열악해질 수밖에 없는 가장 기본적인 이유는 재소자에 대한 처우가 법률(행형법)에 근거하지 않고 소장의 재량이나 법무부의 각종 공문으로 그때그때 변경될 수 있다는 점에 있다. 이것은 행형제도가 법치주의를 배제하는 이른바 특별권력관계의 한계에서 조금도 벗어나지 못했음을 의미한다. (천주교인권위원회·인권운동사랑방 엮음 1998, 29, 30쪽)

이 문헌에서도 1998년 당시 행형법은 기본적으로 법치주의라는 법규범을 위배하는 것으로 비판되고 있다. 재소자의 처우를 법률이 아니라 교도소장의 재량이나 법무부의 공문으로 규정하는 감옥의 현실은 사실상 재소자를 '특별권력관계' 안에 종속시키고 있다는 것이다.

그러므로 우리가 제도개선 방법으로 해야 할 일은 소장이나 교정당국이 자의적인 판단과 결정을 못하도록 재소자들에 대한 처우를 행형법에 규정하는 일이다. 이를 위해 "소장은 …해야 한다"라고 하거나 "재소자는 …할 수 있다"는 형식의 행형법을 만드는 것이 바람직하다. (같은 책, 30, 31쪽)

---

[*]  이 책은 천주교인권위원회와 인권운동사랑방이 감옥인권운동을 본격적으로 전개하기 위한 작업의 일환으로 1998년 2월부터 시작한 감옥인권실태 조사결과를 바탕으로 작성된 보고서이다. 이 보고서는 행형관련 자료조사 외에 감옥에서 출소한 이들에 대한 설문조사의 결과를 반영하고 있다는 특징이 있다. 『한국감옥의 현실』은 "1부 재소자 인권보장을 위한 첫걸음: 국제인권기준과의 비교, 평가 및 개선책"과 "2부 한국감옥의 현주소: 감옥인권실태 설문조사 분석결과"로 구성되어 있다.

그렇기 때문에 감옥인권의 보장을 위한 제도적 개선은 재소자들의 처우를 오로지 법에 의해서만 결정하도록 하는 행형법 개정을 필요로 한다. 재소자일지라도 국민의 기본권 제한은 오로지 법률에 의해서만 가능하다는 법규범에 입각하여 행형법을 개정해야 한다는 것이다. 그리고 이는 이후 정부에서 행형법 개정논의가 있을 때 정부안을 비판하거나 그 대안을 제시하는 인권단체의 중심 입장이 된다.

2세대 인권운동은 감옥인권운동의 정당성 근거를 법규범과 더불어 국제인권기준에서도 구하였다. 이는 1993년 비엔나 세계인권대회를 전후하여 한국의 인권단체들이 국제인권기준을 중요시하는 흐름과 연속적이다. '유엔세계인권대회를 위한 민간단체공동대책위원회'가 1993년 5월 개최한 "국제인권기준에 비춰본 한국의 행형제도와 개선방안"이라는 토론회에서 발표한 글에서 박찬운은 다음과 같이 재소자의 인권문제를 다루기 위한 기준으로 국제인권기준을 제시한다.

인권이란 개념은 이제 보편화, 국제화되고 있다. 따라서 행형제도도 국제화의 추세에 맞추어 제도화하지 않으면 아니 된다. 현재 국제적으로 인정받고 있는 행형의 원칙은 주로 국제연합을 중심으로 만들어졌기 때문에 이를 지키는 것은 국제연합 가입국의 하나인 우리에게도 당연한 것이다. …현재 국제사회가 인정하고 있는 행형의 원칙에 우리의 행형제도가 얼마나 따라가고 있는지를 조사하는 것은 곧, 우리 행형법의 문제점을 발견하는 일일 뿐만 아니라 행형제도의 개혁의 방향을 제시하는 일이다. (박찬운 1993, 2쪽)

이 글에서 박찬운은 '시민적, 정치적 권리에 관한 국제규약' 및 그 선택의정서, '국제연합 피구금자처우 최저기준규칙' '국제연합 피구금자보호원칙' '변호사의 역할에 관한 기본원칙' '미결구금자에 관한 결의' '유럽인권조약' '유럽형사시설규칙' 등을 국내 형행제도가 따라야 할 행형의 인권화를 위한 규범으로 제시한다.

그리고 이러한 관점은 1998년 발간한 『한국감옥의 현실』에서도 이어진다.

> 이 책을 집필한 필자들은 각각의 주제에 관해서 우선 국제사회에서 형행원칙으로 알려진 각종의 국제원칙을 조사하여 소개할 것이다. 그리고 이를 주된 잣대로 사용하여 우리의 행형제도와 설문에서 드러난 감옥의 현실을 분석 비판할 것이다. 이러한 비교과정을 거치게 되면 우리의 행형이 국제기준에 비추어 어떤 문제점이 있는지, 그리고 그 개선방향이 무엇인지 윤곽이 잡힐 것이다. (천주교인권위원회·인권운동사랑방 엮음 1998, 15쪽)

이 책에서도 범죄로 감옥에 갇힌 재소자들의 인권 침해를 방지하고 그들의 인권을 확보하기 위한 가장 분명한 기준으로 국제인권기준이 제시되고 있다. "재소자인권 보장을 위한 첫걸음: 국제기준과의 비교, 평가 및 개선책"이라는 제목의 1부에서는 감옥에서 발생하는 인권침해 문제가 국제인권기준을 어떻게 위반하고 있는지 그리고 그러한 문제를 해결하기 위한 방향은 무엇인지 역시 국제인권기준에 입각해서 제시한다.

가령 이 책의 "3장 규율 및 징벌, 불복신청제도"에서는 구금제도와 관계된 국제인권기준을 소개한다. "국제기준은 규율과 징벌에 관하여 법률이나 행정관청의 규칙으로 명확히 규정할 것을 요구하고, 나아가 '보호원칙'에서는 이를 공표할 것을 요구하고 있다."(같은 책, 48쪽) 구체적으로 보면 ① 규율과 징벌의 규정과 공표 ② 규율목적과 규율권한이 있는 자 ③ 법률 등에 의한 징벌과 이중징벌 금지의 원칙 ④ 징벌절차 ⑤ 가혹한 징벌의 금지 ⑥ 징벌집행상의 주의점 ⑦ 계구 사용의 제한 등에서 다양한 국제인권기준들이 어떻게 규정하는지를 소개한다. 그리고 이 7가지 기준들에 비추어 국내 행형제도 및 관행이 어떤 조항을 위반하고 있는지를 보여주며, 마지막으로 그 개선책을 다시 국제인권기준들에 입각해 제시하는 방식이다.

예를 들어 이 글에서는 계구를 사용하여 재소자를 규율하는 문제에 대해 다음과 같은 국제인권기준의 원칙을 제시한다.*

국제기준은 징벌목적의 계구사용을 명문으로 금지하고 있고, 특정한 계구의 사용을 금지하고 있다. 또한 다른 수단이 실패했을 때 계구를 사용할 수 있도록 규정하여 비교적 엄격하게 제한하고 있다. 나아가 계구의 종류와 제식 등에 대하여 미리 법률 등으로 정할 것을 요구하고 있다. (같은 책, 54, 55쪽)

그러나 한국감옥의 경우 재소자에 대한 계구사용에서 이러한 국제인권기준을 위배하고 있다고 지적한다.

국제기준은 계구를 사용할 수 있는 경우로서 호송중 및 의료상의

---

* 이 경우에 활용되는 구체적인 국제인권기준은 '국제연합 피구금자처우 최저기준규칙'의 33조와 '유럽형사시설규칙'의 39, 40조이다.

이유가 있는 경우를 제외하고는 피구금자가 자기 혹은 타인에게 위해를 가하거나 재산에 중대한 손해를 주는 것을 방지하기 위하여 피구금자를 진정시킬 다른 방법이 실패했을 때 소장의 명령으로 하고, 이 경우에도 소장은 즉시 의사와 상의하고 상급 행형당국에 보고하도록 '보충성의 원칙'을 엄격하게 규정하고 있다. 그러나 우리나라 행형법규는 위와 같은 보충성의 원칙을 명문으로 규정하고 있지 않은바, 계구사용이 남용되고 있는 실정에 비추어 이를 명문으로 규정할 필요가 있다. (같은 책, 65쪽)

이렇게 국제인권기준에 입각하여 재소자의 인권침해를 비판하고 인권보장의 방향을 설정하는 방식은 이후 김대중정부,* 노무현정부, 이명박정부**에서 행형법 및 형의 집행 및 수용자의 처우에 관한 법률이 개정되는 국면에서도 지속적으로 나타난다. 이상에서 살펴본 것처럼 2세대 인권운동의 감옥인권담론은 법규범과 국제인권기준을 운동의 근거로 삼는 자유권에 대한 규범기반 접근에 입각하여 전개되었다.

---

* 2001년 엠네스티 법률가세미나에서 발표된 자료에도 김대중정부의 행형개정 방향에서 '피구금자처우 최저기준규칙'과 같은 국제인권기준이 중요한 인권규범으로 제시된다. "특히 국제연합(UN)은 1995년 '피구금자처우 최저기준규칙'을 결의한 바 있는데, 총 95조로 되어 있는 이 규칙은 수용시설, 위생, 급식, 의료, 징벌, 접견 등 재소자의 처우에 관한 기본조건을 제시하고 있는 국제적인 기준이 되어왔다."(한영수 2001, 66쪽)

** 천주교인권위원회 위원인 이호중은 2008년 감옥인권자원활동가팀에서 개최한 '감옥인권 연속강좌' 3강의 강의록에서 이명박정부의 형의 집행 및 수용자의 처우에 관한 법률 개정안을 비판하면서 특정 감옥 내의 수용규모 기준과 관련하여 다음과 같이 문제 제기를 한다. "UN 피구금자처우에 관한 최저기준규칙(이하 '최저기준규칙'이라 함) 제63조 제3항: 폐쇄시설에서 수형자의 수는 개별 처우가 방해받을 정도로 많지 않은 것이 바람직하다. 몇몇 나라에서는 이들 시설의 수용인원이 500을 넘지 않아야 하는 것으로 생각되고 있다. 개방시설의 수용인원은 가능한 적어야 한다. 단서규정의 문제―단서규정으로 인해 '500 이내'의 원칙규정이 무의미해질 우려가 매우 큼."(이호중 2008, 5쪽)

## 3) 사회보호법 폐지운동

규범기반 접근 자유권담론은 사회보호법 폐지운동의 국면에서도 지속된다. 2000년대 초반 본격화된 사회보호법 폐지운동에서 인권단체들은 사회보호법 및 이에 따른 보호감호제도가 근대 형벌규범 및 헌법이 금지하는 이중처벌을 자행하는 법률이라고 비판한다.

> 아무리 상습성이 인정된다 하더라도 범죄자에 대하여 형벌을 부과하면서 별도로 7년에 이르는 보호감호 처분까지 병과하는 것은 근대형법이 금지하는 이중처벌에 해당된다. "형벌이 아닌 보안처분"이며 "교도소가 아닌 보호감소"이기 때문에 이중처벌이 아니라는 헌재의 논리는 공허한 말장난에 지나지 않는다. 누가 뭐래도 '청송'의 수인들은 분명한 '옥살이'를 하고 있다. 그들이 교도소와 똑같은 시설에 구금되어 교도관의 관리하에 교도소 이상으로 가혹한 처우를 받고 있는 것이 엄연한 현실이다. (인권운동사랑방 2001)

인권운동사랑방은 사회보호법이 헌법에 위배되지 않는다는 2001년 헌법재판소의 결정을 비판하면서 청송보호감호소의 재소자들은 '교소도와 똑같은 시설에 구금'되어 있으며 '교도관의 관리하에 교도소 이상의 가혹한 처우'를 당하고 있음을 지적한다. 보호감호제도가 합헌이라는 헌법재판소의 논리는 사회보호법이 사실상 이중처벌 금지라는 '근대형법'의 원칙을 위반하고 있다는 것이다.

> 누범전과자들에게 형을 선고하는 외에 보호감호 처분을 선고하고 형집행 후 보호감호시설에 수용하여 직업훈련과 강제노동을 과하

도록 하는 보호감호제도는 그 집행방법이나 집행내용, 집행효과 등이 모두 형법상의 징역형과 차이가 없어 명칭만이 다를 뿐 실질적으로는 형법과 동일한 내용을 가진 신체자유의 제한이므로 이 제도는 이미 처벌받은 범죄사실을 다시 거론하여 이중으로 처벌하는 결과가 되어 헌법 제13조 1항에서 보장하는 거듭 처벌받지 아니할 권리를 침해하는 것이라는 것입니다. (박찬운 2002)

국가인권위로부터 사회보호법의 위헌 여부에 대한 의견을 요청받고 작성한 박찬운의 의견서 역시 보호감호소의 현실이 사실상 헌법 제13조 1항의 '거듭 처벌받지 아니할 권리'를 침해하고 있음을 지적한다. 즉 사회보호법과 보호감호제도는 '집행방법' '집행내용' '집행효과' 등이 '형법상의 징역형과 차이'가 없으므로 이는 명백히 이중처벌이라는 의견을 제시하는 것이다.[*]

사회보호법 및 보호감호제도에 대한 2세대 인권운동의 또 다른 비판은 이 법 자체의 성립절차가 적법하지 않다는 점에 초점이 맞추어져 있다. 특정 법률은 그 성립절차가 적법성을 가져야 정당하다는 법규범을 사회보호법이 위반하고 있다는 것이다.

사회보호법은 전두환정권의 정당성을 선전하기 위해 만든 작품이

---

[*] 2003년 인권단체들 및 사회운동단체들이 연대하여 발족한 '사회보호법 폐지를 위한 공동대책위원회'의 출범 기자회견문에서도 사회보호법은 사실상 '형벌'이라는 점을 강조한다. 이는 사회보호법이 헌법이라는 규범을 위반하므로 그 정당성이 성립될 수 없다는 논리이다. "정부는 사회보호법에 의한 보호감호제도가 형벌이 아니라고 선전한다. 그러나 아무리 상습성이 있다 하더라도 이미 죄에 대한 처벌을 받은 수형자에게 장래에 대한 '재범우려'의 가능성만을 물어 다시 감호소에 수용하는 것을 '형벌'이라는 말 이외에 다른 어떤 용어로 설명할 수 있는가?"(사회보호법 폐지를 위한 공동대책위원회 2003)

다. 그는 '사회정화'란 미명 아래 삼청교육대를 신설하고 이를 합법
화하기 위한 도구로 사회보호법을 제정했다. 80년 사이비 입법기
관인 국가보위입법회의에서 제정된 사회보호법은 그후 20년 동안
명맥을 유지해 왔다. (사회보호법 폐지를 위한 공동대책위원회 2003)

'사회보호법폐지공동대책위'는 사회보호법을 제정한 '국가보위입법위
원회'가 합법적이지 않은 입법기관, 즉 '사이비 입법기관'이므로 이 기
관에서 제정한 사회보호법 자체가 적법성을 갖지 않는다고 비판한다.
　　이상희 역시 사회보호법의 성립절차가 합법성을 결여하고 있기
때문에 그 규범적 정당성이 부재하다는 것을 강조한다.

> 사회보호법은 1980. 12. 18. 국가보위입법회의에서 제정한 것이
> 다. 그런데 위 국가보위입법회의는 국가보위입법회의법에 의해
> 구성되었는데, 이 법을 제정한 기관은 헌법과 법률에 설치근거를
> 둔 것이 아니다. 따라서, 사회보호법도 헌법과 법률에 설치근거를
> 둔 기관에서 제정한 것이 아니므로, 성립절차가 합법적이지 않다.
> (이상희 2003)

이상희의 이러한 비판 또한 '사회보호법폐지공대위'의 논리와 동일
하다. 다만 좀더 법률적 관점에서 이상희는 사회보호법 성립절차의
비합법성을 분명히 제시하고 있을 뿐이다. 사회보호법을 제정한 국
가보위입법회의는 '국가보위비상대책위원회'에서 제정한 '국가보위
입법회의법'에 의해 설치된 기관이다. 그러나 국가보위비상대책위원
회 자체가 '헌법과 법률에 설치근거를 둔 것'이 아니고, 따라서 사회

보호법 역시 '헌법과 법률에 설치근거를 둔 기관에서 제정한 것'이 아니다. 그러므로 사회보호법의 성립절차는 합법성을 갖지 않는다는 결론을 이상희는 제시한다.

이렇게 사회보호법 폐지운동의 과정에서 생산된 2세대 인권운동의 인권담론은 법규범에 기대어 사회보호법을 비판하고 있다. 사회보호법 및 보호감호제도의 인권침해는 무엇보다 이 법과 제도가 법규범을 위반하고 있기에 발생하는 것으로 파악된다. 사회보호법은 사실상 이중처벌 금지의 원칙이라는 헌법규범을 위배하고 있으며 군사력이라는 폭력으로 정권을 장악한 세력이 어떠한 헌법적·법률적 근거도 없이 창설한 기관이 제정한 법이기에 그 법은 성립절차의 합법성 원칙이라는 규범을 위반하고 있다. 사회보호법의 인권침해는 사회보호법이 법규범을 위배하기 때문에 발생한다는 것이 2세대 인권운동의 사회보호법 담론에 드러난 인식인 것이다.

# 4. 2세대 인권운동에서 자유권담론의 특징

**1) 자유권담론을 통해서 본 2세대 인권운동의 인지적 차원**

이상에서 우리는 국가기구의 인권침해에 대한 대응을 중심으로 2세대 인권운동의 자유권담론을 살펴보았다. 앞의 논의에서 검토한 바와 같이 2세대 인권운동의 자유권담론에 나타난 운동의 세계관, 즉 인권침해의 발생원인, 인권침해를 해결하고 방지하기 위한 방안, 이상적 세계상과 이를 지식으로 구성하는 방식은 구조기반 접근과 규범기반 접근이라는 두 가지 계기에 기초하고 있음을 확인하였다.

먼저 구조기반 접근 자유권담론을 통해 2세대 인권운동의 인지적 차원을 살펴보면 인권침해의 원인은 분단구조, 독재체제의 유제, 경제적 불평등 혹은 자본주의 체제 그 자체로 규정된다. 경제구조나 정치질서와 같은 사회구조적 조건 그 자체가 인권침해의 원인이라는 것이다. 가령 2세대 인권운동의 담론에서 국가보안법은 사회적 행위자의 의지에 앞서서 그의 생각·말·행동, 다시 말해 자유를 규제하는 선차적 조건으로 제시된다. 자유권 침해의 원인이 사상통제체제로서 국가보안법이라고 인식되고 있는 것이다.

그렇다면 이와 같은 자유권의 침해를 해결 및 방지하는 방안은 무엇일까? 당연히 국가보안법 폐지이다. 특히 2세대 인권운동은 사상통제체제의 핵심으로서 국가보안법 7조의 우선폐지를 주장하였다. 이러한 주장은 2세대 인권운동의 자유권담론이 상정하는 이상적 세계상을 보여준다. 그것은 사회적 행위자의 생각·말·행동이 국가권력의 감시와 통제에 의해 제한되지 않는 사회질서인 것이다. 그리고 국가보안법 폐지운동에서 2세대 인권운동은 인권침해의 원인, 인권침해의 해결방안, 이상적 세계상에 관한 지식을 인권침해와 인권달성의 구조적 조건으로 강조함으로써 구성하였다.

이렇게 자유권 침해의 원인을 사회구조에서 찾고 그러한 침해의 해결 및 방지의 방안을 반인권적 구조가 구체화된 법제의 폐지나 개혁으로 설정하며 이상적 세계상을 자유권 침해의 구조적 원인이 제거된 사회로 제시하는 구조기반 접근 자유권담론은 수형자인권운동이나 사회보호법 폐지운동에서도 나타난다. 수형자인권운동과 사회보호법 폐지운동에서는 경제적 불평등, 신자유주의, 자본주의 체제 등이 자유권 침해의 원인으로 등장하며 행형법과 사회보호법의 폐지가 그와 같은 권리침해를 해결하고 방지하는 방안으로 제시되며 경제적 평등이나 탈자본주의 사회가 이상적 세계의 상으로 제안되는 것이다.

그런데 여기서 주목해야 할 것은, 2세대 인권운동이 자유권 침해의 사회구조적 원인과 해결책에 대한 제시는 명확하게 하지만 이러한 주장에서 2세대 인권운동이 지향하고 있는 이상적 세계상 혹은 인권을 보장할 수 있는 사회구조의 성격은 매우 모호하게 규정하고 있다는 점이다. 국가보안법 폐지운동 국면에서 생산된 2세대 인권운동의 자유권담론에서 사상통제체제로서 국가보안법의 폐지가 갖는 중요성은 강조하지만 사회적 행위자의 사상의 자유가 보장되는 체제는 어떻게 구축해야 하는지에 대한 구체적 논의는 좀처럼 찾아보기 어렵다. 이상적 세계상이 무척 모호하다는 것이다.

이상적 세계상의 모호성은 수형자인권운동이나 사회보호법 폐지운동과 관련한 담론에서도 마찬가지로 나타난다. 수형자와 보호감호자의 자유를 제한하고 박탈하는 법제는 경제적 불평등을 심화하는 경제질서 혹은 자본주의 계급사회에서 비롯한다고 보지만 이 같은 사회구조를 넘어서 도달하고자 하는 사회상은 단지 '평등한 사회'나 '새로운 사회' 등으로 제시하고 있을 뿐이다. 즉 평등한 사회가 빈곤으로 인한 범죄를 최소화할 수 있는 복지국가인지, 아니면 생산수단의 사회화와 생산의 계획화에 기초한 사회주의 체제인지는 명확히 제시되고 있지 않다. 다만 사회구조적 요인으로 발생하는 빈곤 때문에 범죄를 저지른 사람들이 법정형벌 이상의 인권침해를 당하는 사회에 대한 반대 정도의 소극적 입장이 제시되고 있을 뿐이다.

규범기반 접근 자유권담론의 경우에는 국제인권기준이나 헌법 혹은 법치주의 원리 등으로부터 이탈이 인권침해의 원인으로 등장한다. 국가권력이 이와 같은 규범을 이행하지 않고 있기 때문에 자유권의 침해가 발생한다는 것이다. 2세대 인권운동이 개폐하고자 했던 국가보안법, 감옥법·행형법, 사회보호법 등은 법 자체의 제정절차가 법치주의 규범에서 벗어나며 헌법의 기본정신에 위배되고 국제인권기준에 미달한 것으로 평가되기에 이러한 법제를 인권규범에 입각하여 개폐하는 것이 인권침해의 해결 및 방지책이 된다. 또한 규범기반 접근 자유권담론이 제시하는 이상적 세계상도 상대적으로 분명하게 제시된다. 국제인권기준, 헌법, 법치주의 규범이 국내에서도 이행되어 분명하게 법제화되는 사회가 인권이 달성되는 사회라는 것이다.

국가보안법 폐지운동, 수형자인권운동, 사회보호법 폐지운동 등에서 생산된 2세대 인권운동의 규범기반 접근 자유권담론은 인권침해의 원인, 인권침해 해결 및 방지를 위한 방안, 이상적 세계 등에 관한 사회운동의 지식들을 국제인권기준이나 헌법 등의 인권규범에 입각하여 구성한 것이다.


## 2) 자유권담론에서 규범기반 접근과 구조기반 접근의 접합양상

그렇다면 이 두 가지 인권담론의 관계는 어떤 양상일까? 2세대 인권운동의 자유권담론을 살펴보면 자유권에 대한 구조기반 접근과 규범기반 접근이 서로 다른 자료에서 각각 나타나거나, 아니면 동일한 자료에서 동시에 나타남을 알 수 있다. 하지만 두 계기의 관계는 체계적으로 해명되고 있지 않다. 2세대 인권운동의 자유권담론에서 구조기반 접근과 규범기반 접근은 유기적으로 통합된 상태라기보다는 이질적인 두 계기가 접합(articulation)되어 있는 것이다. 그러나 그 접합조차도 이질적인 것들이 자신의 특성을 유지하면서도 함께 작용하여 어떤 새로운 효과를 만들어내는 방식이라기보다는 병렬적으로 작동하면서 2세대 인권운동의 자유권담론을 구성한다고 볼 수 있다. 이는 구조기반 접근 자유권담론과 규범기반 접근 자유권담론이 착종되어 있다는 것을 의미한다. 양자의 관계가 체계적으로 종합되어 질서 있게 배치되어 있지 못하다는 것이다.*

다시 말해 인권침해의 원인, 해결 및 방지 방안, 이상적 세계상에서 사회구조적 조건과 인권규범의 관계가 2세대 인권운동의 자유권담론에서 통합적으로 제시되지 못하고 있다. 가령 수형자인권운동의 경우 구조기반 접근담론은 감옥법·행형법을 경제적 불평등이 구조화된 사회를 위협하는 빈곤층을 격리시키는 법제 혹은 '지배계급의 방위'를 위한 법제로 인식한다. 규범기반 접근담론은 '시민적·정치적 권리에 관한 국제규약' 및 그 선택의정서, '국제연합 피구금자처우 최저기준규칙' '국제연합피구금자보호원칙' '변호사의 역할에 관한 기본원칙' '미결구금자에 관한 결의' '유럽인권조약' '유럽형사시설규칙' 등 국제인권기준이나 국민의 인권을 보장하는 것을 최우선으로 하는 헌법규범을 위배하는 법제라고 비판하고 있는 것이다.

그렇다면 이러한 감옥법·행형법의 인권규범들 위배와 경제적 불평등을 구조화하는 경제체제 혹은 자본주의 계급사회의 관계는 무엇이란 말인가? 2세대 인권운동은 수형자인권운동을 비롯한 자유권운동을 전개하면서 불평등한 경제체제라는 인권침해의 사회구조적 차원을 주목하였지만, 국제인권기준이나 대한민국 헌법이 사회구조의 변혁과 어떤 관계인지는 규명하지 못했던 것이다. 이는 2세대 인권운동의 인지적 차원에 균열이 있음을 의미한다. 사회구조를 중심으로

---

* 국립국어원의 『표준국어대사전』에서 착종을 "이것저것이 뒤섞여 엉클어짐"이라고 정의하는 것처럼 착종은 이질적인 것들이 서로 내적인 질서를 형성하지 못한 채 공존하는 상태를 뜻한다. 즉 구조기반 접근 자유권담론과 규범기반 접근 자유권담론이 2세대 인권운동의 자유권담론의 이론화 전략에서 핵심적 계기를 형성하고 있으나 양자의 관계는 체계적으로 종합되지 못한 채 뒤섞여 있다는 것이다.

형성된 세계관의 수준과 인권규범을 중심으로 형성된 세계관의 수준 사이에 균열이 있다는 것이다.

이것은 2장에 살펴본 바와 같이 변혁운동의 계기와 국제인권체제의 계기의 관계가 2세대 인권운동의 이론체계에서 명확하게 규정되지 못한 채 동시적으로 이 운동을 규정해 왔기 때문이라고 할 수 있다. 앞의 논의에서 확인한 바와 같이 자유권에 대한 구조기반 접근담론은 변혁운동의 사회구조 중심의 문제의식과 긴밀하게 연관되어 있으며, 규범기반 접근담론은 국제인권기준의 계기와 밀접하게 결부되어 있다. 변혁운동의 계기와 국제인권기준의 계기가 만나면서 형성된 2세대 인권운동의 자유권담론은 구조기반 접근담론과 규범기반 접근담론을 통해서 인지적 실천의 구체적 내용을 구성하고자 했던 것이다.

자유권운동에서 구조기반 접근담론과 규범기반 접근담론의 접합이 착종의 양상으로 이루어지면서 발생한 효과는 2세대 인권운동의 인지적 차원 내부의 균열이다. 이는 2세대 인권활동가들이 인권운동론의 부재나 인권운동 현장에 기반을 둔 인권연구의 부재라는 문제제기에서도 일정하게 나타나는 인식이다. 인권연구소 창이 2007년 인권활동가 50인을 대상으로 진행한 인터뷰에서 활동가들은 '인권이론의 부재'가 인권운동의 한계가 되고 있다고 지적한다.

"맨땅에 헤딩을 해왔다. 구조적으로 진득하게 연구하는 사람이 없다. 테크니컬한 부분에서 자문을 받을 수 있지만 활동가만큼 제대로 된 논거를 만들 수 있는 사람들은 없다. 정부 쪽에 들어간 사람이 많고 학자들 속에서 소통을 하고 뭔가를 만드는 작업들도 잘 진행되지 못하는 것이 연구자집단이 없는 요인이다."

"왜 우리가 사회를 바꿔야 하고 어떠한 무슨 사회로의 변화인가를 구체적으로 이야기해 줄 수 있는 집단연구가 절실히 필요하다. 그럴 때만이 당사자주의의 한계와 논리를 극복할 수 있다."

"인권연구는 기존 인권개념의 문제를 드러내고 재구성하는 작업, 인권이 주창하는 가치들에 대한 철학적 정립을 해줘야 한다. 연구가 너무 법에 빠져 있다."

"학자가 없다 보니 이론적 기반에 대한 공부도 활동가가 해야 한다."(인권연구소 창 2007)

한마디로 현장에서 인권활동을 수행하는 데 있어서 이론적 도움을 받기가 어렵고, 현장의 인권운동과 밀접하게 결부되어 인권문제를 연구하는 연구자도 없으며, 인권이론의 구축을 위한 활동가와 연구자의 소통이나 협업도 없다는 것이다. 이러한 문제제기는 2세대 인권활동가들이 인권운동을 수행하면서 자신의 실천이 근거할 수 있는 이론이 불충분하다는 걸 절감했음을 의미한다.

사실 2세대 인권운동을 위한 인권이론 및 인권운동론의 필요에 대한 요구는 아주 오래된 것이다. 1993년 서준식의 「우리의 인권운동, 어디로 가야 하나?」, 1995년 이대훈의 「인권운동과 보편적 인권규범: 그 7대 딜레마(1)」, 1998년 서준식의 「진보적 인권운동을 위하여」, 2000년 김형태의 「인권운동, 그 위기와 기회」, 2006년 박래군의 「진보적 인권운동은 끊임없는 재구성의 작업」 그리고 2013년 역시 박래군의 「인권운동의 현상황과 방향제언」에서도 인권운동의 향후 과제로 인권이론 및 인권운동론의 구성이 제시되어 왔다. 그러니까 매우 오래전부터 반복적으로 활동가들 사이에서도 인권개념 및 인권 운동론의 구축에 대한 요구가 있어온 것이다.

하지만 이러한 요구가 2세대 인권운동이 출발하던 시점부터 20년이 지난 시점에서도 반복되는 것은 20년의 시간 동안 결국 2세대 인권운동이 이와 같은 인권이론 및 인권운동론의 생산에 실패했음을 의미한다고 할 수 있다. 그리고 이러한 실패는 변혁운동의 계기와 국제인권기준의 계기 사이의 관계를 이론적으로 통합하지 못했고, 2세대 인권운동의 인지적 차원이 구조기반 접근담론과 규범기반 접근담론의 균열을 극복하지 못했기 때문이라 할 수 있다.

하지만 자유권에 대한 2세대 인권운동의 인지적 차원에 존재하는 이러한 균열이 반드시 부정적 효과만을 일으킨 것은 아니었다. 2세대 인권운동은 인권침해적인 국내의 법제를 개폐하기 위한 활동에서 국제인권기준을 활용해서 국가권력을 압박함으로써 그와 같은 인권침해적 법제의 폐지나 개선에 일정하게 성공했다. 그러면서도 국가보안법, 행형법, 사회보호법 등 인권을 침해하는 법제의 구조적 조건을 동시에 강조함으로써 법제만이 아니라 사회구조의 성격이 인권달성의 중요한 조건이라는 인식을 유지해서 자유권운동이 단순히 법제 개혁운동에 머물지 않을 수 있는 전망을 제공하기도 했다.

2세대 인권운동의 자유권담론이 구조기반 접근담론과 규범기반 접근담론의 접합으로 나타나는 또 다른 양상은 2세대 인권운동의 실천과정에서 구조기반 접근담론보다는 규범기반 접근담론에 입각한 문서들이 더 많이 생산되었다는 것이다. 즉 2세대 인권운동의 자유권담론 내에서 규범기반 접근이 구조기반 접근에 대해서 상대적으로 우위를 점하면서 접합되어 있다고 할 수 있다. 그리고 이는 2세대 인권운동의 시간이 흐를수록 더욱더 강하게 나타나는 경향이다.

왜 2세대 인권운동의 자유권담론에서 이러한 규범기반 접근의 상대적 우위가 형성되었을까? 이 상대적 우위는 무엇보다 2세대 인권운동이 자유권의 방어와 보장을 위해서 활동해 온 방식과 관련되어 있다. 군사독재정부 시기 국가폭력에 의한 시민적 자유의 억압과 박탈은 대통령에서부터 사법기관, 경찰, 군대, 정보기관 등의 책임자 및 실무자에 이르기까지 그들의 자의에 의해서 이루어져 온 것이 사실이었지만, 그럼에도 불구하고 그 같은 국가폭력의 법률적 근거가 형식적으로나 존재해 왔다. 하지만 군부독재정권의 퇴진 이후 민주화의 진전이 이루어지면서 정부기구 종사자의 자의적 국가폭력은 대폭 감소되었으나 군부독재 시절에 제정된 법제는 온존하고 있었다.

국가보안법, 행형법, 사회보호법 등이 대표적 법제이다. 자유권을 억압하고 박탈해 온 국가폭력은 이러한 법제에 근거하고 있었고 국가폭력으로부터 자유권을 방어하고 보장하기 위해서는 그와 같은 법제의 폐지나 개선이 필수적이었다. 다시 말해 국가폭력에의 대항으로서 2세대 인권운동의 자유권활동에서 법률의 폐지와 개정은 중심적 실천방식이었다. 따라서 행형법의 폐지와 개정 작업에서 변호사나 법학자 같은 법률전문가들의 역할이 중요해질 수밖에 없었다.

국가폭력의 자유권 침해를 보장하는 법률의 폐지와 개정을 위한 활동에서 그 법률의 폐지 내지는 개정의 법리적 당위성과 정당성을 입증하는 작업이 자유권운동의 중요한 방식으로 채택되었다. 사회운동단체가 개최하는 공청회나 토론회, 언론기고와 기자회견 그리고 위헌소송 등이 그 중요한 활동이 된 것이다. 그리고 이 과정에서 2세대 인권운동의 자유권담론은 주로 변호사와 법학자들이 생산했다.

이들은 국가보안법, 행형법, 사회보호법 등이 폐지 혹은 개정되어야 함을 주장하면서 그 근거를 국제인권기준이나 헌법, 다른 법률 조항 등에서 찾는 규범적 논증을 수행하였다. 그리고 활동가들 역시 국가폭력을 제도화하는 법률을 비판할 때 변호사와 법학자들의 규범적 논리를 종종 차용하였다. 이와 같이 법률의 폐지나 개정 활동을 중심으로 국가폭력에 대항하는 자유권운동이 전개되면서 2세대 인권운동의 자유권담론에서 구조기반 접근담론보다는 규범기반 접근담론이 우세를 차지하게 된 것이다.

또한 규범기반 접근의 상대적 우세는 2세대 인권운동이 준거하는 자유권규범의 구체적 내용과도 관련되어 있다. 그 규범은 앞에서 살펴본 바와 같이 세계인권선언, 시민적·정치적 권리에 관한 국제협약, 일반논평들, 한국의 자유권상황에 대한 유엔 권고문들, 유엔 피구금자처우에 관한 최저규칙 등과 같은 국제인권기준과 대한민국의 헌법이나 법률조항 그리고 법학적 전통에서 형성되어 온 인권보장의 원칙 등이다. 2세대 인권운동의 자유권담론을 구성하는 구체적인 규범들은 법률적 성격을 강하게 띠고 있는 것이다.

그렇기 때문에 한국사회의 맥락에서 이 규범을 해석하고 적용하는 활동에서도 인권단체의 활동가들보다는 법률적 전문지식을 갖춘 변호사나 법학자들이 주도적인 역할을 하게 되었다. 국가보안법, 행형법, 사회보호법 등에 대한 비판에서 법률전문가들은 그 법들이 어떤 측면에서 국제인권기준이나 헌법 등의 규범에 어긋나는지에 초점을 맞추었다. 법률적 성격이 강한 국제인권기준이나 헌법 등의 규범에 입각하여 자유권담론이 주로 형성되면서 2세대 인권운동의 자유권담론에서 규범기반 접근이 구조기반 접근보다 우위를 차지하게 된 것이다.

제5장

1993 ●━●━●━●━●━●━●━●━●━●━●━●━●━●━● 2012

신자유주의에 맞서는 인권담론:
2세대 인권운동의 사회권담론

# 1. 2세대 인권운동과 사회권

인권의 분류상 사회권은 흔히 20세기에 출현한 권리범주라고 이해된다. 마셜은 '권리들의 형성시기'를 나누면서 '사회권은 20세기'에 등장했다고 주장한다(Marshal 1950 p. 14). 그러나 스기하라의 경우는 사회권에 대한 구상이 이미 프랑스혁명 초기, 특히 상퀼로트 운동으로부터 시작되었음을 지적한다. 즉 개인의 신체·사상·양심·표현 등의 자유와 참정권만이 아니라 보편적 인권으로서 경제적 평등에 대한 요구가 이미 18세기에 등장했다는 것이다(스기하라 1995). 즉 사회권은 근대적 사회질서가 수립되는 시기에 이미 출현했던 인권구상이었다고 할 수 있다. 이때 사회권은 프랑스혁명의 최종적 승리자가 되는 백인 부르주아지 남성의 입장과는 다른 하층민중의 입장과 그들의 투쟁과정에서 형성된 인권개념이었다. 사회권에는 이러한 경제적 평등을 위한 민중의 투쟁이라는 역사적 배경이 있다(정정훈 2014).

한국의 경우에는 인권단체들이 1993년 비엔나 세계인권대회에 참여하면서 '경제적·사회적·문화적 권리에 관한 국제협약'이나 외국의 사회권운동의 존재를 인지하였지만 사회권을 인권운동의 중심적 의제로 설정하게 된 것은 1998년 한국이 IMF 관리체제 아래 놓이게 되면서부터이다. 1998년부터 IMF가 요구한 구조조정, 아니 한국정부에 의한 IMF의 요구안보다 더 가혹한 구조조정이 시작되면서 한국사회의 경제적 불평등이 심화될 뿐만 아니라 그 불평등이 구조화되었다(지주형 2011; 신광영 2013). 2세대 인권운동이 사회권에 주목한 것은 바로 구조화된 불평등 및 경제적 고통의 심화에 대한 저항이라는 맥락에서였다. 다시 말해 한국에서도 사회권은 경제적 평등을 위한 투쟁의 맥락에서 재발견된 인권개념이었다.

본문에서 더 분명하게 확인하게 되겠지만, 2세대 인권운동의 사회권담론은 이 운동의 변혁운동적 계기에서 연원한다. 2세대 인권운동 역시 80년대 변혁운동과 마찬가지로 자본주의 체제 자체에 대해 비판적이었으며 인간의 권리를 보다 더 높은 수준에서 체계적으로 보장하기 위해서는 자본주의 체제를 극복하고 다른 정치적·경제적 체제로 이행해야 한다는 문제의식을 2세대 인권운동 역시 일정하게 견지하고 있었다.

그러나 2세대 인권운동은 그러한 체제변혁을 위한 이론적 자원을 변혁운동의 경우처럼 더 이상 마르크스주의나 민족주의에서 찾지 않았고 인권담론에서 발견하고자 했다. '경제적·사회적·문화적 권리에 관한 국제협약'을 비롯한 사회권에 관한 국제인권기준 및 외국 인권운동의 사회권자료들이 그러한 이론적 자원의 역할을 하게 되었다.

그러나 자본주의 체제 변혁이라는 문제의식에서 출발한 사회권운동이 자본주의 체제 변혁에는 무관심한 국제인권기준을 그 이론적 자원으로 삼게 되면서 문제의식과 그 문제의식을 표현하고 구현하기 위한 담론적 수단 사이에 일정한 괴리가 발생하게 된다. 이러한 괴리로 인해 2세대 인권운동의 사회권활동이 전개되면서 사회권담론에서 국제인권기준에 대한 준거는 약화된다. 하지만 그렇다고 국제인권기준을 대체할 다른 이론적 자원을 구비하지도 못하는 상황에 2세대 인권운동은 처하게 된다.

이 장에서는 인지적 실천으로서 2세대 인권운동의 사회권담론을 분석하고 그 종별성을 구성하는 인지적 차원의 특성을 밝히고 이러한 논의를 통해 사회권에 대한 구조기반 접근담론과 규범기반 접근담론의 접합이 2세대 인권운동의 인지적 차원을 특징짓고 있음을 보이고자 한다. 또한 이와 더불어 2세대 인권운동의 사회권담론에서도 구조기반 접근과 규범기반 접근이 접합되는 양상은 자유권담론의 경우와 달리 규범기반 접근에 대한 구조기반 접근의 우위라는 형태로 전개되고 있고, 이로 인해 2세대 인권운동의 사회권담론은 사회권을 침해당하는 당사자들의 직접행동과 이에 대한 연대를 강조하는 직접행동주의 경향을 강조하지만 동시에 사회권담론이 '인권'담론으로서 갖는 종별성이 약해지는 결과가 나타났음을 보게 될 것이다.

# 2. 사회권운동 초창기: 규범기반 접근담론의 우위

## 1) 『인간답게 살 권리』, 사회권담론의 본격화

이미 서술한 바와 같이 2세대 인권단체들의 사회권운동은 1997년 IMF 구제금융사태 이후 본격화된 한국사회의 신자유주의적 재편에 의해 추동되었다. 2세대 인권운동의 초창기 사회권담론은 사회권에 대한 구조기반 접근과 규범기반 접근이 착종된 상태에서 형성되었다. 이를 가장 전형적으로 보여주는 문서가 한국 인권운동의 역사에서 사회권을 최초로 체계적으로 규정하고자 시도한 『인간답게 살 권리: IMF 이후 사회권 실태보고서』이다.

　이 문헌은 인권운동사랑방이 사회권이라는 의제를 제기하는 이유와 배경, 사회권의 개념 및 의미를 담은 총론(1부), 신자유주의와 빈곤, 노동권, 사회보장에 대한 논의를 통해 경제적 불평등 문제의 인권적 해결책으로서 사회권에 관한 논의(2부), 건강권·교육권·주거권 등의 문제를 공공성의 관점과 연결시킨 사회권 개념(3부), 여성·이주노동자·장애인·노숙자 등 소수자의 사회권(4부), 신자유주의 시대라는 사회경제적 조건 아래서 문화·과학기술·환경의 문제를 인권의 관점에서 조망함으로써 사회권을 확장하는 시도(5부)로 구성되어 있다.

이와 같은 다양한 의제를 사회권의 관점에서 다루고 있지만 『인간답게 살 권리』에 실린 글들의 논리전개는 기본적으로 인권침해의 원인을 신자유주의/자본주의라는 사회경제적 구조에서 찾고 있으며, 그 해결의 방향은 국제인권기준상의 사회권규정을 통해서 설정하는 방식으로 구성되어 있다.

우선, 사회권이 어떻게 개념화되고 있는가의 문제부터 살펴보자. 이 문서의 첫번째 글인 이주영의 「왜 우리는 사회권을 이야기하는가」는 사회권을 다음과 같이 규정하고 있다.

> 사회권은 최저한의 생존뿐만 아니라 보다 나은 삶의 질을 함께 누릴 수 있는 권리이며 여기에는 참여와 자기결정이란 민주적 요소가 포함되는 방향으로 나아가고 있다. (인권운동사랑방 사회권위원회 1999, 20쪽)

같은 문서에 실린 이정은의 「사회권의 개념과 국제사회의 논의」에서도 사회권은 유사하게 규정되고 있다.

> 사회권은 단순히 생존을 위한 물질적 조건을 확보하는 것만을 의미하지 않으며 사회가 발전함에 따라 변화하는 삶의 질을 누리고 그 과정에 적극적으로 참여하여 스스로 결정할 수 있는 권리를 포

함하는 포괄적 개념이다. (같은 책, 54쪽)

사회권에 대한 이상의 규정에서 사회권이란 우선 단순히 인간의 생물학적 생존을 유지할 수 있는 경제적 자원을 보장받을 권리를 넘어서 '보다 나은 삶' 혹은 '사회가 발전함에 따라 변화하는 삶의 질'을 누릴 수 있는 권리, 즉 단순한 생존 이상의 권리로 이해되고 있다. 또한 그와 같은 생존 이상의 권리는 국가나 사회가 일방적으로 보장해 주는 것이 아니라 참여와 자기결정을 통해 민주적이고 주체적으로 보장되어야 하는 권리임이 강조되고 있다.

그러나 이 책에 의하면 IMF 관리체제가 시행된 지 1년이 지난 시점의 한국사회에서 사회권은 퇴보하고 있고 이러한 사회권을 침해·박탈·유보당하는 사람들이 매우 많이 늘었다. 『인간답게 살 권리』는 그 원인을 명백히 '신자유주의'에서 찾고 있다. 이주영은 이렇게 쓰고 있다.

무엇이 이런 상황을 초래하는가? 최근 몇 년간 한국을 비롯해 대다수의 나라들에서 가속되고 있는 자본의 자유화와 탈규제가 이 물음에 대한 답을 제공한다. 경제적 삶에 대한 국가의 조절기능 대부분이 시장에 의해 좌우되는 방향으로 해체되고 있으며, 공공부문의 산업과 서비스는 축소되거나 사라지고 있다. '신자유주의'로 표현되는 이 같은 일련의 움직임이 갖는 공통점은 시장에 막강한 권한을 부여한다는 점이다. 반면 인간의 존엄을 유지할 생존의 권리는 시장의 자유 앞에서 부수적 사항으로 전락한다. (같은 책, 23쪽)

'경제적 삶에 대한 국가의 조절기능'이 '시장의 자유화와 탈규제'를 핵심으로 하는 경제논리에 의해 좌우되는 결과, 인간의 존엄성을 유지할 수 있는 수준의 생존권은 시장의 효율성에 비해 부수적인 상황으로 전락하게 되었다는 것이다. 이러한 현상을 한마디로 표현한 단어가 바로 '신자유주의'이다. 신자유주의에 의한 인간존엄성 및 생존의 권리의 부차화는 결국 '인권침해의 구조적 원인'(같은 책, 26쪽)이된다.

　이 문헌의 다른 글들에서도 동일한 인식이 나타난다. 가령 조성은의 글 「신자유주의와 인권」은 자본의 세계화를 지지하는 신자유주의자들의 시각은 인권의 관점과 근본적인 충돌을 일으키고 있다고 파악한다. 인간에 대한 관점에서 인권은 인간을 존엄한 존재이자 목적으로 이해하지만 신자유주의는 인간을 "경제의 객체 또는 대상으로 취급한다"는 것이다. 또한 국가에 대한 시각에서도 양자는 충돌하는데 인권의 입장에서는 "일반적 인권은 국민국가 내에서 시민권으로서 법제화될 때 비로소 그 실체를 확보할 수 있는 것"이며 근대 이후 인권보장을 위한 민중의 투쟁은 국가를 인권보장체계의 담지자로 만들어왔다. 하지만 신자유주의 질서의 세계화는 "국민국가의 사회경제적 개입을 대폭 제한"하였고 특히 국가의 기능은 "금융자본/기업의 활동을 보장하는 데" 집중된다고 파악한다. 그 결과 "신자유주의 신념체계는 인권을 둘러싼 상황에 심각한 변화를 일으키고 있는것"이다(같은 책, 85~89쪽).

　이외에도 빈곤, 노동, 주거, 건강, 교육, 소수자, 문화, 과학기술, 환경 등 분야별 사회권의 상황을 다루는 글들 역시 각 분야에서 일어나는 사회권 박탈의 일차적 원인을 신자유주의 질서의 전지구화에서도 찾고 있다. 이는 국내에서 사회권담론을 본격적으로 생산한 인권운동사랑방의 경우 신자유주의 경제질서를 사회권 침해의 구조적 원인으로 파악하고 있음을 보여준다고 하겠다.

나아가서 근본적 차원에서는 단지 신자유주의만이 문제가 아니라 자본주의 경제체제 그 자체가 사회권의 박탈을 막는 근본원인으로 파악됨과 동시에 사회권의 실현조건은 자본주의와는 다른 경제적 구조의 구축으로 제시된다.

'삶의 질의 후퇴'나 '경쟁의 격화'를 빈곤의 원인으로 보는 것은 이미 자본주의 체제 구조상의 불평등구조를 그 자체로 인정하고 있는 것이다. 양적으로 좀더 부유하거나 빈곤할 수 있다는 정도의 차이가 아닌 자본의 운동이 야기하는 불평등의 구조를 타파하고 인권의 보장을 위한 근본적인 대안모델을 고민할 때이다. (같은 책, 131쪽)*

근본적으로 자본주의 경제구조, 더 직접적으로는 신자유주의가 사회권 침해의 구조적 원인으로 제시되며, 이러한 경제구조를 변혁하여 사회권이 보장될 수 있는 경제구조를 구축해야 한다고 인식한다는 점에서 『인간답게 살 권리』는 명백하게 구조기반 접근에 입각해서 사회권담론을 만들어내고 있다는 것이다.

다시 말해 2세대 인권운동의 구조기반적 접근의 사회권담론에는 자본주의 체제의 모순과 질곡의 구조를 변혁하고자 하는 변혁운동적 문제의식이 연속되고 있는 것이다. 당시 인권운동사랑방에서

---

* 사회권 침해와 박탈의 원인이 단지 신자유주의 질서라는 자본주의 경제체제의 특정 형태에 있는 것이 아니라 근본적으로 자본주의 경제구조 그 자체에 있다는 문제의식은 상기 인용한 박래군의 글만이 아니라 다른 글들에서도 나타난다.

활동했던 박래군은 이 글을 쓰기 위한 과정에서 진행한 인터뷰에서 사회권운동에 대한 인권운동사랑방의 문제의식을 다음과 같이 회고하는 점 역시 이를 보여준다.

> 인권운동이 자본주의를 넘어서려는 중심운동은 아니었지만, "그것을 밀고 나가는 데 기여하는 운동이 될 수 있지 않겠느냐, 사회권을 밀고 나가면 자본주의의 구조를 바꿔가는 운동이 될 수 있지 않겠냐"라는 논의가 사랑방 안에서 학습되고 이야기되었던 것 같아요. 이러한 고민에서 진보적 인권운동과 관련된 이야기도 나오게 된 거죠. (박래군 2017, 10쪽)

인권운동이 노동자계급의 혁명적 운동과 같이 '자본주의를 넘어서려는 운동', 곧 반자본주의적 변혁운동의 중심이 되는 운동은 아니지만 자본주의 변혁운동에 '기여하는 운동'이 될 수 있다는 문제의식, 인권운동이 사회권운동을 통해서 '자본주의 구조를 바꿔가는 운동'으로서 역할을 할 수 있다는 문제의식이 2세대 인권운동의 사회권담론을 추동하고 있었고 이러한 변혁운동적 문제의식이 사회권담론에 대한 구조기반 접근으로 드러났던 것이라 할 수 있다.

그러나 『인간답게 살 권리』에는 동시에 사회권에 대한 규범기반 접근 역시 나타난다. 사회권의 개념을 다루는 이정은의 「사회권의 개념과 국제사회의 논의」는 이 자료가 사회권을 어떻게 이해하고 있는지를 분명하게 보여준다. 이 글에서 사회권 개념의 역사적 형성과정을 먼저 서술한 이후 사회권의 개념을 규정한다. 이 글의 4절 "사회권이란 무엇인가"는 '세계인권선언'의 전문과 '경제·사회·문화적 권리에 관한 국제조약'(이하 사회권규약)의 11조 1항의 사회권 개념 인용으로 시작한다. 이 글에 따르면 "여기서부터 사회권은 출발한다"(인권운동사랑방 사회권위원회 1999, 54쪽).

그런데 자본주의 경제질서는 그 원리상 사회권규약과 충돌한다. "자본주의 체제에서는 불가피하게 기본적인 삶을 유지할 생존의 권리도 부정되기 쉽다"는 것이다(같은 책, 55쪽). 특히 현재의 "신자유주의 경제논리는 사회적 권리의 내용마저 무너뜨리고 있다"(같은 곳). 근본적으로는 자본주의, 직접적으로는 신자유주의가 파괴하는 사회권이란 세계인권선언이나 사회권규약과 같은 국제인권기준이 규정하는 사회권이라는 뜻이다.

그러므로 사회권을 방어하고 확보하는 것이 당대 인권운동의 주요한 과제가 되는데, 이때 무엇보다 필요한 관점은 사회권의 침해 및 박탈의 원인이 사회구조에 있으며 동시에 사회권의 보장 역시 그것을 가능하게 하는 사회구조의 구축을 통해 가능하다. 다시 말해 "인권의 내용을 충실히 하기 위해서는 무엇보다도 공정한 사회적·경제적 구조가 뒷받침되어야 한다"(같은 책, 66쪽).

이는 분명 구조기반 접근의 시각을 보여주는 논의이지만, '인권의 내용'을 담보할 수 있는 '사회적·경제적 구조'를 구축하기 위한 사회권운동의 근거는 다시 국제인권기준이 된다. 이때 이정은이 주목하는 국제인권문헌은 1986년 유엔총회에서 제정된 '발전권선언'((Declaration on the Right to Development)이다.* 이정은에 따르면 "기

---

\* 인권침해의 구조적 원인을 비판하고 인권보장을 위한 사회경제적 구조의 중요성을 강조한 발전권선언이 유엔총회에서 제정된 것은 1986년이지만, 인권문제의 구조적 성격에 주목한 국제인권문헌의 역사는 더 오래되었다. 1964년 유엔무역개발협력기구 (United Nations Conference on Trade and Development, UNCTAD)는 "국제적 차원

존에 성립된 경제·사회·문화적 권리와 별도로" 발전권선언이 만들어진 이유는 "기존의 인권개념이 개별적이고 나열적이기 때문에 발전권 속에 인권침해와 인권향상의 '구조적' 접근을 담기 위해서"였다 (같은 책, 67쪽).

그러므로 국제인권기준으로서 사회권이 신자유주의 경제구조에 의해 심각하게 위기를 맞게 된 상황에서 발전권선언은 이러한 상황에 대응하고자 하는 인권운동의 중요한 준거점이 된다. 발전권선언은 인권문제를 구조적 차원에서 이해하고 해결해 가기 위한 인식론을 제공하기 때문이다.

이처럼 인권에 대한 통합적 시각을 제공하는 발전권 논의는 세계화시대에 나타나는 다양한 문제를 경제·사회·문화적 권리의 침해라는 책임구조로 바라보게 한다. 즉 세계화와 함께 빈곤화와 불평등이 심화되고 전세계적으로 실업이 증대되는 상황 자체는 기존의 인권체제 중에서도 경제·사회·문화적 권리가 침해되고 있는 현상을 그대로 드러낸다는 것이다. (같은 책, 69쪽)

신자유주의 질서의 전지구화로 인해 사람들이 겪는 불평등의 심화와 빈곤 등 고통의 문제를 해석하고 가치평가하며 해결의 방향을 제공하는 근간은 발전권이라는 국제인권기준인 것이다. 발전권에 대한 강조에는 사회경제적 불평등과 빈곤 등이 유발하는 고통의 구조적 원인을 주목해야 한다는 문제의식이 강하게 드러난다. 이러한 맥
—
에서 균등한 경제자원의 분배 없이 주권국가 간의 평등은 의미가 없다"는 성명을 발표하였으며, 이러한 문제의식에 입각하여 1969년 "사회 진보와 개발에 관한 선언"이 발표되었던 것이다.

락에서 보자면 『인간답게 살 권리』는 국제인권기준을 사회권의 준거로 소개하고 이에 입각한 사회권 실현을 주장할 때도 근본적인 수준에서는 자본주의 경제체제 또는 신자유주의 경제질서와 같은 사회권을 침해하고 박탈하는 핵심 원인인 사회구조의 변혁이라는 문제의식을 강조하고 있다고 평가할 수 있다. 이런 맥락에서 2세대 인권운동 초기 사회권담론에서 국제인권기준의 실현이라는 문제의식은 사회구조의 변혁이라는 문제설정에 비해 부차적인 것으로 보인다.

하지만 신자유주의나 자본주의 체제로 인해 발생하는 고통을 해석하고, 그러한 고통을 유발하는 사회구조가 변화되어야 할 근거와 방향을 사회구조에 대한 분석에서 도출해 내는 인권 개념과 이론은 2세대 인권운동에 부재했다. 사회권의 구조적 차원을 강조하지만 그 구조의 변혁 가능성을 인권의 관점에서 사회구조를 가지고 분석할 수 있는 인권관점의 사회이론에 공백이 있었던 것이다.

국제인권기준이라는 인권규범은 바로 이 공백을 채우는 역할을 했다. 이제 신자유주의/자본주의로 인해 초래되는 구조적 고통은 구체적으로 국제인권기준이 규정하는 사회권에 대한 침해로 해석될 수 있다. 이러한 고통이 극복되어야 하는 이유는 국제인권기준이 규정하는 사회권의 침해나 박탈을 불러일으키기 때문이라는 규범적 근거에서 찾을 수 있다. 그리고 사회구조적으로 발생하는 고통을 극복하는 방향 역시 국제인권기준이 규정하는 사회권의 실현으로 제시할 수 있게 된다. 사회권의 보장을 위해 신자유주의 혹은 자본주의의 변혁은 국제인권기준과 같은 규범에 입각하여 당위로서만 제시될 뿐인 것이다.

인권침해의 구조적 성격을 강조하기 위해서 발전권 선언이라는 국제인권기준의 중요성을 주목하는 점 또한 이를 보여준다. 발전권이라는 국제적 인권기준은 신자유주의 질서의 전지구화로 사람들이 겪는 불평등의 심화와 빈곤 등 고통의 문제를 국제인권기준상의 사회권침해로 해석할 수 있게 하는 규범적 준거가 된다는 것이다. 즉 신자유주의는 사회권을 침해하는 구조적 원인이 된다는 점에서 국제인권기준을 해치는 경제질서로 규정되고 있다. 이는 2세대 인권운동의 사회권담론이 사회권을 개념적으로 규정하고 사회권의 구체적 목록 및 내용을 국제인권기준에 입각해서 이해하고 있으며, 그러한 권리가 보장되는 상태를 규범적으로 정당한 상태로 인식하고 있음을 보여준다고 하겠다.

그렇기 때문에 신자유주의 경제구조로 인해 발생하는 불평등과 빈곤 등 인간이 경험하는 고통을 극복하기 위해서는 국제인권기준이 규정하는 사회권이 한국사회에서도 제도적으로 보장되어야 한다. 가령 「인권의 관점에서 본 빈곤」에서도 빈곤에 대한 인식방식은 국제인권기준상의 사회권이 박탈되는 상태로 규정한다.

유엔인권위원회가 1996년 빈곤퇴치를 위한 국제기구들의 활동을 정리하여 발표한 보고서는 종합적인 관점에서 빈곤문제에 대한 인권적 관점을 정리하고 있다. 빈곤은 근본적으로 인간존엄과 평등의 원칙에 위배되는 상황이다. 또한, 빈곤은 인권의 불가분성과 상호의존성의 원칙에도 위반한다. 빈곤의 상황에 처한 개인은 공적, 사적 자유를 행사하기 어렵다. (같은 책, 103쪽)

이어서 이 글은 빈곤으로 인해 박탈되는 권리들을 국제인권조약들을 가지고 정리하면서 빈곤문제에 접근하기 위한 인권운동의 인식론적 근거를 국제인권기준에서 찾는다.* 그리고 이러한 관점은 다른 분야별 사회권논의에서도 일관되게 나타난다. 노동권의 경우는 사회권규약 6조 노동의 권리, 7조 공정하고 유리한 노동조건 향유권, 8조 노동기본권 등이, 사회보장의 경우는 사회복지에 대한 접근성, 의료급여·상병급여·실업급여·노령급여·고용재해급여·가족급여·출산급여·유족급여 등의 지급상황, 사회복지제도의 설립과 운영에서의 민주적 참여 문제 등의 국제노동기구(International Labour Organization, ILO)조약이 중요한 근거가 된다.

이렇게 사회권규약을 비롯한 국제권리장전이나 ILO조약, '모든 이주노동자와 그 가족의 권리 보호에 관한 국제규약', 유엔 장애인인권선언, 유네스코가 1998년 개최한 세계문화발전위원회의 보고서인 "우리의 창조적 다양성" "인간환경선언" 등과 같은 유엔 산하 국제기구의 선언·규약·보고서·논평·권고 등이 신자유주의 질서의 전지구화로 인해 초래된 인간의 고통을 극복하기 위한 규범적 근거로 제시된다.

이러한 점에서 2세대 인권운동이 최초로 사회권에 대한 체계화

---

* 가령 빈곤으로 인한 권리박탈은 다음과 같은 국제인권조약상의 권리를 침해한 것으로 이해된다. "1. 품위 있는 생활수준에 대한 권리(세계인권선언 25조, 사회권규약 11조) 2. 주거의 권리(사회권규약 11조) 3. 교육받을 권리(세계인권선언 26조, 사회권규약 13조) 4. 일할 권리(세계인권선언 23조, 사회권규약 6·7·8·9조) 5. 건강을 지킬 권리(세계인권선언 25조, 사회권규약 12조) 6. 가족을 보호할 권리(세계인권선언 16조, 사회권규약 7·10조, 자유권규약 23조) 7. 사생활에 대한 권리(세계인권선언 12조, 자유권규약 17조) 8. 법 앞에서 한 개인으로서 인정받고 등재될 권리(세계인권선언 6조, 자유권규약 16·24조) 9. 생명에 대한 권리와 신체적 보전에 대한 권리(세계인권선언 3조, 자유권규약 6·9조) 10. 정의에 대한 권리(세계인권선언 10·11조, 자유권규약 14·15조) 11. 정치문제에 참여할 권리(세계인권선언 21조, 자유권규약 14·15조) 12. 사회적 및 문화적 생활에 참여할 권리(선언 22조, 사회권규약 15조)."(인권운동사랑방 사회권위원회, 104쪽)

된 담론을 생산한 결과물인 『인간답게 살 권리』는 사회권에 대한 구조기반 접근보다는 규범기반 접근의 우위에 입각해서 사회권담론을 생산했다고 할 수 있다. 사회권 침해의 사회구조적 차원이 강조되고 있지만 사회권에 대한 개념 규정, 신자유주의 및 자본주의에 대한 비판의 근거, 사회권실현의 방향 등과 같은 사회권담론 구축을 위한 핵심 개념들과 논리적 근거는 유엔이 제정하거나 채택한 국제인권기준에서 제시하는 사회권 개념 및 권리목록들이기 때문이다. 즉 사회권 침해의 사회구조적 차원은 사회권운동의 배경역할을 하고 있으며 사회권에 대한 사회운동적 지식은 국제인권기준을 바탕으로 하여 형성된 것이다.

## 2) 「하월곡동 이야기」, 사회권현장 조사

규범기반 접근의 우위하에서 구조기반 접근이 접합된 형태의 사회권담론은 인권운동사랑방이 2002년 진행한 하월곡동 사회권 실태조사 결과를 『인권하루소식』에 연재한 기획기사인 「인간답게 살 권리: 하월곡동 이야기」(이하 「하월곡동 이야기」)*에서도 이어진다. 이 기사의 편집자 주에 따르면 "『인권하루소식』은 사회권 박탈의 현주소를 5회에 걸쳐 살펴"봄으로써 "차디찬 겨울, 서울의 몇 남지 않은 달동네 중의 하나인 성북구 하월곡3동 주민들이 살아가는 삶 속에서 우리 사회가 추구해야 할 '주거권, 사회보장권, 건강권, 노동권, 교육권'의 참

---

* 「인간답게 살 권리: 하월곡동 이야기」는 2003년 1월 7일부터 24일까지 취재후기를 포함하여 총 6회로 연재되었다. 이 기사는 https://sarangbang.or.kr/hrdailynews에서 찾을 수 있다.

모습을 찾아"보려는 기획으로 작성된 글이다.*

　「하월곡동 이야기」의 연재기사들은 기본적으로 이 지역주민들의 생활을 묘사하거나 육성을 인용함으로써 그들이 경험하고 있는 사회권 침해와 박탈의 실태를 드러내 보이고 주거, 사회보장, 건강, 노동, 교육 등의 영역에서 이들의 사회권이 침해되고 박탈되는 원인에는 국가제도의 문제가 있음을 지적한다. 그리고 제도의 미비함과 모순으로 하월곡3동 주민들이 경험하는 고통을 국제인권기준에 입각하여 비판하거나 그 고통을 극복하기 위한 방향을 국제인권기준상의 사회권으로 제시한다.

　가령 주거권을 다룬 「재개발에 내몰리는 삶의 터전」에서 이 지역주민들의 주거환경은 다음과 같이 묘사된다.

　　김예덕(무직, 79) 할머니의 집은 지붕에서 물이 새고 있다. 이 때문에 천장이며 벽면까지 곰팡이가 슬었으며, 천장지붕이 약간 내려앉았다. 또 문이 틀어져서 맞지 않아 바람이 사정없이 들어온다. 이 때문에 한낮임에도 불구하고 집 안 전체는 썰렁하기만 하다. 난방비가 부담스러워 심하게 추운 날씨가 아니면 보일러를 켜지 않는다는 할머니는 "따습게 자면 난방비는 어떻게 대느냐"고 하신다. (『인권하루소식』 2249호, 2003)

이 기사는 하월곡3동 주민들이 그와 같은 열악한 주거환경에서 벗어나기 쉽지 않음을 지적하면서 그 원인을 재개발제도의 모순에서 찾고

---

* 「인간답게 살 권리: 하월곡동 이야기」 편집자주, https://sarangbang.or.kr/hrdailynews/66269.

있다.

정부가 제공하는 공공임대주택은 사실상 입주요건이 까다로울
뿐 아니라, 그나마도 일정 정도의 돈이 있어야 입주할 수 있는 형
편이다. 그렇다면 다양한 공공임대주택 공급체계를 통하여 일정
정도 이주 희망자를 수용하여야 하지만, 현재 민간건설회사가 초
기 단계부터 개입하는 이러한 사업은 공공성보다는 수익성을 우
선시하고 있다. (같은 곳)

그렇다면 열악한 주거환경으로 인해 도시빈민들이 겪고 있는 고통의
문제를 해결하기 위한 방향은 무엇일까? 이 기사의 해설인 「주거빈
곤자의 주거권 확보에 우선을」에서는 주거빈곤 문제의 해결을 위한
기본 방향이 다음과 같이 제시된다.

'적절한 주거를 향유할 권리'는 세계인권선언과 '경제적·사회적
및 문화적 권리에 관한 국제규약'(아래 사회권규약)을 비롯한 여러
국제인권규약들에서 보편적 인권으로 인정된 지 오래다. 특히 한
국정부가 가입한 사회권규약은 주거빈곤자의 주거권 확보에 우
선성을 둔 주거정책을 취할 의무를 부과하고 있다. 주거빈곤자에
게 대안적 주거를 마련하는 것은 정부의 시혜가 아니라 국가의 당
연한 의무로 접근해야 한다. (인권하루소식』 2249호, 2003)*

주거빈곤을 해결해야 하는 이유와 방향은 '세계인권선언과 경제적·
—
*   https://sarangbang.or.kr/hrdailynews/66270.

사회적 및 문화적 권리에 관한 국제규약을 비롯한 여러 국제인권규약'에 근거해서 규정되고 있다. 즉 주거빈곤의 원인은 주택건설에서 공공성이 아니라 자본의 이윤을 중심으로 형성된 정책과 제도 등 사회구조적 문제로 인식되지만 그로 인한 사회권의 침해 내지는 박탈을 해결해야 하는 근거와 그 방향은 사회권규약을 비롯한 '여러 국제인권규약'의 이행으로 제시되고 있는 것이다.

노동권 문제를 다룬 글인 「죽도록 일해도 가난만 물려줄 뿐…」의 경우 역시 동일한 논리 전개구조를 채택하고 있다. 우선 하월곡3동 주민의 고통스러운 노동현실이 묘사된다.

> 노동권의 박탈과 절대적 빈곤은 어깨를 걸고 대를 이어 찾아든다. 전라도 빈농의 아들로 태어나 초등학교도 마치지 못한 채 서울에 온 김씨(37). "닥치는 대로 일하면서" 밑바닥인생을 전전한 그는 여러 차례 안정된 직장을 찾기 위해 애를 써봤지만 무학에, 변변한 기술도 없는 터라 매번 실패하기 일쑤였다. (인권하루소식』 2253호, 2003)*

왜 '닥치는 대로 일하면서'도 여전히 절대적 빈곤의 상태를 벗어나지 못하게 되는 것일까? 이 기사에 대한 해설인 "저임금에 목숨 걸어야 하는 건설일용노동자"에서 그 원인은 하도급제를 비롯한 위계화된 고용구조와 건설기업의 이윤논리로 제시된다.

현재 전체 기술직 건설노동자의 90%가량은 임시고용 상태에 놓여

---

* https://sarangbang.or.kr/hrdailynews/66287.

있다. 한국의 건설업체는 최소한의 핵심 기능인력조차 보유하지 않은 채 기능인력의 거의 전부를 외부에 의존하는 극단적인 하도급 전략을 구사하고 있는 것이다. 이 같은 방식은 회사측에는 노무관리비용 절감을 통한 이윤극대화라는 이점을 주지만 건설노동자들에게는 항상적인 고용불안이라는 문제를 안겨준다. (같은 곳)*

「죽도록 일해도 가난만 물려줄 뿐…」은 일용직 건설노동자를 비롯한 불안정 노동자들의 빈곤을 심화시키는 한국사회의 노동현실을 세계인권선언에 입각해서 다음과 같이 비판한다.

> "모든 사람은 노동의 권리, 자유로운 직업선택권, 공정하고 유리한 노동조건에 대한 권리 및 실업으로부터 보호받을 권리를 지닌다"고 세계인권선언은 말하고 있다. 하지만 그 말은 하월곡동 산2번지의 현실과 충돌하면서 공허한 메아리로 남는다. 가난의 대물림 속에서, 빈곤의 악순환 속에서 하루하루를 견뎌내고 있는 산2번지 주민들에게 '노동의 권리' 운운하는 말은 그저 사치일 뿐이다. (같은 곳)

이러한 논리 전개방식은 「하월곡동 이야기」의 사회복지권나 건강권을 다룬 여타 기사에서도 일관되게 나타난다. 이 역시 사회권담론이 구조기반 접근과 규범기반 접근의 착종으로 형성되어 있음을 보여주는 것이다.

그러나 이 두 계기가 착종되면서 2세대 인권운동의 초기 사회권

---

* https://sarangbang.or.kr/hrdailynews/66288.

담론이 구축되었다고는 하더라도 양자 사이에 우열이 없었던 것은 아니다. 1990년대 후반 사회경제적 고통이 심화된 원인을 신자유주의 경제질서, 궁극적으로 자본주의 경제체제에서 찾는 구조기반 접근을 한다고 할지라도 그 고통을 국제인권기준상 사회권의 침해와 박탈로 해석하고 신자유주의와 자본주의에 대한 비판의 준거를 국제인권기준으로 삼고 있는 점, 사회경제적 고통을 극복할 방향을 국제인권기준상의 사회권실현으로 제시하는 점에서 보자면 사회권에 대한 규범기반 접근전략이 구조기반 접근전략보다 인식론적 준거로서 우위를 차지하고 있는 것이다.

### 3) 『사회권규약 해설서』, 국제인권기준에서 본 사회권

인권운동사랑방이 2003년 발간한 『사회권규약 해설서』 1권의 경우에는 규범기반 접근이 더욱 강화된다. 물론 이 문헌에도 신자유주의 경제질서나 자본주의 체제의 반인권성에 대한 구조적 문제의식이 없는 것은 아니다. 『사회권규약 해설서』 1권의 머리말에는 이 자료를 발간하게 된 문제의식이 다음과 같이 나타나고 있다.

> IMF 구제금융 이후, 경제·사회·문화적 권리에 대한 우리들의 관심은 당시 우리나라가 직면한 현실을 바로보기 위한 출발에서 비롯되었다. 정리해고, 가정해체, 노숙자와 결식아동의 증가 등의 사건들을 단지 개인의 불행이나 무능력이 아닌 사회구조 속에서 파악하기 위해서는 사회권에 대한 정확한 이해와 실천운동이 필요하였다.
> (인권운동사랑방 사회권규약해설서팀 2003, 4쪽. 강조는 인용자)

이 문헌의 머리말은 계속해서 상기한 문제의식을 실행하기 위해서 『인간답게 살 권리』를 발간하게 되었고 이어서 사회권을 좀더 구체적이고 세밀하게 규정하는 작업의 필요성을 인권운동사랑방은 자각하게 되었다고 밝힌다. 그 구체적인 작업의 결과물이 바로 유엔의 사회권 관련문헌들에 대한 해설이었다. 그리고 이 해설서 작업의 핵심적 문제의식이 제시된다.

> 인권이 단지 헌법의 기본권 조항이나 국제인권문서에 나와 있는 '수사'로서의 의미가 아닌 '무기'가 되기 위해 많은 사람들이 사회권을 쉽게 이해할 수 있도록 재해석하는 작업이 필요하다는 문제의식도 이 사업을 촉진하게 된 출발점이 되었다. (같은 곳)

다시 말해 IMF 구제금융 이후 한국사회에서 본격화된 신자유주의 질서로 인해 발생하는 사회경제적 고통의 문제를 사회권의 관점에서 분석 및 비판하고 인권침해를 유발하는 사회구조에 맞서는 '무기', 즉 대안적 지식으로서 사회권을 대중적으로 확산시키기 위한 재해석작업이 필요하다는 것이다. 이러한 논리는 『사회권규약 해설서』 1권의 발간작업에도 사회권에 대한 구조기반 접근이 자리하고 있음을 보여준다.

물론 여기서 말하는 사회권은 '경제·사회·문화적 권리에 관한 국제규약'이나 '사회권규약 이행에 관한 림버그 원칙' 등과 같은 국제인권기준상의 사회권이다. 그렇다면 유엔 사회권기준들이 신자유주의 체제에 맞서는 사회운동의 대안적 지식의 근거로 선택된 이유는 무엇일까? 이 해설서의 구체적 목표는 다음과 같이 제시되고 있다.

우리들은 사회권규약 해설작업을 통해, 사회권규약에서 보장하는 권리들이 '보편적'이고 '실질적'이며 '법적'인 권리로 국내에서도 당연히 적용되는 것임을 밝히려고 노력하였다. 우리들의 결과물이 사회권운동을 실천적으로 풀어가는 데 다양한 방식으로 활용되기를 기대해 본다. (같은 책, 6쪽)

유엔 사회권규약이 국내법에 준하는 규범적 구속력을 가지고 있다는 것이다. 이 글에는 유엔 회원국이자 사회권규약의 가입국으로서 대한민국 또한 이 조약을 당연히 '보편적'이고 '실질적'이며 '법적'인 권리로 보장해야 한다는 인식이 드러나고 있다. 더불어 이러한 인식에는 신자유주의 경제질서로 인해 심화되는 불평등과 빈곤의 문제를 해결하기 위해서는 사회권규약과 같은 국제인권기준이 국내법을 통해 관철되어야 한다는 입장이 내포되어 있다.

그와 같은 입장은 이 책에 실린 최은아의 글 「사회권규약의 국내적 적용」에 명시적으로 나타나고 있다. 이 글은 우선 국제인권기준은 가입당사국들에 대해 자국의 국내법에 준하는 구속력을 가지고 있음을 밝히고 있다.

비엔나협약 27조와 세계인권선언 8조를 통해, 당사국은 국제인권기준을 국내법에 합치하도록 할 의무와 사회권규약에서 규정하고 있는 기본적 권리가 공정한 판결을 통해 국내법정에서 구제받을 수 있어야 함을 제시하고 있다. (같은 책, 65쪽)

이어서 대한민국 헌법 역시 국제 법규와 조약이 국내에서 국내법과 동등한 위상을 갖고 있음을 적시한다.

> 우리나라의 경우, "헌법에 의해 체결·공포된 조약과 일반적으로 승인된 국제법규는 국내법 같은 효력을 갖는다(제6조 1항)"고 규정하고 있다. 따라서 한국정부가 비준한 국제인권규약인 사회권규약도 국내법과 동등한 지위를 갖는다. 또한 한국의 법제하에서 사회권규약의 대부분의 조항이 자동 발효되는 것으로 평가되고, 직접적인 작용이 가능하다. (같은 책, 69쪽)

이렇게 국제인권기준으로서 사회권조약이 국내적으로 국내법과 동등한 효력을 가진다는 점을 강조하는 이유는 신자유주의 아래서 심화되는 빈곤과 불평등의 문제를 해결하기 위한 준거로서 사회권규약이 국내법에 준하는 구속력을 갖는 규범임을 강조하기 위함이다. 이러한 맥락에서 『사회권규약 해설』은 여타의 장들에서 사회권규약의 주요 조항들, 사회권규약의 이행절차, 사회권규약의 활용방식 등을 설명하고 그것의 국내적 함의를 밝힌다.

결국 이러한 논리는 『사회권규약 해설』 1권에 나타나는 사회권 담론은 구조기반 접근보다는 규범기반 접근이 더욱 강화되어 있음을 뜻한다고 하겠다. 사회권침해의 구조적 원인으로서 신자유주의 질서 내지는 자본주의 체제는 머리말에서 드러나듯이 전제되어 있고 이 구조를 비판하고 극복하기 위한 근거는 여러 유엔 사회권관련 국제기준들로 제시되고 있는 것이다.

『인간답게 살 권리』, 「인간답게 살 권리: 하월곡동 이야기」, 『사회권규약 해설』 1권 등을 통해 살펴보면 2세대 인권운동의 사회권담론의 특징은 구조기반 접근과 규범기반 접근의 접합으로 구성되었지만 구조기반 접근의 담론형성 전략보다는 규범기반 접근의 담론형성 전략이 우위를 점하는 방식으로 사회권담론이 생산되었다는 점에 있다 할 수 있다.

# 3. 사회권운동의 구체화: 구조기반 접근담론의 우위

## 1) 주거권담론

그러나 국제인권기준상의 사회권규약을 중심으로 한 사회권담론은
사회권운동이 구체적으로 전개되면서 서서히 약화된다. 2세대 인권
단체의 초기 사회권담론을 주도했던 인권운동사랑방의 사회권담론
에서 국제인권기준의 준거 역할이 눈에 띄게 약화된다. 가령 인권운
동사랑방, 홈리스공동행동, 빈곤사회연대 등이 함께 구성한 '주거권
기획팀'이 개최한 "주거권과 주거공공성 실현을 위한 모색" 워크숍에
서 발표된 인권운동사랑방 활동가 미류의 「주거권과 주거공공성 실
현을 위한 모색」은 이를 잘 보여준다. 물론 이 글에서 국제인권기준
상의 사회권관련 문서들이 전혀 참조되지 않는 것은 아니다. 이 글은
주거권의 내용을 규정하는 데서는 '유엔 경제·사회·문화적 권리위원
회'(UN Committee on Economic, Social and Cultural Rights, CESCR. 이하 유엔

사회권위원회)의 일반논평7*을 원용한다. 하지만 미류는 이어서 일반
논평7의 한계를 다음과 같이 명시한다.

> 이 내용들은 적절한 주거가 갖추어야 할 다양한 요소들을 두루 고
> 려해 밝히고 있다. 그러나 이렇게 나열된 요소들은 현실의 결핍을
> 인식하는 데에는 도움을 주지만 현실에서의 대립을 이해하고 저
> 항을 모색하는 데에는 부족함이 있어 보인다. (미류 2005, 5쪽)

유엔사회권위원회의 일반논평7은 주거권과 관련하여 주거권이 갖추
어야 할 규범을 제시하고 있지만 이러한 권리항목의 나열방식은 주
거권의 실현을 가로막는 "현실의 대립을 이해하고 저항을 모색하는
데에는 부족"하다고 평가한다. 이 같은 관점은 『인간답게 살 권리』에
서 국제인권기준을 평가하는 논조와는 사뭇 다른 것이다. 이는 2세대
인권운동이 신자유주의가 완전히 착근된 한국사회의 현실에서 "주
거권에 대해서도 유엔사회권위원회가 '말해 주는 것' 이상을 고민하
고 이야기해야 한다는 문제의식"(같은 글, 13쪽)에 입각해서 주거권을
고민했기 때문이다.

　그래서 미류는 한국사회에서 주거권이 침해되고 박탈되는 사회
구조적 원인을 더 면밀히 탐색한다. 이 글에 따르면, 한국사회에서 건
설되는 주택의 대부분은 아파트이며 건설주체는 민간부분, 즉 건설
자본이다. 그리고 건설자본의 아파트건설은 철저하게 이윤논리를 따
르며 이는 지대상승과 연관되고 정부는 이를 활용하여 경기부양책

---

* The right to adequate housing(Art. 11. 1): forced evictions:.20/05/97.CESCR
General comment 7(General Comments).

으로 사용하는 구조가 형성되어 있다. 특히 건설자본은 다단계 하도급 제도를 이용한 노동자 착취로 이윤을 창출한다. 더욱이 주로 기존 주거지역의 재개발이라는 방식으로 아파트를 짓는 방식은 원주민들의 의사와 무관하게 진행되고 이로 인한 "막대한 개발이익이 개발의 주체들에게 돌아가는 동안 기존의 거주자들은 더욱 열악한 환경으로 밀려나거나 더 높은 비용을 부담하면서 살게 된다"(같은 글, 8쪽).

주거문제를 규정하는 이러한 사회경제적 조건 아래서 주거권에 대한 인식은 이제 '사회경제적 체제의 문제'(같은 글, 6쪽)가 된다. 그리고 이는 상품생산을 통한 이윤의 창출을 절대화하는 자본주의 체제의 인권침해 문제이다.

> 자본주의 질서에서 재화와 서비스를 이용하기 위해서는 돈을 주고 구매하는 행위를 통해 그것을 '소유'해야 한다. 소유하지 못한 것을 이용하는 행위는 재산권에 대한 중대한 침해로서 법적인 처벌을 받는다. 땅은 누구나 알듯이 한정되어 있다. 새로운 용도로의 변경이 가능할지언정 새로운 땅이 만들어지지는 않는다. 이처럼 제한된 땅에 대한 배타적 소유는 소유로부터 배제된 사람들의 권리를 침해할 수밖에 없다. 누구나 문제삼는 부동산투기는 단지 불로소득을 챙기기 때문에 문제 되는 것이 아니다. 투기의 무기가 되는 소유를 통해 다른 이들을 배제함으로써 권리를 침해한다는 데에 문제의 본질이 있다. 이런 점에서 투기와 투자, 투자와 내집 마련의 경계는 모호해진다. 또한 한정된 토지를 장악해 가면서 거주를 위한 공간을 이윤을 위한 상품으로 만들어가고 있는 자본의 본질을 직시해야 한다. (같은 곳)

다시 말해 국제인권기준상의 사회권규정에 입각하여 현재 한국사회의 주거권침해에 대한 규범적 비판보다는 자본주의 체제의 사적 소유 원리에 의해서 땅과 집의 소유로부터 배제되는 사람들이 발생할 수밖에 없는 구조의 문제가 중요해진다. '거주를 위한 공간을 이윤을 위한 상품으로 만들어가고 있는 자본의 본질'을 극복하는 과제가 주거권의 실현에서 관건이 된다는 것이다.

이는 결국 주거권을 '현실에서의 대립을 이해하고 저항을 모색하는' 방향, 즉 구체적인 한국사회의 상황 속에서 주거권을 재구성하는 작업을 요청한다.

> 주거권의 재구성을 위해서는 하나의 공간을 놓고 격렬하게 대립하고 있는 투쟁을 드러내야 한다. 인간다운 삶과 자본의 대립, 시민과 국가의 대립, 여성과 가부장제의 대립이 그것이다. (같은 곳)

이러한 사회권담론에서는 더 이상 국제인권기준에 규정된 주거권의 국내적 적용이 일차적 관심사가 아니라 주거의 문제 등 구체적인 사회적 권리의 실현과 그것을 막아서는 사회구조나 세력과의 투쟁이 중심적 관심사가 된다. 그리고 주거권을 박탈하는 구조적 원인은 자본주의만이 아니라 국가와 가부장제로 확대되고 있다.

주거권의 침해와 박탈 원인이 자본·국가·가부장제가 결합된 사회구조의 문제라면 주거권실현을 위해서는 이러한 사회구조의 변혁이 과제가 된다. 이는 사회구조에 대해 어떤 미래지향을 갖느냐의 문제이다. "시장을 행해 나아갈 것인지, 다른 질서를 향해 나아갈 것인지"(같은 글, 9쪽)의 문제이며, 사회권운동으로서 주거권운동은 근본적으로 "주거문제에 대해 지금까지와는 다른 질서를 제시할 수 있어야 한다"는 것이다.

주거권운동에 대한 이 같은 인식은 결국 자본·국가·가부장제의 결합으로 형성된 현재의 지배질서를 변혁하여 다른 질서를 구성하는 '정치투쟁'을 요구하게 된다. 이는 "권리를 쟁취하기 위한 투쟁은 본질적으로 정치투쟁일 수밖에"(같은 곳) 없기 때문이다. 그리고 이때의 주거권실현을 위한 정치투쟁은 "자본주의 사회를 지탱하고 있는 신성불가침의 재산권과 직접 충돌할 수밖에"(같은 곳) 없다. 하지만 이 글에 의하면 주거권의 침해와 박탈 원인이 단지 자본주의만 아니라 국가와 가부장제가 결합된 사회구조에 있기 때문에 "주거권을 쟁취하는 투쟁 역시 계급적이면서도 여성, 소수자의 정치가 녹아든 관점에서 만들어져야 한다"(같은 곳).

이러한 인식에 입각하여 주거권운동의 주체와 방법 역시 명확하게 제시된다. 주거권운동의 주체는 주거권 피해당사자이고, 그 방법은 피해당사자 대중의 조직화이자 다른 사회운동과 폭넓은 연대이다.

> 새로운 질서를 제시하고 주거권을 의제화하며 연대를 기획하는 것은 반드시 대중을 조직하는 것과 함께 가야 한다. 주거권의 실현은 더 이상 정책경쟁에 머물 수 없다. 주거권 침해당사자들과 함께 싸우기 위한 계획들을 준비해야 한다. 날카로운 현실인식과 치열한 권리의식, 그리고 즐거운 실천으로 주거권 침해당사자들을 만나야 한다. (같은 곳)

그리고 주거권을 실현할 수 있는 '새로운 질서'를 구축하는 투쟁은

"다양한 투쟁들을 통해 쌓이는 성과들이 주거권실현을 향해 나아가는 운동의 맥락에서 배치되고 추진"(같은 곳)될 수 있게 해야 하며, 이는 구체적으로 "노동운동, 여성운동, 소수자운동, 환경운동 등 다양한 운동과의 연대를 기획하면서 주거권실현을 위한 폭넓은 네트워킹을 만들어"(같은 곳)가는 방식으로 추진되어야 한다는 운동의 방식이 제시된다.

2세대 인권운동의 사회권담론은 「주거권과 주거공공성 실현을 위한 모색」에 이르면 유엔 사회권규약과 같은 국제인권기준에 대한 준거는 약화되고 주거권과 같은 구체적인 사회적 권리의 침해와 박탈의 구조적 조건에 대한 규명과 변혁의 필요성에 대한 인식이 강화된다. 그리고 사회권의 실현을 위한 활동의 주체는 사회권이 박탈되고 침해되는 당사자 대중이며 그들을 조직하고 그들과 광범위한 연대투쟁을 벌이는 것이 인권활동가들의 과제가 된다. 다시 말해 2세대 인권운동의 사회권담론에서 규범기반 접근은 약화되고 구조기반 접근이 강화됨과 더불어 사회권박탈의 현장에서의 사회권 침해당사자들과 공동투쟁이 사회권운동의 핵심적 강조점이 되고 있는 것이다.


## 2) 금융피해자 권리담론

이와 같은 사회권담론의 강조점 변동은 '차별과 빈곤에 저항하는 인권운동연대'(이하 대구인권운동연대)의 금융피해자운동에서도 나타난다. 2005년 출범한 대구인권운동연대는 사회권운동을 활동의 중심에 둔 단체로 특히 금융피해자 권리운동을 오랫동안 전개해 오고 있다. 이 단체는 2006년부터 흔히 신용불량자라 불리곤 하는 '금융피해자'를 위한 '파산학교'를 개최해 오고 있는데 금융피해자 파산학교 교재 『금융채무의 사회적 책임을 말한다』는 금융피해자의 사회적 권리에 대한 대구인권운동연대의 관점을 잘 보여주고 있다.

이 자료에 나오는 금융피해자라는 개념부터 살펴보자. 금융당국에 채무를 진 사람이 정해진 기한 내에 원금과 이자를 상환하지 못하는 일이 반복되면 그 사람은 신용불량자가 된다. 2005년부터 법적으로는 신용불량자라는 명칭 대신 '금융채무 불이행자'라는 용어가 사용되고 있다. 하지만 대구인권운동연대는 신용불량자를 금융채무 불이행자라고 바꾸어 부른다고 해서 채무를 이행하지 못한 사람에 대한 인식이 바뀐 것은 아니라고 지적한다.

> 신용불량자 혹은 금융채무 불이행자의 경우 개인적 책임이라는 금융자본과 정부의 이해와 관점이 녹아 있으며 따라서 채무 또한 개인 책임이라는 주장과 통한다. (빈곤과 차별에 저항하는 인권운동연대 2006, 3쪽)

신용불량자나 금융채무 불이행자라는 용어는 금융채무 및 그 불이행의 귀책사유가 사회구조에 있는 것이 아니라 개인에게 있음을 표현한다는 것이다.

그러나 대구인권운동연대는 금융채무 및 불이행의 책임이 개인이 아니라 사회구조에 있다고 파악하며 이를 표현할 용어로 '금융피해자'를 채택한다.

반면 금융피해자는 서민·노동자들이 금융채무를 지게 될 수밖에 없었던 사회적 배경과, 금융채무의 과정에서 끊임없이 이어지는 추심기관들의 협박과 폭력에 의해 반인권적 삶을 살아야 하는 금융채무자들의 삶에 주목하는 관점이다. 또한 금융채무에 대한 사회적 책임과 금융채무자들의 인간다운 삶을 주장하는 의견과 통한다. (같은 곳)

금융피해자는 신용불량자나 금융채무 불이행자와 달리 채무 및 그 불이행의 원인이 '사회적 배경'에 있음을 강조하며 채무상환을 독촉하는 추심기관의 반인권적 행태로 고통받는 이들의 삶과 인권에 주목하고 금융채무에 대한 사회적 책임을 부각하는 용어이다. 즉 개인이 금융당국에 채무를 지고 채무를 상환하지 못하는 가장 근본적 원인에는 사회구조가 있다는 것이며, 이들은 추심기관으로부터 폭력적으로 채무상환을 독촉 받는 인권침해 당사자이기에 피해자로 인식해야 한다고 이 자료는 주장한다.

이 자료에 실린 「왜 신용불량자가 아니라 금융피해자인가: 금융피해자의 권리로 파산을 선언하자」는 이를 좀더 상세하게 설명한다. 이 글의 1절 "한국사회의 빈곤! 그 끝은 어디인가"에서는 ① 1996년에서 2006년에 이르는 시기 동안 '양극화', 즉 소득 및 가계자산의 불평등이 심화되는 현상을 제시하고 ② 1998년에서 2005년에 이르는 시기 동안 신용불량자 수가 증가하고 있음을 보여주며 ③ 2001년에서 2006년에 이르는 시기 동안 비정규직노동자의 증가와 임금이 감소되는 현실을 지적하고 ④ 1997년에서 2005년에 이르는 시기 동안 저소득층의 금융채무가 증가하는 현상을 제시한다. 이 절의 마지막

부분에서 대구인권운동연대는 홍경식의 연구*를 인용하여 다음과 같은 소결을 제시한다.

> 이러한 현상을 홍경식(2005)은 저소득층의 금융부채 증가는 외환
> 위기 이후 소득의 양극화 현상, 정부의 '신용카드사용 장려정책'
> 의 실패와 금융기관의 금융정책의 미숙에 기인한 것이고, 고소득
> 층의 금융부채의 지속적인 증가추이는 저금리의 장기간 지속에
> 따른 주택가격 급등을 가장 큰 이유로 들고 있다. (같은 책, 12쪽)

저소득층의 금융부채 증가원인은 IMF관리체제 성립 이후 소득의 양
극화와 신용카드사용 장려정책**의 실패 등과 같은 정부정책 그리고
금융기관의 미숙한 금융정책 등 개인의 잘못이라기보다는 사회구조
에 있다는 인식을 드러낸다.

그러므로 금융채무로 고통당하는 이들은 사회구조의 차원에서
피해를 당한 금융피해자라고 주장한다. 이 글은 금융피해자를 양산
하는 사회구조적 원인으로 ① 신자유주의 세계화와 그로 인한 소득
감소와 같은 전지구적 경제질서의 변동 ② 정부의 금융규제 완화 및
금융회사의 카드사용 남발과 같은 한국정부와 금융자본의 정책실패

---

\* 대구인권운동연대의 자료에는 홍경식의 연구에 대한 서지를 내주방식 "홍경식
(2005)"으로 표기하고 있으나 이 자료의 말미에는 서지목록이 정리되어 있지 않아서 홍
경식의 어떤 글인지 알 수 없다. 하지만 이 자료에 인용된 통계자료 중 홍경식의 「가계의
금융자산·부채, 부채부담능력 및 부채조정」으로부터 가져온 것들이 있는 것으로 미루어
보아, 이 자료에서 인용된 홍경식의 연구는『주택금융월보』(2006년 1월호)에 상기 제목
으로 실린 글로 볼 수 있다.

\*\* 1997년 신용카드 발급규제 폐지, 1999년 5월 현금서비스 한도(70만 원) 폐지, 같은
해 9월 신용카드 사용액에 대한 소득공제제도 도입, 2000년 1월 카드영수증 복권제 실시
등이 신용카드사용 장려정책을 이룬다.

③ 1998년의 이자제한법 폐지로 과도한 고금리와 이로 인한 채무급증과 같은 법률 및 제도의 문제점 ④ 배드뱅크나 워크아웃제도로 대표되는 정부의 신용불량자/금융채무 불이행자 정책의 불충분성을 들고 있다.

그러므로 금융피해자 문제의 해결은 개인에게 채무상환의 책임을 지우는 것이 아니라 일차적으로 정부가 정책과 제도를 통해 이들의 채무를 탕감하는 구조적 접근을 요구하게 된다. 대구인권운동연대가 제시하는 대안에 의하면 우선 금융피해자의 권리구제를 위한 제도가 필요하다. "고금리의 피해에서 벗어나 서민들이 이용할 수 있는 금융기관"이 설립되어야 하며 "파산법의 개정과 미성년과 저소득층의 소액채무자에 대한 채무탕감정책이 필요"하다는 것이다. 또한 채권추심과정에서 빈번히 발생하는 금융피해자에 대한 인권침해를 방지하기 위해 "채무자의 인권이 보장되는 공정채권추심법"이 제정되어야 한다고 이 글은 주장한다(같은 책, 16~18쪽).

대구인권운동연대 역시 금융피해자가 생겨나는 근본적 차원의 원인을 사회구조에서 찾고 있으며 이 문제의 해결을 위해서는 사회구조의 변화가 필요하다는 구조기반 접근 사회권담론 형성전략을 취한다.

금융채무에 대한 문제가 해결되더라도 당장에 삶을 이어가기가 쉽지 않아, 언제든지 또 다른 금융채무자로 전락할 수 있는 상황이다. 당장에 금융채무를 해결하기 위한 정책적 지원도 중요하겠지만 IMF 이후 노동자들의 실질임금 하락, 비정규직노동자들의 폭발적인 증가세, 자영업자의 몰락 등 금융채무를 유발하는 근본적 원인에 대한 진단과 변화 없이는 제2, 제3의 신용불량자가 나올 수밖에 없다. 가장 중요한 것은 금융채무를 지지 않고 살아갈 수 있는 사회적인 구조변화가 절실하다. (같은 책, 18쪽)

금융피해자는 "IMF 이후 노동자들의 실질임금 하락, 비정규직노동자들의 폭발적인 증가세, 자영업자의 몰락" 등 한국사회의 신자유주의적 재편의 효과로 만들어졌으며 신자유주의 체제라는 사회구조의 변화 없이는 금융피해자는 계속해서 생겨날 수밖에 없다는 것이다.

그렇다면 어떻게 금융피해자를 양산하는 사회구조를 바꾸어갈 것인가? 여기서도 사회권박탈 현장에서 권리침해 당사자들의 조직화와 주체적인 활동이 필요하다는 인식이 나타난다.

우선 금융피해자들의 금융채무의 문제가 개인의 무능이 아니라 사회구조적인 문제임을 알고 금융채무자 간의 자발적 네트워크 형태 등 다양하고 지속적인 모임을 통해 금융피해자 스스로의 요구와 고민을 함께 논의하고 실천할 수 있는 공동대응과 공동실천이 중요하다. (같은 곳)

대구인권운동연대의 『금융채무의 사회적 책임을 말한다』에는 국제인권기준의 참조가 전혀 등장하지 않는다. 물론 대구인권운동연대가 금융피해자 문제와 관련하여 국제인권기준을 전혀 활용하지 않은 것은 아니다. 대구인권운동연대의 서창호 활동가는 불법추심 문제와 관련하여 2006년 8월 개최된 토론회에서 발표한 글 「불법추심을 넘어, 채무자의 인권을 위하여」에서 금융피해자의 인권을 규정하기 위해 '세계인권선언' 12조, '시민·정치적 권리에 관한 국제조약' 11조, 17조, 23조 1항, '경제·사회·문화적 권리에 관한 국제조약' 23조 1항을 인용한다.*

그러나 이 글에는 국제인권기준 및 국내법이 제시하는 보편적 인권의 목록들은 금융피해자의 권리를 보장하는 데는 무기력하다는 인식이 드러난다.

> 위에서 살펴본 바와 같이 국제규약과 헌법에도 금융피해자에 대한 인권보장을 규정하고 있지만 구체적으로 불법추심에 대한 아래와 같이 '신용정보의이용및보호에관한법률' 등 법률적인 제재가 분명히 있음에도 불구하고 이러한 법은 무용지물이 되고 있다. 즉, 금융피해자 스스로가 채권자에 대한 채무관계로 인하여 스스로의 최소한의 인권과 권리주장을 밝히기에는 한국사회의 사회적인 분위기가 매우 싸늘하기만 하다. 채무를 진 사실이 있기 때문에 금융피해자는 채권자에게 비인간적인 대우와 인권침해는 너무도 당연한 것으로 용인될 따름이다. (금융채무의 사회적 책임을 위한 연석회의 2006, 9쪽)

당위적 차원에서 국제인권문헌이 갖는 규범적 정당성을 인정하고 금융피해자의 인권을 주장하기 위한 논거로 사용하기는 하지만 현실에서 이러한 권리가 사실상 '무용지물'이 되고 있다는 것이다. 오히려 금융피해자의 인권을 보장하기 위해서는 「왜 신용불량자가 아니고

---

* 금융채무의 사회적 책임을 위한 연석회의 2006, 6쪽. 서창호는 국제인권기준만이 아니라 헌법과 기타 법률에서 규정하고 있는 국민의 권리를 동시에 제시한다.

금융피해자인가」에서처럼 금융채무의 사회구조적 원인에 대한 분석 및 사회구조 변화를 위한 금융피해자 당사자의 주체적 투쟁 및 신자 유주의 체제에 의해 권리를 침해당하는 이들의 연대투쟁이 필요하다 는 논리가 이 글에서도 전개된다.

지금 당장 금융피해자가 금융채무를 탕감이 되더라도 당장에 삶 을 이어가기가 쉽지 않은 장벽이 곳곳에 도사리고 있으며 또한 언 제든지 또다시 금융채무자로 전락할 수 있는 상황이다. …특히 한 국사회는 비정규직의 절대적인 증가세가 금융채무의 증가와 매 우 밀접한 연관관계가 있을 수밖에 없다. …때문에 최근 정부와 여당에서 강행하고 있는 '비정규직의 보호'라는 명분으로 실질적 으로 비정규직을 양산시키는 것은 단지 노동시장을 왜곡시키는 것을 넘어 금융피해자들이 금융채무에서 벗어나기 위한 최소한 의 안전장치를 모두 해제시키는 것이다. 금융피해자들이 노동시 장에서 비정규직의 한계를 뛰어넘지 못한다면 여전히 '예비금융 채무자'의 모습과 다르지 않다. 이를 위해 정부와 여당에서 강행 하고 있는 비정규직의 양산에 맞서 금융피해자들은 노동자들의 투쟁에 함께 연대를 하지 않으면 안 된다. (같은 책, 13, 14쪽)

인권운동사랑방의 경우와 마찬가지로 2005년에서 2006년에 이르는 시기에서 대구인권운동연대의 사회권담론에서도 규범기반 접근전 략에 대한 구조기반 접근전략의 우위가 나타나며, 사회권실현을 위 한 권리침해 당사자들의 조직화된 현장투쟁 및 이 투쟁에 대한 연대 가 강조되고 있는 것이다.

### 3) 노동권담론

2세대 인권운동의 사회권담론에서 구조기반 접근전략의 강화와 권리침해 당사자들의 현장투쟁이 강조되는 것은 단지 개별 인권단체의 경우에만 국한되지 않는다. 이명박정권 이후 강화된 노동운동 탄압에 대한 저항운동의 과정에서 제출된 '인권단체연석회의'(이하 인권회의) 노동권팀의 사회권담론 역시 이러한 경향을 보여준다. 인권회의 노동권팀은 2007년 이랜드 홈에버·뉴코아 비정규직 파업투쟁에 인권회의가 연대활동을 하면서 노동권운동을 인권운동의 관점에서 수행하는 활동의 필요성이 제기됨에 따라 2008년 만들어진 조직이다.

2009년 인권회의 노동권팀이 발행한 『울력』*이라는 소식지는 노동권에 대한 이 조직의 관점을 잘 보여주고 있다. 이 자료에 실린 「자본을 넘어, 보편적 노동권을 실현하는 사회를!: 인권의 관점에서 본 이명박정부의 노동권정책 비판」(이하 「이명박정부의 노동권정책 비판」)은 신자유주의 경제질서와 자본주의 체제를 노동권 및 인권 침해 및 박탈의 근본적 원인으로 규정하며 노동권을 비롯한 제인권의 달성을 위해서는 신자유주의 질서와 자본주의 체제를 극복해야 한다고 파악한다. 그리고 이를 위한 실천적 방향은 권리를 침해당하고 박탈당한 당사자들의 투쟁 및 이에 대한 연대로 제시한다. 반면 국제인권기준에 대한 직접적 준거는 이 문헌에 전혀 등장하고 있지 않다.

먼저 이 글에서 노동권이 이해되는 방식부터 살펴보자.


'온전하고 안정적으로 노동할 권리'는 보편적 인권으로 존재한다.

---

\* 『울력』은 2009년 7월 창간호가 발간된 이후 그다음 호는 발행되지 못했다.『울력』은 다음 url(http://cafe.daum.net/labourrights/DS6E)에서 찾아볼 수 있다.

'노동'은 인간이 인간으로서의 최소한의 생활을 영위하기 위한 생존의 방식이자 인간의 자기실현[1]을 위한 가장 기본적인 행위이기 때문이다. 우리는 노동을 통해 기본적인 생활을 영위할 수 있는 자원을 얻을 수 있을 뿐 아니라, 노동을 통해 스스로를 실현하고 사회를 운영해 나가야 한다. (인권단체연석회의 노동권팀 2009)

이 인용문에 나오는 '인간의 자기실현'은 각주에서 다음과 같이 규정한다.

'자기실현'이라 함은 누구든 자기 스스로 노동을 할 것인지 말 것인지를 결정할 수 있을 권리, 어떠한 노동을 하고자 하는지에 따라 노동의 유형과 종류를 결정할 수 있을 권리를 포함하여 '노동을 통한 자기실현' 자체를 스스로 결정하고 선택할 수 있는 권리 전반을 포괄하는 개념으로 이해하기 바란다. 특히 사회적 소수자도 본인의 의사에 따라 노동의 여부와 어떠한 노동을 할 것인지, 노동을 통해 무엇을 실현할 것인지를 스스로 결정할 수 있는 사회적 조건과 제도가 보장되어야만 한다. (같은 글, 각주 1)

여기서 노동은 인간이 자신의 힘으로 생존을 유지하기 위한 방식임과 동시에 노동의 여부·종류·지위·시간 등에서의 자기결정이자 자기실현으로 규정되며 주체적 생존활동과 자기실현의 행위로 규정된다. 노동권이란 그와 같은 노동을 온전하고 안정적으로 수행할 권리이다. 「이명박정부의 노동권정책 비판」에 따르면 이렇게 규정된 노동권이 이명박정부 아래서 철저하게 억압당하고 박탈당하고 있다.

그 이유는 근본적으로는 자본주의 체제 때문이며* 좀더 직접적으로는 김대중정부 시절부터 본격화되어 노무현정부를 거치면서 더욱 심화된 신자유주의 경제질서 때문이고** 가장 직접적으로는 이명박정부의 경제위기 대처방식 때문인 것으로 이 글에서는 나타나고 있다.

이명박정부가 출범하던 시기는 이미 한국경제가 위기로 접어든 때였다. …하지만 문제는 그 '경제위기'가 실은 자본의 위기라는 데 있다. 노동자와 민중들과는 아무런 상관없이 자본 스스로가 원인지우고 결과지운 위기일 뿐이라는 것이다. 이명박정부는 이 위기가 자본의 위기가 아닌, 우리 모두의 위기라고 본질을 호도하고 있을 뿐이다. 그리고 이렇게 본질을 호도하면서 위기극복을 위한 고통을 자본이 아닌, 노동자 민중에게 온전히 전가하고 있을 뿐이다. (같은 글)

이명박정부가 강조한 경제위기란 본질적으로 자본 스스로 초래한 '자본의 위기'이고 경제위기를 극복하는 과정에서 발생하는 고통은 '노동자 민중에게 온전히 전가'하고 있을 뿐이라고 이 글은 주장한다.

그리고 자본이 스스로 초래한 위기를 극복하기 위한 이명박정부의 정책은 직접적으로 노동권의 침해와 박탈로 나타난다. 비정규직

---

* "자본주의 사회에서의 노동은 '임노동'으로서 노동력은 '돈'으로 사고팔 수 있는 '상품'으로 전화되었다. 가진 것이 없는 사람들은 자신의 노동력을 팔아서 생계를 영위하고 있다. 이런 상태에서는 당연히 노동이 자기실현을 위한 수단이 될 수 없고 단지 자본주의 시스템 구조하에서 생계를 영위하는 수단이 될 뿐이다. 그래서 자본주의 사회에서 '온전하게 노동할 수 있는 권리'는 존재할 수 없다."(인권단체연석회의 노동권팀 2009)

** "한국사회에 만성적인 경제위기가 도래하고, 신자유주의가 본격적으로 시작된 시기는 97년 IMF사태 이후, 김대중정권 시기부터이다. 김대중, 노무현 정권도 경제위기 극복을 위해 모든 고통을 노동자 민중에게 전가"시켰다는 것이다(같은 글).

사용기간의 연장, 파견업종 확대, 간접고용 확대, 서비스부문 외주화를 확대하는 서비스산업 선진화 방안, 최저임금 하향조정, 노조전임자 임금지급 금지 등 이명박정부의 노동정책은 본질적으로 '반인권적 구조조정정책'(같은 글)에 불과하다. 이러한 노동정책이 결국 이명박정부 시기 노동권 침해와 박탈이 심화되는 직접적인 원인이 된다는 것이다.

특히 이명박정부의 노동정책은 김대중·노무현 정부의 신자유주의 노동통제전략을 계승하면서도 이에 대한 노동자계급의 저항을 경찰과 검찰 등의 국가기구를 통해 강력하게 억압하는 특징을 드러낸다고 이 글은 지적한다.

이명박정부의 저항에 대한 관리방식은 가히 폭압적이라 할 만하다. 무조건적인 공권력 동원과 철저한 탄압, 저항에 대한 원천봉쇄가 이명박정부의 특징이라 할 만하다. 물론 법치의 이름으로 행해지고 있기는 하지만, 저항을 원천적으로 차단하고 노동자 민중이 '공포'에 두려워하도록 법을 적용하는 방향을 취하고 있다. (같은 글)

국가폭력을 사용하여 노동자·민중을 '공포'에 빠지게 함으로써 이들의 저항을 '원천봉쇄'해서 자본의 위기로 발생한 고통을 노동자·민중에게 성공적으로 전가하는 전략이 이명박정부의 노동정책에서 핵심이라는 것이다. 즉 이명박정부의 노동정책은 "자본주의의 구조적 위기 극복을 위한 반인권적 노동정책과 노골적인 분할 및 차별, 그리고 공권력을 동원한 폭압적인 탄압으로 정리"(같은 글)될 수 있다.

그 결과는 노동권의 후퇴인데 이 글에서 의하면 "노동권의 후퇴는 보편적 인권의 후퇴로 이어질 수밖에 없다"(같은 글). 그것은 노동권이라는 구체적 인권이 표현의 자유, 집회와 시위의 자유, 단결의 자유 등과 필연적으로 연결되어 있기 때문이다. 그러므로 노동권을 방어하고 보장하기 위한 투쟁은 또한 다른 인권을 방어하고 보장하기 위한 투쟁과 연결될 수밖에 없다. 노동자들의 노동권투쟁과 여타 권리를 위한 사회운동은 연대하여 투쟁해야 하며 이는 궁극적으로 자본주의 체제 자체를 넘어서는 투쟁의 의미를 지니게 된다고 이 글은 말하고 있다.

> 노동권투쟁은 사회 전체의 진보와 반인권적 자본주의 사회를 넘어서기 위한 중요한 투쟁이며 자유권을 비롯한 인권의 전반적 후퇴에 저항하여 보편적 인권을 쟁취하기 위한 투쟁과 결합되어야 한다. (같은 글)

> 따라서 보편적 인권의 후퇴에 우리는 공동 대응해야 한다. 노동권 파괴에 공동 대응해야 하고 표현의 자유, 결사의 자유를 후퇴시키려는 기본권 파괴에 맞서 공동 대응해야 한다. 이명박정부의 반인권적 노동정책에 맞선 투쟁, 즉 노동권투쟁을 통해 보편적 인권을 상승시키고 강화하자. 아울러 다른 인권투쟁과 결합하여 공동으로 인권강화를 위한 투쟁으로 상승시키자. 이것이 인권운동진영이 해야 할 앞으로의 역할이다. (같은 글)

이제 노동권의 실현을 위한 투쟁은 '사회 전체의 진보와 반인권적 자본주의 사회를 넘어서기 위한 중요한 투쟁', 즉 체제변혁적 의미를 가지게 되고 투쟁의 지향은 '보편적 인권을 상승시키고 강화'하는 것이며 투쟁의 방식은 노동권운동과 '다른 인권투쟁의 결합'이다.

이처럼 「이명박정부의 노동권정책 비판」에 드러난 인권단체연석회의 노동권팀의 사회권담론 역시 사회권의 침해 및 박탈의 원인을 신자유주의 혹은 자본주의 같은 경제구조와 정부의 정책과 같은 사회구조적 차원에서 찾고 있고 이에 대한 인권운동의 대응을 그러한 사회구조의 변혁에서 찾으며 그 방법은 권리를 박탈당한 이들의 투쟁 및 그러한 현장투쟁들의 연대로 나타난다. 국제인권문헌들이 갖는 규범적 정당성에 준거하여 사회권담론이 전개되는 것이 아니라 경제질서와 국가권력의 성격 등과 같은 사회구조의 변혁이 강조되며 사회구조의 변혁은 인권을 침해 혹은 박탈당한 당사자들의 투쟁 및 연대를 통해 가능하다는 인식이 표출되고 있는 것이다.

# 4. 2세대 인권운동에서 사회권담론의 특징

## 1) 인지적 차원의 특징

이상에서 살펴본 바와 같이 2세대 인권운동의 사회권담론은 세계관적 차원에서는 구조기반 접근과 규범기반 접근의 접합에 의해 형성되었다. 특히 2세대 인권운동의 초창기 사회권담론은 사회권침해의 원인과 해결방안 그리고 사회권의 실현을 통해 구현하고자 하는 이상적 세계상에 대한 인식을 사회구조적 차원과 국제인권기준의 차원에 동시적으로 입각하여 형성해 갔다. 하지만 초기 사회권담론에서도 이미 살펴본 바와 같이 두 차원의 관계가 통합적으로 해명되지는 못했다.

사회권운동에서 규범기반 접근담론과 구조기반 접근담론의 접합양상을 시계열적 흐름에 따라 파악해 보자면 2세대 인권운동의 초기 사회권담론에서는 규범기반 접근이 구조기반 접근보다 우세하였고, 후기 사회권담론에서는 구조기반 접근이 규범기반 접근보다 우위를 차지하였다고 할 수 있다. 다시 말해 초기 사회권담론에서는 한국사회의 신자유주의적 재편으로 발생하는 사회경제적 고통의 문제를 해결하기 위해 국제인권기준상의 사회권을 국내에서 실현하고자 하는 경향이 강했지만 후기 사회권담론에서는 신자유주의 체제의 변혁이라는 문제의식 및 변혁주체로서 권리침해 당사자들의 직접행동 및 연대운동을 강조하는 경향이 강화된 것이다.

그렇다면 이러한 경향성의 역전은 왜 발생한 것일까? 노의현은 2세대 인권운동의 사회권운동과 국제인권기준의 관계를 규명하는 글에서, 2000년대 접어들면서 2세대 인권운동진영의 국제인권기준에 대한 입장변화에 주목한다.

> 이 시기의 또 다른 특징은 1999~2003년에 활발했던 한국정부를 향한 사회권과 관련한 국제인권기준 이행촉구에 관한 논의들이 자취를 감춘다는 것이다. 그 원인은 2세대 인권운동 활동가들의 국제인권기준에 대해 달라진 평가에서 추적할 수 있다. 2007년 진보적 인권활동가들을 대상으로 한 설문조사에 따르면, 대부분의 활동가들이 국제인권기준의 영향력에 대해 부정적인 평가를 내리고 있다. (노의현 2017, 46쪽)

물론 이미 살펴본 바와 같이 엄밀히 말해서 2003년 이후 사회권담론에서 "국제인권기준 이행촉구에 관한 논의들이 자취를 감춘다"고만은 할 수 없다. 이후에도 2세대 인권운동이 사회권운동을 전개하면서 생산한 담론에는 여전히 국제인권기준을 준거로 활용하는 경우들이 존속하기 때문이다. 하지만 확실히 시간이 흐를수록 2세대 인권운동의 사회권담론에서 국제인권기준의 역할은 약화되었다. 그것은 노의현의 지적대로 '진보적 인권활동가들', 즉 국제인권기준에 대한 2세대 인권운동가들의 평가가 달라졌기 때문이다.

2장에서 살펴본 바와 같이 2세대 인권운동의 형성기인 1990년대 초반에서 중반에 이르는 기간 동안에는 국제인권기준 및 그 이행절차에 대한 기대가 인권활동가들 사이에서 높았다. 가령 1995년 당시 인권운동사랑방에서 활동한 류은숙의 다음과 같은 문장이 이를 잘 보여준다.

> 5년마다 있을 보고서의 작성과 제출, 심의의 과정은 활용하기에 따라, 우리나라 사회권상황에 대한 광범위한 공적 토론의 기회가 될 수 있고, 국제사회의 기준에 비춰 우리의 문제를 검증하고 평가할 수 있는 기회이다. 따라서 현재, 시민·정치적 권리에 집중하고 있는 많은 인권관련 단체들이 사회권에 대한 보다 체계적인 관심을 가질 것이 요구되며, 정부보고서와 마찬가지로 민간보고서의 내용에 충실을 기하고 그 효용성을 높이기 위해서는 더 넓은 분야의 참여가 요구된다. 특히 정부에 교육과 홍보의 의무가 있지만 현재 상황에서 기본적인 인권과 주요 인권조약에 대한 '교육 프로그램'을 현실적으로 개발하여 시도할 수 있는 가능성은 민간단체의 활동에 있으므로 민간단체의 교육적 역할이 강조되어야 할 것이다. (류은숙 1995, 126쪽)

류은숙은 사회권규약의 국내적 이행에 관한 정부의 보고서와 민간단체 보고서 작성 및 제출 그리고 유엔사회권위원회의 심의과정이라는 사회권규약 이행 감독절차를 주목한다. 왜냐하면 국내 인권운동 진영에 사회권에 대한 관심을 불러일으킬 수 있고 '국제사회의 기준에 비춰' 한국의 사회권현실을 '검증하고 평가할 수 있는 기회'를 제공하기 때문이다. 그래서 인권단체들은 사회권규약 이행에 관한 민간단체 보고서 작성, 사회권규약의 홍보 등에 더욱 노력을 해야 한다고 평가한다. 국제인권기준상 사회권에 대한 이와 같은 인식이 1997년 IMF구제금융 사태 이후 인권운동사랑방을 중심으로 전개된 사회권담론에서 국제인권기준을 적극적 준거로 삼는 것으로 나타났다고 하겠다.

하지만 이러한 평가로부터 10여 년이 흐른 2000년대 중후반에 이르면 국제인권기준에 대한 인권활동가들의 평가는 급격하게 달라진다. 인권연구소 창이 2007년 발간한 『인권활동가 50인이 말하는 한국인권운동의 현황』에는 국제인권기준에 대한 인권활동가들의 다음과 같은 평가가 제시된다. "다른 인권사안들을 보면 공통적으로 이야기하는 것이 국제인권조약밖에 없다."(인권연구소 창 2007, 15쪽) "조약은 사고의 틀이 아니라 법체계일 뿐이다. 이론적인 사고의 틀이 없는 것이다. 사고의 틀이나 이론의 틀에 대한 논의가 필요하다."(같은 곳) "인권운동은 법률을 도구로 생각하지 그것을 사고의 틀로 생각하지 않는다."(같은 곳) "세계인권조약, 국제기구 권고, 헌법 등을 거론하기는 하는데 성명서 쓸 때만 빌려오고 거론되는 것들이지 운동에 미치는 영향력은 미흡하다."(같은 곳) "인권기준은 교과서를 읽는 느낌. 이것을 어떻게 구체화할 것인가 사람들에게 확 와닿게 설명하지 못한다. 현실적인 눈높이와 괴리가 있다."(같은 책, 16쪽)

다시 말해 인권활동가들은 90년대 말과 2000년대를 지나면서 사회권규약을 비롯한 국제인권기준이 법률적 형식성에 얽매여 있고, 현장운동에 대한 실제적인 영향력이 불충분하며, 인권침해 현실에 대한 구체적 설명력이 부족하다고 평가하게 된 것이다. 국제인권기준에 대한 이러한 평가들은 2세대 인권운동의 사회권담론에서 규범기반 접근, 즉 사회권에 관한 국제인권문헌들의 준거가 왜 약해졌는지를 이해하게 해준다.

인권운동사랑방에서 활동했던 최은아는 사회권규범에 대한 이 같은 인식변화를 다음과 같이 설명한다.

> 사회권규약이 담고 있는 것이 아무리 좋은 이야기라도 현장에서는 어떤 의미가 있을까요. 국가를 상대로 할 때는 어느 정도 효용이 있지만 정작 현장에서는 "UN에서 이런 권고를 받았어"라고 말하는 것말고는 할 게 없는 거예요. 한 10년 정도 지나면서 '이대로는 안 되겠다'는 고민이 생긴 것 같아요. 인권개념들이 굉장히 생소할 때는 권리개념을 한국사회에 널리 퍼뜨리기 위한 활동들을 열심히 했었는데, 그 다음에 김대중, 노무현 정부 들어 국가가 인권의 언어를 적극적으로 사용할 때 인권운동이 말하는 인권의 언어는 무엇이어야 할지 고민이 들면서 뭔가 미끄러지게 되는 상황들이 발생하는 거죠. (최은아 2017, 60쪽)

곧 사회권규약 등 국제인권문헌이 갖는 규범적 정당성이 실제 사회권이 침해되고 박탈되는 현실에서는 권리 방어와 실현에서 실효성이 크지 않다는 말이다. 특히 이른바 민주정부라는 김대중·노무현 정부의 출현 이후 국가가 적극적으로 '인권의 언어'를 사용하는 상황에서 더 이상 인권운동이 사용하는 '인권언어'에는 '뭔가 미끄러지게 되는 상황들이 발생'하였다고 최은아는 평가한다. 달리 말해 국제인권기준에 입각하여 형성된 사회권담론의 이데올로기적 효과가 약화되었다는 것이다.

이러한 문제의식은 박래군에게도 유사하게 나타난다. 박래군의 경우는 국제인권기준이 갖는 국내 인권운동에서의 효과를 이렇게 평가한다.

> 한국이 91년에 UN가입을 하고, 그보다 먼저 '경제적/사회적/문화적 권리에 관한 규약'과 '시민적/정치적 권리에 관한 규약'이라는 국제인권규약 두 가지에 가입을 합니다. 당시는 노태우정권 시절이었지만 외교적인 입장으로 인해 어쩔 수 없었던 거죠. 이것이 한국사회에 국제인권이라는 것이 작동하는 계기가 되었어요. 90년대에는 UN의 권고라는 게 힘이 있었죠. 언론에서도 받아주었고요. 그런데 지금은 그런 힘이 없어요. 세계적으로도 UN의 파워가 별로 없어요. 아마 90년대가 UN파워가 가장 강했던 시기 같아요. 특히 한국에서는 말이죠. 사랑방에서도 90년대에는 UN의 동향, 권고, 논의 들에 주의를 기울였어요. 당시에는 UN의 권위에 정부관료들이 위축되는 효과가 있었기 때문이죠. 90년대 내내 그랬고, 노무현정부 시기까지도 어느 정도 그랬습니다. 그런데 2000년대로 넘어오면서 이 힘이 약화돼요. (박래군 2017, 13쪽)

최은아와 박래군의 경우 자신의 운동경험으로부터 국제인권기준이 국내 인권운동에서 점차로 실효성을 상실하게 되었다고 평가하고 있다. 그리고 이러한 경험상의 평가는 국제인권조약의 국내적 실현에 관한 법학자의 연구들에 의해서도 일정하게 지지되고 있다. 조용환은 한국의 "법원과 헌법재판소는 인권조약의 수용에 대해 소극적인 태도를 가지고 있는 것처럼 보인다"고 평가하며 "최근에는 인권조약의 국내적 효력을 크게 제한하는 듯한 판결과 주장도 등장하고 있다"고 지적한다(조용환 2008, 91쪽). 이주영 역시 "헌법재판소는 충족 의무를 동반하는 사회권사안의 경우 실질적 심사를 사실상 방기함으로써 사회권이 실효성 있게 규범력을 발휘하지 못하고 있는 것이 현실"이라고 평가한다(이주영 2016, 148쪽).

2세대 인권운동의 사회권담론에서 규범기반 접근이 약화된 것은 국제인권기준이 국내에서 사회권의 침해를 막거나 사회권을 제도적으로 보장하는 데 현실적 영향력을 거의 발휘하지 못했기 때문이라고 할 수 있다. 사회권운동이 본격화되는 초창기에는 사회권규약 등 국제인권기준의 권위에 거는 기대도 있었다. 실제로 정부관료들도 유엔의 권위에 '위축'되기도 했고, 언론에서도 한국의 사회권상황을 우려하고 개선을 요구하는 유엔사회권위원회의 권고를 보도하기도 했지만 시간이 지날수록 정부도 유엔의 권고를 중요하게 생각지 않았고 대중적 파급력도 약화되었다. 근본적으로 유엔사회권위원회에서 한국정부에 사회권관련 권고를 해도 이는 도덕적 권위 이외에는 별다른 강제성이 없기 때문에 정부는 별다른 시정조치를 하지 않아도 무방한 상황이 반복된 것이다.

더불어 사회권규약의 실효성을 담보할 수 있는 장치라고 할 수 있는 사법부의 판결에서도 사회권규약은 별다른 효력을 발휘하지 못했다. 비록 헌법에 의해서 사회권이 국내법과 동등한 효력을 갖는 것으로 해석되어야 한다는 인권단체들의 요구나 학계의 연구결과가 있었지만, 국내 사법체계에서 사회권규약은 거의 활용되지 못했다. 이러한 상황들이 2세대 인권운동의 사회권담론에서 국제인권기준이라는 준거의 약화, 즉 규범기반 접근의 계기가 쇠퇴하게 된 원인이라고 할 수 있다.*

## 2) 사회권담론에서 사회권 개념의 동요

그러나 이와 같은 2세대 인권운동의 사회권담론의 구조변동은 또 다른 문제를 낳게 된다. 국제인권기준에 대한 준거가 2세대 인권단체의 사회권운동에서 약화되면서 사회권의 개념 자체가 매우 모호해지게 된 것이다. 즉 사회권규약을 비롯한 국제인권기준에 입각한 사회권규정들을 더 이상 사회권운동의 핵심 준거로 삼지 않는다고 했을 때 인

---

* 국제인권기준의 인권상황 개선효과에 대한 국제적 연구들 가운데는 비관적 견해를 제시하는 이들도 많다. 가령 조효제에 따르면 해서웨이(Hathaway)는 "강제실종, 제노사이드, 고문, 시민적 자유, 공정한 재판, 여성의 정치대표성 등 5개 영역에서 국제인권법 비준의 효과"를 연구하였는데 그 결론은 "[국제인권법-인용자] 비준과 법준수 사이에 유의미한 인과관계 혹은 상관관계가 나타나지 않는다"는 것이었다고 한다(조효제 2015, 234쪽). 그러나 조효제는 국제인권기준의 인권상황 개선효과를 평가할 때는 단지 국제인권법제도의 도구적 기능만으로 평가하는 것은 충분치 않다고 주장한다. 그는 국제인권법의 표출적 기능을 함께 고려하는 것이 중요하다고 쓴다. "국제사회에서 국가행위자는 국익의 고려 혹은 진의와 상관없이 보편적으로 통용되는 가치들에 대해 규범적 입장을 표명하도록 요구된다. 따라서 대다수 국가는 도구적 기능과 표출적 기능을 함께 고려하여 조약에 참여한다."(같은 곳) 문제는 국제인권법의 도구적 기능과 표출적 기능이 항상 함께 작용하는 것은 아니라는 점에 있다고 조효제는 지적한다(같은 글, 234, 235쪽). 이러한 조효제의 논의는 국제인권법 혹은 국제인권기준이 국내에서 인권개선에 얼마나 유용하게 작용하였는지만을 도구적 관점에서 파악하는 것으로는 불충분하다는 것이다. 국제인권기준에 대한민국이 가입함으로써 대한민국 정부가 국제사회에서 인권문제에 어떤 공적 입장을 표명하게 되었는지 또한 면밀하게 평가될 필요가 있음을 함의하고 있다고 하겠다.

권운동이 말하는 사회권이란 무엇인가라는 질문이 제기되는 것이다.

2세대 인권운동의 흐름은 국제인권기준을 국내에 실현하고자 하는 활동경향 자체를 폐기하지는 않았지만 2000년대 중반에 이르면 국제인권기준의 국내적 실현보다는 사회권박탈의 구체적 현장에서 권리침해 당사자들의 투쟁에 연대하거나 다른 사회운동조직들과 공동으로 사회권을 방어 및 확보하기 위한 투쟁의 경향을 강화해 갔다. 그리고 이러한 투쟁은 비정규직노동자 권리투쟁, 정리해고 반대투쟁, 재개발 반대운동, 금융피해자 권리회복운동 등의 구체적 현장투쟁의 양상으로 나타났다.

이러한 경험은 2세대 인권활동가들이 인권운동의 근거를 국제인권기준보다는 권리침해의 구체적 당사자나 이들의 투쟁에 대한 연대로부터 얻게 된 감수성과 지식으로 파악할 수 있게 했다. 『인권활동가 50인이 말하는 한국인권운동의 현황』에 따르면 인권활동가들은 인권운동의 논거를 현장의 경험에서 찾고 있다.

> 인권운동이 옹호·주창하는 논리를 주로 얻는 창구를 구체적으로
> 설명해 달라는 질문에 활동가들은 거의 만장일치로 '현장체험'을
> 들었다. 헌법이나 법률, 국제인권조약, 연구집단, 선행이론 등을
> 거론한 경우는 5명에 불과했고, 이들 또한 현장경험을 먼저 꼽은
> 후에 부차적으로 참고하는 기준으로 언급했을 뿐이다. (인권연구
> 소 창 2007, 15쪽)*

---

* 이 자료에 소개된 인권활동가들의 의견은 다음과 같다. "[인권운동의 논거는] 본인이 스스로 체험을 해서 터득하는 길밖에 없다." "피해자들의 이야기를 잘 경청하는 것, 피해자들의 고통에 착목하는 것." "좋은 글들이 많지만 현실보다 더 큰 이론이 되진 못했다." "내가 몸으로 부닥쳐서 깨는 것만큼 확실하게 와닿는 것은 없다." "환자나 대상

경제적 불평등과 빈곤의 심화, 비정규직 확산 및 정리해고 남용에 따른 노동불안정성의 강화, 재개발에 의한 주거불안정성의 심화, 금융채무자의 양산 등등 사회경제적 고통이 직접적으로는 신자유주의 질서, 근본적으로 자본주의 사회구조로 인해 발생하는 것이고 그러한 사회경제적 고통을 극복하기 위해서는 신자유주의 질서, 자본주의 체제를 변혁해야 한다면 그 변혁운동이 인권운동으로 규정되어야 할 이유는 무엇일까? 달리 말해, 2세대 인권단체의 사회권운동이 다른 비정규직운동, 정리해고 반대투쟁, 재개발 반대투쟁 등의 사회운동과 구별되는 지점은 무엇일까?

2003년 당시 다산인권센터에서 활동하던 노영란은 1997년 IMF 구제금융 사태 이후 본격적으로 시작한 사회권운동의 경험을 돌아보면서 사회권운동에 대해 다음과 같은 고민을 드러낸다.

> 자유권활동은 인권단체의 독자적인 활동인 반면, 사회권활동은 노동단체, 빈민운동단체, 보건의료단체, 환경단체 등에서 이미 잘하고 있어요. 그래서 인권단체에서 사회권운동 전략을 모색하는 데 더 갑갑한 지점이 있어요. 우리도 사회권활동과 관련해서는 연대활동이 대부분이죠. 요즘은 인권단체에서의 독자적인 사회권운동 전략에 연연하는 것이 별 의미가 없겠다는 생각이 들어요.
> (다산인권센터 2003, 25쪽)

---

자를 직접 만나면서 이들이 이해하는 방식이나 대응방식을 습득하며 공부." "삶의 경험이다. 살아온 것 갖고 얘기해 그것이 더 사람들 마음을 파고들어 가는 것 같더라." "구체적인 사람을 통해 얻는 힘, 피해를 당한 직접당사자들과 눈물 흘리면서 힘이 났다." "피해자 토론에서 얻은 결론, 법률가들이 쓴 글은 현장에서 사실상 별다른 의미가 없다." "사람들의 삶에서 배운다. 여기저기 널린 것이 자신의 권리와 행복을 파괴당한 힘없는 사람들이다."

국가폭력에 대한 감시나 양심·사상·표현의 자유 등과 같은 자유권과 관련한 운동은 인권단체의 독자적 활동으로 분명하게 규정할 수 있는 반면, 다산인권센터가 1997년 이후 주력한 활동인 사회권운동의 경우 '빈민운동단체, 보건의료단체, 환경단체' 등이 전개하는 운동과 분명한 차별성이 보이지 않는다는 것이다. 이러한 단체들과 연대활동을 전개하고 있으나 인권단체만의 '독자적 사회권운동 전략'은 사실상 불가능한 것이 아닌가라는 문제제기를 하고 있는 것이다.

이러한 문제의식은 반신자유주의·반자본주의 투쟁에서 인권운동만이 갖는 종별성에 관한 질문으로 이어지게 된다. 박래군은 2세대 인권운동이 무엇보다 '진보운동'으로서 반신자유주의·반자본주의 운동에 연대해 왔음을 지적하면서 그 과정에서 발생하는 난점 또한 주목한다. "노동권에 대해서는 노동단체들이, 사회보장권에 대해서는 사회복지단체들이, 건강권에 대해서는 의료단체들이, 주거권에 대해서는 주거운동단체들이, 문화권에 대해서는 문화운동단체들이 인권운동보다 전문성"이 있다. 반면 이 단체들과의 연대에서 "인권운동의 전문성은 사실상 취약"하다. 그렇기 때문에 "이럴 때 인권운동은 독자적인 운동으로 사회권운동을 해야 하는가 하는 회의를 갖게 된다"는 것이다(박래군 2006b).

이런 경우에도 인권운동의 논리를 구축하고, 그 논리를 인권의 언어로 재구성하여 연대를 풀어갈 수 있다. 한미FTA협상 저지투쟁에서 인권운동은 이 투쟁에 연대하지만, 인권운동이 대중을 동원하는 것은 너무 미약하다. 노동조합 하나가 움직이는 것보다도 적은 인원밖에 모으지 못하는 인권운동은 이럴 때 인권운동만의 독

자적인 목소리를 갖고 연대해야 전체 운동에 기여할 수 있다. (같은 글)

그러나 문제는 사회권운동에서 바로 "인권운동의 논리를 구축하고, 그 논리를 인권의 언어로 재구성"하는 것은 어떻게 가능할까? 사회구조를 변혁하기 위한 구체적 투쟁에 기여할 수 있는 '인권운동만의 독자적 목소리'는 무엇일까? 2세대 인권단체의 사회권운동은 인권의 관점에서 사회구조의 모순을 분석하고 이를 극복하기 위한 독자적인 개념적 수단과 논리적 자원을 갖고 있는가? 2세대 인권단체의 사회권운동에 고유한 체계적 사상은 존재하는가? 이 질문에 대한 답변은 2세대 인권단체들이 생산한 사회권담론에서 찾아보기 어렵다.

2세대 인권활동가들의 이러한 고민은, 자유권담론의 특징을 분석한 4장에서 살펴본 바와 같이, 1993년부터 2013년까지 지속적으로 인권이론·인권연구·인권운동론의 필요성에 대한 반복되는 요구를 낳았다. 이렇게 2세대 인권운동의 초창기부터 2013년까지 새로운 인권운동론의 구축에 대한 요구가 반복되어 왔다는 것은 20년의 세월 동안 이 과제가 성취되지 않았음을 방증한다. 다시 말해 2세대 인권단체의 사회권운동에서 인권운동만의 종별적 이론 내지 사상이 체계화되어 있지 않다는 것이다.

그 이유는 바로 이상에서 본 바와 같이 인권단체의 사회권담론에서 구조기반 접근의 사회권개념과 규범기반 접근의 사회권개념의 접합이 착종의 상태를 넘어서 체계적 통합으로 나아가지 못하고 정세조건에 따라 두 접근 사이에서 사회권개념이 동요해 왔기 때문이라고 할 수 있다.

사회권에 대한 구조기반 접근과 규범기반 접근의 착종으로 2세대 인권단체의 사회권담론은 형성되었다. 특히 IMF 이후 한국사회의 신자유주의적 재편이 본격화되면서 자본주의가 양산하는 고통에 대한 사회구조적 문제의식을 가지고 2세대 인권단체의 사회권운동이 활발해지지만, 인권운동으로서 이러한 사회적 고통의 성격을 규정하고 평가하는 준거와 그러한 고통의 극복을 위한 방향을 국제인권기준의 사회권에서 찾았다. 그리고 국제인권기준상 사회권규정에 입각한 사회권담론은 여타 사회운동에 대해 2세대 인권운동의 독특성을 구별해 주는 지표가 되었다. 이런 맥락에서 2세대 인권운동의 초기 사회권담론에서 사회권에 대한 구조기반 접근보다 규범기반 접근이 더욱 강화되었고, 사회권운동의 경향도 국제인권기준의 국내적 실현 활동의 성격을 띠었다.

그러나 2세대 인권단체의 사회권운동이 전개되는 과정에서 국제인권기준의 국내적 실효성이 사실상 미미하다는 것을 인권단체들은 확인하게 되었다. 이는 사회권담론에서 국제인권기준이라는 준거를 약화시키고 사회권 침해 및 박탈의 사회구조적 차원과 권리침해 당사자들의 현장투쟁 및 이에 대한 인권단체의 연대투쟁을 강조하는 사회권담론의 재편으로 결과하게 된다. 하지만 그 결과 2세대 인권운동의 구조변혁 지향의 사회권운동 및 사회권담론을 여타 사회운동의 반신자유주의·반자본주의 투쟁 및 담론과 구별되는 독특성이 흐려지게 되는 문제가 발생한 것이다.

제6장

1993 •━•━•━•━•━•━•━•━•━•━•━•━• 2012

인권을 국가제도에 기입하라:
인권의 제도화 담론

# 1. 2세대 인권운동과 인권의 제도화

사회운동의 성과가 제도화되는 것에 회의적인 관점도 적지 않지만 사회운동이 사회를 바꾸기 위한 집합적 활동이라고 할 때 사회의 변화는 제도의 변화를 수반하지 않을 수 없다는 것은 명백하다. 물론 제도의 변화를 곧 사회의 근본적 변화와 동일시할 수는 없겠지만 말이다. 2세대 인권운동 역시 자신들이 요구해 온 인권의 달성을 제도적으로 보장하기 위한 다양한 활동을 전개해 왔다.

인권연구자들은 이를 인권의 제도화라고 표현하는데 인권의 제도화란 "인권의 정당성을 확보하여 인권을 실현하기 위한 법률, 규범, 조직 등의 장치를 의식적으로 구축해 가는 과정"으로서 "인권향상을 위한 도구적 장치를 마련한 후, 그것을 기반으로 인권의 가치가 하나의 안정적인 질서로 작용하도록 하는 것"을 목표로 한다(이정은 2018, 225쪽). 군사독재정권이 퇴장하고 절차적·형식적 민주주의화가 시작된 김영삼정부의 출범을 전후하여 형성된 2세대 인권운동은 민주화의 국면에서 인권의 가치를 법률과 국가제도로써 안정적으로 보장하기 위한 활동을 해왔고 이 과정에서 인권과 그것의 제도적 보장에 관한 담론을 형성해 왔다.

인권의 제도화가 국가의 법과 제도라는 공적인 장치를 수립함으로써 인권가치를 사회적으로 공고히 하는 것이라고 규정한다면 이는 국가가 인권의 보장과 구현, 즉 인권의 달성에서 핵심적 행위자 중 하나가 된다는 것을 의미한다. 인권의 제도화에서 국가의 역할이 중요하다는 것은 국가가 인권 보장과 구현의 의무를 가지고 있다는 뜻이기도 하다. 인권달성의 의무를 국가가 가지고 있다고 할 때 국가의 의무는 일반적으로 두 가지로 나뉜다. 하나는 국가가 개인들의 자유에 대한 개입을 억제해야 할 의무가 있다는 소극적 의무이며, 또 하나는 국가가 개인들의 인권달성을 위해 개입해야 할 의무가 있다는 적극적 의무이다(샌드라 프레드먼 2009).

자유주의 인권이론의 전통에서 인권의 달성을 위해서 국가가 해야 하는 일은 불간섭이었다.* 이러한 관점에 입각한다면 국가는 인권의 달성을 사적 개인들의 자율적 행위에만 맡겨두어야 하고 국가가 법령을 통해 국가기관 및 제도를 활용하여 인권을 달성하기 위한 적극적 조치를 취하는 것은 부당하다고 할 것이다. 그러므로 인권의 제도화는 인권달성에서 국가의 소극적 의무가 아니라 국가의 적극적 의무를 요청한다고 할 수 있다.

프레드먼에 따르면 인권달성을 위한 국가의 적극적 의무란 국가의 힘으로 "사람들을 '자력화'(empowerment)하도록 돕자는 것"이며

---

* 프레드먼은 자유주의 전통에서 인권달성에 있어서 국가는 불간섭이라는 소극적인 의무만을 띤다는 주장의 대표자로 이사야 벌린과 하이에크를 들고 있다(샌드라 프레드먼 2009, 79, 80쪽).

이때 국가는 "사람들의 인권충족을 도와주는 '촉진적 국가'(facilitative state)"이다(같은 책, 61쪽). 국가가 법과 제도를 통해 인권이 실질적으로 평등하게 보장될 수 있는 장치를 마련해야 한다는 것이 인권달성을 위한 국가의 적극적 의무라 할 수 있다는 것이다.

국가는 인권의 달성을 위해 '자기억제의 의무'라는 소극적 의무만이 아니라 동시에 사람의 권리를 '보호해야 할 의무'와 권리를 '충족시켜야 할 의무' 역시 갖는다. 개개인의 인권을 제한하거나 박탈할 수 있는 국가권력을 스스로 억제해야 한다는 소극적 의무만이 아니라 타인에 의한 인권침해로부터 개개인의 인권을 보호해야 할 적극적 의무와 개개인의 인권을 보장하고 실현하기 위해 구체적인 권리들을 규정하고 그 권리들을 현실에서 충족하기 위해 지속적으로 노력해야 할 적극적 의무가 있다는 것이다.

그러나 프레드먼은 이렇게 국가가 개인들의 인권을 보호하고 충족하기 위해 적극적으로 국가의 힘을 활용해야 한다는 적극적 의무의 이론이 곧 국가권력에 제한이 없어야 한다는 뜻이라거나 국가가 개인들의 삶을 일일이 통제할 수 있다는 의미는 아니라고 강조한다. 국가의 적극적 의무는 오로지 인권이라는 규범에 의해서만 정당화될 수 있기 때문이다.

여기서 우리 목적에 가장 중요한 점은, 인권으로부터 비롯되는 적극적 의무의 규범적 성격이다. 인권에서 비롯되는 적극적 의무가 있다고 해서 국가가 자기 권력을 무제한으로 사용할 수 있는 백지수표를 위임받는 것은 아니다. …국가의 적극적 의무는, 이 책에서 옹호하는 실질적 자유와 연대와 평등과 민주주의라는 목표를 더욱 증진하지 못할 때에는 정당화되지 못한다. 따라서 인권에서 비롯되는 국가의 적극적 의무는 그 자체로 국가가 자기 권력을 남용하지 못하도록 방지하는 중요한 수단이기도 한 것이다. (같은 책, 108쪽)

국가가 개인들의 삶에 개입하여 인권달성을 촉진하고자 할 때 국가의 개입은 인권규범에 입각해서 규제되어야 한다는 것이다. 만약 국가의 개입이 인권을 촉진하는 것이 아니라 인권을 제한하거나 억압하게 된다면 그와 같은 국가개입은 부당하다는 것이다. 국가의 적극적 의무란 언제나 자유, 평등, 연대 그리고 민주주의의 증진과 확장을 목표로 해서만 이루어져야 한다.

그렇다면 국가는 인권달성에서 적극적 의무를 가진다는 프레드먼의 이론이 현실에서 구체화될 수 있는 양태 중 하나가 바로 인권의 제도화라고 할 수 있을 것이다. 앞에서 인용한 이정은의 규정과 같이 인권의 제도화가 "인권의 가치가 하나의 안정적인 질서로 작용하도록" 하기 위해 "법률, 규범, 조직 등의 장치를 의식적으로 구축해 가는 과정"이라면, 법률의 제정과 집행할 권력을 가진 국가야말로 가장 적극적인 역할을 담당할 책임이 있는 행위자이기 때문이다.

인권달성의 적극적 의무를 국가가 수행하는 일반적인 방식은 법령으로 인권제도를 마련하는 것이라 할 수 있다. 홍성수에 따르면 인권을 국가제도를 통해 보장하기 위한 법령을 '인권관련 법령'*이라 할 수 있는데 1993년부터 2012년까지 시기 동안 제정된 인권관련 법

---

* 대한민국의 법령 중 어떤 법령을 인권관련 법령으로 특정하는 것은 명확한 문제가 아니다. 홍성수는 "국가의 기본권보장 의무가 헌법과 법률에 의해 확립되어 있는 상황에서 인권관련 법령이 무엇인지 특정하는 것은 쉽지 않은 일"이라고 밝힌다(홍성수 2014, 39쪽).

령은 다음과 같다. '국가인권위원회법'(2001년 제정), '장애인 차별금지 및 권리구제 등에 관한 법률'(2007년 제정), '고용상 연령차별 금지 및 고령자고용 촉진에 관한 법률'(2008년 제정) 등이 있고, 1993년 이전에 제정된 인권관련 법령으로는 '남녀고용평등과 일·가정 양립 지원에 관한 법률'(1987년 제정)이 있다(홍성수 2014, 39쪽).

홍성수가 제시하는 인권관련 법령들은 '국가인권위원회법' 이외에는 주로 차별금지와 직접적으로 관련된 법령들이다. 하지만 인권관련 법령이 차별금지와 관련된 법령만으로 제한되지는 않을 것이다. 특히 한국사회가 권위주의로부터 민주주의로 체제이행을 경험했다는 역사적 시각에서 보자면 인권의 제도화를 위한 인권관련 법령의 범주에는 '진실·화해를 위한 과거사정리 기본법'(2005년 제정)으로 대표되는 '과거청산'을 위한 관계법령들을 포함시켜야 할 것이다. 여러 연구자들이 지적하는 바와 같이 권위주의로부터 민주주의로 체제이행 이후의 과거청산은 정의를 실현하고 민주주의를 공고히 하며 인권을 보장할 수 있는 중요한 경로이기 때문이다(안종철 2009; 한성훈 2010; 이병재 2015).

그런데 한국사회의 맥락에서 인권의 제도화는 국가가 자발적이고 적극적으로 인권달성의 의무를 이행한 결과였다고만 볼 수 없다. 오히려 인권의 제도화는 인권단체와 시민·사회 단체를 비롯한 사회운동의 압력이 작용한 결과로 진행되었다. 한국의 대표적인 인권제도라고 할 수 있는 과거청산 관련법령들과 국가인권위원회의 설립배경에는 인권단체들 및 시민·사회 단체들의 지속적인 요구가 있었고 이 두 인권제도의 입법화과정에서도 사회운동단체들은 인권과 민주주의의 원칙에 입각하여 정부와 국회에 지속적인 압력을 행사하였다.

과거청산은 한국과 같이 권위주의 정치체제로부터 민주주의 정치제제로 체제이행을 경험한 국가에서는 새로운 체제가 인권과 민주주의의 원칙에 입각하여 안정화되는 데 중요한 역할을 한다. 민주주의로 이행 이전에 중대 인권침해의 주범이 국가였다는 점에서 그 진상을 규명하여 책임을 묻고, 피해자에 대한 정당한 보상을 실현하며, 과거 인권침해의 진상과 반성을 국가가 공적으로 기록하고 기억함으로써 과거청산은 새로운 체제를 인권과 민주주의의 원리에 입각해서 구축하기 위한 기본 작업이라고 할 수 있는 것이다. 그런 의미에서 과거청산을 위한 관계 법령 및 제도들은 민주주의로의 이행을 경험한 한국사회의 대표적 인권제도 가운데 하나라고 할 수 있다. 2세대 인권운동은 이러한 문제의식에서 과거청산운동에 적극 참여하였고 그 과정에서 유의미한 인권담론을 구성했다.

국가인권위원회(이하 국가인권위)는 한국사회에서 "인권의 제도화와 관련해서 중요한 분기점"(홍성수 2014, 40쪽) 또는 "한국사회에서 '인권의 횃불'로서 국가와 시민사회에 내재된 반인권적 모습들을 폭로하고 이것의 시정을 담당한다는 점에서 한국사회 민주화의 추동자"(최석현 2004, 128쪽)로 평가되는 대표적 인권제도이다. 국가인권위가 이와 같은 평가를 받는 것은 오로지 인권이라는 의제만을 전문적으로 다루는 국가기구이기 때문일 것이다.

국가인권위 설치는 1998년 김대중정부가 출범하면서 제시한 '100대 국정과제' 중 하나였고 2001년 국가인권위가 설립되었다. 그러나 국가인권위가 지금과 같이 정부 내 독립기구로서의 위상을 갖게 된 것은 1998년부터 전개된 인권단체와 시민·사회 단체의 국가인권위원회 설립운동의 효과였다(같은 글; 장희국 2017). 독립적인 국가인권위원회를 설립하기 위한 활동과정에서도 인권의 제도화와 관련된 다양한 담론들이 형성되었다.

제6장에서는 과거청산운동과 국가인권위원회 설립운동을 중심으로 2세대 인권운동이 인권의 제도화와 관련하여 어떤 담론들을 만들어냈고 그 담론의 특징과 담론을 구성하는 전략이 무엇이었는지를 분석해 볼 것이다.

# 2. 과거청산운동과 인권의 제도화 담론

## 1) 민주화 이후 과거청산운동의 흐름

한국사회의 민주화 이후 과거청산은 사회운동의 중요한 의제 가운데 하나였다. 1994년 검찰이 12·12군사반란을 주도한 신군부의 핵심 인물 34명에게 불기소 결정을 하면서 12·12군사반란 주범 처벌과 5·18광주민주화운동 진상규명 및 책임자 처벌을 요구하는 사회운동이 대중화되었다. 그 결과 1995년 '헌정질서파괴범죄의 공소시효 등에 관한 특례법'과 '5·18민주화운동 등에 관한 특별법'이 제정되어 12·12군사반란과 5·18광주민주화운동 진압에 대한 검찰수사가 시작되었다. 이로써 한국에서도 군사독재정권에 의해 자행된 불법행위와 국가폭력이라는 과거의 국가범죄를 청산하기 위한 작업의 제도화가 시작되었다. 상기한 두 법령이 제정된 1995년은 "한국사회에서 과거청산운동이 본격적인 궤도에 들어서는 전환점인 동시에 반복된 미완의 역사를 청산하는 출발점으로 의미"(서우영 2006, 195쪽)를 갖는다고 하겠다. 김영삼정부가 출범하기 이전부터 인권단체들과 시민·사회 단체들은 일제강점 시기, 한국전쟁 시기, 군부독재 시기에 저질러진 국가폭력의 진상을 규명하고 책임자를 처벌하며 피해자 배상 및 보상을 요구하는 활동들을 전개해 왔지만 이러한 사회운동이 본격화된 것은 1995년 이후라고 할 수 있을 것이다.

그러나 김영삼정부가 '역사 바로세우기'라는 이름으로 진행한 과거청산은 "하나의 이벤트에 지나지 않았다"(김민철 2005, 46쪽)거나 "'진상규명과 책임자 처벌을 역사에 맡기자'는 김영삼정부의 구호는 '과거를 잊자'는 것이므로 문민정부의 구조개혁 의지나 그 성과를 가히 짐작할 수 있다"(심희기 2002, 238쪽)고 평가되는 등 과거청산을 위한 실질적 조치들이 김영삼정부 아래서는 제대로 이루어지지 않았다고 사회운동은 인식하였다.

역시 적지 않은 한계가 드러난 것으로 평가되지만, 과거청산을 위한 국가적 수준의 제도화가 본격화된 것은 김대중정부의 출범 이후이다(김민철 2005; 안종철 2009). 김대중정부에 이르러 과거청산의 기본 대상이라고 할 수 있는 일제강점기의 부일반민족행위자 및 강제동원 문제, 한국전쟁기의 민간인학살 문제, 군부독재기의 국가폭력 등의 영역에서 과거청산을 위한 법제화가 시작되었다. 그리고 노무현정부가 출범하면서 더 다양한 분야에서 과거청산을 위한 법률이 제정되고 기구가 설치되었고, 2004년 '진실·화해를 위한 과거사정리 기본법'이 통과되면서 포괄적 과거청산을 위한 법제화가 일정하게 이루어졌다.*

___
\* 김영삼정부에서 노무현정부에 이르는 기간 동안 제정된 과거청산을 위한 법제는 다음과 같이 정리할 수 있다.

그러나 이미 지적한 바와 같이 김대중·노무현 정부에서 과거청산을 위한 제도가 마련된 것은 전적으로 정부의 의지에서 비롯된 것만은 아니었다. 일제강점기, 한국전쟁기 그리고 군부독재 권위주의 정부 시기 국가권력이 자행한 범죄와 인권침해를 청산하기 위한 법제화는 인권단체들을 비롯한 사회운동단체들의 지속적인 노력을 통해서였다.

특히 포괄적 과거청산을 위한 법률인 '진실·화해를 위한 과거사 정리 기본법'의 제정과정에서 인권단체 및 시민·사회 단체들의 연대체인 '올바른 과거청산을 위한 범국민위원회'(이하 과거청산범국민위)의 활동이 중요한 역할을 하였다.

| 청산목표<br>대상시기 | 진상규명 | 명예회복 | 책임자 처벌 | 보상·배상 | 기념사업 |
|---|---|---|---|---|---|
| 전근대시기 | | '동학농민혁명참여자등의<br>명예회복에관한특별법'<br>(2004. 3. 5) | | | |
| 일제강점기 | '일제강점하강제동원피<br>해진상규명등에관한특<br>별법'(2004. 3. 5)<br>'일제강점하친일반민족<br>행위진상규명에관한특<br>별법'(2004. 3. 22) | | '친일반민족행위자재산의<br>국가귀속에관한특별법'<br>(2005. 12. 29) | '일제하일본군위안부에<br>대한생활안정지원및기<br>념사업등에관한법률'<br>(2002. 12. 11)<br>'태평양전쟁전후국외강<br>제동원희생자등지원에<br>관한법률'(2007. 12. 10) | '일제하일본군위안부에<br>대한생활안정지원및기<br>념사업등에관한법률'<br>(2002. 12. 11) |
| 한국전쟁<br>전후기 | '제주4·3사건진상규명<br>및희생자명예회복에관<br>한특별법'(2000. 1. 12) | '거창사건등관련자명예<br>회복에관한특별조치법'<br>(1996. 1. 5)<br>'제주4·3사건진상규명<br>및희생자명예회복에관<br>한특별법'(2000. 1. 12)<br>'노근리사건희생자심사및<br>명예회복에관한특별법'<br>(2004. 3. 5) | | | |
| 권위주의기 | '의문사진상규명에관한<br>특별법'(2000. 1. 15)<br>'군의문사진상규명등에<br>관한특별법'<br>(2005. 6. 29)<br>'진실·화해를위한과거<br>사정리기본법'<br>(2005. 5. 31) | '민주화운동관련자명예회<br>복및보상등에관한법률'<br>(2000. 1. 12)<br>'삼청교육피해자의명예<br>회복및보상에관한법률'<br>(2004. 1. 29)<br>'진실·화해를위한과거<br>사정리기본법'<br>(2005. 5. 31) | '헌정질서파괴범죄의공<br>소시효등에관한특례법'<br>(1995. 12. 21)<br>'5·18광주민주화운동에<br>관한특별법'<br>(1995. 12. 21) | '광주민주화운동관련자<br>보상등에관한법률'<br>(1990. 8. 6)<br>'민주화운동관련자명예<br>회복및보상등에관한법<br>률'(2000. 1. 12)<br>'광주민주유공자예우에<br>관한법률'(2002. 1. 26)<br>'삼청교육피해자의명예<br>회복및보상에관한법률'<br>'특수임무수행자보상에<br>관한법률'(2004. 1. 29) | '민주화운동기념사업회법'<br>(2001. 7. 24) |

(안종철 2009, 52쪽에서 재인용)

과거청산범국민위의 결성에는 2004년 1월 16대 국회가 당해 연도 예산심의과정에서 '친일인명사전' 편찬관련 예산을 삭제한 것이 중요한 계기가 되었다(한선범 2005). 이에 분노한 시민들이 친일인명사전 편찬을 위한 모금운동에 동참하여 7억 원의 성금을 기부하는 등 대중적 차원에서 과거청산에 대한 요구가 확산되었다. 이러한 상황에서 과거청산 활동을 전개해 온 사회운동단체들과 연구자단체들은 그해 8월 '가칭 과거사청산을 위한 시민사회단체연석회의' 준비모임을 갖고 포괄적 과거청산을 위한 연대활동을 모색하기 시작하였으며 이 모임은 이후 9월 3일 1천여 개의 사회운동단체 및 연구자단체가 참여한 과거청산범국민위의 출범으로 이어진다(올바른 과거청산을 위한 범국민위원회 2004a).

과거청산범국민위는 이후 포괄적 과거청산을 위한 입법운동과 2005년 '진실·화해를 위한 과거사정리 기본법'의 통과 이후 이 법의 문제를 고치기 위한 활동을 학술토론회, 국가폭력피해자 증언대회, 유가족결의대회, 희생자합동위령제, 노숙 및 1인시위 등의 방식으로 전개해 갔다.

## 2) 구조기반 접근담론

2004년 과거청산범국민위가 출범하면서 각각의 사안별로 진행되어 오던 과거청산운동은 연대의 방식으로 포괄적 과거청산을 모색하게 된다. 이는 제도화의 관점에서 파악하자면 포괄적인 과거청산법을 만들기 위한 활동으로 수렴되는데 이를 위한 담론의 형성에서 과거청산문제를 연구해 온 학자들의 역할이 상대적으로 큰 비중을 차지하게 된다.*

　과거청산운동을 어떤 입장과 방향에 입각해서 전개할 것인가라
는 인식의 형성에서 2004년 과거청산범국민위가 개최한 학술 심포
지엄 "과거청산의 과제와 방향"은 중요한 역할을 하였다. 이 심포지
엄에서 과거청산범국민위의 상임집행위원장인 김동춘 성공회대 사
회학과 교수는 「한국 과거청산의 기본 방향」이라는 글을 발표한다.
그는 이 글에서 과거청산이 과거 공권력의 불법적이고 부당한 사용
을 가능하게 했던 법, 제도, 환경, 조건 등 구조적 원인을 청산하는 작
업이 되어야 함을 강조한다. 김동춘은 과거청산의 개념을 다음과 같
이 규정한다.

　자연력 즉 자연재앙이나 천재지변이 아닌 공권력에 의해 자행된
　폭력, 학살, 고문, 성폭력, 재산상의 손실과 같은 범죄는 분명히 인
　간사회의 정치적 실천의 결과이기 때문에 가해주체가 있으며, 따
　라서 사회의 질서유지와 정의의 수립을 위해서 분명히 가해의 사
　실과 책임주체의 규명, 피해자에 대한 구제조치가 이루어져야 한
　다. 이처럼 과거의 공권력의 불법적인 행동에 의해 저질러진 각종
　피해의 진상을 규명하고 가해자를 처벌하고, 피해자의 명예를 회
　복시키고 적절한 보상(배상)을 실시하는 등의 일련의 조치를 우리

---

**\*** 　가령 2005년 당시 과거청산범국민위 사무국 간사 한선범은 2004~2005년 이 단체
의 주요 활동을 다음과 같이 서술한다. "[출범] 이후 과거청산범국민위는 '과거청산의 과
제와 방향'을 주제로 한 학술심포지엄, 6회에 걸친 목요학술토론회, 2회에 걸친 국가폭
력피해자 증언대회, 전국유가족결의대회, 희생자합동위령제, 50여 일에 걸친 노숙농성
투쟁, 반년 넘게 계속된 국회 앞 1인시위와 셀 수 없는 집회 등 올바른 과거사법 제정을
위한 수많은 투쟁을 전개하였다." 이 서술에서 알 수 있듯이 과거청산범국민위의 활동에
서 '학술심포지엄'과 '학술토론회'는 '올바른 과거사법 제정을 위한' 주요한 투쟁방식 가
운데 하나였다. 한선범 2005.

는 과거청산이라고 말할 수 있다. (김동춘 2005, 38쪽)

과거청산은 '공권력', 즉 국가기구에 의해 자행된 범죄, '폭력, 학살, 고문, 성폭력, 재산상의 손실'과 같은 불법적이고 부당한 행위를 대상으로 하고 있다. 김동춘의 글은 국가의 이러한 불법·부당 행위를 '국가폭력'이나 '국가범죄'로 규정한다(같은 글, 38~41쪽). 과거청산은 국가폭력 내지는 국가범죄를 대상으로 진행되는 작업으로 개념화되고 있는 것이다. 이 글에서 국가폭력이나 국가범죄는 우발적인 것이 아니라 국가권력을 장악한 자들이 자신의 정치적 이익을 위해 의도와 목적을 가지고 실행한 '정치적 실천'의 일종으로 파악한다. 그리고 이로부터 과거청산의 구체적 내용이 제시된다. 국가가 주체가 된 '불법적인 행동'으로서 국가범죄와 국가폭력의 진상을 규명하고, 가해자를 처벌하며, 피해자의 명예를 회복하게 하며, 피해자에게 적절한 보상과 배상을 실시하는 조치들이 구체적인 과거청산의 원칙이 되는 것이다.*

　과거청산을 이렇게 개념화한 다음 김동춘은 과거청산의 문제가 현실에 더 이상 별다른 영향력을 끼치지 않는 지나간 일에 대한 역사 해석의 문제가 아니라, '과거'의 국가폭력 내지 국가범죄가 현재에도 중요한 효과를 발휘하는 동시대적 문제임을 강조한다.

　'과거사'청산이 아니라 과거청산인 이유는 분명 과거는 '지나갔으며', 돌이킬 수 없지만, 잘못된 과거의 사건이 현재의 정치, 법, 제

---
*　김동춘은 과거청산의 방식을 이 글의 본문에서 다음과 같이 다시 한번 정리하고 있다. "과거청산은 진상규명, 가해자 처벌, 피해자 명예회복, 보상과 배상, 각종 기념사업·위령사업, 역사교육 등으로 진행된다."(김동춘 2005, 45쪽)

도, 그리고 과거사의 책임자가 여전히 영향력을 미칠 수 있는 지위에 그대로 남아 있으며, 피해자가 생존해 있는 경우, 어떤 형태로든 그것을 정리하지 않고서는 공공질서의 정상적 작동이 어렵기 때문이다. (같은 글, 38쪽)

'과거사'청산이 아니라 '과거청산'임을 강조하는 이유는 무엇보다 '잘못된 과거의 사건' 즉 과거의 국가폭력과 그 책임자가 '현재의 정치, 법, 제도'에 일정한 규정력을 행사하여 '공공질서의 정상적 작동'을 어렵게 만들기 때문이다. 다시 말해 과거 국가폭력을 가능하게 했던 정치적 질서를 폐기함으로써 그 질서와는 다른 정치적 질서, 즉 '공공질서의 정상적 작동'을 가능하게 위함이다.

그래서 이 글에서는 과거청산의 의의를 무엇보다 '제도와 환경'의 변화에서 찾는다. 과거의 국가폭력은 "공권력의 잘못된 행사를 가능케 했던 국가보안법 등 남북 적대와 분단을 지탱했던 법, 제도"(같은 글, 39쪽)에서 기인한 것이고 "이처럼 국가의 잘못된 권력행사를 가능케 했던 조건의 변경 및 직접적 원인의 제거, 책임주체의 처벌이 제대로 이루어지지 않을 경우 그러한 공권력 범죄가 재발할 위험성"(같은 글, 40쪽)이 있기 때문이다.

이런 맥락에서 김동춘은 '인적 청산'과 '제도적 청산'이라는 과거청산의 두 측면 중에서 제도적 청산을 중요시한다. '인적 청산'이 "과거의 잘못을 저지른 개인을 처벌하거나 영향력을 미칠 수 있는 자리에서 물러나게 하는 것"이라면, '제도적 청산'은 "가해환경을 변화시키는 것"을 의미한다(같은 글, 39쪽). 그 가운데서 제도적 과거청산, 즉 "제도와 환경을 변화시키는 것이야말로 과거청산이 국민에게 희망과 비전을 주고 찢어진 공동체를 복원하는 대단히 미래지향적인 작업이 되는 강력한 근거가 된다"(같은 글, 39, 40쪽)는 점을 김동춘은 강조한다.

김동춘의 「한국 과거청산의 기본 방향」은 과거청산의 일차적 목표를 국가범죄 혹은 국가범죄를 가능하게 했던 법·제도·환경을 변화시켜 국가폭력 내지는 국가범죄의 재발을 구조적으로 방지하는 것으로 파악하고 있는 것이다. 특히 이 글에서는 과거청산의 궁극적 목적이 국가폭력의 구조를 변혁하여 시민의 권리가 보장되는 새로운 체제의 구축이라고 제시한다.

> 대체로 국가폭력은 전쟁상태에서 발생했기 때문에, 국가폭력과 반인권적 사태는 단지 한 국가만의 결단으로 완수될 수 있는 것이 아니고 국제사회 혹은 국내 정치공동체가 전쟁과 갈등이 없는 새로운 질서로 거듭날 때 완전히 종식될 수 있다…. 즉 화해와 용서를 통한 국가 내, 국가 간의 항구적 평화체제의 구축이라고 할 수 있다. (같은 글, 43쪽)

과거청산이 궁극적으로 지향하는 바는 '전쟁과 갈등이 없는 새로운 질서'의 수립이며, '항구적인 평화체제의 구축'이라는 것이다. 입법을 통한 포괄적 과거청산의 제도화는 결국 국가폭력의 구조를 혁파하고 평화가 보장되는 구조의 구축을 목적으로 한다는 점에서 김동춘의 글은 과거청산운동에서 인권의 제도화 담론이 구조기반 접근을 기반으로 해서 구성되고 있음을 보여준다.

과거청산의 제도수립을 위한 운동에서 이와 같은 구조기반 접근담론은 국가폭력의 원인에 대한 인식에서도 드러난다. 특히 과거청 산범국민위의 지도적 인사들은 일제 강점기와 해방 이후 한국사회의 구조적 성격에서 국가폭력의 원인을 찾아낸다. 그리고 이때의 한국 사회의 구조적 성격이란 외세에 의한 분단과 반민족적 세력에 의한 정치권력의 장악으로 제시된다.

과거청산범국민위는 발족선언문에서 일제 강점기부터 군부통치 기까지의 상황에서 한반도 주민의 경험을 이렇게 요약한다.

> 지난 우리의 역사 100년을 돌아보면 우리 민족구성원은 일본 제
> 국주의 강점기와 미군정기, 남북분단, 한국전쟁, 군사독재 시기와
> 권위주의 통치 등 온갖 수난을 겪어왔다. 우리 민중은 나라의 주
> 인으로 대접받지 못한 채 식민지지배하에서는 노예와 다름없는
> 처지에 있었고, 분단과 외세개입 및 이념전쟁의 총알받이였으며
> 독재권력의 통제와 탄압의 대상이었다. (올바른 과거청산을 위한 범
> 국민위원회 2004b)

이 선언문에서 '우리 민족구성원'은 일본 제국주의 강점기, 미군정기, 분단, 한국전쟁, 군사독재 및 권위주의 통치 시기에 가혹한 시련을 겪 어온 것으로 표상된다. '노예와 다름없는 처지'에서 수난을 당했고, 전쟁의 와중에서 '총알받이'로 희생되었으며, 군부독재정권의 '통제 와 탄압의 대상'으로 고통을 겪어왔다는 것이다. 바로 이러한 '노예' '총알받이' '통제와 탄압의 대상'으로서 경험이 곧 국가폭력의 경험이 었고 그 원인으로 제국주의의 '식민지지배' '분단과 외세개입 및 이념 전쟁' 그리고 '독재권력'이 제시된다. 각 시기의 국제적·국내적 정치

질서와 체제가 한반도의 민중이 경험한 폭력과 인권침해의 원인이라는 것이다.

특히 과거청산운동에 참여한 활동가들의 경우 일제강점기부터 한국전쟁 시기까지 한반도의 민중들 그리고 분단 이후 한국사회의 민중들이 겪은 국가폭력의 원인을 제국주의 지배와 해방 이후 외세의 개입으로 인한 자주적 통일국가 수립의 실패에서 찾는 관점을 제시한다. 2005년 과거사청산법국민위가 개최한 "국가폭력 피해자 증언대회"의 자료집에 실린 당시 민가협양심수후원회 회장 권오헌의 글은 국가폭력의 원인을 "일제의 식민지 잔재를 청산하지 못했고, 외세에 의한 분단과 냉전체제 그리고 잇단 권위주의 정권이 이어져 왔기 때문"(권오헌 2005, 8쪽)으로 파악한다. 그리고 국가폭력의 핵심 원인은 외세에 의한 민족분단에 있는 것으로 본다.

조국광복과 민족해방이 되고 그 감격의 순간 우리 겨레는 뜻하지 않았던 외세에 의해서 국토의 분단, 민족의 분열을 강제당하고 말았습니다. 새로운 점령군은 일제의 통치수단이었던 법과 제도를 그대로 답습하고 친일반역자들을 새로운 지배세력으로 자리 잡게 해주었습니다. 그리하여 해방공간 가장 큰 민족적 과제였던 자주독립통일국가 건설과는 정면 배치되는 역사의 반동이 진행되었던 것입니다. 사상·이념을 넘어 하나의 자주독립통일국가 건설을 지향했던 민족자주세력은 설 곳이 없었고 테러를 당하거나 불법화되었습니다. 위정자들은 바로 외세를 업고 분단을 악용, 독재를 강화하면서 정치적 반대세력을 탄압하였습니다. (같은 글, 8, 9쪽)

이러한 인식에 따르면 일본 제국주의의 식민지배에서부터 군부정권의 권위주의 통치에 이르는 한국현대사에서 벌어진 국가폭력과 인권침해는 무엇보다 한국사회의 구조적 성격에 기인하는 것이다. 특히 일제가 패망한 뒤 한반도는 '새로운 점령군'에 의해 장악되었고 새로운 점령군인 외세는 반민족적 세력이 다시 한반도 이남에서 정치권력을 잡게 함으로써 '역사의 반동'이 일어나게 된 것이다. '자주독립통일국가 건설'의 실패가 해방 이후 한국사회의 성격을 규정하며 그 실패의 결과는 '새로운 점령군'으로 표상된 외세에 종속적인 분단체제의 성립이다.

이와 동일한 인식이 "국가폭력 피해자 2차 증언대회"의 자료집에 실린 이이화와 김영훈의 글에서도 나타난다. '한국전쟁 전후 민간인학살 진상규명 범국민위원회'의 공동대표인 이이화와 김영훈이 공동으로 쓴 「국가폭력, 그 고리를 잘라야 할 때입니다」 역시 외세에 의한 분단을 국가폭력의 구조적 원인으로 제시한다.

> 대한민국의 역사는 거꾸로 서 있습니다. 자주독립민주국가를 세웠어야 할 한말에는 외세의 침략으로, 사대매국 반민중세력의 준동으로, 민족 내의 갈등으로, 민초들의 온 역량을 모으지 못한 채 끝내 국권을 잃고 일제의 식민지로 전락하고 말았습니다. 민초들의 자주민주통일국가를 세웠어야 할 해방공간에서도 역시 외세의 개입으로, 민족 내부의 갈등으로 나라는 갈라지고 민초들의 꿈은 좌절되었습니다. 거꾸로 선 대한민국의 뒤를 받쳐준 것이 바로 국가폭력이었습니다. (이이화·김영훈 2005, 15쪽)

이 글에 따르면 '외세의 침략' '사대매국 반민중세력' '민족 내의 갈등' 등이 '자주민주통일국가 건설'의 걸림돌이 되었고 그 결과 국가폭력에 의해 유지되는 '거꾸로 선 대한민국'이 만들어졌다는 것이다. 즉 국가폭력의 원인을 외세에 의한 민족의 분단과 외세에 종속적인 정치권력의 성립에서 찾는 관점이다.

이렇게 민족의 자주성을 강조하는 입장에서 과거청산운동의 담론을 구성하는 전략은 국가폭력의 원인에 대한 인식에서만 드러나는 것이 아니라, 과거청산의 의의와 궁극적 목표를 밝히는 데서도 나타난다. 2006년 민주화를 위한 변호사모임이 주최한 "과거청산활동의 현황점검 및 실천적 대안마련을 위한 토론회"에서 발표한 글에서 과거청산범국민위의 사무국장 서우영은 과거청산운동의 의미와 목표를 다음과 같이 밝히고 있다.

> 이제 우리는 21세기 인권·평화·통일 민족국가를 위해 20세기의 극복과 함께, 새로운 국가정체성 확립이라는 과제를 안고 있다. 단지 제도화된 법을 통해 이루어지는 진상규명의 작업을 뛰어넘어, 왜곡된 사회인식과 가치를 바로잡아 역사정의를 실현하는 폭넓은 사회적 실천이 요구된다. 냉전·반공·분단 국가를 극복하는 것은 올바른 과거청산운동의 결과이자, 인권·평화·통일 민족국가라는 한국사회의 궁극적 목표를 위해 반드시 넘어야 할 과제가 되었다. (서우영 2006, 197쪽)

군사정권에 의한 권위주의 통치가 마감되고 이른바 '민주정부'가 들어선 2006년 현재 대한민국에는 '새로운 국가정체성 확립이라는 과제'가 놓여 있는데 이는 '인권·평화·통일 민족국가'를 건설하는 것이다. 그리고 이를 위해서는 '냉전·반공·분단 국가'라는 20세기의 유제를 극복해야 한다고 이 글은 주장한다. 국가폭력이 결국 외세에 의한 민족의 분단과 외세에 종속적인 정치세력의 지배라는 사회구조로부터 비롯된 문제라면 이 국가폭력의 구조를 바꾸기 위한 과거청산의 목표는 인권과 평화에 기초한 통일 민족국가를 건설하는 것이다.

이는 권오헌이나 이이화·김영훈 등의 입장과 크게 다르지 않다. 가령 권오헌의 경우는 과거청산의 의미와 목적으로 분명하게 자주적 통일국가의 건설을 제시한다.

> 일제식민지잔재 청산 수구냉전체제 해체와 함께 그 수단이 되고 있는 국가보안법, 보안관철법을 없애야 합니다. 오늘 국가폭력의 피해자 증언을 계기로 철저한 과거청산과 모든 의혹사건이 진상규명되어야 하고 그 피해보상도 이루어져야 할 것입니다. 그리하여 오욕의 역사를 끝장내고 사람이 사람답게 살 수 있고 외세의 지배간섭이 없는 자주와 통일, 문명시대를 열어나가야 할 것입니다. (권오헌 2005, 9쪽)

민족자주의 입장에서 통일이 바로 국가폭력을 가능하게 한 사회구조를 청산하고 새롭게 구축해야 할 사회구조의 기본 방향이라는 것이다.

그러나 과거청산운동의 담론에서 구조기반 접근담론이 반드시 민족자주를 강조하는 입장 혹은 진보적 민족주의 입장에서만 구축된 것은 아니다. 2007년 인권단체연석회의가 개최한 "반인권적 국가범죄의 공소시효 등에 관한 특례법 즉각제정을 위한 토론회"에서 경상대학교 사회과학연구원의 김영수 교수는 국가폭력의 구조적 원인을 규명하는 것이 과거청산의 핵심적 방향이라 주장하면서 그 구조적 원인을 소수 엘리트의 특권체제에서 찾는다.

> 국가권력이 소수 엘리트를 중심으로 독과점화될 경우, 그러한 권력구조는 다음과 같은 기능을 담당한다. 첫째로는 국가권력을 매개로 하는 통치세력의 정당성을 유지·강화한다. ① 각종의 권한을 소수에게 집중해서, 정치적 지배블록을 보다 쉽게 구축할 수 있다. 권력을 위임받은 사람들 간의 부르주아적 관계를 구축함과 동시에 지배적인 정치엘리트의 재생산을 보다 쉽게 구축할 수 있다. ② 정치적 지배블록에 대한 사회구성원들의 경외심을 불러일으킬 수 있다. 일상적인 생활의 공간에서 정치권력에 의존하거나 두려워하는 의식을 형성하는 과정이기도 하다. ③ 부르주아계급의 이해를 관철하기 위한 정치적 관계뿐만 아니라 이해관계를 보다 쉽게 구축하거나 조정할 수 있다. (김영수 2007, 40, 41쪽)

김영수는 이 글에서 국가폭력은 '억압적 국가장치'와 '이데올로기적 국가장치'를 수단으로 하여 '테러, 집단학살, 살인, 구속, 고문, 사망탄압, 협박, 감시, 공권력탄압, 비인간적 처우'와 같은 방식으로 구체적으로 현상한다고 파악한다(같은 글, 35쪽). 국가는 국가폭력의 주체이고, 억압적 국가장치와 이데올로기적 국가장치가 그 수단이라면, 앞에서 열거한 사례들은 국가폭력의 구체적 현상이라는 것이다. 그리고 이러한 주체·수단·현상으로 구별될 수 있는 국가폭력은 본질적으로 '소수 권력엘리트를 중심으로 하는 권력 네트워크', 즉 '소수 엘리트

권력의 특권체제'로부터 기인하는 것이다(같은 글, 40쪽).

그런데 여기서 김영수는 이 소수 엘리트 특권체제의 핵심을 부르주아계급 지배라는 인식을 분명히 한다. 소수 엘리트 권력독점체제는 권력구조의 효과는 '정치적 지배블록'의 구축, 즉 '권력을 위임받은 사람들 간의 부르주아적 관계'의 구성을 용이하게 하며 "부르주아계급의 이해를 관철하기 위한 정치적 관계뿐만 아니라 이해관계를 보다 쉽게 구축하거나 조정"하는 수단이기도 하다. 즉 소수 엘리트 특권체제란 부르주아의 정치적 지배를 위한 지배블록의 구성과 부르주아계급의 경제적 이해관계를 구축하고 조정하기 위한 도구 내지는 수단이라는 시각이 드러나고 있는 것이다. 이러한 입장은 '국가는 부르주아지의 고충처리위원회'라는 전형적인 마르크스주의적 국가관에 닿아 있다. 국가폭력의 궁극적 원인은 자본가가 지배하는 사회구조, 다시 말해 자본주의 사회구조에서 비롯된다는 인식인 것이다.

과거청산운동 담론에서 또 다른 방식의 구조기반 접근은 앞에서 인용한 인권회의가 2005년에 발표한 「올바른 과거청산법 제정을 촉구하는 인권회의 성명」에서도 나타난다. 이 성명은 국가폭력의 원인을 외세에 의한 분단이나 부르주아계급 지배에서 찾지는 않지만 과거 국가폭력은 구조적 원인에서 비롯되었음과 과거청산의 목표를 더 나은 사회질서의 수립으로 적시하고 있다.

> 우리 인권회의는 과거청산법이 일제강점기, 한국전쟁, 군사독재 정권 등 참혹한 인권유린의 역사를 경험한 우리 사회가 인권침해의 구조를 해체하고 인간의 존엄성과 인권의식 회복으로 한 단계 성숙한 사회로 나아가는 매개가 되어야 함을 강조한다. (인권단체

연석회의 2005)

인권회의는 과거에 발생한 국가폭력을 '인권유린'으로 규정하고 인권을 유린하는 국가폭력이 '인권침해의 구조'로부터 비롯된 것으로 인식하고 있다. 과거청산은 바로 이 '인권침해의 구조를 해체'함으로써 '인간의 존엄성과 인권의식'을 바탕으로 한 사회로의 진전을 위한 '매개'로 제시된다. 국가폭력은 인권침해의 구조라는 구조적 원인에서 비롯된 것이고 법을 통한 과거청산의 제도화는 인권침해의 구조를 대체하는 '성숙한 사회', 다시 말해 인권을 보장하는 사회구조의 구축을 위해서 필요하다는 것이다.

2세대 인권운동은 김대중정부 시기 사실상 시작되어 노무현정부 시기 본격화된 과거청산의 제도화과정에서 구조를 강조하는 담론을 구축해 왔다. 국가폭력의 원인 및 과거청산의 의미와 목표를 규정하는 방식에서 구조의 문제가 일관되게 강조되고 있다. 물론 그 국가폭력을 가능하게 했던 사회구조의 성격이 어떤 것인지, 과거청산을 통해 새로이 구축하고자 하는 사회구조의 성격이 어떤 것인지와 관련해서는 인식의 차이를 보이더라도 말이다.


3) 규범기반 접근담론

과거청산운동에서 규범기반 접근담론은 구조기반 접근담론보다 상대적으로 적게 나타난다. 과거청산운동의 방향과 의미를 밝히는 총론적 문서들의 경우, 국제인권규범이나 국제인권법들은 과거청산의 당위와 원칙을 제시하는 수준에서 언급되는 경우가 대부분이다. 앞서 언급한 인권회의의 2005년 성명은 과거청산의 올바른 방향성을 유엔이 발표한 과거청산 기준에 입각하여 제시하고 있다.

> 과거사청산은 명백하게 과거 국가공권력이 자행한 위법·불법한 인권침해 행위에 대한 철저한 진상규명, 피해자 명예회복, 재발방지에 기초한 화해를 뜻하며 이를 실현할 수 있는 방향으로 진행되어야 한다. 유엔도 과거청산 과정에서 철저한 진상규명 그 자체가 피해자 및 그 가족들의 명예회복의 중요한 조치라는 기준을 제시하고 있다. (같은 글)

이 성명서에는 유엔에서 제시한 과거청산 기준이 정확히 어떤 문서인지 구체적으로 표명되어 있지는 않다. 그러나 2차 세계대전 이후 세계의 과거청산의 역사와 한국의 국가범죄 문제에 대한 이재승의 연구를 보면, 이 기준들이 어떤 문서들에 근거한 것인지 알 수 있다. 종전(終戰) 이후 뉘른베르크에서 열린 나치전범재판에서 형성된 규범과 원칙들로부터 국제인권법과 국가책임법이 발전하게 된다. 뉘른베르크 법정에서 등장한 국가범죄 처벌기준은 이후 '뉘른베르크 원칙'이라고 불리게 되며 유엔은 이 원칙에 기초하여 '제네바협약' '집단살해방지조약' '전쟁범죄와 인도에 반한 범죄의 공소시효부정조약' '제네바추가의정서' '국제형사재판소에 관한 로마규정'(이하 로마규정) 등을 제정하였다(이재승 2010, 18~21쪽).

2005년 인권회의 성명서는 이상의 국제인권기준들을 근거로 당시 입법이 논의되던 과거청산 관련법안의 구체적 방향성을 제시했다 할 수 있다. 입법을 통한 과거청산의 제도화는 과거청산과 관련된 유엔의 기준에 입각해서 이루어져야 한다는 것이 바로 그 방향성이다.

물론 이 성명서는 앞에서도 언급한 바와 같이 국가폭력의 원인을 '인권침해의 구조'로 파악하고 과거청산법의 제정은 이 구조를 혁파하고 인권이 보장되는 구조를 건설하는 매개가 되어야 함을 강조한다. 동시에 과거청산법의 핵심 원칙은 '철저한 진상규명, 피해자 명예회복, 재발방지에 기초한 화해' 등 유엔이 제시한 과거청산과 관련된 국제인권기준에 바탕을 두어야 한다고 주장한다. 즉 이 성명서는 과거청산의 제도화와 관련된 담론의 구성에서 구조기반 접근전략뿐만 아니라 규범기반 접근전략을 활용하였다.

앞에서 인용한 권오헌의 글 역시 국가폭력을 비판하는 중요한 근거로 유엔의 인권기준을 제시한다.

"모든 사람은 태어날 때부터 자유이고, 동등한 존엄성과 권리를 가진다." "또한 누구든지 생명·자유·신체의 안전에 대한 권리를 가진다." 세계인권선언의 조항들입니다. 이 밖에도 세계인권선언은 경제적·사회적·문화적 권리와 시민적·정치적 권리에 대한 인간의 기본권을 규정하여 모든 나라의 헌법에 반영되어 인권장전으로서의 역할을 다하고 있습니다. 그럼에도 불구하고 이 땅에서는 사회구성원의 자유와 평등·정의·평화·인권과 사회복지 등 국가의 존립근거가 되는 본래의 기능과 지향과는 달리 억압과 탄압이라는 질곡의 역사를 이어오게 했습니다. (권오헌 2005, 8쪽)

권오헌은 한국의 현대사는 '억압과 탄압이라는 질곡의 역사'였다고 규정하면서, 이러한 역사를 세계인권선언, 경제적·사회적·문화적 권

리에 관한 국제조약, 시민적·정치적 권리에 관한 국제조약 등의 국제
인권규범과 이를 반영한 각국의 헌법이라는 국내 법규범으로부터 이
탈한 결과로 파악한다. 국제인권규범 및 헌법에 제시된 국가권력의
작동방식이 이상적 원리라면 실제로 자행된 국가폭력은 이 규범을
벗어난 국가권력의 일탈행위로 규정하는 것이다.

　이미 앞에서 보았던 바와 같이 권오헌은 국가폭력의 원인을 외
세에 의한 분단국가의 성립과 외세에 의존적인 독재정권의 통치로
파악하였다. 이는 80년대 변혁운동진영 가운데서도 진보적 민족주의
또는 '민족해방'(national liberation, NL)진영의 입장과 공명하는 것이다.
하지만 인권단체의 활동가이기도 한 권오헌의 글에서는 외세와 분단
그리고 통일국가와 같은 구조적 관점에서 국가폭력을 비판하고 과거
청산의 방향을 제시하는 구조기반 접근만이 아니라 국제인권기준이
라는 규범기반 접근 역시 함께 나타난다.

　반면 규범기반 접근전략에 입각해 구성된 과거청산의 제도화 담
론은 주로 과거청산의 입법과 관련된 법률적 쟁점을 다루거나 현행
과거사청산제도의 구체적 문제를 지적하는 문헌들에서 등장한다. 가
령 "반인권적 국가범죄의 공소시효 등에 관한 특례법 즉각제정을 위
한 토론회"에서 발표한 글 「국가범죄의 공소시효 등에 관한 특례법
법안 검토의견」에서 권영국 변호사는 국가가 저지른 반인도적 범죄
에는 공소시효를 적용할 수 없음을 주장하면서 그 근거를 국제법에
서 찾는다.

　반인도적 범죄에 대하여 국제법은 최소한 '시효부적용의 원칙'과
'불처벌 불가의 원칙'을 확립시켰다. 즉 반드시 처벌되어야 할 반

인도적 범죄에 대해 공소시효라는 면죄부를 줄 수 없다는 것이다. 1968년의 유엔총회에서 채택된 '전쟁범죄와 반인도적 범죄에 관한 시효부적용협약'과 유럽평의회가 74년에 채택한 '전쟁범죄와 반인도적 범죄에 대한 시효부적용에 관한 유럽협약'을 들 수 있으며, 최근에는 1998. 7. 17. 로마에서 채택된 '국제형사재판소에 관한 로마규정'에서도 시효부적용의 원칙은 채택되었다. (권영국 2007, 16쪽)

과거청산의 핵심적 원칙 가운데 하나라고 할 수 있는 책임자처벌의 문제가 국내법상 공소시효의 문제로 불가능해지는 상황에서 과거청산운동은 국가범죄에 대한 공소시효 배제운동을 전개하였고 권영국은 이 글에서 국가범죄에 대한 공소시효 배제의 근거를 국제법*이라는 규범에 입각해서 제시하고 있는 것이다. 이어 그는 2007년 현재 한국이 로마규정 가입국가로서 로마규정에 따라 설치된 '국제형사재판소'의 법적 판단이 국내에도 미칠 수 있도록 국회에서 '국제형사재판소 관할범죄의 처벌 등에 관한 법률안'을 입법 발의해 놓은 상태임을 지적한다. 그리고 이 법안의 제6조 역시 로마규정에 따라 반인도적 범죄에 대한 공소시효와 형의 시효의 적용을 배제하고 있음을 지적한다(같은 글, 16, 17쪽).

국가범죄에 대한 공소시효 배제를 주장하면서 국제법 혹은 국제

---

* 권영국이 반인도적 범죄에 대한 공소시효 부적용의 원칙을 담고 있는 국제법으로 제시하는 것은 다음과 같다. '뉘른베르크 헌장' 제6조 제3항(1964년), '전쟁범죄 및 반인도적 범죄에 대한 시효부적용 협약'(1968년), '전쟁범죄 및 반인도적 범죄에 대한 시효부적용 유럽협약'(1974년), '유고슬로비아 전범재판소 규정' 제5조(1993년), '국제형사재판소에 관한 로마규정' 제7조(1998년). 권영국 2007, 16쪽.

인권기준에서 그 근거를 찾는 규범기반 접근은 2007년 당시 '공소시효배제특별법제정연대'의 활동가 김유경의 글에서도 나타난다.

> 120여 개국이 가입하고 있는 로마규정은 국제형사재판소(ICC)를 설치하여 집단살해죄, 전쟁범죄 등 반인도적 범죄를 국제적으로 처벌할 것을 규정하고 있는데, 주목할 것은 반인도적 범죄에 대해서는 시효를 전면 배제한다는 점이다. …그런데 현재 우리나라는 이 로마규정의 가입당사국이 되어 관련 국내법으로 '국제형사재판소 관할범죄의 처벌 등에 관한 법률안'(이른바 ICC이행법안)의 입법을 추진하고 있다. 그렇다면 로마규정의 취지를 고려할 때, 이 법안의 입법을 추진하면서 '반인권적 국가범죄'를 포괄하여 함께 처벌할 수 있도록 하는 것이 타당할 것이다. 하지만 현재 이와 관련하여 국회는 어떠한 고려도 하고 있지 않으며 오히려 이 법안의 제정마저 조속히 추진하고 있지 않아 비판이 쏟아지고 있는 실정이다. (김유경 2007)

김유경의 논리 역시 국가범죄와 관련된 국제인권기준 가운데 하나인 로마규정이 반인도적 범죄에 대해 공소시효 배제를 원칙으로 한다는 점을 밝히고 한국 역시 로마규정에 가입한 국가로서 '국제형사재판소 관할범죄의 처벌에 관한 법률안'을 입법하고자 하고 있음을 지적한다. 하지만 과거 반인권적 국가범죄를 저지른 책임자들을 처벌하기 위한 실질적 작업을 국회가 방기하고 있음을 비판한다.

권영국과 김유경의 글이 분명히 보여주는 바와 같이 과거청산운동에서 인권의 제도화에 대한 규범기반 접근은 주로 반인권적 국가범죄에 대한 공소시효 배제담론의 구성에 사용되고 있다. 이는 규범기반 접근담론이 과거청산을 위한 구체적인 법제의 근거마련을 위해 사용되고 있음을 보여준다고 하겠다. 하지만 이미 지적한 바와 같이 과거청산의 제도화를 위한 담론 전반에서 규범기반 접근방식은 구조기반 접근방식보다는 상대적으로 적게 활용되었다. 그리고 규범기반 접근방식은 주로 과거청산의 법제화과정에서 제기된 법적 쟁점, 즉 공소시효 문제라는 구체적인 문제에 집중되었다고 하겠다.

# 3. 국가인권위원회운동에서 인권의 제도화 담론

## 1) 국가인권위 설립 및 감시운동의 흐름

유엔은 국제인권규범의 현실화는 결국 개별 국가의 의지와 노력에 의해 크게 좌우되기에, 유엔 회원국가들이 '인권에 관한 자문, 교육·홍보, 조사·구제 등의 기능을 수행하는 독립적 국가기구'인 국가인권기구(national human rights institution)를 설립할 것을 권고해 왔다(홍성수 2014). 한국의 인권단체들은 1993년 비엔나 세계인권대회에서 국가인권기구의 존재를 처음으로 접하게 되었으나 국가인권기구의 설립을 위한 별다른 활동을 적극적으로 전개하지는 않았다. 그러다 1998년 김대중정권이 출범하면서 인권단체들도 국가인권기구에 대한 관심을 갖고 본격적으로 활동하게 된다.

그러나 국가인권기구의 감시대상인 법무부가 국가인권기구를 사실상 법무부의 통제 아래 있는 '알리바이형 인권기구'(최석현 2004)로 만들지 모른다는 소문이 퍼지면서 국가인권기구 설치를 둘러싼 사태는 급박하게 변해 가게 된다. 1998년 9월 17일 천주교인권위, 다산인권센터 등을 비롯한 인권단체, 민주노총을 비롯한 민중운동단체, 참여연대를 비롯한 시민단체, 민우회를 비롯한 여성단체, 외국인이주노동자운동협의회·한국동성애자인권운동협의회·장애우권익문제연구소 같은 소수자단체 등 총 29개 단체가 '인권법 제정 및 국가인권기구 설치 민간단체 공동추진위원회'(이하 인권기구공추위)를 결성하게 된다.

그럼에도 법무부는 원안의 일부를 개정하였지만 가장 문제가 되는 법무부 산하 특수법인으로서 국가인권위원회를 설치하려는 입장을 포기하지 않았고 1999년 3월 법무부의 개정안이 국무회의에서 통과된다. 이러한 상황에서 인권기구공추위는 독립성이 보장되는 국가인권기구 설립을 위한 연대체를 확대하고 체계화하기 위해 '올바른 국가인권기구 실현을 위한 민간단체 공동대책위원회'(이하 인권기구공대위)로 개편하게 된다. 인권기구공대위는 70여 개의 사회운동단체를 망라하는 거대 연대체로 꾸려진다.

인권기구공대위는 단식투쟁, 장외집회, 성명서 발표 등과 같은 전형적인 사회운동의 투쟁전술을 수행하는 한편, 법무부 안을 체계적으로 비판함과 동시에 그 안을 대체할 국가인권기구 법안을 제시하였다. 1999년에서 2000년에 걸쳐 인권기구공대위를 중심으로 국가인권기구의 법무부 안에 대한 반대투쟁이 강하게 전개되었고 결국 당시 민주당은 인권단체가 반대하는 인권법 제정은 추진 불가하다며 인권법 제정의 연기를 천명한다. 그러나 민주당은 법무부 안에 가까운 법안을 제출하여 인권법 제정을 다시 시도한다. 이에 인권기구공대위와 인권활동가들이 반대활동을 전개했지만 결국 2001년 4월 30

일 법안이 통과된다. 법안이 통과될 때만 하더라도 대통령 거부권행사 촉구와 같은 저항행동이 있었지만 김대중 대통령은 5월 23일 법안에 서명을 하고, 그 다음날인 5월 24일 국가인권위원회법이 공포된다. 그리고 인권기구공대위는 하루 뒤인 5월 25일에 해산 기자회견을 열고 활동을 종료하게 된다.

정부가 국가인권위법을 공포하기 전부터 이미 공대위 내부에서는 운동방식과 전략을 놓고 갈등이 있었고 공식적으로 국가인권위원회법이 발표된 이후에는 내부갈등을 봉합할 동력을 상실한 채 인권기구공대위는 해체하게 된다. 그러나 다산인권센터, 인권운동사랑방, 전북평화와인권연대, 울산인권운동연대, 평화인권연대, 새사회연대, 인권실천시민연대 등 인권단체들이 중심이 되어 2001년 7월 19일 출범한 '국가인권위 바로세우자! 인권단체연대회의'(이하 인권위연대회의)를 창립한다.* 인권위연대회의는 국가인권위원회법 통과 이후 '국가인권위원회의 올바른 자리매김을 방해하는' 세력들과 투쟁하며 '국가인권위원회의 활용 가능성을 높이기 위한 노력'을 통해 국가인권위를 바로 세우는 것을 목표로 활동을 하고자 하였다(국가인권위 바로세우자! 인권단체연대회의 2001).

국가인권위의 공식적 출범을 준비하는 국가인권위설립기획단의 활동시기 동안 인권위연대회의는 국가인권위원 인선과정을 투명하게 진행하고, 인권단체들의 추천인사를 포함시킬 것을 요구하였으나

---

* 모든 인권단체들이 국가인권위에 대해 비판적 입장을 취했던 것은 아니다. 우선 공대위 해산 이후 연대회의가 만들어지는 시기에도 민가협·KNCC인권위·천주교인권위 등과 같은 인권단체들과 민변·정의구현사제단 등 인권운동에 참여했던 민주화운동단체들 역시 연대회의에 참여하지 않았다. 이들 단체들의 일부 인사는 국가인권위에 인권위원이나 직원으로 참여하기도 하였고, 국가인권위의 프로젝트 수주나 관련사업을 함께 진행하기도 하였다.

그 요구안을 국가인권위설립기획단은 받아들이지 않았다. 결국 인권기구연대회의와 국가인권위설립기획단 사이의 갈등이 심화되었고, 10월에는 인권위원이 사실상 확정되었다. 이에 인권위연대회의는 1인시위와 집회를 통해 국가인권위원의 '밀실 선정'을 규탄하는 활동을 벌이게 된다. 그러나 국가인권위원회 위원들이 결정되고 11월 25일 국가인권위원회가 공식적으로 업무를 시작하면서 인권위연대회의의 활동은 그 동력이 약화될 수밖에 없었다.*

이후 인권위연대회의는 국가인권위원회와 관련된 별다른 활동을 전개하지 않다가 2002년 4월 국가인권위원회법안 통과 1주년을 맞아 국가인권위원회 평가토론회를 개최하였다. 하지만 토론회 이후에도 인권위연대회의는 활동의 방향을 찾지 못하고 결국 2002년 5월 9일 조직을 공식적으로 해소한다. 그러나 인권운동사랑방이 국가인권위원회 활동에 대한 협력 거부선언을 하는 등, 국가인권위원회와 몇몇 인권단체들의 긴장은 지속되었다. 인권위연대회의 해체 이후 인권단체들은 '국가인권위 쇄신을 위한 인권단체 열린회의'를 결성하여 국가인권위 모니터링 활동을 주로 하게 된다.

2세대 인권단체들과 국가인권위원회 사이의 긴장이 해소되기 시작한 것은 국가인권위원회 1기 위원장·사무총장·인권위원들이 물러나고 2기 국가인권위원회 체제가 들어서면서부터이다. 2005년 인권법학자 출신 곽노현 교수가 사무총장으로 취임하면서 국가인권위원회에 비판적이었던 인권단체들도 국가인권위원회와 협력활동을

---

* 실제로 연대회의의 중심적 활동가였던 서준식은 국가인권위원 선정의 불충분성·비민주성·불투명성을 문제삼고 국가인권위의 부실한 출범에 항의표시로 그해 11월 27일 인권운동사랑방 대표직에서 물러난다.

시작하게 된다. 인권단체들이 국가인권위원회의 인권연구 프로젝트, 인권관련 토론회, 인권교육 등 다양한 사업을 함께하면서 인권단체들과 국가인권위원회의 갈등국면은 해소되었다. 이런 경향은 3대 사무총장으로, 다산인권센터의 기초를 놓았던 김칠준이 취임하면서 더욱 강화되었다.

그러나 2세대 인권단체들과 국가인권위원회의 협력관계가 이루어지던 국면은 이명박정권의 출범과 함께 무화된다. 국가인권위원회법은 2001년 5월 24일 법령이 발표된 이후 2016년 2월 3일까지 12회 개정되었으며, 이명박 대통령의 집권 이후에는 북한인권과 군장병 위로 등 이전에는 하지 않던 업무가 국가인권위의 주요 업무로 자리 잡게 되었다. 이명박정부 시기 국가인권위원회 관련법제의 변화들 중에서도 특히 문제가 되었던 것은 대통령령으로 규정되어 있는 직제령의 변화이다. 직제령의 변화가 국가인권위원회의 기능훼손에서 중요한 지표가 되는 이유는 국가인권위원회의 독립성과 직결된 문제였기 때문이다. 2009년 이후 정부는 대통령령으로 규정되어 있는 직제령의 지속적인 변경을 통해 국가인권위의 조직규모를 축소하고 업무를 제한하기 시작하며 민간 별정직공무원을 일반직공무원으로 대체한다.*

---

* "보다 구체적으로 직제령의 변화를 살펴보면 180명에서 시작한 국가인권위원회의 인원은 노무현정부 말기에 이르러 208명까지 증가한다. 하지만 이명박정부에서 전부 개정안을 내어놓으며 164명으로 급감하고, 이후에도 계속 인원을 감소시킨다. 그중에서도 눈에 띄는 변화는 기능직·별정직 공무원이 담당하도록 규정되어 있던 자리를 일반직공무원으로 대체하도록 하는 것이다. 2009년부터 2012년까지 국가인권위원회 직제령의 변화는 인원축소와 더불어 일반직공무원의 비율을 높이는 데 집중되어 있다. 기존 38명으로 규정되어 있던 대체 가능 계약직공무원의 최소 인원수를 13명으로 대폭 감소하고, 기존 기능직공무원이 담당하던 업무를 일반직공무원으로 대체해 갔다. 표면적으로는 별정직공무원의 상대적 박탈감 등의 해결을 위한 움직임이었을지 모르나 이는 국가인권위원회의 특수성과 독립성을 인정하지 않고 다른 국가기관과 동일하게 취급하겠다는 발상에서 이루어진 행위였다."(장희국 2017, 68쪽)

이런 상황에서 2세대 인권운동은 국가인권위원회의 독립성 쟁취와 인권의 원칙에 입각한 국가인권위원회 운영을 위한 활동을 시작하게 된다. 인권단체들은 2009년에 '국가인권위원회 제자리 찾기 공동행동'(이하 인권위공동행동)을 결성하였고, 이 연대체는 국가인권위원회의 독립성 훼손, 조직축소, 비민주적 운영, 반인권적 결정, 부적합한 인권위원 인선 등을 비판하며 국가인권위원회가 제 기능을 하도록 만들기 위한 활동을 전개하였다.

## 2) 규범기반 접근담론

앞에서 살펴본 바와 같이 김대중정부가 국가인권기구를 국가인권위원회 형태*로 설립하기로 공약한 이후 주무부처인 법무부가 마련한 '인권법' 시안은 인권단체들, 시민·사회 단체들의 강력한 저항에 부딪히게 된다. 법무부와 사회운동단체들 사이에서 제기된 가장 핵심적인 쟁점은 국가인권위원회의 독립성과 그 권한의 실효성 여부였다.

더 구체적으로는 국가인권위원회의 독립성과 관련해서는 인권기구공대위는 국가인권위원회를 준(準)헌법적 독립기구로 설치해야 하고, 국가인권위원회의 예산과 인사의 독립성을 보장해야 하며, 조사대상의 제한 없이 인권침해 사안에 대해 충분하고 실제적인 조사를 할 수 있는 조사권이 확보되어야 하며, 국가인권위원회의 결정이 집행될 수 있는 실효적 권한을 보장받아야 한다는 점을 강조했다(독

---

\* 국가인권기구는 크게 두 가지 형태로 나뉜다. 하나는 위원회 형태이고, 또 하나는 옴부즈만 형태이다. 국제인권체제에서 국가인권기구 개념의 발전과정과 그 실현방식에 관해서는 안나엘리나 포홀라이넨(2009) 참조.

　　법무부의 인권법안을 비판하며 인권기구공추위가 제시한 국가
인권위원회의 독립성 보장과 실효적 권한 부여의 기본적인 근거는
국제인권기준이었다. 1999년 31개의 인권·시민·사회 단체들이 공동
으로 발표한 대통령에 대한 건의문은 국가인권위원회를 법무부의 감
독 아래 있는 특수법인이 아니라 정부의 그 어떤 부처로부터도 독립
성을 보장받을 수 있는 국가기구가 되도록 설립해야 한다는 주장의
근거를 다음과 같이 제시하고 있다.

　　국가인권기구 설치문제에 있어 유엔이 그 무엇보다도 강조하는
　　것은 바로 국가인권기구의 독립적인 권한과 위상입니다. 그러나
　　법무부 안은 유엔이 제시한 기준에 정면으로 위배되는 것입니다.
　　(같은 글)

국가인권기구와 관련된 대표적 국제인권기준은 1993년 유엔총회의
결의안인 '국가인권기구의 지위에 관한 원칙'이다. 일명 '파리 원칙'
이라고 불리는 이 결의안은 국가인권기구와 관련된 가장 권위 있고
중요한 국제인권기준이다. 1999년 발표된 인권기구공추위의 한 성
명서는 파리원칙에 입각한 국가인권위원회 설립을 보다 명시적으로
주장한다.

　　국가인권위원회는 국가기관의 횡포에서 국민의 인권을 보호하고
　　한 나라의 인권수준을 향상시키기 위해서 유엔이 설치를 권고하
　　는 기관입니다. 김대중 대통령은 그동안 여러 차례 국민에게 국가

인권위원회 설치를 약속해 왔습니다. 1993년 유엔총회가 채택한 '파리 원칙'은 국가인권위원회의 역할과 권한을 다음과 같이 제시하고 있습니다. ① 인권침해를 조사하고 구제한다 ② 인권교육이나 인권에 관한 조사연구계획을 지원한다 ③ 인건관련 법률이나 정책 등 모든 인권문제에 대하여 권고한다 ④ 자기 나라 국제인권조약을 비준하고 이를 이행하도록 촉구한다. 유엔은 또한 국가인권위원회가 위와 같은 역할을 충실히 수행하기 위해서는 반드시 '독립성'이 보장되어야 하며, 강력한 조사권과 같은 충분한 '권한'을 가져야 한다고 했습니다. 즉 국가인권위원회는 다른 국가기관의 통제를 받지 않을 뿐만 아니라 이를 견제할 수 있는 독립적인 기구가 되어야 합니다. (인권법 제정 및 국가인권기구 설치 민간단체공동추진위원회 1999b)

이 자료에는 2세대 인권운동이 국제인권기준 같은 인권규범을 국내 인권관련 쟁점에 활용하는 전형적인 방식이 잘 나타나 있다. ① 국내에서 쟁점이 되고 있는 인권사안과 관련된 국제인권기준을 제시하고, 그 기준에 입각하여 쟁점사안에 대해 국제인권기준이 규정하는 원칙이 무엇인지를 확인한다. ② 국내의 상황에서 어떤 지점이 이 규범에 위배되거나 그 규범으로부터 이탈하고 있는지를 제시하며 비판한다. ③ 국내의 상황이 국제인권기준에 부합하게 정리되어야 함을 주장하는 것이다. 다시 말해 ① 국가인권위원회와 관련된 국제인권기준인 파리 원칙이 제시하는 원칙들을 확인하고 ② 법무부의 국가인권위 설립안이 그 기준을 위배하고 있음을 비판하며 ③ 국가인권위원회가 파리 원칙에 입각하여 독립성과 권한의 실효성이 보장되도록 설립되어야 한다고 주장하는 것이다.

국가인권위 설립운동에서 이러한 규범기반 접근담론 구성전략은 인권기구공추위나 인권기구공대위의 여타 문서에서도 동일하게 반복된다. 인권기구공추위가 1999년 발간한 자료집 『국가인권위원회, 어떻게 만들어야 하는가?』는 그 내용의 배열방식 자체가 상기한 논리전개를 따르고 있다. 이는 자료의 목차가 분명하게 보여주는 바이다.

(인권법 제정 및 국가인권기구 설치 민간단체공동추진위원회 1999c, 목차)

이 자료집은 총 3개 부로 구성되어 있다. 국가인권기구에 대해 설명하는 제1부("국가인권기구란 무엇인가")는 파리 원칙에서 국가인권기구를 어떻게 규정하는지 소개하고 유엔이 각 국가에 국가인권기구 설립을 권고하게 된 맥락을 밝히며 이 원칙에 입각한 국가인권기구가 국내에 필요한 이유와 국가인권기구가 설립되면 어떤 장점이 있는지를 설명한다. 제2부("법무부 인권법안, 무엇이 문제인가")는 법무부 안에 대한 비판으로 이루어져 있으며 그 핵심은 법무부 안이 국가인권위원회의 독립성을 저해하는 법안이라는 것이다. 제3부("우리는 이렇게 생각한다: 국가인권기구 설치에 대한 민간단체의 입장")는 국가인권위원회가 독립성을 보장받고 충분하고도 실효성이 있는 권한을 가진 기구로 설립되어야 한다고 주장한다.

이는 앞에서 제시한 2세대 인권운동이 국제인권기준을 규범기반 담론구성에서 활용하는 방식을 그대로 보여주는 것이다. 이 자료집은 1부는 '국제인권기준의 원칙 제시'가 핵심이고 2부는 '국내상황이 이로부터 위배됨'을 비판하고 있으며 3부는 '국내상황을 국제인권기준에 부합하게 개혁'해야 함을 주장하고 있는 것이다.

인권기구공추위가 확대·개편되어 만들어진 인권기구공대위는 국가인권위원회와 관련된 더 다양한 국제인권기준을 활용하여 담론을 구성해 나갔다. 2000년 인권기구공대위가 발간한 『국가인권기구 설치를 위한 자료집』은 국가인권기구의 독립성 보장이라는 파리 원칙에 대한 강조만이 아니라 국가인권기구 설립의 절차에서 민주적 과정과 사회적 합의를 원칙으로 제시하는 또 다른 국제인권기준을 제시한다.

아시아태평양지역 국가인권기구들의 협의체인 '아시아태평양 국가인권기구 포럼: Asia Pacific Forum of National Human Rihts Institutions'은 국가인권기구 설립절차에 관한 지침(guideline)을 제정하는 작업을 진행하고 있다. '시민사회와 사이의 협력에 관한 국제관행'을 존중하여 인권기구를 설립하라고 강조하고 있는 이 지침의 초안은 인권에 관련된 정부 부처 및 기관, 주요 정당, 의회, 사법부는 물론 다양한 분야의 인권단체 대표들과 노동조합 및 교사와 언론인 등의 직능단체들, 인권전문가들과 학자들이 동등하게 참여하는 협의절차를 통하여 인권위원회를 설립해야 한다고 규정하고 있다. (올바른 국가인권기구 설치를 위한 민간단체공동대책위원회 2000, 45쪽)

인권기구공추위도 정부의 국가인권위원회 설립추진이 인권단체를 비롯한 시민·사회 단체와의 충분한 협의와 소통 없이 이루어지는 상황을 비판했었고, 인권기구공대위에서는 이에 대한 비판을 '아시아태평양 국가인권기구 포럼'의 국가인권기구 설립절차에 관한 가이드라인에 입각해서 비판하는 것이다. 이 논의 역시 일차로 국가인권기구 설립절차에 대한 국제인권기준을 제시하는 것으로부터 시작된다. 그리고 "국제적으로 인정된 사회적 합의과정을 일체 배제한 채, 모든 과정을 독점하겠다는 발상 자체가 인권위원회 설립과는 본질적으로 양립할 수 없는 권위주의적 태도"(같은 책, 46쪽)라는 비판이 이어진다.

　　2008년 이명박정부가 출범하고 국가인권위원회에 대한 대통령의 직제령 변경 이후, 정부로부터의 독립성이 약화되고 기능이 축소되며 국가인권위원회의 위원들이 반인권적인 인사들로 채워지는 상황이라는 인식이 인권단체들 사이에 확산된다(인권단체연석회의 2008, 44쪽). 이에 인권단체들은 2009년 '국가인권위 제자리 찾기 공동행동'(이하 국가인권위공동행동)을 결성하고 국가인권위원회에 대한 감시 및 비판에 돌입한다. 이명박정부 시기 국가인권위원회에 대한 비판에서도 국제인권기준은 중요한 규범적 논거로 사용된다.

가령 국가인권위공동행동 산하 담론대응팀이 발간한 『국가인권위원회, 이 길로 가자!』 자료집에 실린 홍성수의 글 「준국제기구로서 국가인권위원회」는 국가별 국가인권기구가 국제적 기준에 입각하여 감시되고 평가되어 왔음을 밝힌다.

> 준국제기구로서의 국가인권위원회의 위상은 국가인권위원회에 대한 국제사회의 관심에서도 확인된다. 다른 국가기구와는 달리 국가인권기구는 국제적인 '기준'이 있고, 그 기준에 맞게 설립되어 활동하고 있는지에 대한 국제적 감시체제가 존재한다. 여기에는 유엔뿐만 아니라, 아시아국가인권기구 시민사회단체 네트워크(ANNI), 국제엠네스티(AI) 등 국제 시민사회단체들이 포함된다. 이들은 여러 차례에 걸쳐 대한민국 정부에 한국의 국가인권위가 '제자리'를 찾을 수 있도록 하는 다양한 권고를 진행해 왔다. (홍성수 2009, 107쪽)

유엔, 아시아국가인권기구 시민사회단체 네트워크, 국제엠네스티 등 국제인권체제를 구성하는 핵심적 단위들이 국가인권기구의 국제적인 기준을 만들어왔고 한국의 국가인권위원회 역시 이 기준으로 평가되어 왔다는 것이다. 홍성수는 이명박정부하의 국가인권위원회에 대한 유엔을 비롯한 국제인권체제 구성원들의 우려를 들어 이 시기 국가인권위의 독립성이 저해되었음을 비판한다.

ⅰ) UN인권최고대표(UN High Commissioner for Human Rights)가 외교통상부 장관에게 보낸 서한(2009년 2월 20일): 행정안전부가 추진하고 있는 인권위의 조직축소, 예산감축에 대한 우려표명 ⅱ) 아시아국가인권기구 시민사회단체 네트워크(ANNI, Asian NGOs Network on National Human Rights Institutions)가 국가인권기구 국제조정기구(ICC, International Coordinating Committee of NHRIs) 의장에게 보낸 서한(2009년 3월 4일): 한국인권위의 조직축소, 예산감축에 대한 우려 표명하고 국제조정기구의 강력한 조치를 촉구 ⅲ) ICC 의장이 외교통상부 장관에게 보낸 서한(2009년 3월 20일): ANNI의 요청을 받아들여, 한국정부에 우려표명. 한국인권위의 조직축소, 예산감축에 대한 우려표명(A등급 탈락 우려) ⅳ) 아태국가인권기구 포럼(Asian Pacific Forum of National Human Rights Institutions) 의장이 외교통상부 장관에게 보낸 서한(2009년 3월 24일): 한국인권위의 조직축소, 예산감축에 대한 우려표명. (같은 글, 108쪽)

이명박정부가 들어서면서 국가인권위의 조직축소와 예산감축 문제를 비롯한 국가인권위원회 독립성 훼손에 대한 우려가 UN인권최고대표부, 아시아국가인권기구, 국제조정기구 등 국가인권기구의 국제적 감시체제에 의해 제기되었음을 이 글은 밝히고 있다. 이명박정부의 국가인권위원회 정책이 국가인권기구의 국제기준에 위배됨을 비판하고 있는 것이다.

이와 같이 2세대 인권운동의 국가인권위를 통한 인권의 제도화 운동, 곧 국가인권기구의 설립과 감시 및 비판 활동에서 국제인권기준이라는 규범은 중심적 근거의 역할을 하였다. 국가인권위의 독립성과 실효적 권한의 확보라는 2세대 인권운동의 국가인권위원회 담론은 파리 원칙을 비롯한 국제인권기준에 입각하여 구축된 것이다.

### 3) 구조기반 접근담론

국가인권위원회와 관련된 인권의 제도화 운동에서 규범기반 접근담론은 매우 분명하고 빈번하게 나타나지만 구조기반 접근담론은 상대적으로 불분명하고 적게 나타난다. 국가인권위원회 담론에서 구조기반 접근이 없는 것은 아니다. 하지만 이 경우 독립적이고 실효적 권한을 갖는 국가인권위원회의 설립을 통해 변화시키고자 하는 사회구조가 어떤 것인지에 대한 명시적 언급은 나타나지 않는다. 가령 사회권담론이나 자유권담론에서처럼 한국사회에서 인권침해를 일으키는 구조적 원인이 신자유주의 경제질서나 자본주의 체제, 제국주의의 직간접적 지배 또는 분단 등으로 명시적으로 지적되고 있지는 않다는 것이다. 2세대 인권운동의 국가인권위원회 담론에서 구조적 차원이 강조되는 것은 '민주화'라는 정치질서의 변동과 관련이 있다.

인권위원회는 사실상 그 나라의 민주화 정도, 인권보장의 정도와 맞는 수준에서 역할이 부여된다. 우리와 같이 민주화의 이행기에 있는 국가에서는 남아공의 경우처럼 그동안 국가권력에 의하여 억눌리고 짓밟혀왔던 인권이라는 화두를 전사회적으로 제기하고, 이를 제도적으로 검토할 필요가 있다. 따라서 [법무부의] 최종 안처럼 인권위의 조사대상을 주로 수사기관의 생명·신체의 자유 침해행위만으로 국한하는 것은 이와 같은 인권위가 현시기에 가져야 할 사명과도 맞지 않는 것이다. (인권법 제정 및 국가인권기구 설치 민간단체공동추진위원회 1999d)

이 문서는 1999년에 인권기구공추위가 법무부의 인권법안에 대해 비판하자 법무가가 발표한 반박자료를 다시 비판하는 성명서이다. 인권기구공추위는 이 성명서에서 법무부가 국가인권기구의 조사대상을 제한하는 것이 "그동안 국가권력에 의하여 억눌리고 짓밟혀왔던 인권이라는 화두를 전사회적으로 제시하고, 이를 제도적으로 검토"해야 할 필요가 있는 김대중정부의 정치적 과제에 부합하지 않는 것이라고 비판하고 있다.

   그리고 이 성명서는 김대중정부의 출범 이후 대한민국의 성격을 '민주화의 이행기에 있는 국가'라고 규정하고 있다. 김대중정부는 국가권력이 인권을 억압하던 정치체제, 다시 말해 권위주의 체제로부터 국가가 인권을 국가적 과제로 명시하고 제도를 통해 이를 실현해야 하는 민주주의 체제로 전환하는 이행기 정부라는 인식이 이 성명서에는 나타나고 있다. 국가인권기구는 바로 권위주의에서 민주주의로의 체제이행과정에서 인권의식 및 인권감수성의 확산과 인권의 제도화를 통해 민주주의의 이행을 촉진하는 기구로서의 성격을 갖고 있다는 것이다.

   이렇게 권위주의 정치체제에서 민주주의 정치체제로의 이행이라는 관점, 다시 말해 한국사회의 정치적 구조 변동이라는 관점에서 국가인권위원회를 파악하는 것이 국가인권위원회 담론에서 구조기반 접근 담론구성 전략이다. 1999년 4월 천주교인권위, 민가협, 인권운동사랑방, 전북평화인권연대 등 18개 단체의 인권활동가들이 법무부의 '인권법안' 거부를 결의하며 시작한 단식농성 돌입 성명서도 이러한 구조기반 접근 담론구성 전략을 보여준다.

> 50년 만의 정권교체가 이루어지던 바로 그날 김대중 대통령은 상기된 얼굴로 '인권이 존중되는 사회'를 만들겠다고 약속하였다. 가슴 밑바닥에서 올라온 그때의 뜨거운 감동을 우리는 지금도 잊지 않고 있다. "인권이 존중되는 사회!", 그것은 바로 상처투성이인 고난의 시대를 살아오면서 수많은 사람들이 애타게 불렀던 이 나라의 참된 이상이었다. 올바른 국가인권기구 설치는 그와 같은 '인권이 존중되는 사회'로 가기 위한 구체적인 '개혁'과정에 다름이 아니다. 어떤 정치권력에도 간섭받지 않고, 높은 권위와 강한 권한을 가지고 오로지 억울하게 인권을 유린당하는 약자들의 눈물을 닦아주기 위해서만 존재하는 국가인권기구의 탄생은 곧 권력이 횡포를 부리는 시대가 막을 내리고 약한 자들의 '인권이 존중되는' 새 시대가 열림을 의미하는 것이었다. (18개 단체 인권활동가연합 단식농성단 1999)

이 성명서에도 독립성과 실효적 권한을 갖춘 국가인권위원회의 필요성은 권위주의 체제에서 민주주의 체제로의 정치적 구조 변동이라는 관점에서 제시된다. '상처투성이인 고난의 시대' '권력이 횡포를 부리는 시대'라고 표현된 군부독재정권 시기의 권위주의 정치체제에서

'인권이 존중되는 사회' 혹은 '새 시대'로 표상된 민주주의 정치체제로의 이행이라는 맥락에서 국가인권위의 의미가 부여되고 있는 것이다. 독립성과 강한 권한을 확보한 국가인권위의 설치는 민주주의로의 체제이행을 위한 "'개혁'의 과정에 다름이 아니다."

이러한 논리구조에서 국가인권위원회는 민주주의 체제로의 이행과 그 체제의 공고화를 위한 핵심적 수단 가운데 하나가 된다. 국가인권위원회가 특수법인과 같은 민관협력기구가 아니라 국가기구로서 설치되어야 한다는 주장, 동시에 다른 정부기구의 하위기구가 아닌 독립된 기구여야 한다는 주장은 특히 국가인권위원회가 민주화 이후 국가권력의 구조 자체를 민주화하기 위한 계기라는 인식을 담고 있다.

> 인권위원회는, 이차대전을 겪으면서 현재 존재하는 국가기관들의 인권침해 예방, 구제, 향상의 기능에 본질적으로, 그리고 역사적으로 한계가 있다는 반성에 근거하여, 그러한 기능만을 전문적으로 수행하는 기관이 필요하다는 사실을 인식하면서 생각해 낸 새로운 개념의 국가기구이다. 말하자면, 인권위원회는 그 논의의 전제 자체가 국가권력구조의 내부에, 인권의 보호와 향상만을 전담하는 독립적인 기관이 있어야 되겠다는 반성에서 시작한 것이기 때문에 인권의 관점에서 본 '국가적 반성장치'라거나 국가권력 기관 내부의 '면역장치'라는 평가를 하게 되는 것이다. (올바른 국가인권기구 설치를 위한 민간단체공동대책위원회 2000, 92쪽)

이 논리에 따르면, 강력한 권한을 가지는 독립적 위상이 담보된 국가인권위는 무엇보다 '국가권력구조의 내부'에 인권의 계기가 배태되도록 함으로써 국가권력이 인권 친화적으로 작동할 수 있는 역할을 하는 기구이다. 국가권력에 의한 인권침해를 예방하고, 국가기구에 의한 인권침해가 있을시 피해자를 구제하며, 국가권력이 인권의 향상을 위해 작동할 수 있도록 국가의 권력구조를 재구축하기 위해서 독립적이고 실효적 권한을 갖는 국가인권위회가 필요하다는 것이다.

국가인권위원회를 둘러싼 2세대 인권운동의 담론에서 구조기반 접근은 이와 같이 권위주의 정치체제에서 민주주의 정치체제로의 이행이라는 관점, 정치적 구조 변동이라는 시각에서 형성되었다. 김대중 정부의 출범 이후 시기는 정치체제의 이행기로 파악되고 국가인권위원회는 민주주의 체제로의 이행에서 중심적 역할을 수행하는 국가기구로 인식되고 있는 것이다. 또한 국가권력 내부에 인권의 관점에서 국가권력을 집행할 수 있는 독립적이고 실제적 권한을 가진 국가인권위원회의 존재는 국가권력의 구조 자체를 인권 친화적이고 민주적으로 재구성하는 역할을 할 수 있다는 인식이 나타나고 있다고 하겠다.

# 4. 2세대 인권운동에서 '인권의 제도화' 담론의 특징

## 1) 인권의 제도화 담론에서 인지적 차원의 특징

과거청산과 국가인권위원회를 둘러싸고 전개된 2세대 인권운동의 인지적 실천에서도 규범기반 접근담론 전략과 구조기반 접근담론 전략은 이 운동의 세계관적 차원을 구성하는 관건적인 두 계기이다. 인권의 제도화 담론에서 구조기반 접근전략은 인권침해의 원인, 그 해결 및 방지 방안, 이상적 세계상에 대한 지식이 정치적 구조를 중심으로 구성된다. 과거청산운동의 경우 과거 국가폭력 혹은 국가범죄에 의해 발생한 인권침해의 원인으로는 일본제국주의 식민지배, 외세에 의한 분단 및 자주적 통일민족국가 수립의 실패, 외세에 종속적인 독재정권의 통치, 부르주아계급의 지배질서, 인권침해의 구조 등이 제시된다. 그러므로 국가폭력에 의한 인권침해를 차후 방지하기 위해서는 과거 국가폭력의 진상을 규명하고 책임자를 처벌하고 피해자에게 정당한 보상을 실시하며 과거 국가폭력에 대한 공적 기억을 제도화할 수 있는 법률을 제정하는 것이다. 그리고 과거청산운동에서 구조기반 접근담론은 2세대 인권운동이 지향하는 이상적 세계상을 '외세에 대해 자주적인 통일된 민족·민주·인권 국가의 수립' '부르주아 계급 지배를 재생산해 온 특권엘리트 체제의 해체를 통한 계급 없는 사회질서의 건설' 혹은 '인권의 존엄성과 인권의식이 존중되는 성숙한 사회의 실현' 등으로 제시하고 있다.

국가인권위원회에 대한 구조기반 접근담론의 경우, 국가인권위와 관련된 2세대 인권운동의 세계관적 차원을 형성하는 핵심으로서 사회구조의 차원은 추상적이고 모호하게 나타나고 있다. 그 사회구조적 차원이란 민주적 정치질서, 인권이 존중되는 사회질서와 같이 추상적으로만 제시된다. 구조기반 접근담론에서는 국가인권위원회가 과거 인권침해의 원인이었던 권위주의 체제를 민주화하기 위한 가장 핵심적인 국가제도로 규정된다. 독립적이고 실효적 권한을 확보한 국가인권위원회의 설립이 인권침해를 제도적으로 해결하고 방지하기 위한 방안으로 제시되고 있는 것이다. 이상적인 국가인권위원회의 상에서는 여타 정부기관에 대한 국가인권위의 독립성과 실효적 권한의 확보가 중요한데, 이는 정부조직 내에 인권의 관점에서 자율적으로 국가권력을 집행할 수 있는 기구의 수립을 2세대 인권운동이 강조했기 때문이다. 이를 통해 2세대 인권운동은 국가권력을 인권의 관점에서 감시 및 제어함으로써 '인권이 존중되는 사회'로서 민주주의의 심화와 공고화를 지향했다.

인권의 제도화에 대한 규범기반 접근전략은 과거청산 담론과 국가인권위원회 담론에서 상당히 불균등하게 활용되고 있다. 이미 지적한 바와 같이 과거청산운동의 경우에는 국제인권기준이 과거청산의 법제화 방향을 규정하는 수준에서 활용되기에 주로 국가범죄에 대한 공소시효 배제운동의 국면에서 집중적으로 나타나기 때문에 국제인권기준과 같은 인권규범이 2세대 인권운동의 세계관적 차원을 형성하는 수준으로 활용되고 있지는 않다고 하겠다.

국가인권위원회 담론의 경우 규범적 차원은 구조적 차원에 비해 명확하게 제시된다. 현재 국가인권위원회 관련법제의 문제점·해결방안, 이상적인 국가인권위원회 상에 관한 2세대 인권운동의 지식이 파리 원칙을 중심으로 명확하게 조직되어 있다. 가령 김대중정부의 국가인권위원회 설립법안은 독립성과 실효성의 확보라는 파리 원칙을 위배하고 있기 때문에 문제가 많은 법안이며 그 해결방안은 파리 원칙에 따라 국가인권위의 독립성과 실효성을 확보하는 것이 된다. 그 결과로 제시되는 이상적인 국가인권위의 상도 파리 원칙에 입각하여 설립되는 국가인권위원회이다.


## 2) 구조기반 접근담론과 규범기반 접근담론의 접합양상

과거청산운동과 국가인권위원회운동 각각의 과정에서 2세대 인권운동이 인권의 제도화 담론을 구성하는 방식에는 강조점의 차이가 있지만, 두 담론에는 중요한 공통점 또한 존재한다. 두 운동 모두 한국사회가 권위주의에서 민주주의로의 체제이행이 이루어지는 시기에 진입했으며 각각의 운동은 바로 이 체제이행기의 과업을 성공적으로 수행하기 위해 필수적이라는 것이다.*

---

* 한국사회에서 권위주의에서 민주주의로 체제이행이 시작된 시기가 언제인지는 사회과학 연구자들 사이에 논란이 있다. 체제이행기의 시작점을 1987년 6월항쟁과 6·29

논자마다 타파해야 할 구체제의 성격규정과 그 구체성에서는 차이를 보이지만, 이미 앞에서 살펴본 바와 같이 가령 과거청산운동은 그 운동의 의미를 국가폭력의 체제에서 '항구적 평화체제'로의 이행(김동춘 2005)이나 종속적 분단체제에서 '자주와 통일 문명의 시대'로의 이행(권오헌 2005), '냉전·반공·분단 국가'에서 '인권·평화·통일 민족국가'(서우영 2006)로의 이행에서 찾는다.

과거청산법국민위 상임대표 중 1인이기도 한 당시 민족문제연구소 소장 임헌영은 과거청산운동이 본격적으로 전개되는 시기의 역사적 과제를 다음과 같이 제시한다.

> 이제 우리는 오랜 투쟁의 열매로 민주주의 형식을 갖춘 시대를 맞았습니다. 이런 형식적인 민주주의를 정착시켜 인간을 존중하는 인간 중심의 진정한 민주주의로 만들려면 역사를 가장 먼저 청산해야 합니다. (임헌영 2005, 10쪽)

임헌영에 따르면, 과거청산운동이 전개되는 지금은 민주주의가 '형식'적 수준에서는 시작된 시기라 할 수 있다. 아직 민주주의가 실질적 수준에서 완성된 것은 아니라 그 완성으로 향해 가는 체제이행기가 바로 당시의 시대적 성격이라는 말이다. 이와 같은 이행기의 과제는 우선 '형식적 민주주의를 정착'시키는 것, 곧 형식적 민주주의의 공고

---

선언(안승국 2009), 문민정부를 표방하며 출범한 김영삼정부(심희기 2002), 아니면 최초의 수평적 정권교체를 이루었다는 김대중정부(안종철 2009)부터인지를 두고 관련 연구자들의 입장이 갈린다. 그러나 우리의 논의목적은 한국사회에서 민주화로의 체제이행이 언제부터 본격화되었는가를 논증하는 것이 아니라 2세대 인권운동이 과거청산과 국가인권위 설립을 체제이행의 관점에서 파악했음을 논증하는 것이다.

화이고 궁극적으로는 '인간을 존중하는 인간 중심의 진정한 민주주의'로의 전환, 바로 실질적 민주주의로의 이행을 완료하는 것이다. 이를 위해서 우선적으로 수행해야 할 과업이 과거청산이라는 과제이다. 과거청산은 체제이행이라는 정치적 구조 변동의 관점에서 그 의미를 획득하고 있다.

국가인권위원회운동 역시, 앞선 논의에서 확인한 바와 같이 독립적이고 강력한 권한을 가진 국가인권위원회 설립의 의미를 '민주화의 이행기'라는 시대적 맥락 속에서 "인권이란 화두를 전사회적으로 제기하고, 이를 제도적으로 검토"(인권법 제정 및 국가인권기구 설치 민간단체공동추진위원회 1999d)하는 역할로 제시하거나, '권력이 횡포를 부리는 시대'에서 "약한 자들의 '인권이 존중되는' 시대"(18개 단체 인권활동가연합 단식농성단 1999)로의 이행이라고 규정한다.

2세대 인권운동은 국가인권위원회 설립운동을 본격적으로 전개하면서 국가인권위를 특수법인 형태로 설치하고자 한 법무부의 행태를 김대중정부의 '개혁'에 대한 기득권세력의 저항으로 규정한다.

반개혁세력에 굴복하지 마십시오. '개혁'이 여기저기서 무너지고 있습니다. 대통령께 걸었던 인권단체들의 기대도 이번 국가인권위원회 설치 논의과정에서 서서히 무너져가고 있는 듯합니다. 더 이상 법무관료들에게 휘둘리지 마십시오. 우리는 지금 이 시점에서 야당과 연대하여 법무부 안 저지투쟁을 전개할 계획도 가지고 있습니다. 대통령께서 만약 반개혁세력의 집단이기주의와 오만에 굴복하시게 된다면 우리는 미련 없이 '우리의 대통령'으로부터 떠날 것입니다. (독립된 국가인권위원회 설치를 염원하는 인권단체들 1999)

이 자료에 따르면 국가인권위를 특수법인으로 설치하여 자기의 통제 아래 두고자 하는 법무부의 관료들을 김대중정부의 '개혁'에 저항하는 '반개혁세력'으로 규정한다. 이들의 '집단이기주의와 오만'이 '인권이 존중되는 사회'로의 이행, 즉 인권의 관점에 입각해 민주주의로의 이행을 완수하겠다는 김대중 대통령의 '개혁'을 가로막는 걸림돌이라는 것이다. 이러한 논리는 김대중정부의 집권기에도 여전히 과거 권위주의 체제에서 기득권을 누렸던 세력이 정부 내에서 상당한 영향력을 행사하며 존재하고 있고 이들과의 투쟁이 여전히 전개되는 체제이행기가 바로 김대중정부의 집권기라는 인권단체의 인식을 보여준다.

그러나 과거청산 담론과 국가인권위 담론 사이에는 공통점만 있는 것은 아니다. 각 담론에서 규범기반 접근전략과 구조기반 접근전략이 접합되는 양상은 상반된 모습을 보인다. 과거청산 담론에서는 규범기반 접근에 대한 구조기반 접근의 우위가, 국가인권위원회 담론에서는 구조기반 접근에 대한 규범기반 접근의 우위가 나타나는 것이다.

과거청산 담론의 경우, 규범기반 접근전략은 주로 정부의 과거청산의 법제화과정이 따라야 하는 원칙을 제시하는 데 사용된다. 곧 '뉘른베르크 원칙'(또는 '뉘른베르크 헌장')에서부터 '로마 규정'에 이르는 국제인권기준이 국내 과거청산절차의 규범적 원칙으로 활용되고 있는 것이다. 반면 구조기반 접근전략은 과거청산의 핵심 대상인 국가범죄 혹은 국가폭력의 원인을 규명하는 데 활용된다. 다시 말해 권위주의 정부 시절의 국가폭력은 외세에 의해 형성된 분단구조, 즉 종속적 분단체제나 부르주아계급의 이해를 대변하는 소수 엘리트권력 독점체제, 곧 부르주아 엘리트 지배체제로 인한 것으로 설명한다. 또한 이 과거청산은 국가폭력을 유발했던 정치적·사회적 구조를 혁파하고 대안적 사회구조의 형성, 즉 민주주의 체제의 완성, 자주적 민족통일 혹은 계급 없는 평등사회 등과 같은 목적을 위한 수단으로 이해된다.

그런데 국가폭력의 사회구조적 원인과 과거청산의 규범적 방향성으로서 국제인권기준은 서로 어떤 관계를 맺고 있는지에 대한 논의는 과거청산 담론에서 부재하다. 이 담론에 따르자면, 과거청산의 목적은 궁극적으로 국가폭력을 불러일으켰던 사회구조를 변혁하여 국가가 인권을 보장하는 기능을 수행하는 사회구조를 만들고자 하는 것이다. 그런데 과거청산을 통해 건설하고자 하는 새로운 사회구조와 국제인권기준은 어떤 관계에 있는 것일까?

가령 앞에서 보았듯이 과거청산범국민위의 발족선언문이나 이 단체에 소속되어 활동한 인사들이 생산한 담론은 주로 과거청산의 구조적 차원을 강조하고 있다. 그 가운데서도 다수는 국가폭력을 불러일으켰던 구조의 성격을 종속적 분단체제로 인식한다. 과거청산은 바로 종속적 분단체제라는 인권침해의 구조를 '자주적 통일 민족국가'로 대체하는 변혁의 과정이다.

그런데 과거 국가폭력을 필연적으로 불러일으킬 수밖에 없었던 종속적 분단체제를 해체하고 자주적 통일 민족국가라는 이름의 새로운 체제를 수립하는 것과 국제인권기준은 어떤 관계를 갖는 것인지에 대한 논의는 과거청산운동의 담론에서 나타나지 않는다. 예를 들어 국제인권기준을 국내에서 충실하게 이행하면 그 결과로 자주적 통일 민족국가가 수립되는 것인지, 아니면 자주적 통일 민족국가가 수립되면 국제인권기준은 자연스럽게 국내에서 이행되는 것인지 등

자주적 통일 민족국가와 국제인권기준의 관계에 대한 논의가 없다.

과거청산 담론의 경우 국제인권기준은 주로 과거청산의 실제적 절차를 확인하거나 그 과정에서 발생하는 논쟁에서 활용된다. 이를테면 "유엔도 과거청산과정에서 철저한 진상규명 그 자체가 피해자 및 그 가족들의 명예회복의 중요한 조치라는 기준을 제시하고 있다"고 적시하는 인권회의의 2005년 성명서나 국가범죄에 대한 공소시효 배제를 주장하며 그 근거를 로마 규정을 비롯한 국제인권기준으로 제시하는 권영국(2007)과 김유경(2007)의 글이 이를 잘 보여준다.

다시 말해 국제인권기준은 과거청산의 궁극적 지향과 의미를 규정하는 과거청산운동의 총론보다는 진상규명의 철저성이나 국가범죄에 대한 공소시효 배제와 같은 과거청산의 절차나 과거청산법제의 법리를 다투는 각론에서 주로 활용되었다. 과거청산운동의 총론은 주로 구조적 관점에서 제시되었다. 이런 점에서 과거청산 담론에서 국제인권기준은 과거청산의 올바른 법제화라는 수준에 국한되어 활용되지만, 구조변혁과 대안적 체제 수립이라는 구조적 관점은 과거청산운동의 의미와 목표 전체를 규정하는 원리로 작동하고 있다. 그렇다면 2세대 인권운동의 과거청산 담론은 규범기반 접근에 대한 구조기반 접근의 우위를 바탕으로 두 접근이 접합되어 형성되었다고 할 수 있을 것이다.

반면 국가인권위에 대한 2세대 인권운동의 담론의 경우에는 비교적 인권규범과 사회구조의 관계가 일정하게 제시되고 있다. 앞에서 살펴본 바와 같이 사회구조에 초점을 맞춘 국가인권위원회 담론은 독립성과 강한 권한을 가진 국가인권위원회 설립의 의미를 '민주화의 이행기', 즉 권위주의 정치체제에서 민주주의 정치체제로의 변동이라는 관점에서 파악한다. 국가권력구조의 내부에 '인권의 관점에서 작동하는 국가기구'를 설치함으로써 민주주의로의 체제이행을 국가인권위원회가 선도해야 한다는 것이다. 2세대 인권운동의 국가인권위원회 담론은 국가인권위원회를 권위주의 체제에서 민주주의 체제로의 이행이라는 정치적 구조변동의 과정에서 중추적 역할을 담당해야 하는 국가기구로 파악하고 있다고 하겠다.

파리 원칙을 비롯한 국제인권기준은 바로 이러한 성격의 국가기구가 그 기능을 제대로 수행하기 위한 규범적 원칙으로 활용된다. 국가인권기구의 독립성과 실효적 권한 확보를 명시한 국제인권기준에 따라 국가인권위원회를 설립해야 권위주의 체제에서 민주주의 체제로의 이행이 성공할 수 있다는 논리가 제시되고 있는 것이다. 다시 말해 한국사회가 권위주의 체제에서 민주주의 체제로의 성공적인 이행을 하기 위해서는 국제인권기준에 부합하는 국가인권위원회 설립이 필요하다는 논리가 일정하게 제시된다. 그러므로 이 담론에서는 국가인권위원회의 구조와 규범 사이의 관계가 비교적 연속성을 확보하고 있다고 하겠다.

하지만 2세대 인권운동의 국가인권위원회 담론에서 구조에 대한 언급은 양적으로도 그리 많지 않을 뿐만 아니라 담론의 구성에서도 구조기반 접근은 규범기반 접근에 비해 부수적 역할을 하고 있다. 체제이행과 같은 구조적 관점은 국가인권위원회가 국제인권기준에 부합하게 설립되어야 한다는 규범적 주장의 배경 역할을 하고 있을 뿐이다.

이는 우선 국가인권위원회를 통해 혁파해야 할 구체제의 성격이 과거청산 담론에 비해 명시적으로 나타나고 있지 않음에서 알 수 있다. 과거청산 담론에는 변혁해야 할 체제가 종속적 분단체제나 부르주아 엘리트 지배체제로 명시되어 있는 반면, 국가인권위원회 담론에서는 인권이 '국가권력에 의하여 억눌리고 짓밟혀'(인권법 제정 및 국가인권기구 설치 민간단체공동추진위원회 1999d)왔다는 언명이나 '상처투성이인 고난의 시대' 혹은 '권력이 횡포를 부리는 시대'(18개 단체 인권활동가연합 단식농성단 1999) 정도로 모호하게 제시되고 있을 뿐이다.

반면 독립적이고 강한 권한을 가진 국가인권위원회 설치에 활용되는 국제인권기준인 파리 원칙은 그 원칙의 형성과정과 핵심 내용에 관한 설명 등이 상세하게 제시되고 있고, 파리 원칙 이외에도 '아시아태평양 국가인권기구 포럼'의 국가인권기구 설립절차에 관한 지침, UN인권최고대표 서한, 국가인권기구 국제조정기구 의장 서한 등 국가인권기구 관련 국제인권기준이 제시되고 있다.

2세대 인권운동의 국가인권위원회 담론이 국가인권위원회의 구조적 차원과 규범적 차원을 비교적 연속적 관계에서 제시하고 있다고 하더라도 구조의 차원은 국제인권기준에 부합하는 국가인권위원회 설치라는 규범적 원칙의 배경 정도로만 활용하고 있는 것이다. 즉 국가인권위원회 담론은 규범기반 접근이 구조기반 접근에 대해서 우위를 차지하는 방식으로 구성되었다고 할 수 있다.

제7장

**1993** ●━●━●━●━●━●━●━●━●━●━●━●━●━●━●━●━●━● **2012**

맞음말을 대신하여:
인권의 구조적 차원과 규범적 차원의 관계를 질문하기

# 인권의 구조적 차원과
# 규범적 차원의 관계를 질문하기

## 1.

이제 한국의 2세대 인권운동에 대한 길고 긴 이야기의 결론을 맺을 시점에 도달했다. 하지만 그전에 앞에서 논의한 이야기의 핵심이 무엇이었는지 간략하게 되짚어볼 필요가 있다. 2세대 인권운동은 민주화 이후 한국사회에서 인간존엄성의 보장과 민주주의의 발전을 위해 정말 많은 활동을 했고, 또한 중요한 역할을 해왔다. 이 책은 바로 그 운동이 지나온 궤적을 살펴보는 작업이다. 이 작업을 통해 나는 2세대 인권운동의 형성과정을 밝히고 2012년까지 이 운동이 어떤 사회적 조건에서 무슨 활동을 전개해 왔는지를 검토하며, 이러한 활동 속에서 형성된 2세대 인권운동의 인권담론을 살펴봄으로써 이 운동의 인지적 차원, 그 가운데서도 세계관적 차원이 갖는 특징을 규명하고자 하였다.

2세대 인권운동의 형성과정에 대한 규명과 그 운동의 전개과정에 대한 검토는 우선 87년체제, 97년체제, 포스트민주화체제 같은 사회체제론의 개념을 사용해서 이 운동의 사회구조적 조건의 분석으로부터 시작했다. 1987년 6월항쟁 이후 민주주의를 요구하는 대중적 운동의 압력 아래서 권위주의 정치권력과 민주화 정치세력의 타협에 기초한 형식적 민주화 및 자유민주주의의 헤게모니 형성, 1997년 이후 한국사회의 신자유주의적 재편과 민주주의의 제도적 공고화 사이의 결합, 2008년 이후 신자유주의 경제질서의 강화와 이에 저항하는 세력들에 대한 경찰국가적 억압이라는 정치적·사회적 조건의 여러 국면들을 통과하면서 2세대 인권운동은 기회와 위기의 상황에 놓였을 뿐만 아니라 동시에 이를 활용하거나 돌파하기 위한 다양한 활동들을 전개해 왔다.

　　또한 이 책은 2세대 인권운동의 문화적 차원, 더 구체적으로 말해서 그 운동의 인지적 차원에 대해 살펴보았다. 자유권, 사회권, 인권의 제도화와 관련한 2세대 인권운동의 인권담론에 대한 분석을 통해, 이 담론이 구조기반 접근전략과 규범기반 접근전략의 접합으로 구축되었음을 밝히고자 한 것이다. 인권운동이 1990년대 이후 국제인권기준을 중요한 준거로 활용하기 시작했다는 점은 일반적으로 잘 알려져 있으나 이 운동이 한국 사회운동의 변혁주의적 전통, 즉 경제체제나 국가구조의 변혁을 통해 해방된 사회를 건설하고자 하는 급진적 사회운동 전통에 여전히 접맥되어 있다는 점은 그동안 충분히 규명되지 않았다. 하지만 앞의 논의에서 살펴본 2세대 인권운동의 형성과정과 이 운동의 인지적 차원은 2세대 인권운동이 단지 국제인권기준의 이행을 통한 인권달성의 추구에 그치지 않고 사회구조의 변혁을 통한 인권달성을 추구하였던 것이다.

　이러한 논점은 인권을 전적으로 개인의 권리로 파악하고 인권의 사회구조적 차원을 사상하는 자유주의적 인권관을 한국의 2세대 인권운동이 채택하고 있지 않음을 보여준다. 2세대 인권운동의 인권담론은 자유주의적 인권개념의 한계, 즉 타인으로부터 독립된 개인의 자기결정권만을 강조하는 자유주의의 한계를 넘어서, 사회구조적 조건이 인권을 보장하고 확장하는 데 필수적 차원임을 인식하고 있다는 것이다.

　이렇게 2세대 인권운동은 인권의 구조적 차원을 강조하면서도, 국제인권기준을 중심으로 하는 인권의 규범적 차원을 전면에 내세워서 인권담론을 구축했다. 그 담론의 구성은 구조기반 접근전략과 규범기반 접근전략이라는 두 전략에 입각해서 이루어졌다. 하지만 인권달성의 두 차원 혹은 두 가지 담론구성 전략의 관계는 2세대 인권운동의 역사 속에서 충분히 규명되거나 규정되지 않은 채 착종되는 양상을 보인다. 이렇게 두 전략의 착종으로 구성된 2세대 인권운동의 인권담론은 그 세계관적 수준 내부의 균열과 긴장으로 이어진다. 인권의 사회구조적 차원을 강조하는 관점과 인권의 규범적 차원을 강조하는 관점이 2세대 인권운동의 세계관적 수준에 공존하고 있지만, 두 관점이 서로 어떤 관계를 맺고 있는지에 대한 체계적 설명은 부재하다는 것이다. 이와 같은 균열과 긴장은 한국사회의 사회적 고통의 발생원인을 일관되게 규명하고 그 해결책을 체계화하기 위한 이론과 연구에 대한 지속적 요구를 만들어냈다.

2.

이상이 이 책에서 중심적으로 다루어진 내용이다. 어쩌면 학술논문
의 수준에서 2세대 인권운동에 대한 연구의 결론은 이 요약을 제시
하는 것으로 충분할지도 모른다. 하지만 인권운동의 현장과 연결되
어 이 운동을 분석한 연구자로서 나는 학술논문의 수준과는 다른 열
린 결론을 모색해 보고 싶었다. 이는 내가 마음 깊이 존경하는 한국 2
세대 인권운동의 추후 향방에 작은 기여를 해보려는 시도이기도 하
다. 2세대 인권운동의 인권담론 연구를 통해 제시했던 인지적 차원의
균열을 극복할 수 있는 이론적 가능성, 곧 인권의 구조적 차원과 규범
적 차원의 관계를 규명하는 이론적 작업의 단초를 고민해 보고 싶은
것이다. 그리고 이는 현실의 구체적 인권운동에 대한 분석이 아니라
인권운동을 포함하는 사회구조와 규범의 관계에 대한 추상적인 이론
의 영역에 속하는 작업이다.

　　이 책에서 이론적 논의는 주로 1장에서 진행되었다. 2세대 인권운
동을 연구하기 위해 사회운동을 비롯하여 사회적 행위의 구조적 차원
과 문화적 차원의 관계를 논의하는 데 알튀세르의 '지배관계를 갖도
록 절합된 구조'라는 개념 및 '이데올로기는 그들의 실재 존재조건에
대한 개인들의 상상적 관계의 표상'이라는 이데올로기 개념에 주목했
다. 이를 통해 사회구조의 차원을 '지배관계를 갖도록 절합된 구조'의
맥락에서, 문화의 차원을 '이데올로기'의 맥락에서 이해하자고 제안
했다. 2세대 인권운동이 담론을 구성하는 전략 및 그 세계관적 차원에
존속하는 구조적 관점과 규범적 관점의 관계를 이론적으로 규명하는
데 구조와 이데올로기에 대한 알튀세르의 개념화는 유용한 실마리를
제공한다. 그러니 알튀세르의 논의로부터 시작해 보자.

알튀세르는 구조가 다양한 모순들에 의해 특성화되는 심급들의 복잡한 관계로 구축되어 있다고 파악한다. 이미 살펴보았듯 심급들이 맺는 복잡한 관계에는 여전히 지배적 수준이 있으며, 그 지배적 수준에 의해 심급들의 관계는 구조화된다. 그렇지만 지배적인 수준, 즉 경제적 모순은 독자적으로 다른 모순관계들을 결정할 수 없고 오히려 다른 모순관계들 전체가 지배적 모순이 작동하기 위한 조건이 된다는 점을 알튀세르는 강조한다. 알튀세르의 문장을 다시 한번 인용하자면 "모순의 존재조건들이 모순 자체의 내부에 반영된다는 것, 복잡한 전체의 통일성을 구성하는, 지배관계를 가지도록 절합된 구조가 각 모순의 내부에 반영된다"(루이 알튀세르 2017, 357쪽)는 것이다.*

그런데 알튀세르의 이와 같은 구조개념에서 이데올로기의 위상은 무엇일까? 알튀세르는 마르크스주의의 역사에서 이데올로기를 누구보다 적극적으로 사고하고 이데올로기의 작동기제를 가장 체계적으로 분석한 이론가였다. 심지어 그는 이데올로기란 결코 사라지지 않으며 이는 공산주의 사회가 도래해도 마찬가지라며 이데올로기의 영원성을 주장했다(같은 책, "마르크스주의와 인간주의"; 루이 알튀세르 1991, "이데올로기와 이데올로기적 국가장치에 관한 노트"). 그럼에도 불구하고 왜 그는 저 모순들의 복잡성을 통일하는 지배관계를 생산양식의 모순으로, 과잉결정의 최종심급을 경제로 파악하는 것일까? 왜 경제가 최종심급의 자리에 위치해야 하는가? 더욱이 경제적인 것과 이데올로기적인 것의 관계는 정확히 어떤 것일까? 생산양식이 자본주

---

**\*** 이후의 2절과 3절의 논의는 나의 글, 「문화체제, 유물론적 문화론을 사고하기 위한 또 다른 시도: 1990년대 문화체제의 개념 규정을 위한 이론적 기초공사」(『문화/과학』 110호)의 일부를 수정·보완하여 재구성한 것이다.

의에서 공산주의로 변혁되어도 구체적인 이데올로기들은 변동할지는 모르지만 이데올로기 그 자체는 사라지지 않는다면 이데올로기는 경제라는 최종심급에 의해서도 결정되는 것은 아니라고 봐야 하지 않을까?

알튀세르는 경제적 모순관계가 사회의 여타 모순관계들을 단독적으로 규정할 수 없다고 주장함에도 불구하고 여전히 최종심급 자리에 경제를 고수하고자 함으로써, 이데올로기에 대한 자신의 강조에도 불구하고 이데올로기가 사회 전체에서 갖는 위상이 무엇인지를 이론적으로 충분히 해명하지 못한다고 할 수 있다. 알튀세르에게서도 결국 경제와 이데올로기의 관계는 충분히 규명되지 않았다. 다시 말해 심급들의 복잡성으로서 구조 내에서 이데올로기가 차지하는 위상이 체계적으로 해명되지 못하고 있는 것이다.


## 3.

나는 이 쟁점과 관련하여 에티엔 발리바르가 1993년 교수논문자격 심사로 제출한 논문의 일부에서 역사적 질서의 형성과 변동의 인과적 질서, 즉 '역사적 인과성'을 설명하기 위해 제시한 다음 테제에 주목할 필요가 있다고 생각한다.

> 역사성의 보완물 또는 대체물로 기능하는 '상부구조'에 '토대'를 더하는 방식으로서가 아니라, 양립 불가능한 동시에 분리 불가능한 설명의 두 '토대들' 또는 두 결정들의 결합으로 기능하는 두 토대들, 즉 주체화/복종 양식(mode de sujetion)과 생산양식(또는 더욱

일반적으로 이데올로기 양식과 일반화된 경제양식)을 더하는 방식으로 존재하는 도식. (에티엔 발리바르 2018, 361쪽)

발리바르는 토대에 의한 상부구조의 결정이라고 이해되는 역사유물론을 새롭게 사고하는 길, 즉 마르크스와는 다른 문제설정을 입각해서 사고할 수 있는 가능성을 모색하면서 저 '두 토대들'이라는 도식을 제시하고 있다. 주체화양식과 생산양식이라는 두 개의 토대가 역사적 인과성을 규명하기 위한 두 개의 출발점 혹은 역사적 인과성을 규정하는 차원이라는 것이다.

그중 하나의 토대는 마르크스의 용어로는 생산양식인데 발리바르는 이를 '일반화된 경제양식'이라는 새로운 용어로 표현한다. 이때 생산양식 혹은 일반화된 경제양식은 흔히 좁은 의미의 경제, 즉 경제학의 대상으로서 경제나 사회 전체에 존재하는 제도들과 구별되는 독자적 제도로서 경제를 의미하는 것은 아니다. 좁은 의미로서의 경제란 경제가 다른 사회적 심급들 내지는 장들의 관계로부터 독립된 작동원리를 가지는 자율적인 실재를 뜻한다. 그러나 생산양식 혹은 일반화된 경제양식 개념은 생존과 생활에 필요한 재화와 용역의 생산·유통·분배·재생산의 과정들에는 항상 계급, 인종, 성별, 민족 등으로 구별되는 다양한 사회적 집단성 사이의 갈등·충돌·조정의 정치적이고 사회적인 투쟁이 관통하고 있다고 파악한다. 보다 더 분명하게 말하자면 경제란 항상 이러한 정치적이고 사회적 투쟁들을 조건으로 해서 작동하는 것이다.

재화와 용역의 생산-유통-분배를 두고 벌어지는 사회적 투쟁들은 동시에 계급·인종·민족·성별 등과 같은 특정 사회적 집단들 사이의 투쟁과 항상 결부되어 있으며, 이러한 투쟁을 경유하여 전개된다. 또한 경제적 장에서의 투쟁은 기업과 노동조합만이 아니라 국가권력, 법률, 종교, 학교, 미디어, 사회운동조직 등과 같은 정치적·사회적 기관들을 통해서도 전개된다.* 발리바르가 말하는 생산양식 혹은 일반화된 경제양식은 항상 이미 이러한 복합적인 사회적 투쟁들의 관계를 통해서 작동하는 재화와 용역의 생산-유통-분배의 역동적 질서를 의미하는 것으로 필자는 이해한다. 이 역동적 질서를 여기서는 간단히 경제라고 표현한 것이다.

그런데 이 맥락에서 발리바르가 주체화양식을 곧 이데올로기 양식이라고 규정하며 이를 생산양식과 동일한 의미로 사용된 경제와 같은 위상, 즉 역사적 인과성을 설명하는 토대의 수준에 놓고 있다는 점이 중요하다. 이는 그의 스승인 알튀세르에게서 경제와 이데올로기의 관계가 모호하게 설정되고 있기 때문일 것이다.

발리바르에 의하면 다양한 사회제도들, 법과 규범, 정치체제와 경제제도 등을 조성하고 작동하게 할 뿐만 아니라, 다양한 저항을 통해 그것들을 변동시키는 역사적 과정은 경제만큼이나 이데올로기에 의해서도 설명되어야 하는 것이다. 경제만이 아니라 이데올로기 역시 토대 혹은 알튀세르의 용어를 빌리자면 최종심급의 자리에 위치해야 한다는 의미이다. 그러나 왜 그래야 하는가? 왜 이데올로기는 경제와 더불어 역사적 인과성을 파악하기 위한 토대로서의 위상을

---

* 물론 국가권력, 종교, 학교, 미디어, 사회운동 등의 기관을 통해서 수행되는 사회적 집단들 사이의 투쟁이 반드시 재화 및 용역의 생산-유통-분배에 의해서만 규정되는 것은 아니다. 이러한 투쟁들은 성적 차이, 인종적 차이, 국민적 차이 등과 같은 다른 사회적 정체성들과 결부되어 발생하기도 한다. 엄밀히 말하자면 다양한 사회적 투쟁들은 그 어느 경우에도 단 하나의 갈등, 가령 성적 갈등이나 인종적 갈등, 심지어 계급적 갈등만으로 발생하지 않는다. 사회적 투쟁은 그야말로 과잉 결정되는 것이다.

갖는 것일까? 역사적 변동의 인과관계를 설명하는 토대의 수준에 단지 경제만이 아니라 이데올로기가 동시에 자리 잡는다면 이 두 개의 토대가 맺고 있는 관계는 무엇일까?

만약 경제와 이데올로기 중 하나(가령 경제)가 다른 하나(가령 이데올로기)의 작용을 설명하는 위상을 갖는다면 그 다른 하나는 역사적 인과성의 토대 중 하나가 될 수 없다. 그렇다면 경제와 이데올로기 둘 다 토대라면 양자는 역사적 질서의 형성과 그 변동에서 서로 독립적으로 작용하는 무관한 원인들, 서로는 영원히 만나지 않는 평행관계에 불과한 것일까?

그러나 발리바르는 양자의 관계를 서로에게 독립된 자기완결적인 두 계열의 평행관계로 파악하지 않는다. 그 두 가지 토대는 서로 '양립 불가능'하지만 '분리 불가능'한 관계로서, 역사적 결정에 항상 결합하여 작용하기 때문이다. 그에 의하면 경제(생산양식)와 이데올로기(주체화양식)는 서로가 서로의 원인, 그러나 '스스로를 비우는 원인'으로 작용한다. 이는 도대체 무슨 의미일까? 좀 길지만 발리바르의 글을 인용해 보자.

대립적인 의미에서이기는 하지만 이 두 가지[생산양식과 주체화양식] 모두 물질적이며, 이에 대해 우리는 (모든 역사적 정세 내에서 상상적인 것의 효과들은 현실적인 것을 통해서가 아니라면, 그리고 현실적인 것의 효과들은 상상적인 것을 통해서가 아니라면 절대로 발생하지 않는다는 점을 주지한다는 조건 아래서) 철학적 전통을 따라 상상적인 것(imaginaire)과 현실(réalité)이라는 이름을 다시 활용하고자 할 수 있다. 이는 역사에서 인과성의 구조적 법칙이 다른 장면(scène, 무대)

을 통한 우회라는 점을 의미한다. 맑스를 패러디하여 경제는 이데 올로기와 마찬가지로 '자기 자신에게 고유한 역사'를 가지지 않는 다고 말하자. 왜냐하면 이 둘 각자는 상대방을 통해서만 역사를 가 지며, 이 역사는 그 고유한 효과들의 유효한 원인이기 때문이다. [알튀세르가 『자본』을 읽자』에서 제안한 개념인] '부재하는 원인'이 아 니라 스스로를 비우는(qui s'absente) 원인 또는 그 효과성(effectivité) 이 자신의 반대물을 통해서 작동하는 원인 말이다. (같은 곳)

여기서 생산양식과 주체화양식 혹은 경제와 이데올로기는 각각 현실 적인 것(실재)과 상상적인 것(상상)에 대응한다. 생산양식과 주체화양 식은 하나가 다른 하나로 환원될 수 없다는 측면에서 각자는 서로에 게 타자이다. 하지만 서로가 서로에 대해 타자인 현실적인 것과 상상 적인 것은 독자적으로 자신의 효과를 발생시키지 못한다. 상상적인 것은 항상 현실적인 것을 경유해서만 그 효과를 발휘할 수 있고, 현실 적인 것 역시 상상적인 것을 수단으로 해서 그것을 통해서만 효과를 발생시키게 된다. 다시 말해 경제는 폐쇄계로서 스스로의 동력으로 작동하는 것이 아니라 이데올로기를 조건으로 해서 작동하게 되며, 이데올로기 또한 자기완결적 영역으로서 작용하는 것이 아니라 경제 적인 것을 조건으로 하여 작용한다는 것이다. 경제적인 것과 이데올 로기는 각각이 자신의 효과를 발휘하기 위해 반드시 거쳐야 하는 우 회로의 역할을 서로에게 한다.

　　이러한 관계를 발리바르는 경제와 이데올로기 각각의 효과가 '다른 장면을 통한 우회'에 의해서 발생한다고 말하는 것이다. 경제와 이데올로기는 서로에 대해서 타자가 작동하기 위한 조건이 되는 관계를 맺고 있는 것이다. 이때 경제는 이데올로기의 작동에서, 이데올로기는 경제의 작용에 대해 '스스로를 비우는 원인'이 되는 것이다. 이러한 인과관계가 '스스로를 비우는 원인'이라고 규정되는 것은 어떤 것, 가령 경제가 작동하기 위한 조건으로서 다른 것, 이를테면 이데올로기는 경제의 작동에서는 그 자체로 나타나지 않기 때문이다. 이데올로기는 경제의 작동, 즉 생산-유통-소비-재생산의 과정이 작동하기 위한 조건이지만 그 과정에서는 직접적으로 포착되지 않는다. 이는 분석의 과정을 통해서만 인식할 수 있는 원인이다. 이를 발리바르는 경제와 이데올로기 각각의 '효과성이 자신의 반대물을 통해서 작동하는 원인'이라고 표현하고 있는 것이다.

그러므로 역사적 질서의 형성 및 그 변동은 결코 경제의 차원만으로도, 이데올로기의 차원만으로도 설명할 수 없다. 경제와 이데올로기가 결코 동일하지 않으며 둘 다 역사적 인관성을 설명하는 토대에 위치한다. 그 어느 것도 다른 것을 일방적으로 규정하는 본질적 원인은 아니라는 것이다. 하지만 하나는 다른 하나 없이 역사적 질서의 형성과 변동의 원인으로 작용할 수 없다는 점에서 두 가지 원인은 서로의 조건이 되는 관계를 맺고 있다. 곧 역사적 인과성 또는 사회 전체의 구조는 이 두 가지 원인, 두 가지 토대가 서로를 통해서만 작용하는 양상을 가지고 설명해야 한다는 것이다.[*]

---

[*] 두 개의 토대론이 다양한 모순들이 맺는 복잡한 관계를 두 개의 모순으로 단순화시키는 것은 아니다. 두 개의 토대론은 우선 복잡한 전체로서 사회의 구조화된 성격을 규정하는 최종심급이 서로에 대한 우회를 통해서 작용하는 생산양식과 이데올로기로 복수화된다는 함의를 가지며, 다음으로 생산양식과 이데올로기 역시 각각 다른 심급들의 복잡한 관계망을 조건으로 해서만 작용할 수 있다는 의미를 가진다고 할 수 있다.

4.

역사적 인과성에 대한 발리바르의 논의는 생산양식으로서 경제와 주체화양식으로서 이데올로기 각각의 위상을 규정하며 양자의 관계를 규명하기 위한 방향을 제시했다 할 수 있다. 하지만 경제와 이데올로기의 구체적 관계성이 그의 논의에서 충분히 규정되고 있는 것은 아니다. 경제와 이데올로기라는 두 가지 규정적 차원이 서로에 대한 우회를 통해서 '스스로를 비우는 원인'으로 어떻게 함께 작동하는지, 그렇게 함께 작동하여 어떤 역사적 결정들을 만들어내는지에 대한 구체적 분석 프로그램으로 명확하게 발전한 것은 아니라는 말이다. 이는 여전히 발리바르를 포함하여 그의 문제의식에 동의하는 연구자들의 과제라고 할 수 있다.

그러나 역사적 인과성에 대한 이러한 발리바르의 틀은 2세대 인권운동의 인지적 차원에서 나타나는 난점, 즉 인권의 구조적 차원과 규범적 차원의 관계 문제를 사고하는 데 유용한 작업방향을 제시한다. 우선 인권의 구조적 차원과 규범적 차원을 두 개의 토대라는 시각에서 다시 파악하자면 인권의 구조적 차원을 생산양식의 분석을 통해서 구체화될 수 있는 인권달성의 사회구조적 조건의 질서로, 인권의 규범적 차원을 이데올로기 양식의 분석을 통해서 구체화될 수 있는 인권에 대한 사람들의 가치부여, 의미화, 열정의 투여방식으로 개념화할 수 있다.

다음으로, 인권의 구조적 차원과 규범적 차원의 관계라는 문제는 이렇게 이해될 수 있다. 양자의 관계는 하나가 다른 하나로 환원되지는 않지만 각자가 서로의 작동을 위한 조건이 되는 관계이다. 즉 인권의 달성을 위한 사회구조의 변혁은 이데올로기로서 인권규범을 통한 대중의 주체화과정을 경유할 수밖에 없으며, 인권규범의 제도적 달성은 사회의 재구조화를 조건으로 요구한다는 것이다.

물론 이는 매우 원론적 수준의 논의이며 그 구체적 관계의 양상은 여전히 모호하다. 다만 역사적 경험은 실제로 구조와 규범의 상호조건화와 서로가 서로에 대해 우회로가 되는 공동작용을 통해서 인권이 진전되어 왔음을 보여준다. 그 대표적 사례 가운데 하나가 프랑스대혁명이다. 프랑스대혁명에 대한 많은 연구가 보여주듯이, 이 혁명은 프랑스에서 자본경제의 발전과 부르주아계급의 부상과 초기 노동계급의 형성을 통한 봉건적 생산양식의 위기를 구조적 조건으로 하고 있다. 대혁명 이후 프랑스에서 생산양식이 봉건제에서 자본주의로 이행되었지만 이러한 이행을 가능하게 한 혁명은 자본주의 체제의 건설을 그 규범적 방향으로 표방해서 진행된 것은 아니었다. 프랑스대혁명의 지배적 규범은 1789년 "인간과 시민의 권리에 관한 선언"에서 드러나듯이 국가의 목적은 인간의 천부적 권리의 실현, 즉 자유, 평등, 압제에의 저항과 같은 권리를 보장하는 인권의 달성이었다.

다시 말해 봉건제에서 자본주의로의 생산양식의 이행과 같은 사회구조의 심층적 변혁은 자동적으로 진행되지 않으며 항상 혁명과 같은 인간의 집합적 행위를 통해서 이루어진다. 그리고 인간의 집합적 행위는 그 조건인 구조의 변화에 의미를 부여하며 그것을 정당화하는 인식틀 아래서 작용한다. 프랑스에서 생산양식의 변화는 인권이라는 규범적 인식틀, 즉 생산양식의 타자인 이데올로기를 경유해서 진행된 혁명으로 인해 가능했던 것이다.

동시에 인권의 제도적 보장은 혁명으로 성립한 자본주의 생산양식을 조건으로 하여 서서히 진행되어 갔다. 프랑스대혁명의 시간 동안 인권을 억압해 온 제도와 관행들이 법률에 의해서 폐기되고 인권을 보장하는 다양한 법제들이 도입되기 시작했다. 물론 그렇다고 인권의 완전한 보장이 프랑스대혁명의 기간 동안 달성된 것은 아니었다. 하지만 인권의 제도화는 국가가 거부할 수 없는 국가권력의 핵심적 정당화 기제가 되었고 이러한 정당성에 입각하여 인권을 더욱 철저하고 넓게 보장하기 위한 정치적 활동과 사회운동이 전개될 수 있었다. 인권의 제도적 보장이 시작된 것은 단지 인권규범의 천명으로 가능했던 것이 아니라 자본주의 생산양식에 기초한 근대 민주주의 국가의 성립이라는 사회구조를 조건으로 해서 가능했던 것이다.[*]

5.

이미 살펴본 바와 같이 2세대 인권운동의 세계관에 내재하는 구조적 관점과 규범적 관점의 균열은 이 운동이 인권담론을 구성하는 전략에서의 긴장, 즉 구조기반 접근전략과 규범기반 접근전략의 긴장으로 이어진다. 그리고 이러한 균열과 긴장이 2세대 인권운동의 인지적 차원에 고유한 특징이라고 할 수 있다. 그렇기 때문에 2세대 인권운동의 활동가들은 이 운동에 적합한 인권이론이나 인권운동론의 필요성을 지속적으로 제기해 왔다.

　　이 책의 결론을 대신하는 마지막 장의 중심 내용, 즉 생산양식과 이데올로기라는 두 개의 토대 및 그 관계에 대한 발리바르의 논의는 인권의 구조적 차원과 규범적 차원의 관계라는 2세대 인권운동의 질

---

[*]　프랑스대혁명과 인권의 역사적 제도화의 관계에서 관해서는 정정훈(2014, 제2장 인권과 혁명) 참조.

문에 대한 정답은 아니라 할지라도 답을 모색하기 위한 출발점이 될 수 있다고 생각한다. 그리고 앞에서 언급한 프랑스대혁명의 사례에서 알 수 있듯이, 인권의 두 가지 차원이 맺는 구체적인 관계에 대한 규명은 한국사회에서 인권의 담론·제도, 인권운동의 구체적 역사 및 한국사회의 경제, 정치, 사회운동, 대중의 역동 등에 대한 역사적인 분석으로부터 그 답변이 주어질 수 있을 듯하다.

물론 이는 지난한 작업이 될 수밖에 없다. 또한 이 작업은 결코 한 개인이 수행할 수 있는 것도 아니며, 연구자나 활동가 일방에 의해서 진행될 수 있는 것도 아니다. 한국 인권운동의 경험과 현실에 적합한 인권이론·인권운동론·인권담론의 구성은 활동가들과 연구자들의 공동작업을 요구한다. 이 책은 그러한 공동작업 도구 가운데 하나가 될 수 있으리라 생각한다. 그리고 그와 같은 공동작업을 통해 인권의 구조적 차원과 규범적 차원의 관계를 성공적으로 규명하는 운동의 이론이 만들어질 때 어쩌면 한국에서 3세대 인권운동이 시작될지도 모른다.

참고문헌

강준만 (2006), 『한국현대사산책 2』, 인물과사상사.

고난받는 이들과 함께하는 모임 등 26개 민간단체 (2003), 「보호감호제도의 문제점과
　　폐지의 당위성」, 보호감호제도에 관한 의견서.

고난받는 이들과 함께하는 모임 등 7개 인권단체 (1999), 「법무부의 행형법 개정법률
　　(안)에 대한 의견서」, 행형법 개정법률(안)에 대한 7개 인권단체 의견.

구속노동자후원회·인권단체연석회의 외 (2010), 「'독재감옥'이 되살아나고 있다!: 감옥환
　　경 개선과 재소자 인권보장을 촉구하는 노동·인권단체 공동행동의 날 보도자료」.

국가보안법폐지국민연대 (2003), 「2004년을 국가보안법 폐지의 원년으로!」, 국가보안
　　법 제정일 시민단체 기자회견문.

국가인권위 바로세우자! 인권단체연대회의 (2001), 『국가인권위 바로 세우자! 인권단
　　체연대회의 창립대회 자료집』.

권영국 (2007), 「국가범죄의 공소시효 등에 관한 특례법 법안검토 의견」, 『반인권적 국
　　가범죄의 공소시효에 관한 특례법 즉각 제정을 위한 토론회 자료집』, 인권단체연
　　석회의.

권오헌 (2005), 「국가폭력 피해자 증언에 부쳐」, 『국가폭력 피해자 증언대회 자료집』,
　　과거사청산을 위한 국회의원모임, 올바른 과거청산을 위한 범국민위원회.

금융채무의 사회적 책임을 위한 연석회의 (2006), 『빈곤의 또 다른 얼굴, 금융채무의 사
　　회적 책임을 말한다: 토론회 자료집』.

김누리 (2018), 「한국 예외주의: 왜 한국에는 68혁명이 없었는가?」, 『통일인문학』 76집.

_____(2020), 『우리의 불행은 당연하지 않습니다』, 해냄.

김덕진 (2004), 「한국 과거청산의 기본방향」, 『과거청산의 과제와 방향』, 올바른 과거청
　　산을 위한 범국민위원회.

_____(2017), 「천주교인권위원회 김덕진 활동가 인터뷰」, 『한국 '진보적 인권운동'의 역
　　사에 대한 인권활동가 인터뷰 자료집』, 서교인문사회연구실 한국인권운동사 연구팀.

김도현 (2007), 『차별에 저항하라』, 박종철출판사.

김동춘 (1999), 「한국 사회운동 100년: 정치변혁에서 '사회만들기'로」, 『경제와 사회』 44호.

_____(2005), 「한국 과거청산의 성격과 방향」, 올바른 과거청산을 위한 범국민위원회,
　　『진실과 정의의 회복을 위하여: 과거청산운동의 현재, 개념, 과제』.

김민철 (2005), 「'친일'문제: 인식, 책임, 기억」, 『진실과 정의를 위하여: 과거청산운동의

현재, 개념, 과제』, 한국학술정보.

김백유 (2016), 「제5공화국 헌법의 성립 및 발전」, 『일감법학』 34호.

김세균 (2007), 「신자유주의 경찰국가와 한국 민주주의」, 『마르크스주의 연구』 4권 2호.

김영수 (2007), 「'국가범죄의 공소시효 등에 관한 특례법' 제정의 정치사회적 의의」, 『반인권적 국가범죄의 공소시효 등에 관한 특례법 즉각 제정을 위한 토론회 자료집』, 인권단체연석회의.

김유경 (2007), 「반인권적 국가범죄의 면죄부, 공·소·시·효」, 『인권오름』 76호, 인권운동사랑방.

김정한 (2011), 「도래하지 않은 혁명의 유산들: 1991년 5월 투쟁의 현재성」, 『문화과학』 66호, 문화과학사.

김종일 (2006), 「1990년대 이후 한국경제의 구조변화와 고용문제」, 『한국경제의 분석』 12권 2호.

김형태 (2000), 「인권운동. 그 위기와 기회」, 『창작과 비평』 28권 2호.

노의현 (2017), 「한국의 '진보적 인권운동'에서 사회권운동의 전개과정」, 『한국 진보적 인권운동사의 쟁점들 토론회 자료집』, 서교인문사회연구실 인권운동사연구팀.

다산인권센터 (2003), 『10년의 무게를 던져버린다: 다산인권센터10주년 자료집』, 다산인권센터

_____ (2013), 『그 사람 스무살, 인권은 즐겁다: 다산인권센터20주년 백서』, 다산인권센터.

다산인권센터 노동인권교육팀 (2011), 『노동자 이교대씨의 생존기』, 전국금속노동조합.

독립된 국가인권위원회 설치를 염원하는 인권단체들 (1999), 「독립된 국가인권위원회 설치를 열망하는 인권단체들의 건의문」.

루이 알튀세르 (1991), 『아미엥에서의 주장』, 김동수 옮김, 솔.

_____ (2007), 『재생산에 대하여』, 김웅권 옮김, 동문선.

_____ (2017), 『마르크스를 위하여』, 서관모 옮김, 후마니타스.

류은숙 (1995), 「경제·사회·문화적 권리에 관한 국제조약에 대한 이해」, 『민주법학』 9권, 민주주의법학연구회.

_____ (2002), 「한국의 인권운동의 성과와 과제」, 『세계헌법연구』, 세계헌법학회한국학회.

_____ (2003), 「인권운동사랑방의 활동을 중심으로 본 한국 인권운동의 전개」, 김진균 편, 『저항. 연대. 기억의 정치 1』, 문화과학사.

_____ (2017), 「인권연구소 '창' 류은숙 활동가 인터뷰」, 『한국 '진보적 인권운동'의 역사에 대한 인권활동가 인터뷰 자료집』, 서교인문사회연구실 한국인권운동사 연구팀.

마크 프레초 (2020),『인권사회학의 도전』, 조효제 옮김, 2020.

미류 (2005),「주거권과 주거공공성 실현을 위한 모색」,『주거권과 주거공공성 실현을 위한 모색 자료집』, 주거권기획팀.

미셸 푸코 (1998),『담론의 질서』, 이정우 옮김, 서강대학교출판부.

_____(2000),『지식의 고고학』, 이정우 옮김, 민음사.

_____(2015),『사회를 보호해야 한다』, 김상운 옮김, 난장.

미셸 푸코 외 (1994),『미셸 푸코의 권력이론』, 정일준 편역, 새물결.

민주화운동기념사업회 연구소 (2009),『한국민주화운동사2』, 돌베개.

_____(2010),『한국민주화운동사3』, 돌베개.

박경석 (2017),「노들장애인야학 박경석 활동가 인터뷰」,『한국 '진보적 인권운동'의 역사에 대한 인권활동가 인터뷰 자료집』, 서교인문사회연구실 한국인권운동사 연구팀.

박래군 (1993),「비엔나 세계인권대회를 다녀와서」,『정세연구』, 민족민주운동연구소.

_____(1996),「김영삼정부의 국가보안법에 대한 인식과 법 적용의 문제」,『국가보안법 폐지를 위한 공청회』, 민중운동탄압 분쇄와 민주기본권 쟁취를 위한 범국민대책회의.

_____(1999a),「사상억압의 현실과 국가보안법 폐지」,『국가보안법 관련 글모음(1)』, 인권운동사랑방 자료실.

_____(1999b),「김대중정부 1년: 국가보안법 적용의 문제」,『김대중정부 1년: 국가보안법의 폐지를 향해』, 국가보안법 철폐와 양심수 문제 전면해결을 위한 연대회의.

_____(1999c),「국가보안법 7조 3항의 문제점」,『국민회의 국가보안법 개정시안, 어떻게 볼 것인가』, 국가보안법 폐지를 위한 범국민연대회의, 국가보안법 반대 국민연대.

_____(2006a),「한국인권운동의 발자취」,『세상을 두드리는 사람』 13호/7월호, 인권재단 사람.

_____(2006b),「인간존엄을 실현하는 모든 활동?」,『세상을 두드리는 사람』 14호/8월호, 인권재단 사람.

_____(2006c),「진보적 인권운동은 끊임없는 재구성의 작업」,『세상을 두드리는 사람』 15호/9월호, 인권재단 사람.

_____(2006d),「인권운동의 대중화를 위하여」,『세상을 두드리는 사람』 18호/12월호, 인권재단 사람.

_____(2013a),「인권운동의 현상황과 방향제언」,『진보평론』 55호, 진보평론.

_____(2013b),「인권운동 20년의 반성」,『황해문화』 81호, 새얼문화재단.

_____(2017),「인권재단 사람 박래군 활동가 인터뷰」,『한국 '진보적 인권운동'의 역사

에 대한 인권활동가 인터뷰 자료집』, 서교인문사회연구실 한국인권운동사 연구팀.

박진 (2017), 「다산인권센터 박진 활동가 인터뷰」, 『한국 '진보적 인권운동'의 역사에
  대한 인권활동가 인터뷰 자료집』, 서교인문사회연구실 한국인권운동사 연구팀.

박찬운 (1993), 「국제인권원칙으로 본 한국행형제도의 문제점과 개선방향」, 『국제인권
  기준에 비춰본 한국의 행형제도와 개선방안』 토론회 자료집, 유엔세계인권대회를
  위한 민간단체 공동대책위원회.

_____(2002), 「사회보호법 위헌 여부 질의에 대한 검토의견」(수신: 국가인권위원회).

박홍규 (1995), 「개발독재와 인권: 한국과 아시아의 경험」, 『탈냉전 신국제질서와 인권:
  국가안보와 인간안보』, 한국인권단체협의회.

배여진 (2008), 「하루빨리 국가인권위원을 사퇴하세요」, 『인권오름』 124호.

빈곤과 차별에 저항하는 인권운동연대 (2006), 『금융채무의 사회적 책임을 말한다: 파
  산학교』.

사회보호법 폐지를 위한 공동대책위원회 (2003), 「사회보호법 폐지를 위한 공동대책위원회
  출범 기자회견 및 헌법소원 기자회견문」, 사회보호법 폐지를 위한 공동대책위원회.

사회보호법 폐지를 촉구하는 인권시민사회노동단체 활동가 517인 (2003), 「사회보호
  법 폐지, 더 이상 미룰 수 없다」, 사회보호법 폐지를 촉구하는 활동가선언.

샌드라 프레드먼 (2009), 『인권의 대전환』, 조효재 옮김, 후마니타스.

서동진 (2009), 『자유의 의지, 자기계발의 의지』, 돌베개.

서영표 (2013), 「사회운동이론 다시 생각하기: 유물론적 분석과 지식구성의 정치」, 『민
  주주의와 인권』 13권 2호.

서우영 (2006), 「과거청산운동의 현실과 방향」, 『과거사청산 활동의 현황점검 및 실천
  적 대안마련을 위한 토론회』 자료집, 민주사회를위한변호사모임.

서준식 (1990), 「장기구금 양심수 문제와 국가보안법」, 『국가보안법 완전철폐를 위한
  토론회』, 민주화실천가족운동협의회·구속방북인사후원회 외.

_____(1993), 「우리의 인권운동, 어디로 가야 하나」, 『민주법학』 6권 1호, 민주주의법
  학연구회.

_____(1996), 「국가보안법, 어떻게 폐지시킬 것인가?」, 『국보법 필요한가?』, 학술단체협
  의회.

_____(1998), 「진보적 인권운동을 위하여」, 인권운동사랑방자료실, https://sarang-
  bang.or.kr/writing/3358.

_____(1999a), 「국가보안법, 무엇이 문제인가」, 『인천시민과 함께하는 국가보안법 철
  폐 시민공청회 자료집』, 국가보안법 철폐와 인천연합·민청노회 침탈 및 강제연행

을 규탄하는 인천시민대책위.

_____(1999b), 「국보법 7조에 주목하자」, 『뉴스피플』 1999. 9. 16.

_____(2003), 『서준식의 생각』, 야간비행.

손호철 (2009), 「'한국체제' 논쟁을 다시 생각한다: 87년체제, 97년체제, 08년체제론을 중심으로」, 『한국과 국제정치』 25권 2호, 경남대 극동문제연구소.

스기하라 야스오 (1995), 『인권의 역사』, 석인선 옮김, 한울.

스튜어트 홀 (1996), 『스튜어트 홀의 문화이론』, 임영호 옮김, 도서출판 한나래.

_____(2007), 『대처리즘의 문화정치』, 임영호 옮김, 도서출판 한나래.

신광영 (2013), 『한국사회 불평등 연구』, 후마니타스.

신진욱 (2004), 「사회운동, 정치적 기회구조 그리고 폭력: 1960~1986년 한국 노동자집단행동의 레퍼토리와 저항의 사이클」, 『한국사회학』 38권 6호.

_____(2011), 「비판적 담론 분석과 비판적 해방적 학문」, 『경제와사회』 89호.

심희기 (2002), 「권위주의적 법체계의 해체와 민주화」, 『기억과 전망』 1권.

18개 단체 인권활동가연합 단식농성단 (1999), 「우리는 정부의 인권법안을 거부한다!: 18개 단체 인권활동가연합 단식농성에 들어가며」, 18개 단체 인권활동가연합 단식농성단.

안나앨리나 포홀라이넨 (2009), 「국가인권기구의 발전: 유엔의 역할」, 류은숙 옮김, 『인권오름』 151호, 인권운동사랑방.

안승국 (2009), 「한국에 있어서 권위주의체제의 해체와 민주적 이행: 집권세력과 체제반대세력 간의 상호작용에 관한 분석을 중심으로」, 『한국정치외교사논총』 31권 1호.

안종철 (2009), 「김대중 노무현 정부의 인권과 과거사청산 정책」, 『내일을 여는 역사』 제37호.

안토니오 그람시 (1999), 『옥중수고 1』, 이상훈 옮김, 도서출판 거름.

엄기호 (2014), 『단속사회』, 창비.

에티엔 발리바르 (2003), 「'인권의 정치'와 성적 차이」, 윤소영 옮김, 공감.

_____(2018), 「무한한 모순」, 배세진 옮김, 『문화과학』 93호.

오재식 (1995), 「탈냉전 신국제질서와 인권: 한국과 아시아」, 『탈냉전 신국제질서와 인권: 국가안보와 인간안보』, 한국인권단체협의회.

오창익 (2002), 「한국의 감옥: 죄만 있고 생명이나 인권은 없는 격리구금시설」, 『당대비평』 여름호, 인권실천시민연대 홈페이지 자료실, http://hrights.or.kr/pds/?mod=document&pageid=1&keyword=%EA%B0%90%EC%98%A5&uid=6715).

_____(2004), 「한국인권운동 15년사」, 시민의신문 편, 『한국시민사회운동 15년사:

1987~2002』, 시민의신문사.

올바른 과거청산을 위한 범국민위원회 (2004a), 『올바른 과거청산을 위한 범국민위원회 발족 대표자회의 결과보고』, 올바른 과거청산을 위한 범국민위원회.

_____ (2004b), 「올바른 과거청산을 위한 범국민위원회 발족선언문」, 올바른 과거청산을 위한 범국민위원회.

올바른 국가인권기구 설치를 위한 민간단체공동대책위원회 (2000), 『국가인권기구 설치를 위한 자료집』, 올바른 국가인권기구 설치를 위한 민간단체공동대책위원회.

위르겐 하버마스 (1996), 『인식과 관심』, 강영계 옮김, 고려원.

유팔무·김호기 엮음 (1995), 『시민사회와 시민운동』, 한울.

이계수·오병두 (2008), 「친기업적 경찰국가와 민주법학: 비판과 대응」, 『민주법학』 38호.

이광열 (2010), 「추락하는 감옥인권 날개가 필요하다(하): 인권이 숨쉴 수 있는 감옥을 위하여」, 『인권오름』 221호.

이대훈 (1994), 「비엔나 세계인권대회의 성과와 교훈」, 『민주법학』 7권, 민주주의법학연구회.

_____ (1995), 「인권운동과 보편적 인권규범: 그 7대 딜레마(1)」, 『민주법학』 9권, 민주주의법학연구회.

이병재 (2015), 「이행기 정의와 인권: 인권효과 분석을 위한 틀」, 『국제정치논총』 55호 3권.

이상희 (2003), 「사회보호법에 대한 쟁점들」, 『사회보호법과 국가인권위원회』, 국가인권위원회 쇄신을 위한 열린 회의 및 사회보호법폐지를 위한 공동대책위원회.

이시훈 (2014), 「한국의 진보정당 형성과 제도권 진출: 1988~2004년의 경험에 대한 정치사적 접근」, 영남대학교 정치외교학과 석사학위논문.

이영자 (2011), 「신자유주의 시대의 초개인주의: 개인주의의 후기근대적 변종」, 『현상과인식』 114호.

이이화·김영훈 (2005), 「국가폭력, 그 고리를 잘라야 할 때입니다」, 『국가폭력피해자 2차증언대회』 자료집, 고진화·손봉숙·원희룡·이영순·임종인·정청래 의원실, 올바른 과거청산을 위한 범국민위원회.

이재승 (2007), 「민주화 이후 인권문제의 전개양상」, 『한국 민주주의의 현실과 도전: 6월 민주항쟁 20주년 기념토론회 자료집』.

_____ (2010), 『국가범죄』, 앨피.

이정은 (1999), 「한국에서의 인권개념 형성과 인권운동에 관한 연구」, 서울대학교 대학원 사회학과 석사학위논문.

_____ (2008), 『해방 후 인권담론의 형성과 제도화에 관한 연구, 1945~1970년대 초』,

서울대학교 대학원 사회학과 박사학위논문.

_____(2018), 「한국사회 인권의 제도화과정에 대한 비판적 고찰: 지자체 인권기본계획을 중심으로」, 『민주주의와 인권』 18권 2호.

이종오 (1990), 「사회변혁운동과 정치세력화: 변혁운동의 전환기로서의 90년」, 『경제와사회』 6호.

이주영 (2016), 「사회권규약의 발전과 국내적 함의」, 『국제법학회논총』 61권 2호.

이창조 (2004), 「감옥과 인권운동」, 인권운동연구소 2004년 5월 월례토론발표문.

이호중 (1994), 「수형자의 법적 지위의 이론적 논증: 특별권력관계 및 교정이론의 분석」, 『현대행형과 수형자의 권리』, 경원대학교 법학연구소 학술토론회 자료집.

_____(2008), 「감옥인권 연속강좌 3강 강의록: 행형법 개정의 주요 내용과 과제」.

인권단체연석회의 (2005), 「올바른 과거청산법 제정을 촉구하는 인권회의 성명」, 인권단체연석회의.

_____ (2008), 「국가인권위원회법을 무시한 최윤희씨의 비상임위원 선출을 반대한다」, 인권단체연석회의.

_____(2018), 『인권단체연석회의를 기억한다』, 인권단체연석회의.

인권단체연석회의 노동권팀 (2009), 「자본을 넘어, 보편적 노동권을 실현하는 사회를!: 인권의 관점에서 본 이명박정부의 노동권정책 비판」, 『울력』 1호, 인권단체연석회의 노동권팀.

인권단체연석회의 외 (2010), 「'독재감옥'이 되살아나고 있다!: 감옥환경 개선과 재소자인권 보장을 촉구하는 노동·인권단체 공동행동의 날」.

인권법 제정 및 국가인권기구 설치 민간단체공동추진위원회 (1999a), 「인권위원회를 독립된 국가기구로!: 인권단체는 이렇게 생각한다」, 인권법 제정 및 국가인권기구 설치 민간단체공동추진위원회.

_____(1999b), 『인권법 제정 및 국가인권기구 설치 민간단체공동추진위원회 확대·개편대회 자료집』, 인권법 제정 및 국가인권기구 설치 민간단체공동추진위원회.

_____(1999c), 『국가인권위원회, 어떻게 만들어야 하는가』 자료집, 인권법 제정 및 국가인권기구 설치 민간단체공동추진위원회.

_____(1999d), 「법무부의 반박자료에 대한 공추위의 의견」, 인권법 제정 및 국가인권기구 설치 민간단체공동추진위원회.

인권연구소 창 (2007), 『인권활동가 50인이 말하는 한국인권운동의 현황』, 인권연구소 창.

인권운동사랑방 (2001), 「사회보호법은 위헌이다」, 인권운동사랑방.

_____(2013), 『회동: 모여서 움직이다』, 인권운동사랑방.

인권운동사랑방 사회권규약해설서팀 (2003), 『사회권 규약 해설』 1권, 사람생각.

인권운동사랑방 사회권위원회 (1999), 『인간답게 살 권리: IMF 이후 사회권실태 보고서』, 사람생각.

인권활동가연합 단식농성단 (2000), 「국가보안법 폐지! 국가인권위원회법 제정! 인권활동가 연합 단식농성에 들어가며」 2000. 12. 28.

임종국 (1990), 「통일인사와 국가보안법」, 『국가보안법 완전철폐를 위한 토론회』, 민주화실천가족운동협의회 외.

임헌영 (2005), 「우리 괴롭지만 조금 더 투쟁합시다」, 『누더기 과거사법 개정을 위한 국가폭력피해자 2차증언대회』, 고진화·손봉숙·원희룡·이영숙·임종인·정청래 의원실, 올바른 과거청산을 위한 범국민위원회.

장희국 (2017), 「국가인권위원회와 '인권의 제도화'가 가지는 문제: 국가인권위원회 독립성 논의를 중심으로」, 『한국 진보적 인권운동사의 쟁점들 토론회 자료집』, 서교인문사회연구실 인권운동사연구팀.

전재호 (2004), 「1991년 5월 투쟁과 한국 민주주의: 실패의 구조적 원인과 그 원인」, 『한국정치학회보』 38호 5권.

정부입법지원센터 (2017), 「법령입안심사기준」, 법제처 법제지원총괄과.

정수남 (2010), 「공포, 개인화 그리고 축소된 주체: 2000년대 이후 한국사회의 일상성」, 『한국학』 33권 4호.

정정훈 (2014), 『인권과 인권들』, 그린비.

_____ (2018), 「변혁을 위한 새로운 시도들: 한국 2세대 인권운동의 전개과정과 남겨진 과제」, 『인권운동』 창간호.

_____ (2019), 「이데올로기와 어펙트, 인간학적 조건을 어떻게 사유할 것인가?: 루이 알튀세르와 브라이언 마수미 사이의 쟁점을 중심으로」, 『문화론의 도래와 파장』, 문화과학사.

_____ (2021), 「문화체제, 유물론적 문화론을 사고하기 위한 또 다른 시도: 1990년대 문화체제의 개념규정을 위한 이론적 기초공사」, 『문화/과학』 110호.

조르조 아감벤 (2009), 『예외상태』, 김항 옮김, 새물결.

조용환 (2008), 「조약의 국내법 수용에 관한 비판적 검토」, 『법과 사회』 34권.

조효제 (2015), 「인권달성의 근본조건」, 『민주주의와 인권』 15권 3호.

_____ (2016), 『인권의 지평』, 후마니타스.

_____ (2018), 「인권실현의 통합적 접근」, 『인권연구』 1권 1호.

조희연 (2003), 「저항론의 변화와 분화에 관한 연구: 변혁론을 중심으로」, 김세균 편,

『저항. 연대. 기억의 정치 1』, 문화과학사.

_____ (2008), 「민주주의 퇴조기에 갈 길을 묻는다」, 콜린 크라우치, 『포스트민주주의』, 미지북스.

_____ (2010), 「'한국사회체제논쟁' 재론: 97년체제의 '이중성'과 08년체제하에서의 '헤게모니적 전략'에 대한 고민」, 『민주사회와 정책연구』 17호.

_____ (2012), 『민주주의 좌파, 철수와 원순을 논하다』, 한울.

_____ (2013), 「'수동혁명적 민주화 체제'로서의 87년체제, 복합적 모순, 균열, 전환에 대하여: 87년체제, 97년체제, 포스트민주화체제」, 『민주사회와 정책연구』 24호.

주은우 (1994), 「90년대 한국의 신세대와 소비문화」, 『경제와사회』 21호.

지그문트 프로이트 (2013), 『꿈의 해석』, 열린책들.

지주형 (2011), 『한국 신자유주의 기원과 형성』, 책세상.

진태원 (2008), 「스피노자와 알튀세르에서 이데올로기의 문제: 상상계라는 쟁점」, 『근대철학』 3권.

차병직 (2003), 『인권의 역사적 맥락과 오늘의 의미』, 지산.

천정배 (1993), 「세계인권대회와 한국민간단체의 활동」, 『민주사회를 위한 변론』 제2호. 민주사회를위한변호사모임.

천주교인권위원회 (2008), 『천주교인권위원회 15년사』, 천주교인권위원회.

천주교인권위원회·인권운동사랑방 엮음 (1998), 『한국 감옥의 현실: 감옥인권실태 조사보고서』, 사람생각.

천주교정의구현사제단 (1974), 「천주교정의구현 전국사제단 시국선언」.

청소년운동우물물 (2016), 『청소년운동 정체성 와쩌염 뿌우!』.

최석현 (2004), 「한국의 사회민주화: 국가인권위원회 설립과정 분석을 통한 고찰」, 『사회발전연구』 10권.

최은아 (2017), 「인권운동사랑방 최은아 활동가 인터뷰」, 『한국 '진보적 인권운동'의 역사에 대한 인권활동가 인터뷰 자료집: 1993년부터』.

최현·김지영 (2007), 「구조, 의미틀과 정치적 기회: 1980년대 민주화운동」, 『경제와사회』 75호.

콜린 크라우치 (2008), 『포스트민주주의』, 이한 옮김, 미지북스.

한국인권단체협의회(1994), 『한국인권단체협의회 창립대회 자료집』, 한국인권단체협의회.

한국인권운동협의회 (1978), 「한국국민의 인권선언」.

한나 아렌트 (2006), 『전체주의의 기원 1』, 이진우·박미애 옮김, 민음사.

한선범 (2005), 「기만과 배신을 넘어 꿋꿋하기를!: 과거청산운동의 현실과 전망」, 『기억과 전망』 12권, 민주화운동기념사업회.

한성훈 (2010), 「과거청산과 민주주의 실현: 진실화해위원회 활동과 권고사항의 이행기 정의를 중심으로」, 『역사비평』 93호.

한영수 (2001), 「행형에서의 인권보호대책」, 『엠네스티법률가위원회 인권세미나』, 엠네스티법률가위원회.

허창수 (1999), 「국제엠네스티와 한국의 국가보안법」, 『제51주년 세계인권선언 기념일 특별세미나: '국가보안법은 필요악인가?'』, 엠네스티 국회모임, 엠네스티언론인위원회.

홍성수 (2009), 「준국제기구로서 국가인권위원회」, 『국가인권위원회, 이 길로 가자!』, 국가인권위 제자리 찾기 공동행동.

_____(2014), 「한국사회에서 인권의 변동: 세계화, 제도화, 지역화」, 『안암법학』 43권.


Eyerman, R. & A. Jamison (1991), *Social Movements: A Cognitive Approach*, Cambridge: Polity Press.

Marshal, T. H (1950), *Citizenship and Social Class*, The Syndics of The Cambridge University Press.

Neier, Aryeh (2012), *The International Human Rights Movement*, Princeton University Press.

UN (1996), *International Covenant on Civil and Political Right*, https://treaties.un.org/doc/Treaties/1976/03/19760323%2006-17%20AM/Ch_IV_04.pdf.

UN Office of High Commissioner for Human Rights (1993), "Fact Sheet No. 19. National Institution for the Promotion and Protection Of Human Rights."